围棋速成：入门与提高

（基础篇）

吴秉铁　著

化学工业出版社
·北京·

图书在版编目（CIP）数据

围棋速成：入门与提高．基础篇/吴秉铁著．—北京：化学工业出版社，2017.7（2019.8重印）
ISBN 978-7-122-29708-2

Ⅰ.①围… Ⅱ.①吴… Ⅲ.①围棋-基本知识
Ⅳ.①G891.3

中国版本图书馆CIP数据核字（2017）第108503号

责任编辑：史　懿　　装帧设计：刘丽华

出版发行：化学工业出版社（北京市东城区青年湖南街13号　邮政编码100011）
印　　装：三河市延风印装有限公司
710mm×1000mm　1/16　印张15 3/4　字数292千字　2019年8月北京第1版第3次印刷

购书咨询：010-64518888　售后服务：010-64518899
网　　址：http://www.cip.com.cn
凡购买本书，如有缺损质量问题，本社销售中心负责调换。

定　　价：39.00元

前言
FOREWORD

围棋历史悠久，是我国传统文化瑰宝之一，为广大人民群众所喜爱。

下围棋不但可以培养人们的思维能力，更可以增进人与人之间的友谊，是一项益智、健康、高尚的文体活动。近年来，随着我国棋手综合能力的迅速提升，多次在世界大赛中获得优异成绩，围棋热在我国再掀高潮，特别是网络围棋的兴起吸引了众多爱好者在茶余饭后“杀上一盘”。

本书主要介绍围棋基础知识，包括吃子、死活、对杀、基本行棋技术、定式、官子等入门技巧和行棋概念。初步涉及一盘棋的每一个局部，并给出适量的习题，使读者在学完本书之后，能够独立下完一盘棋。根据初学者的对局实例，从实际出发，详细剖析对局的得失，有效地提高初学者实战水平。

本书在编写过程中得到了韩燕岭、邢印达、郭长岭、蔡衍、崔文雅、张铁良、韩爽、伏丽梅、韩同兴、董琳、韩冬、王治国、韩文利、李元涛、富瑞萍、吴炳雪等人的帮助与支持，在此深表感谢。

如果初学者能够通过学习本书提高棋艺，感受到黑白世界的无穷魅力，我将感到莫大的欣慰！

吴秉铁
2017年4月

目录

CONTENTS

第四章 基础对杀 / 119

第五章 基本技术 / 163

第六章 一局棋的组成 / 179

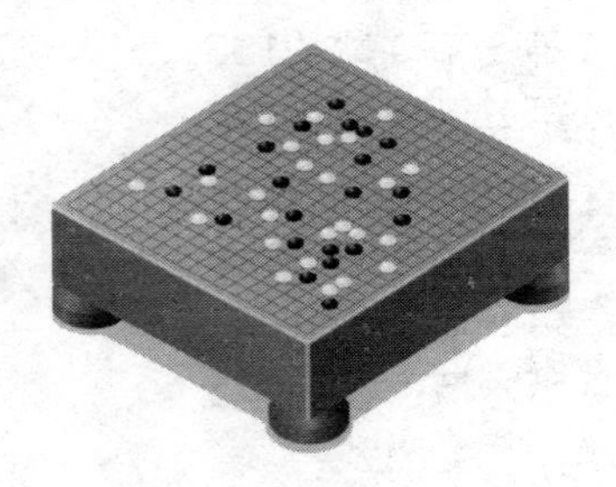

第一章 吃子的技巧

对于刚刚学会下围棋的人来说，吃子是非常高兴的一件事。吃子在围棋入门阶段是非常必要的，也是学好围棋的基本功。吃子的技巧有很多种，本章主要介绍双吃、门吃、抱吃、征子、枷吃、接不归、扑与倒扑等，在实战中如何制造这些吃子的方法尤为重要。正因如此，为了使初学者能够领会上述吃子技巧，笔者从二十多年的教学实例中，精心挑选了各种例题，希望帮助初学者尽快提高战斗力。

第一节 双吃和制造双吃

一、双吃

【例1】如图1-1，此题棋子较多，有些复杂，请仔细观察。黑先，下在哪里好呢？

如图1-2，黑1双吃，好棋！白2连，黑3提，黑棋成功。

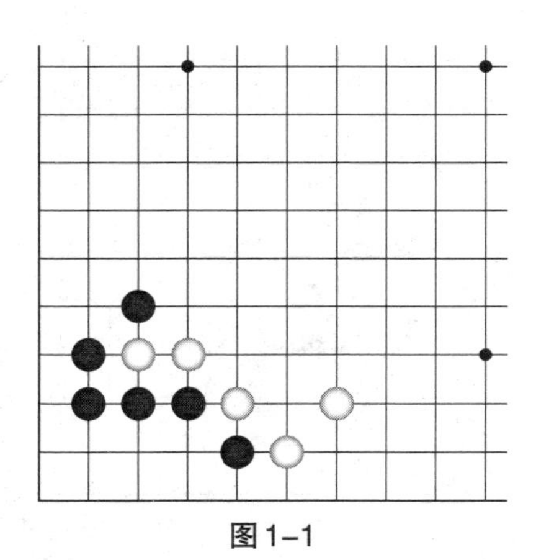

图1-1

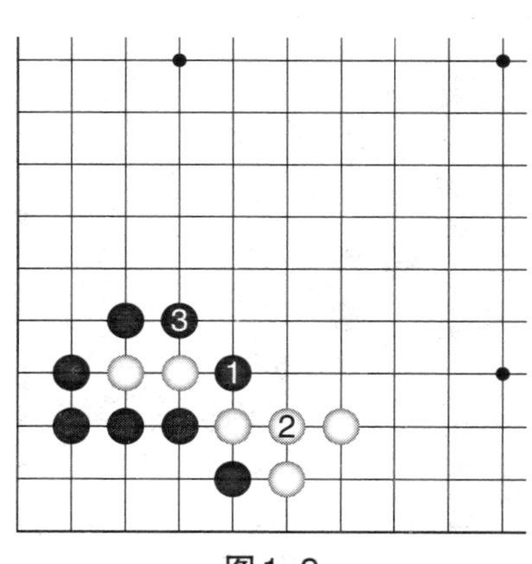

图1-2

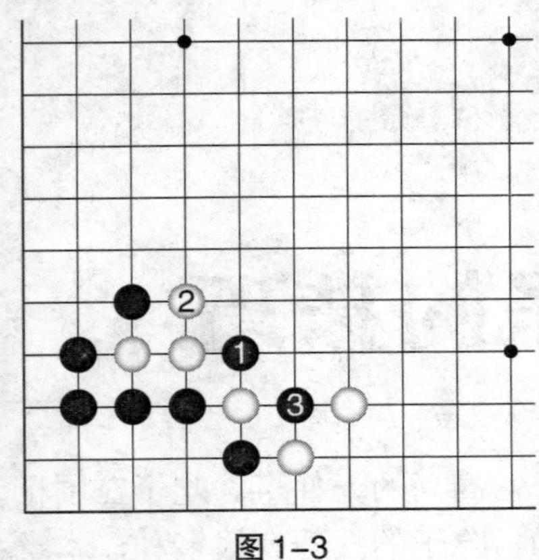

图1–3

如图1-3，黑1双吃，白2若逃，黑3吃另一边，黑棋成功。

双吃的要点：①对方的棋有断点；②对方的棋子两边剩两口气；③下在对方棋的断点处，同时打吃对方两边的棋。

二、制造双吃

制造双吃需要对弈者有比较强的想象力，要在熟练掌握双吃的基础上，在下棋之前就想出双吃的图形。

1. 通过“扳”制造双吃

【例2】如图1-4，这是实战中出现的棋形。黑先，下在哪里能够制造出双吃呢？

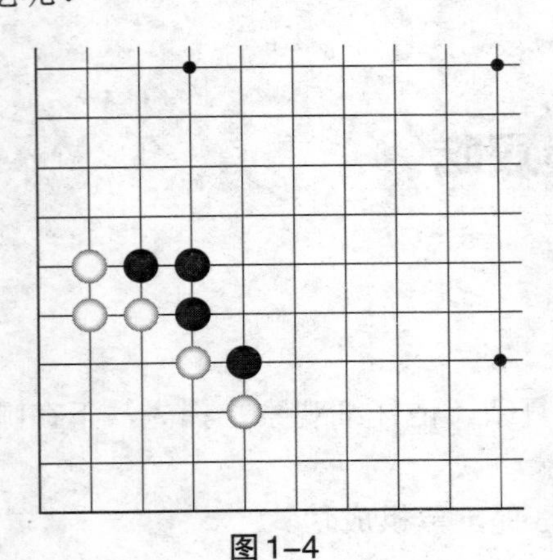

图1–4

正解：如图1-5，黑1连扳，正解！下一步黑棋可在A位双吃白棋。

如图1-6，白2打吃，黑3连，白4再打，黑5双吃后，白角被掏空，左边三子有危险，白棋损失惨重。

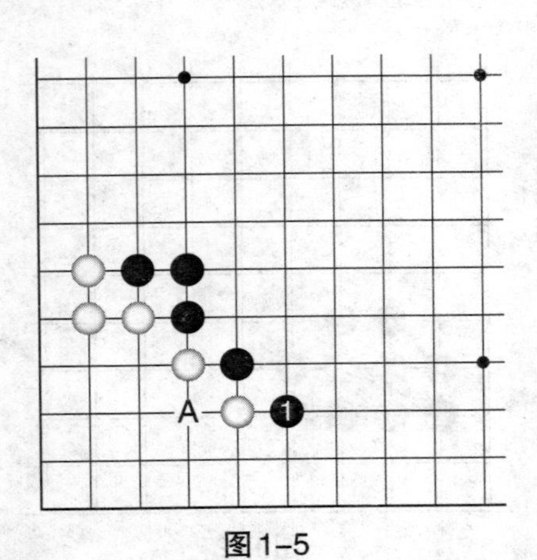

图1–5

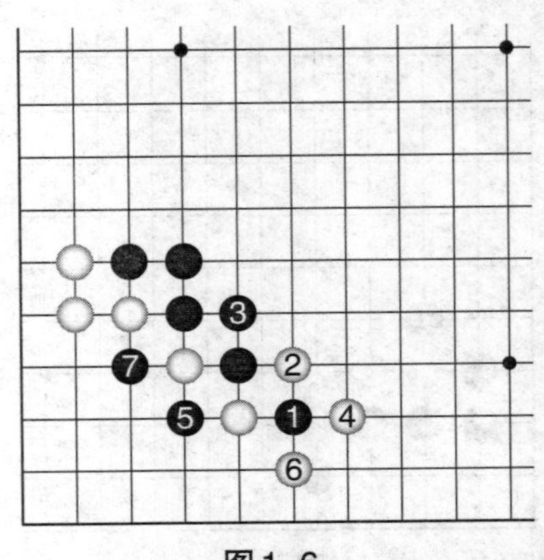

图1–6

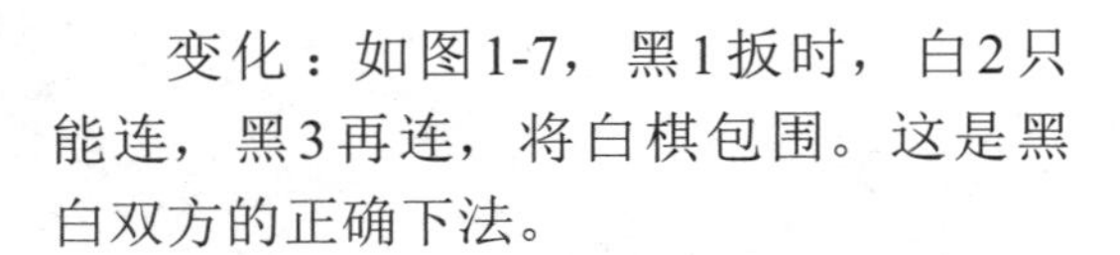

变化：如图1-7，黑1扳时，白2只能连，黑3再连，将白棋包围。这是黑白双方的正确下法。

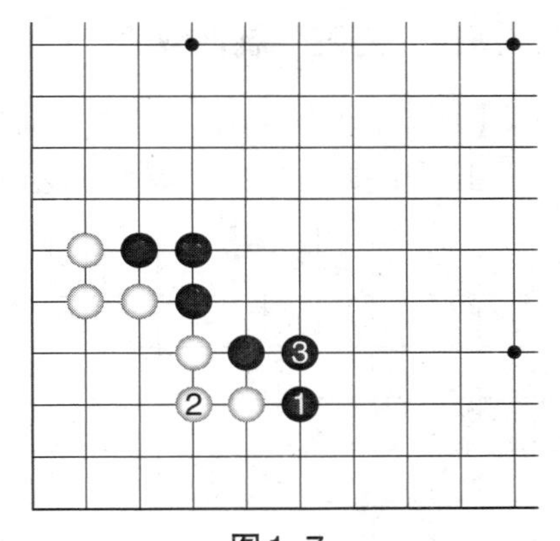

图1-7

2. 通过“拐（曲）”制造双吃

【例3】如图1-8，黑▲二子有危险，黑先，怎么下才能逃出去呢？

失败：如图1-9，黑1打吃，俗手！这是初学者最容易下的棋。白2长，黑棋吃不住白棋，黑棋上下难以兼顾。

正解：如图1-10，黑1拐，好棋！白2若扳，黑3双吃，黑棋成功逃出。

如图1-11，黑1拐时，白2只能连，黑3长，顺利出头。

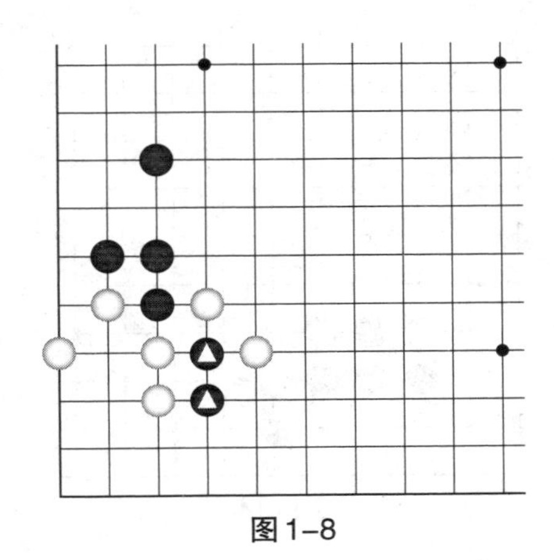

图1-8

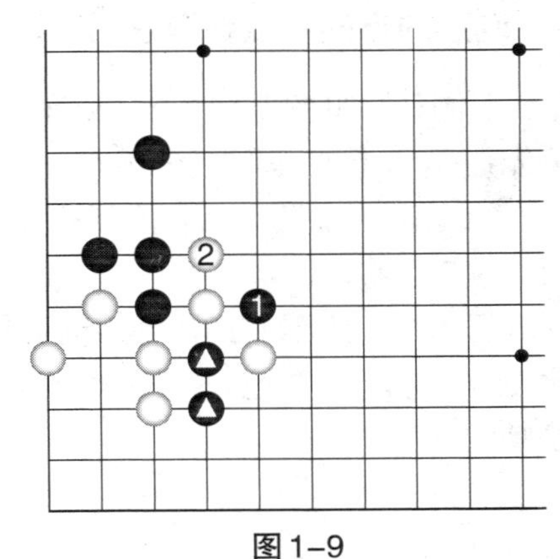

图1-9

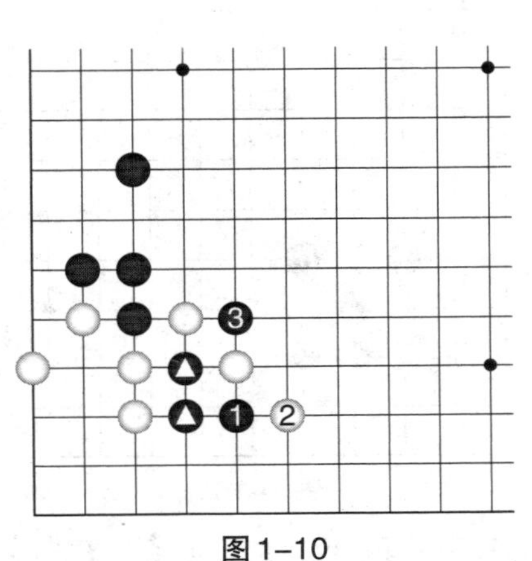

图1-10

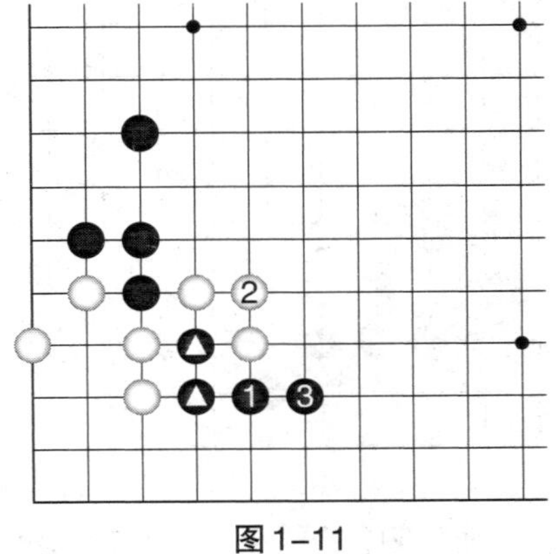

图1-11

3. 通过“打吃”制造双吃

【例4】如图1-12，黑先，怎么下才能出现双吃呢？

正解：如图1-13，黑1打吃，好棋！白2长，黑3双吃。

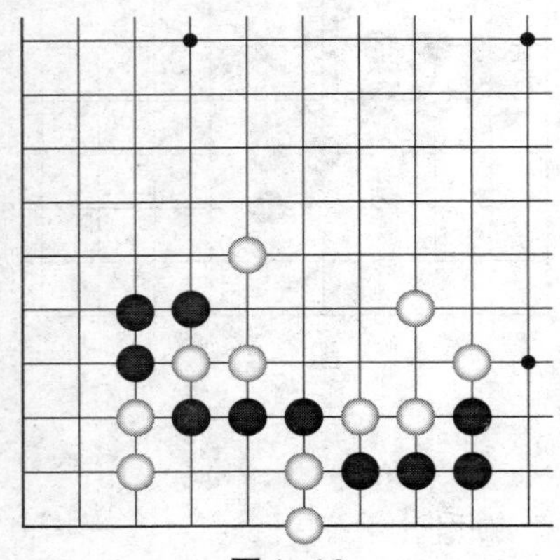

图1-12

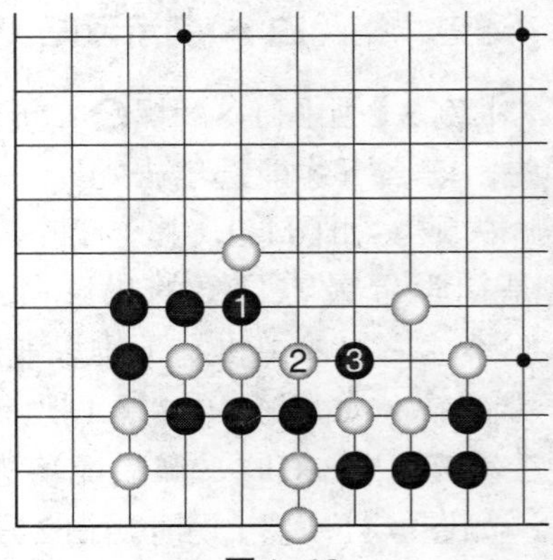

图1-13

4. 利用对方的断点制造双吃

【例5】如图1-14，白棋断点太多，黑先，怎么下能够双吃白棋？

正解1：如图1-15，黑1打吃，白2长，黑3双吃。

正解2：如图1-16，黑1也可以下在此处打吃，白2连，黑3双吃，黑棋成功。

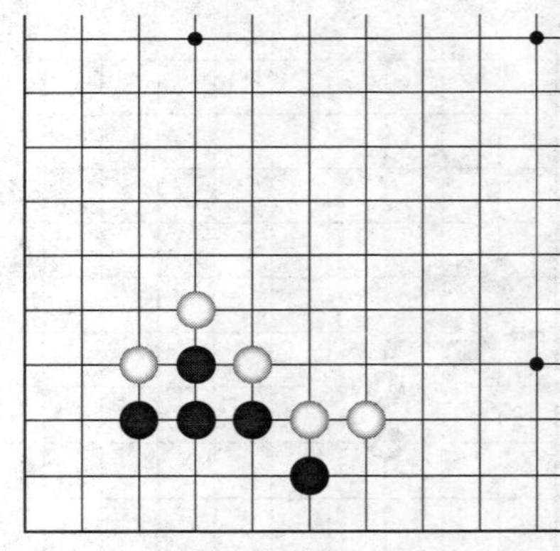

图1-14

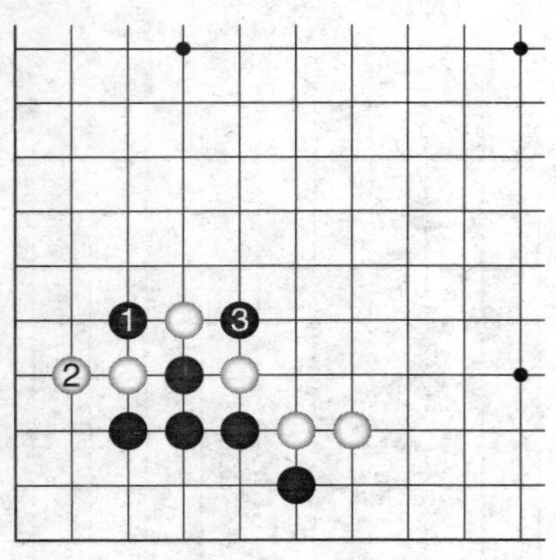

图1-15

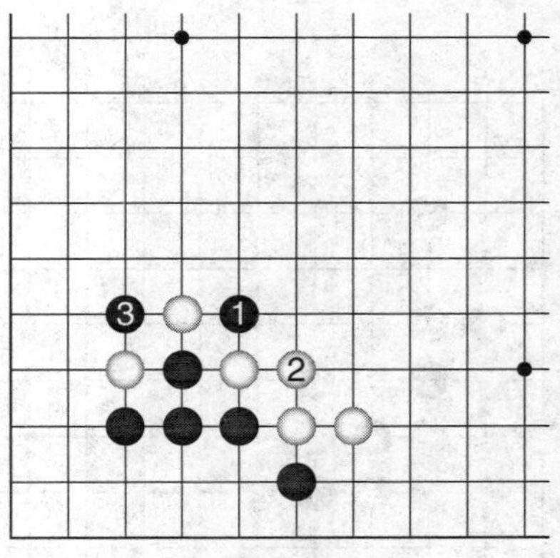

图1-16

制造双吃的要点：①对方的棋气数少；②对方的棋有断点（通常断点比较多）。

第二节　门吃和制造门吃

一、门吃

【例6】如图1-17，角部的两处黑棋都剩两口气，有危险。黑先，怎么下才能吃掉白▲二子呢？

正解：如图1-18，黑1断打（断的同时打吃对方的棋子），好棋！形成门吃，白▲二子被吃，黑棋全部安全了。

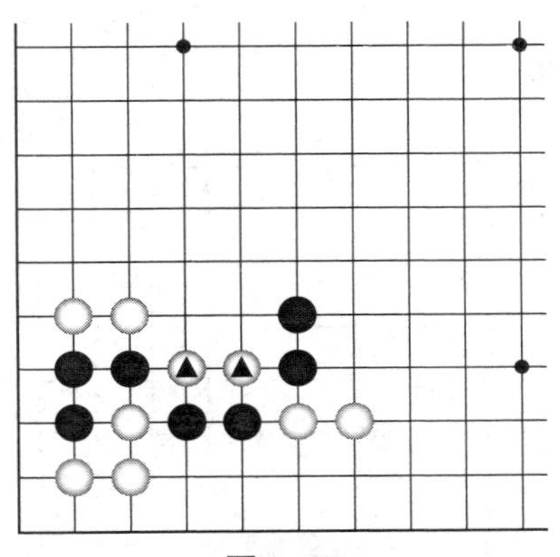

图1-17

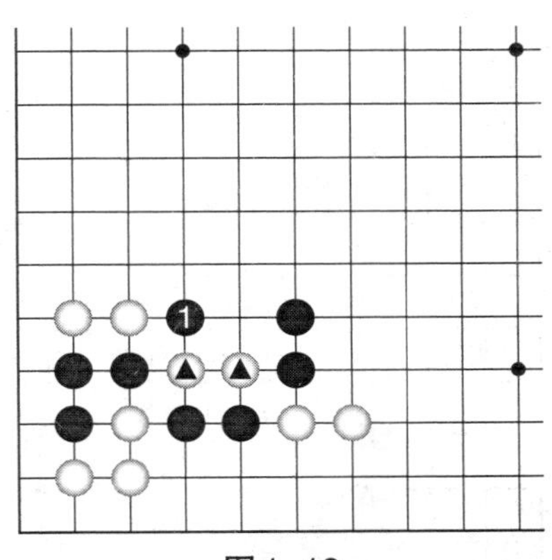

图1-18

门吃的要点：①对方的棋只有两口气；②一定要断对方；③两个子在一条线上并且隔一线，好像形成一道“门”。

二、制造门吃

门吃这种方法非常厉害，被门吃后就逃不掉了。下面我们来介绍如何在实战中制造门吃，享受吃子的快乐，加油！

1. 通过“长”制造门吃

【例7】如图1-19，黑先，黑棋怎么下呢？

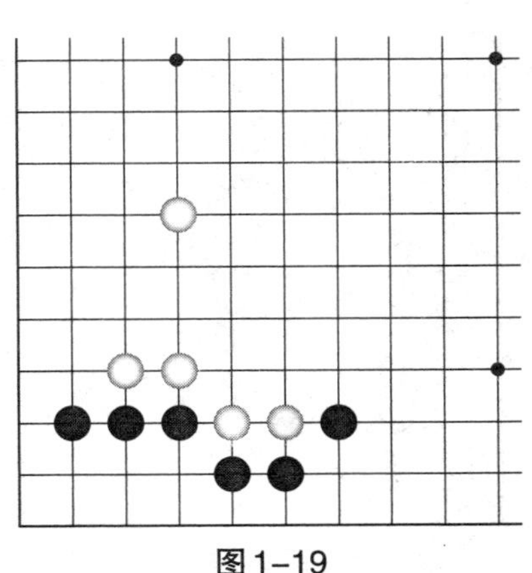

图1-19

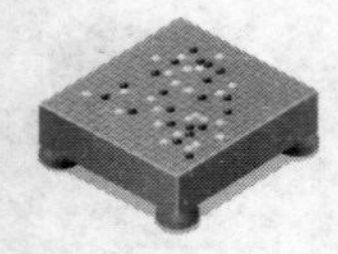

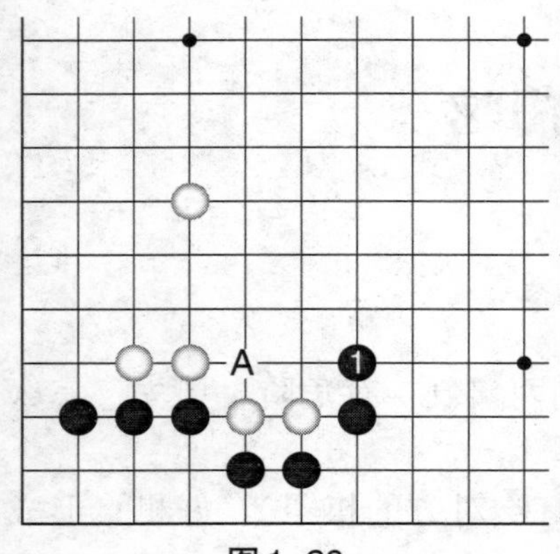

图1–20

正解：如图1-20，黑1长，好棋！下一步可以在A位门吃白棋，黑棋的棋形完整了许多，右边也有了一定的外势，一举数得！

2. 通过“扳”制造门吃

【例8】如图1-21，这是实战中很常见的棋形，黑先，从吃子的角度，怎样攻击白棋呢？

如图1-22，黑1扳，好棋！白棋的出路很窄，并且下一步黑棋走在A位，形成门吃。

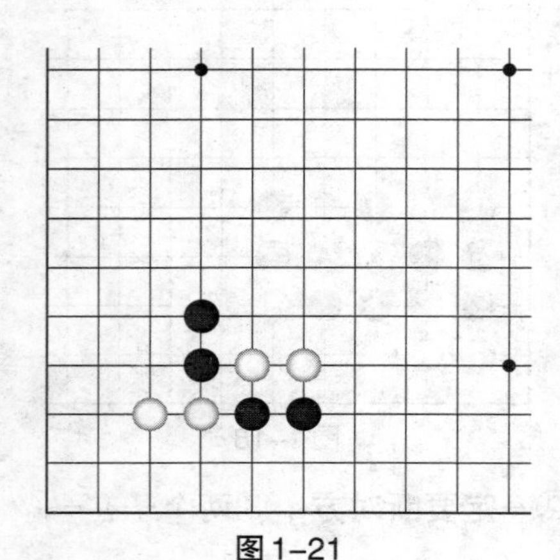
图1–21

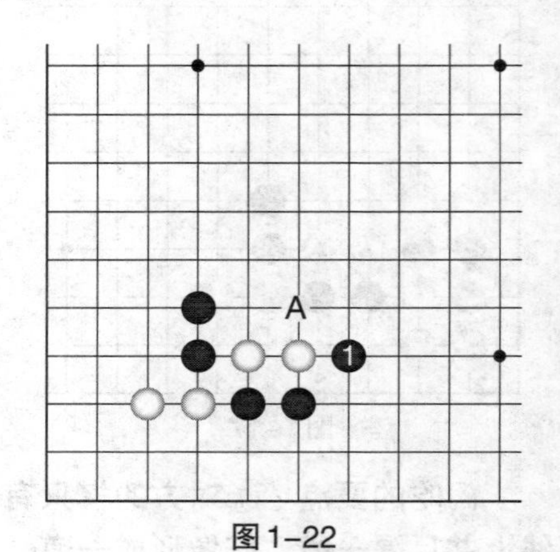

图1–22

3. 通过“打吃”制造门吃

【例9】如图1-23，黑先，该怎么下呢？注意找白棋棋形的缺陷。

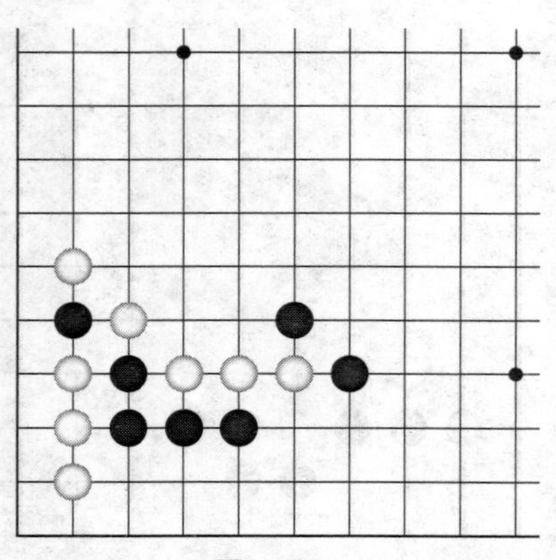
图1–23

失败：如图1-24，黑1连，坏棋！白2连，白棋形状完整。黑1没有抓住白棋的弱点，黑棋失败。

正解：如图1-25，黑1断打，好棋！白2连，黑3门吃，黑棋成功。

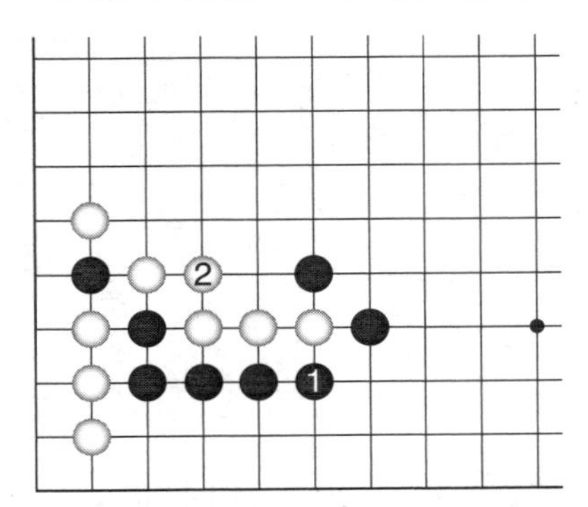
图1-24

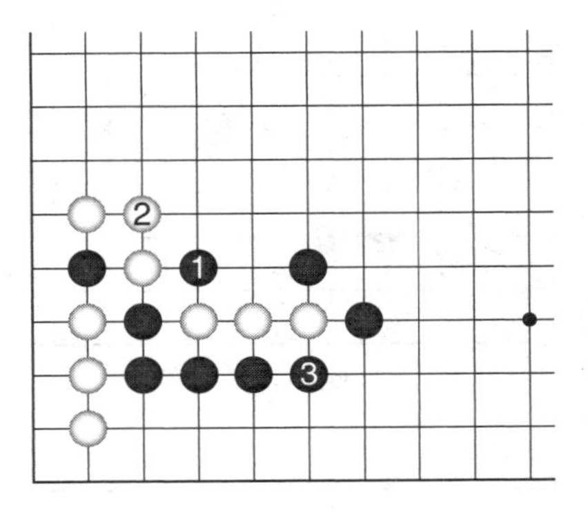
图1-25

制造门吃的要点：①对方的棋气数通常是两口气或三口气；②对方的棋一定要有断点；③对对方的棋形成了半包围。

第三节　抱吃和制造抱吃

一、抱吃

【例10】如图1-26，黑先，怎么下能杀死白▲二子，将黑△二子救出呢？

正解：如图1-27，黑1打吃！白▲二子无路可逃，这种将白棋“抱在怀里”吃掉的吃子方法称为“抱吃”。

请牢记“抱吃”的基本棋形。

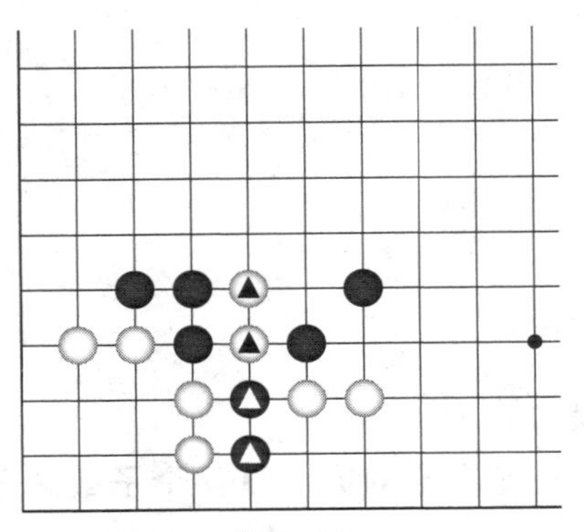
图1-26

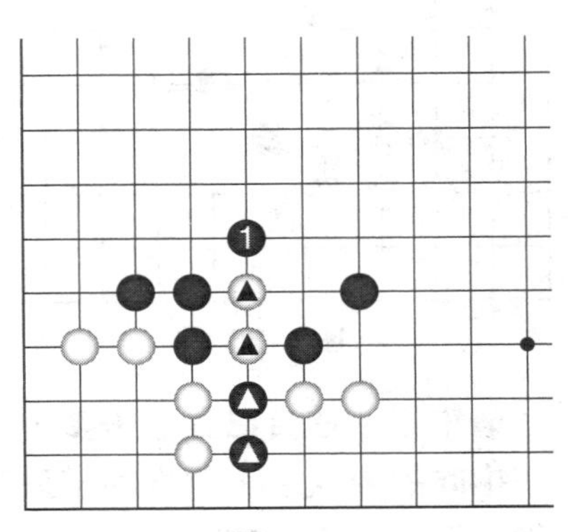
图1-27

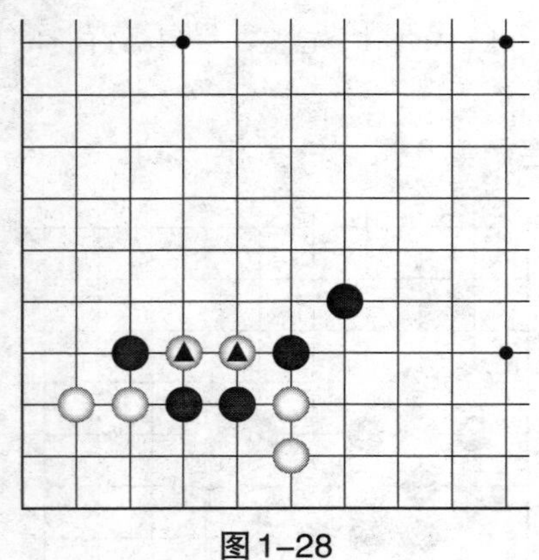
图1–28

【例11】如图1-28，黑先，怎么下能够杀死白▲二子，将黑棋连上呢？

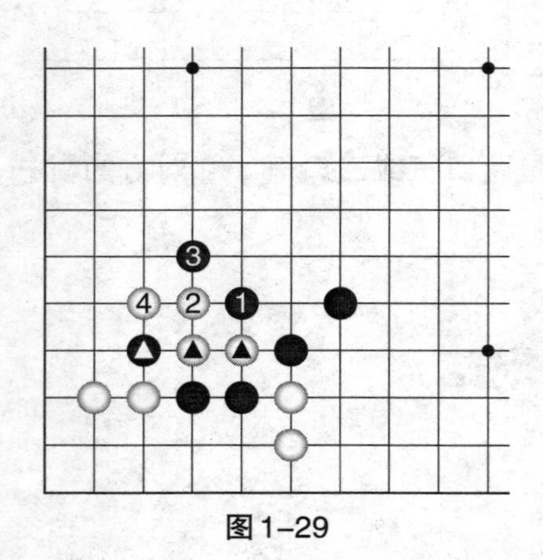
图1–29

失败：如图1-29，黑1打吃，方向错误！白2逃，黑3再打吃，白4逃的同时打吃黑△一子，黑棋失败。

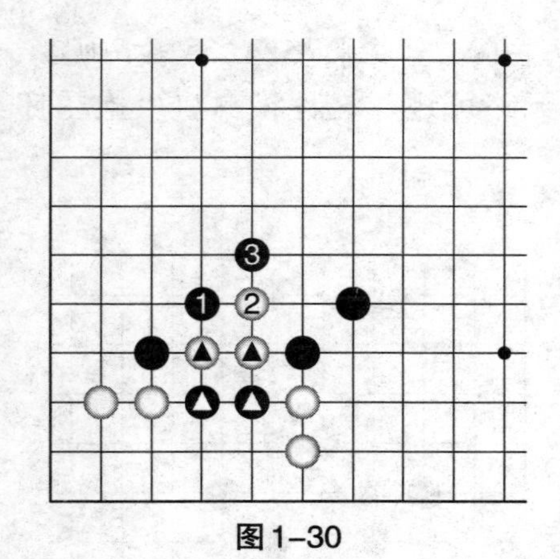
图1–30

正解：如图1-30，黑1打吃，正确！白2逃，黑3再打吃，白棋无路可逃，黑△二子得救。

请牢记：往自己强（子多）的一边驱赶对方。

抱吃的要点：①对方的棋只有两口气；②一定要断对方；③两个子或几个子像“手”一样抱住对方。

二、制造抱吃

1. 通过“断打”制造抱吃

【例12】如图1-31，此棋形是比赛实战棋形，黑先，怎样下好呢？

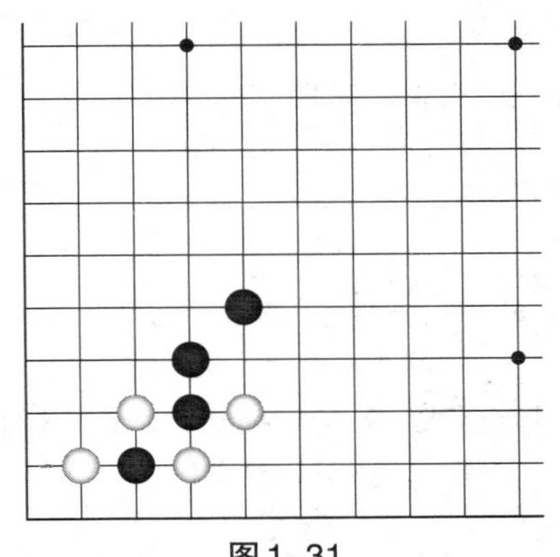
图1-31

失败：如图1-32，黑1打吃是初学者容易犯的错误，白2逃后，黑1已成废子。黑棋失败。

正解：如图1-33，由于黑△已经逃不掉了，要舍弃。黑1断打，好棋！白2只能提，黑3抱吃，白▲一子被吃，黑棋成功。

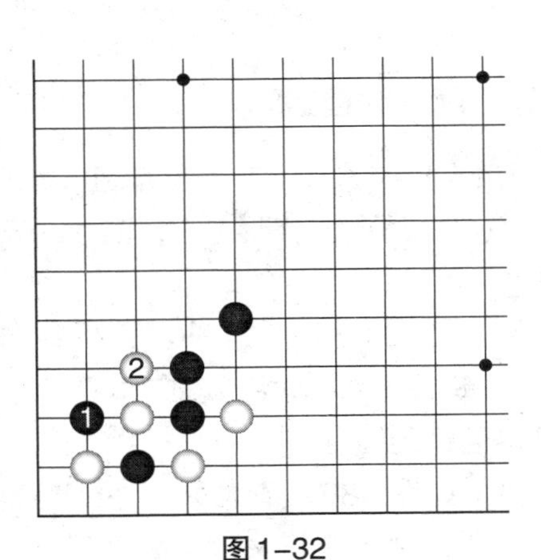
图1-32

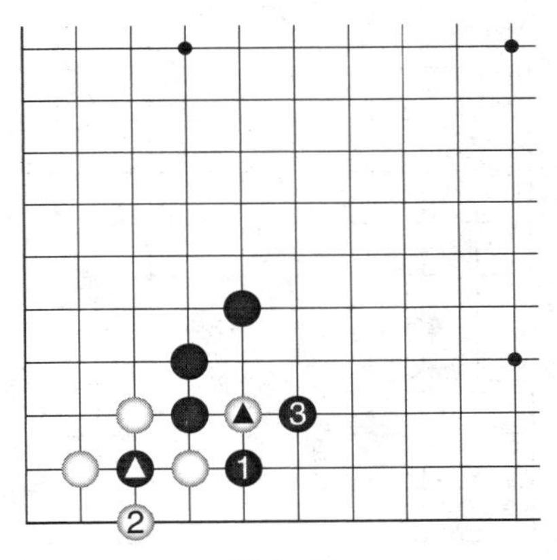
图1-33

2. 通过“扳”制造抱吃

【例13】如图1-34，黑先，如何才能吃掉白▲四子呢？

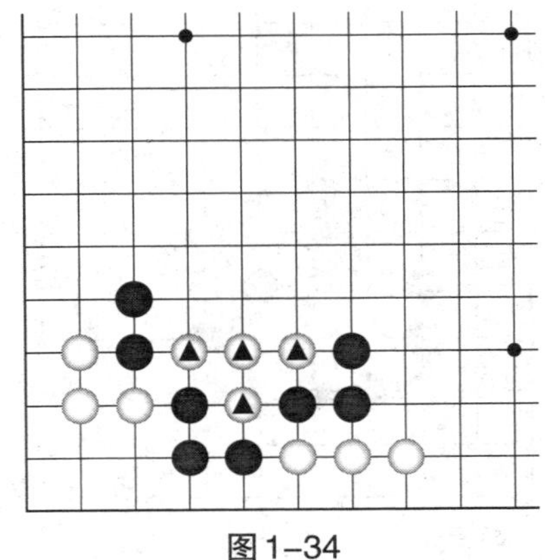
图1-34

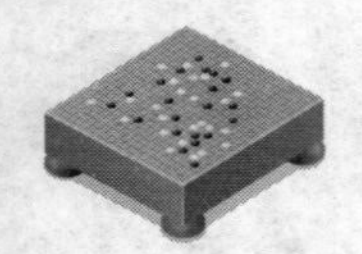

失败：如图1-35，黑1拐，坏棋！方向错误。白2长，至白4，黑棋已经围不住白棋了。

如图1-36，黑1扳，正确！白2长，黑3打吃，形成抱吃。如果白2走在A位，黑3在B位打吃，同样形成抱吃。

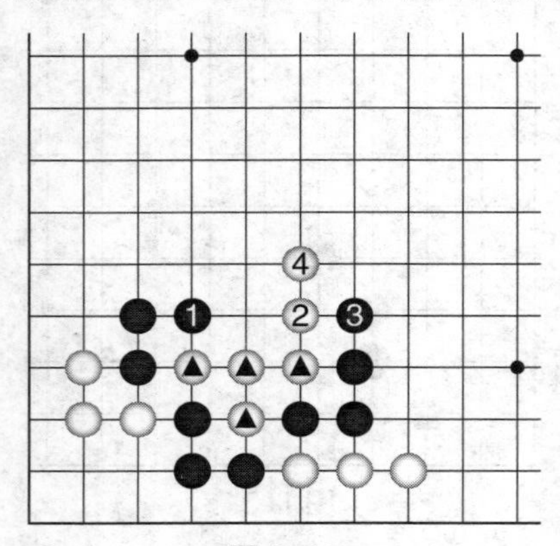

图1-35

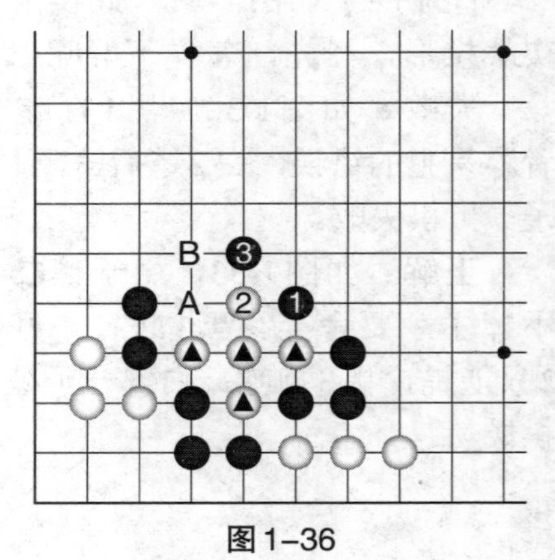

图1-36

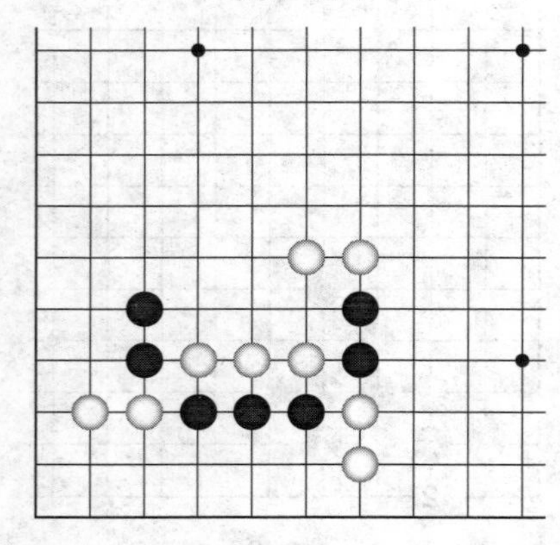

图1-37

3. 通过"断"制造抱吃

【例14】如图1-37，这是业余10级升段赛中出现的棋形，黑先，下在哪好呢？

正解：如图1-38，黑1冲，正确！白2挡，黑3断打，形成抱吃。白棋数子被吃，黑棋全部连上了。

变化：如图1-39，请大家思考，当黑1冲断时，白2跳，黑棋又该怎么办呢？

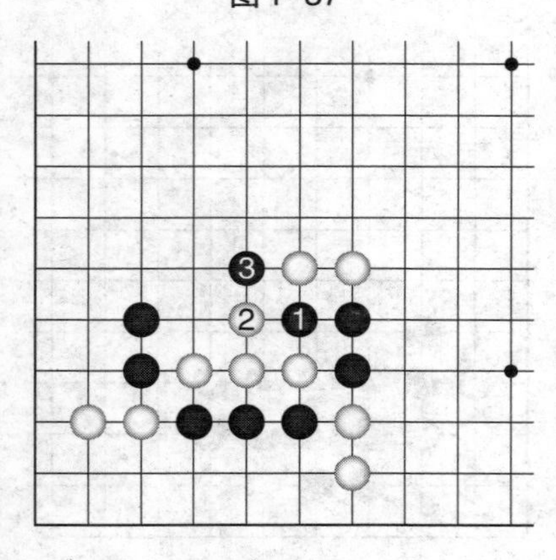

图1-38

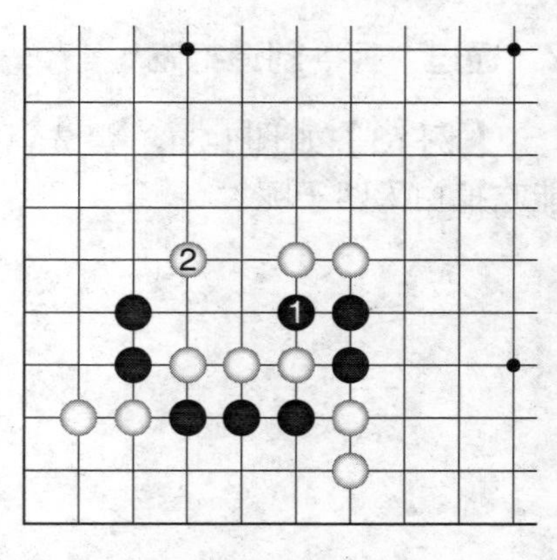

图1-39

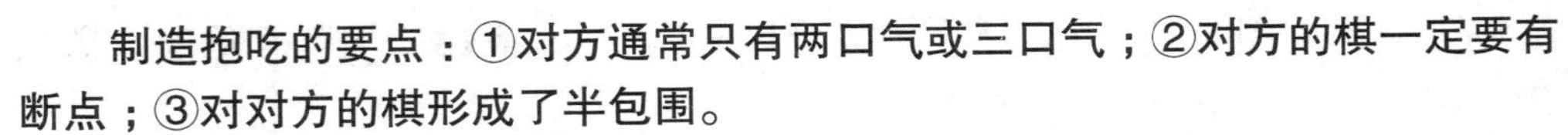

制造抱吃的要点：①对方通常只有两口气或三口气；②对方的棋一定要有断点；③对对方的棋形成了半包围。

通过几节的学习，希望同学们有制造吃子的意识，如果能够在实战中用上，那将非常了不起！

第四节　征子和制造征子

一、征子

【例15】如图1-40，黑先，怎么下能吃掉白棋，将黑棋连上呢？

如图1-41，黑1打吃，正确！此形就是要吃掉白▲一子。白2逃，黑3迎头堵上，白4逃，黑5再堵，形成征子，白棋被吃。

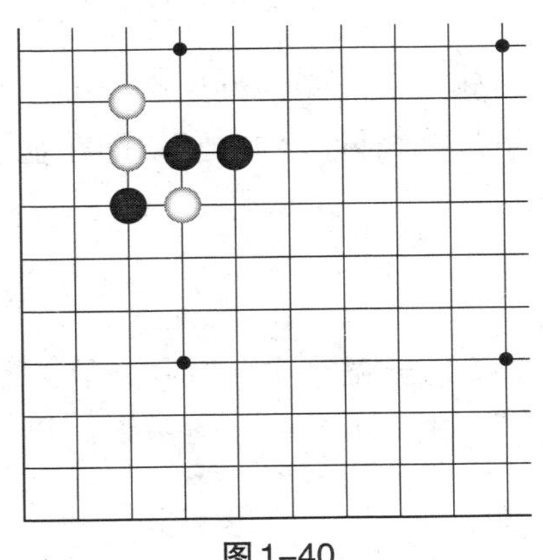

图1-40

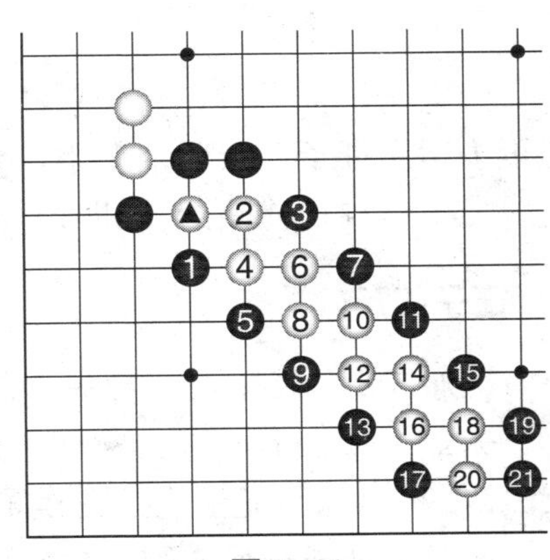

图1-41

征子的要点：①对方的棋是两口气；②对方被打吃，逃后，还是两口气；③每次要堵对方棋的头，使对方拐弯。

下面介绍几例学生在实战中出现的一些特殊的征子棋形，通过这些实例，解决征子时经常出现的几个问题。

【例16】如图1-42，实战中，白▲断，黑棋好像有危险，黑先，怎么下呢？

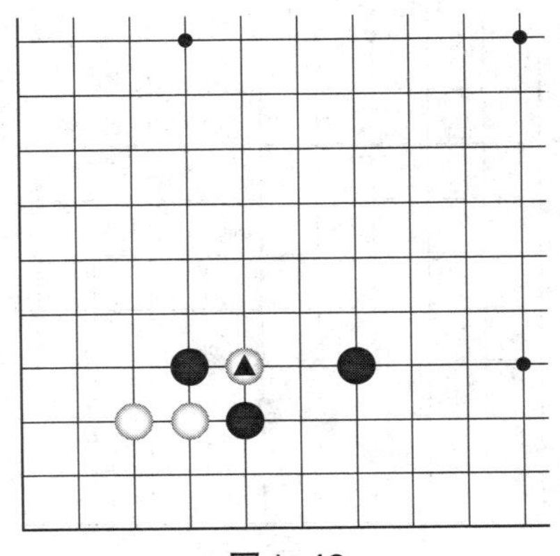

图1-42

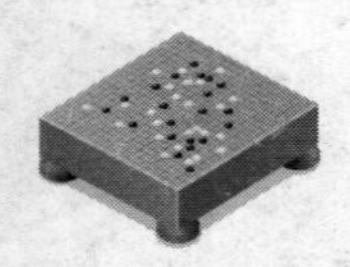

失败：如图1-43，黑1打吃，错误！白2长后，黑▲二子都有危险，黑棋失败。

正解：如图1-44，黑1从另一边打吃，好棋！至黑5形成征子。此例黑⊖一子起到关键作用，这是征子基本棋形的变例。

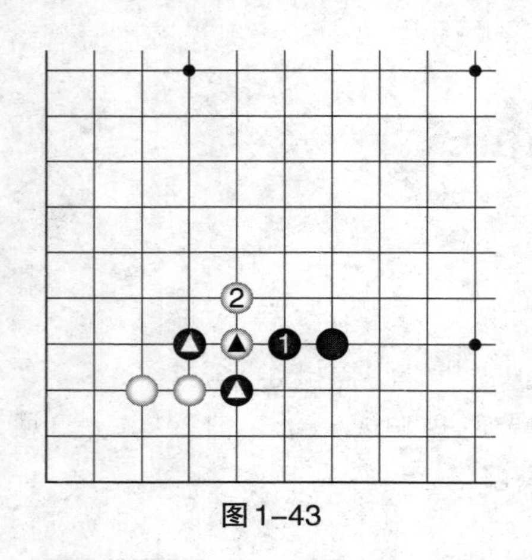

图1-43

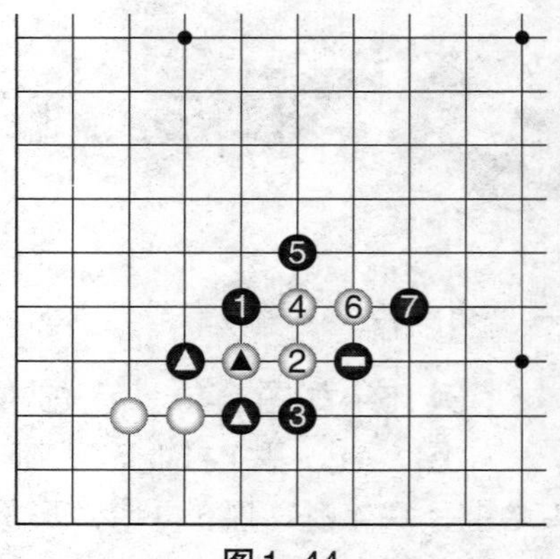

图1-44

当大家用征子时，首先要注意“接应子”问题，只有解决好这个问题，才能正确运用征子。一般情况下，有两种“接应子”，一种在“明处”，即在征子路线上；一种在“暗处”，即在征子的背后藏着。

1. 征子的方向

【例17】如图1-45，黑先，怎么下能吃掉白▲二子呢？注意白⊖一子。

失败：如图1-46，白⊖一子叫作“接应子”。黑1打吃，方向错误。以下至白6，黑棋已经无法吃掉白棋了。

注意：征子一旦失败，会出现许多双吃。

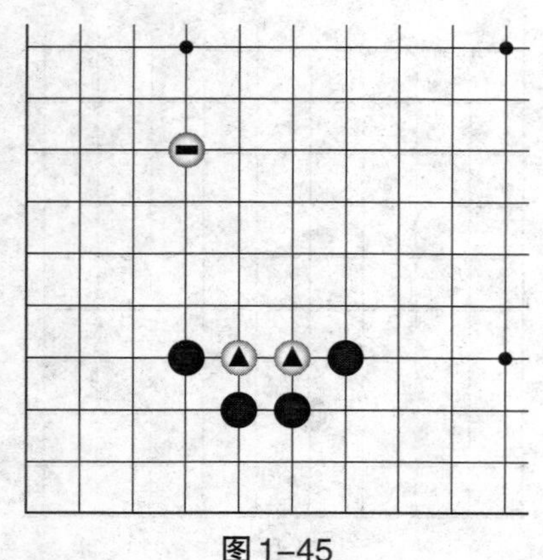

图1-45

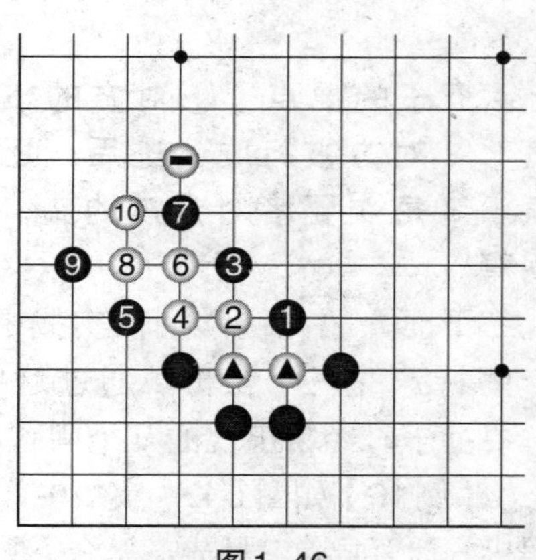

图1-46

正解：如图1-47，黑1打吃，方向正确！以下至黑5，形成征子。黑棋利用方向巧妙地绕过“接应子”，黑棋成功。白⊖子就是明处的接应子。

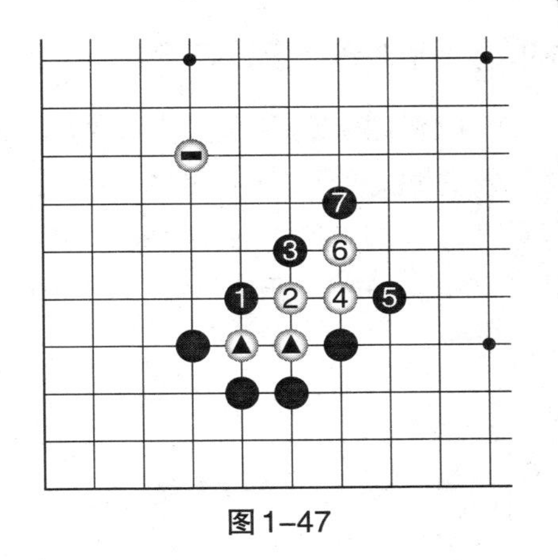

图1-47

【例18】如图1-48，黑先，怎样才能吃掉白▲二子，救出黑△二子呢？

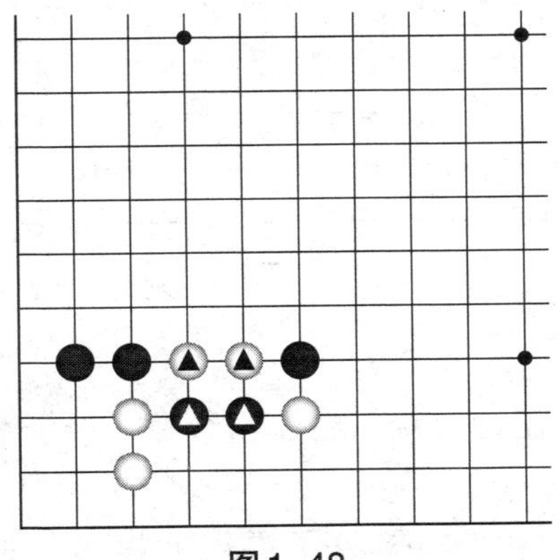
图1-48

失败：如图1-49，黑1打吃，以下至白4，由于有白⊖子，黑⊖被打吃，黑棋已经无法再吃掉白棋了。白⊖子就是暗处的接应子。

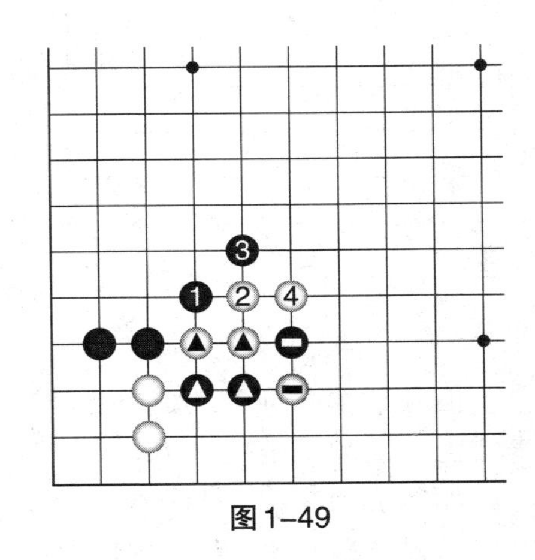

图1-49

正解：如图1-50，黑1打吃，白2逃，至黑3，形成征子，白棋被吃，黑△二子得救。这也就是前面介绍过的——往己方强的方向驱赶对方。

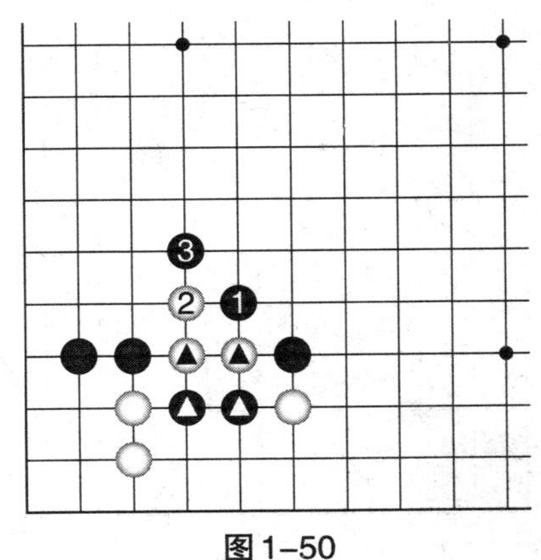

图1-50

2. 判断“接应子”的方法

【例19】如图1-51，黑1后，形成征子，白棋不能逃脱。一般情况，若在两条虚线之间或在虚线之上有白子，都是接应子。请大家自己验证。这是一个简单有效的判断方法。

如图1-52，白▲一子正好在虚线上，经过白2至白16，白棋逃跑成功。

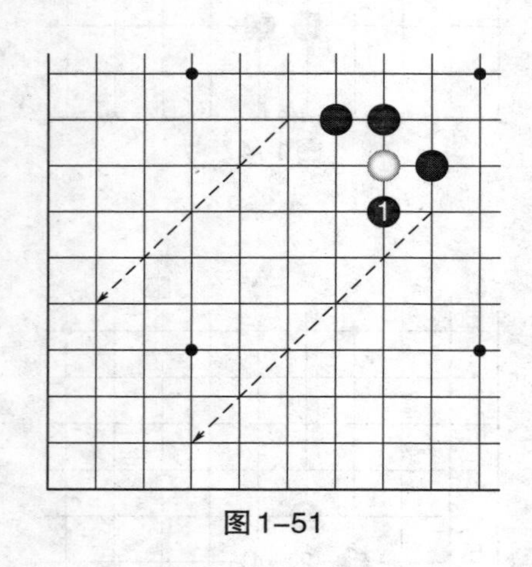

图1-51

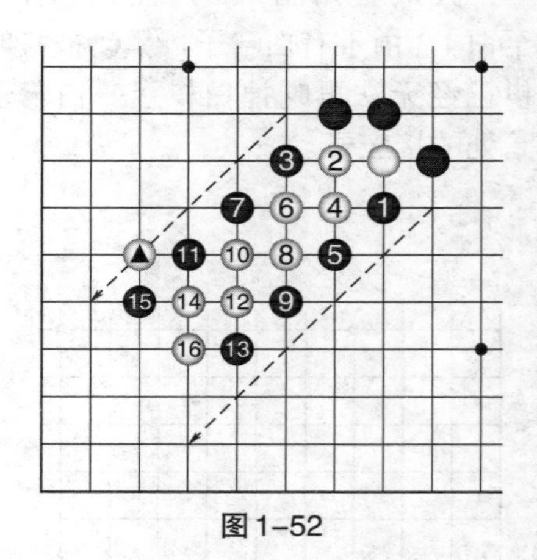

图1-52

但凡事都有例外，这也正是围棋的魅力所在。如图1-53，粗看白▲一子在虚线上，但却不是接应子。

如图1-54，黑1征子至黑19，征子成功，由于白▲一子更靠近棋盘的边缘，黑棋有黑19的手段，使它失去了“接应子”的作用。

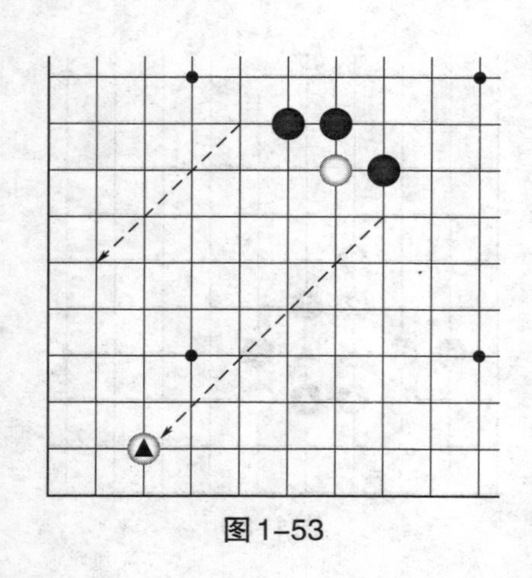

图1-53

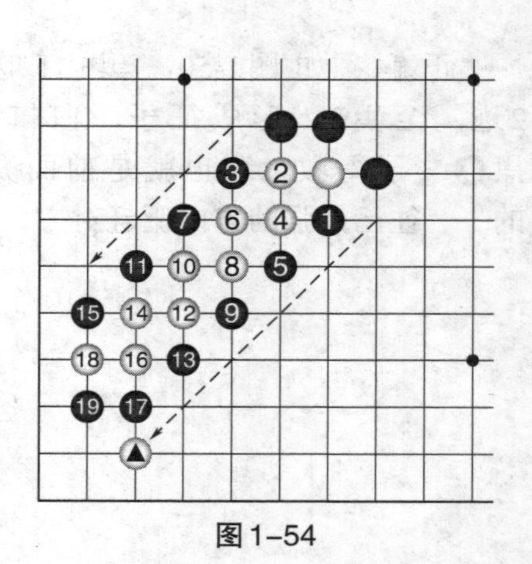

图1-54

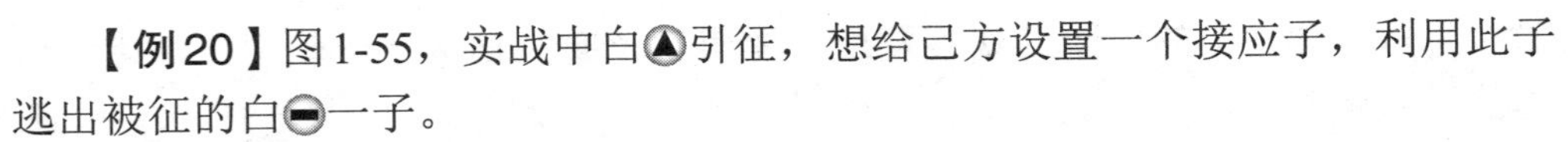

【例20】图1-55，实战中白▲引征，想给己方设置一个接应子，利用此子逃出被征的白⊖一子。

如图1-56，白棋虽然和白▲一子连上了，但还是被吃了。这是因为白▲一子虽然是接应子，但黑△二子更强大，白▲一子失去了作用。

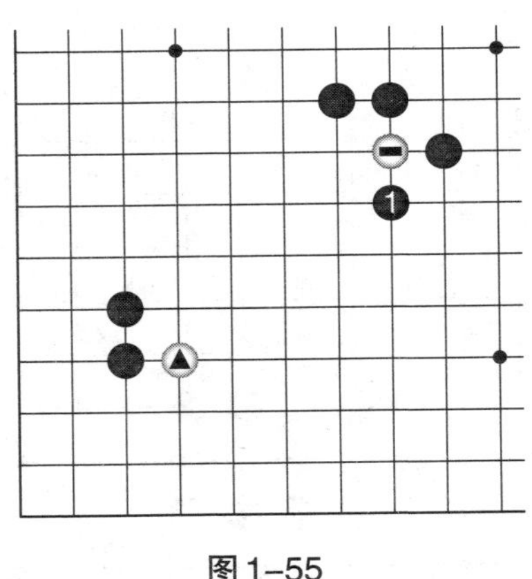

图1–55

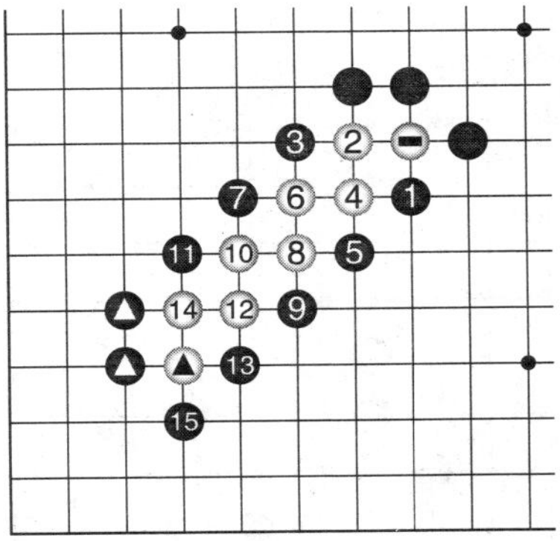

图1–56

注意：①接应子不要离棋盘边角过近；②接应子在对方过于强大时可能会失去作用。

征子是吃子方法中比较复杂的一种。用征子时，首先，要看有没有接应子，若有，看看能不能绕过去；其次，要注意打吃的方向，千万不能堵错地方。此外，大家要学会判断接应子的方法，还要学会“引征”等。征子的内容比较多，希望大家反复练习，认真体会。

二、制造征子

1．利用“打吃”制造征子

【例21】如图1-57，黑白双方相互纠缠，现在该黑棋下，走哪好呢？

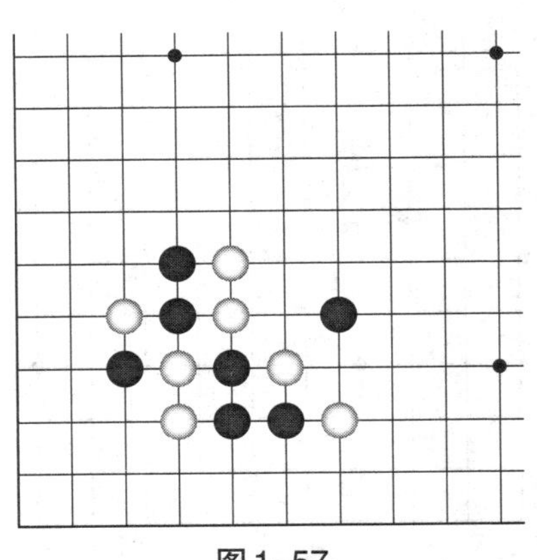

图1–57

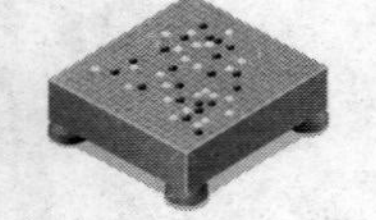

正解：如图1-58，通过观察发现，黑棋应该吃掉白▲一子，将三个黑棋救出。黑1断打，正着！白2连，黑3征子。

黑1下在白2处行吗？请大家验证。

变化：如图1-59，黑1断打时，白2应该长出，黑3再提，这是双方的正确变化。

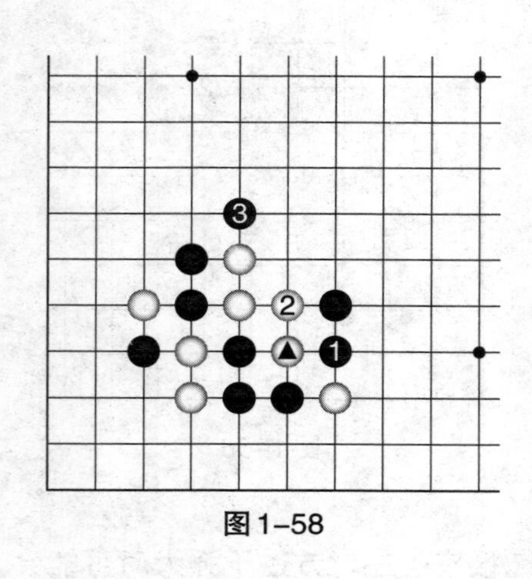

图1-58

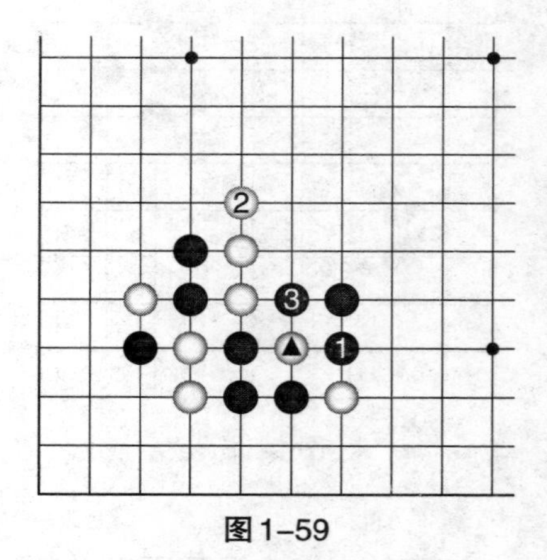

图1-59

2. 利用“长”制造征子

【例22】如图1-60，此例棋形很简单，黑先，怎么下呢？

如图1-61，黑1长，好棋！正所谓“扭断长一方”。下一步，黑棋A位征子和B位打吃两点必得其一。想想看，黑1还可以怎样下？

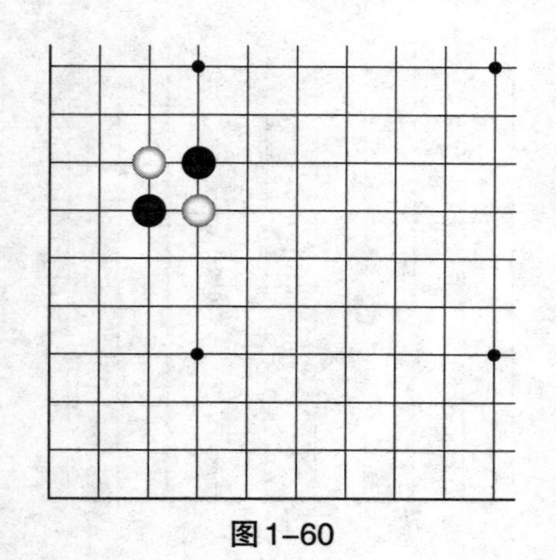

图1-60

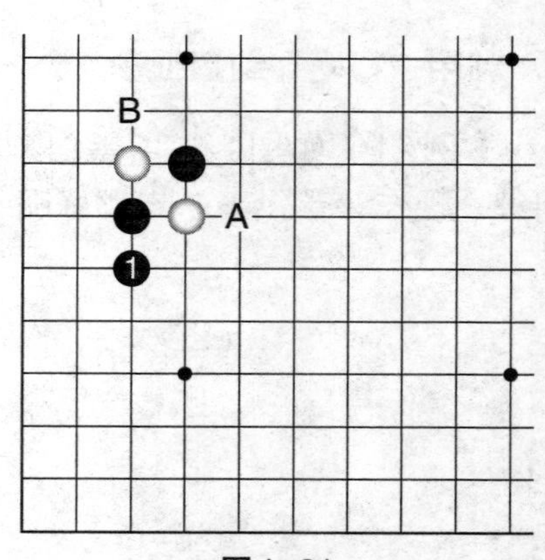

图1-61

3. 利用“断”制造征子

【例23】如图1-62，黑白双方在角部纠缠，黑先，怎么下好呢？

正解：如图1-63，黑1断，好棋！下一步A位征子和B位打吃两点必得其一。

变化：如图1-64，黑1断时，白2打吃，黑3立，白4挡，黑5拐，如白6长，则黑棋以下可征吃白棋。

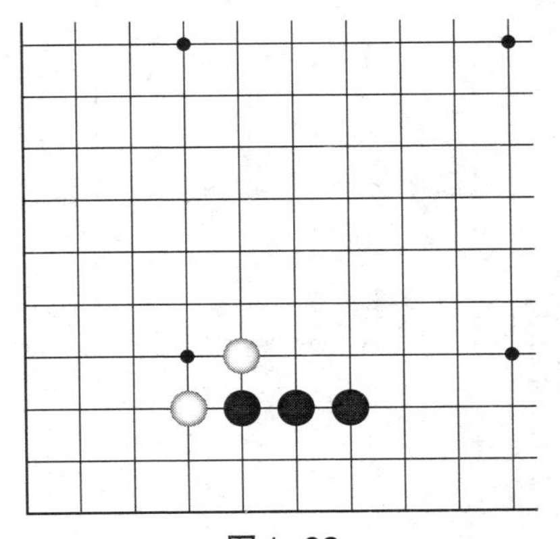

图1-62

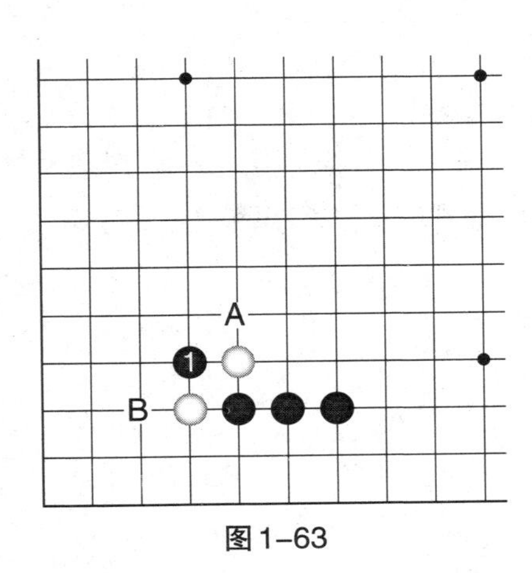

图1-63

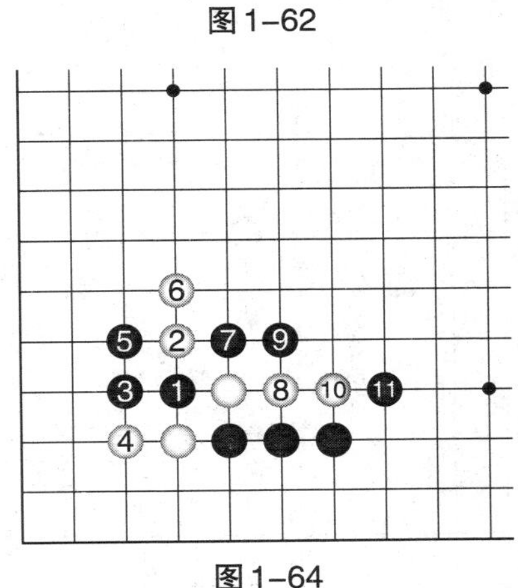

图1-64

【例24】如图1-65，这是学生的实战，现在黑棋被白棋断开了，黑先，怎样才能吃掉白▲二子，将黑棋连上呢？

正解：如图1-66，黑1挖，好棋！将白▲二子与援兵断开。白棋有A、B、C三种下法。

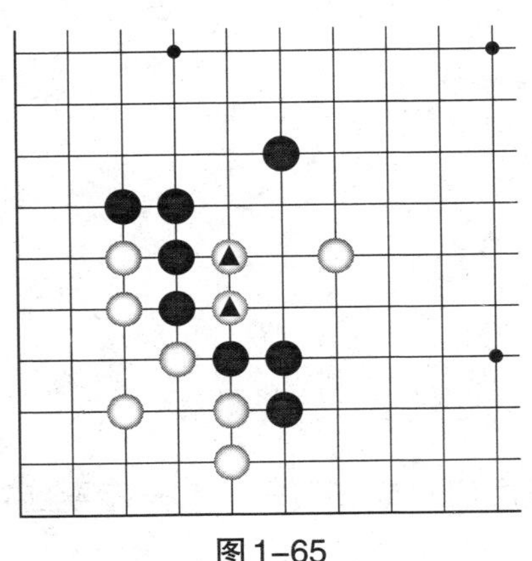

图1-65

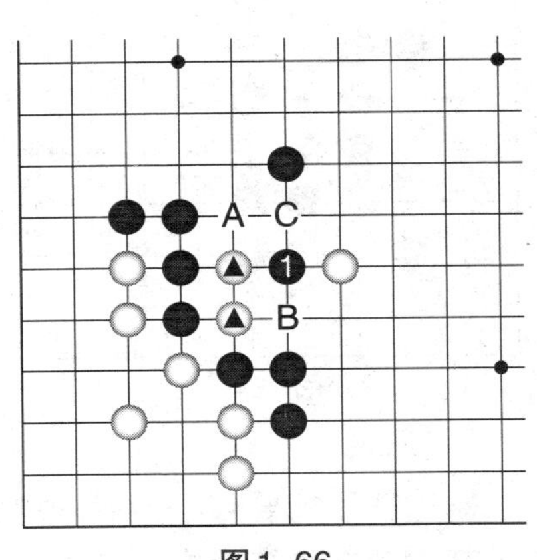

图1-66

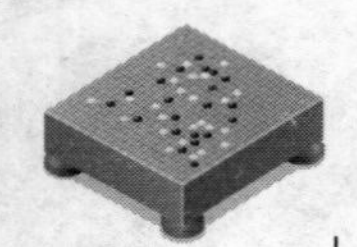

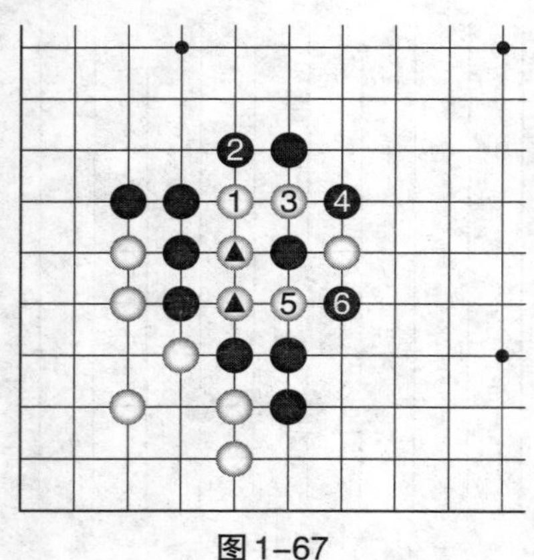

图1–67

变化1：如图1-67，白1长，黑2挡，白3打吃，黑4断打，妙着！白5提，黑6打吃，白棋被吃。

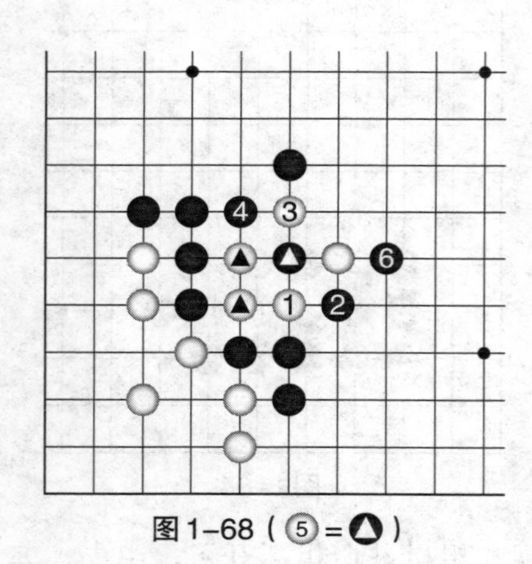

图1–68（⑤=▲）

变化2：如图1-68，白1打吃，黑2断打，妙着！白3提，黑4打吃，白5在▲位连，黑6征子，白棋被吃。

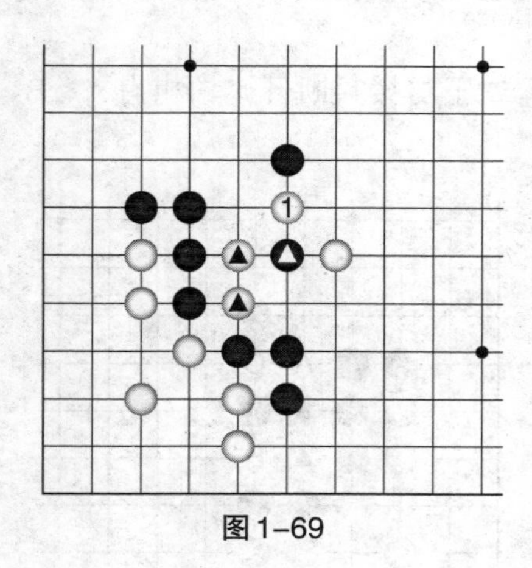

图1–69

如图1-69，白1打吃，黑棋该怎么下呢？请大家自己验证。

制造征子的要点：①对方的棋气数通常是两口气或三口气；②一定要断对方；③对对方的棋形成半包围。

第五节　枷吃和制造枷吃

一、枷吃

【例25】如图1-70，黑先，怎么下才能吃掉白▲一子呢？

正解：如图1-71，黑1枷，好棋！以下，白棋若下A位，黑棋则下B位。白▲一子无法逃脱，黑棋成功。黑1枷，起到封锁白▲一子出路的作用。

请大家注意观察，黑棋的棋形，看看在什么情况下可以用枷吃。

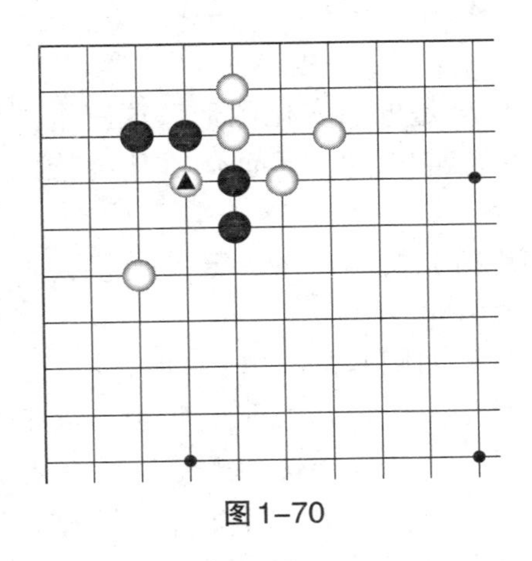

图1-70

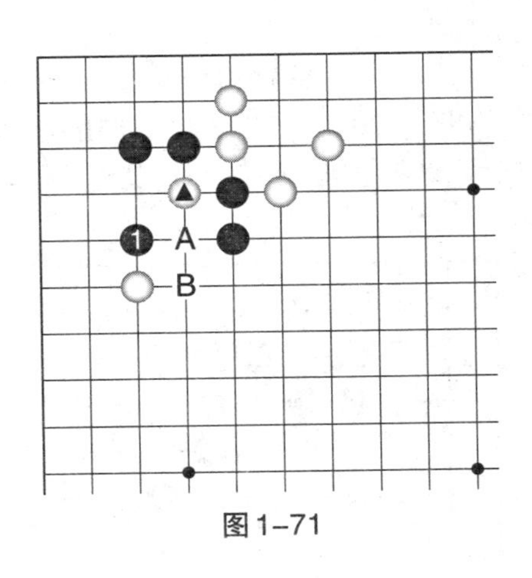

图1-71

【例26】如图1-72，黑先，下在哪里能吃掉白▲二子？

正解：如图1-73，黑1枷，好棋！白▲二子无论下在哪儿都逃不掉了。

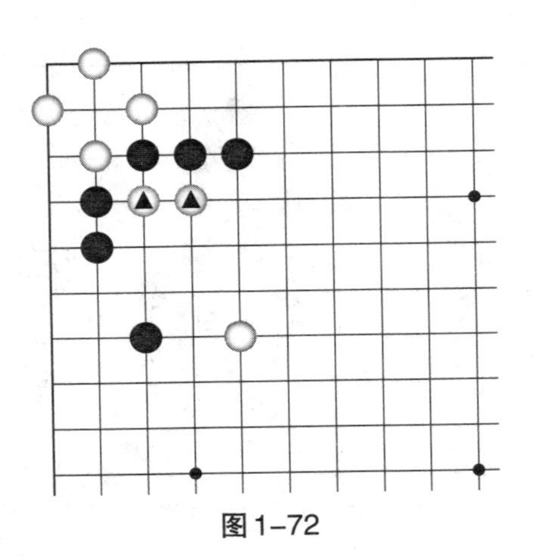

图1-72

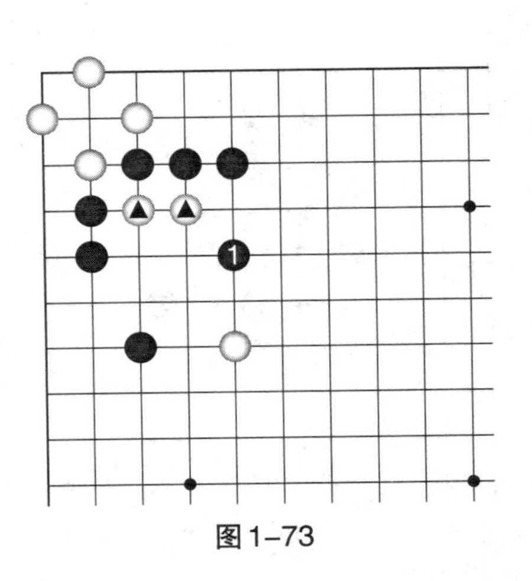

图1-73

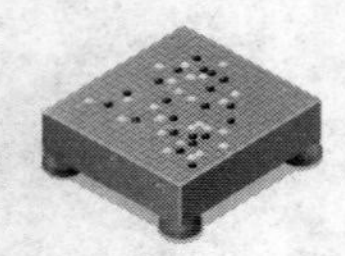

【例27】如图1-74，黑先，怎么下才能吃掉白▲一子？

正解：如图1-75，黑1打吃，好棋！白2逃，黑3枷，正确！白棋被吃。

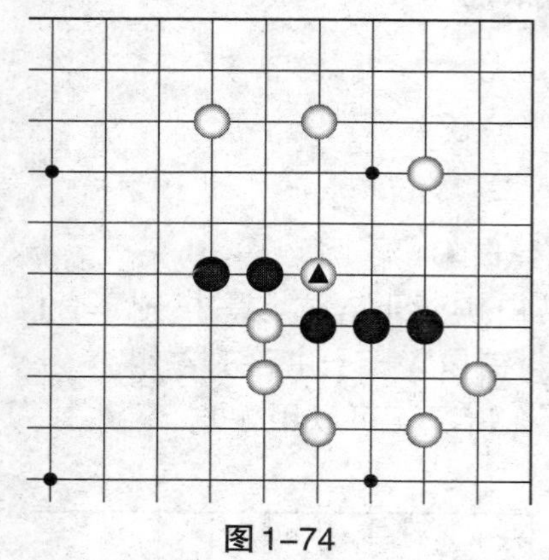

图1-74

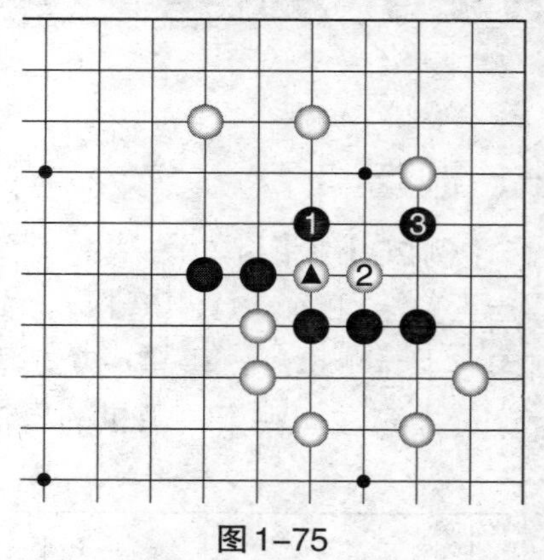

图1-75

图1-70、图1-72，是枷的基本图形，图1-74是枷的变化图形。这三个图形大家务必要牢记，尤其是图1-74，实战中经常出现。下面介绍几种特殊的枷吃。

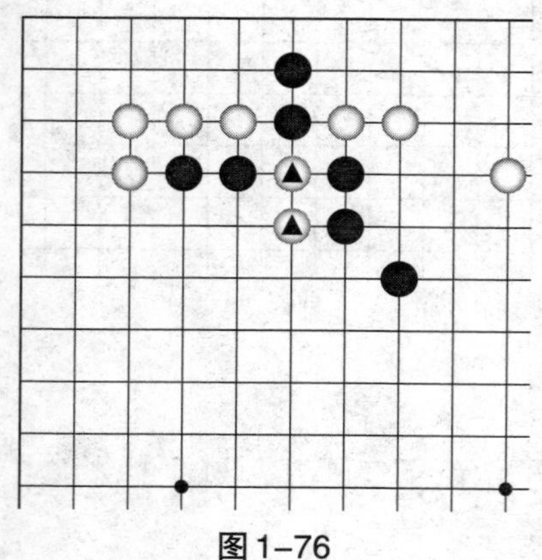

图1-76

【例28】如图1-76，黑先，怎么走才能吃掉白▲二子呢？

失败：如图1-77，黑1打吃，征子，不好。由于左边黑棋二子气数少，以下至白6，形成打吃，黑棋失败。

正解：如图1-78，黑1枷，好棋！由于有黑△一子，白▲二子逃不掉。枷吃的基本棋形是黑△一子在A位，本例黑△一子有所移动，实战中像这样的棋形很多。

图1-77

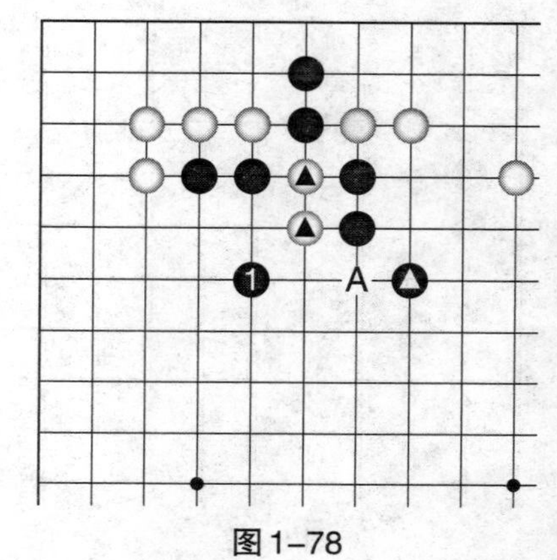

图1-78

【例29】如图1-79，黑△二子被白棋包围了，只有吃掉白▲二子，黑棋才能得救。现在黑先，走在哪里好呢？

失败：如图1-80，黑1打吃，不好。白2逃，以下至白6，白棋已经连上了，黑棋无法吃掉白棋。

正解：如图1-81，黑1枷，正确！白2逃，黑3堵，白棋被吃，黑棋成功。请大家想想一线的枷吃与中间的枷吃棋形有什么不同？

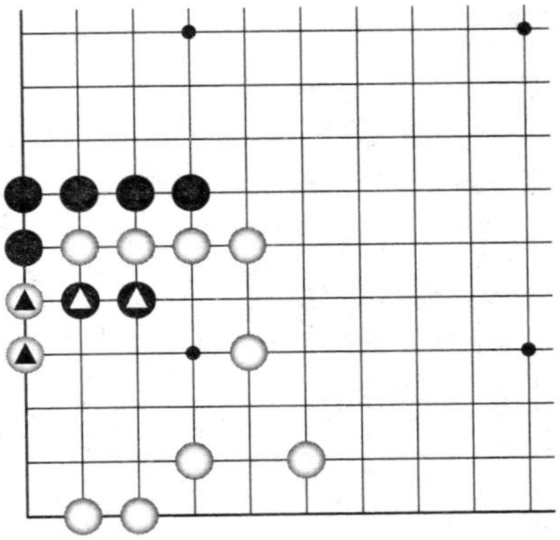

图1-79

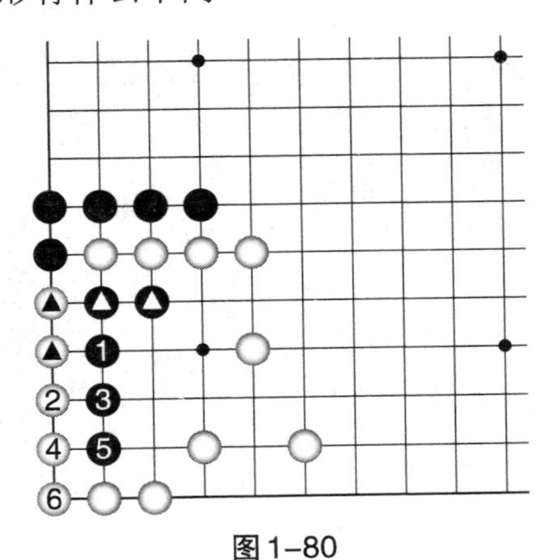

图1-80

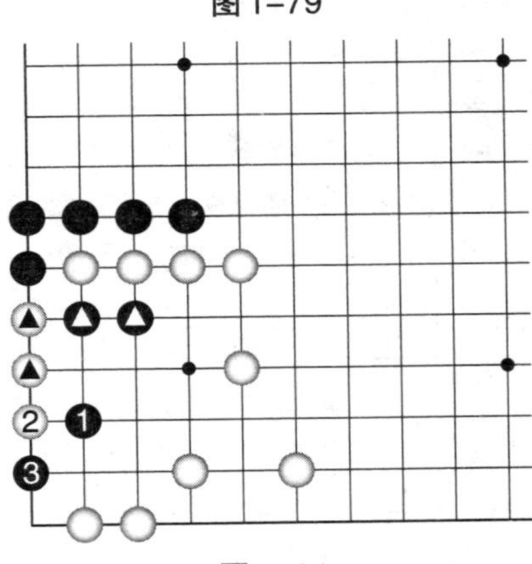

图1-81

【例30】如图1-82，此例是学生实战中出现的棋形，角上的白棋已经活了，黑棋被白棋断开，黑先，怎样才能吃掉白▲三子呢？

失败：如图1-83，黑1枷，是初学者最容易想到的一步棋。但经过白2至白8，白棋利用打吃向外逃，黑9只能长，白10长出，黑棋无法吃掉白棋了。

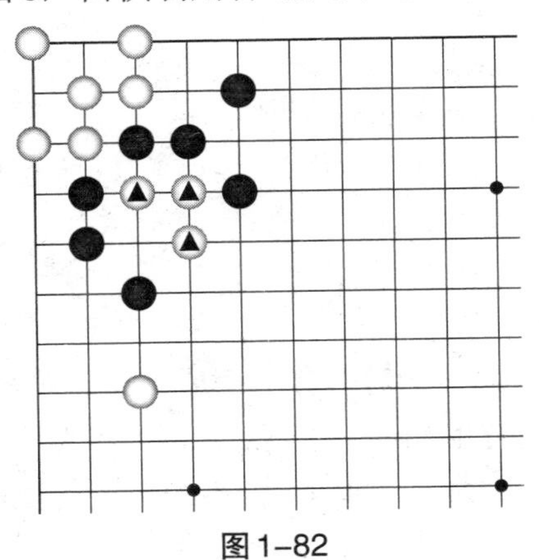

图1-82

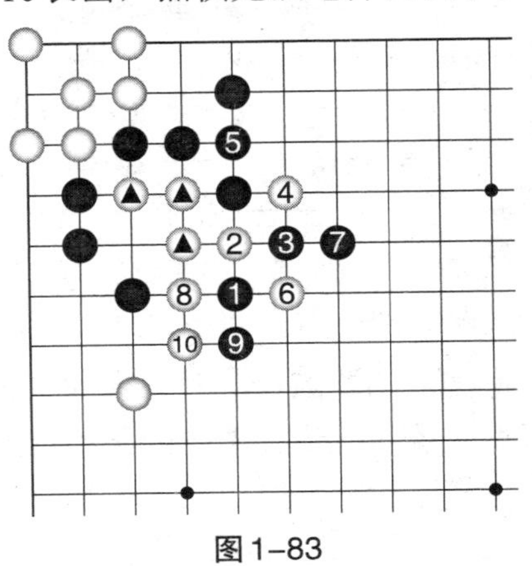

图1-83

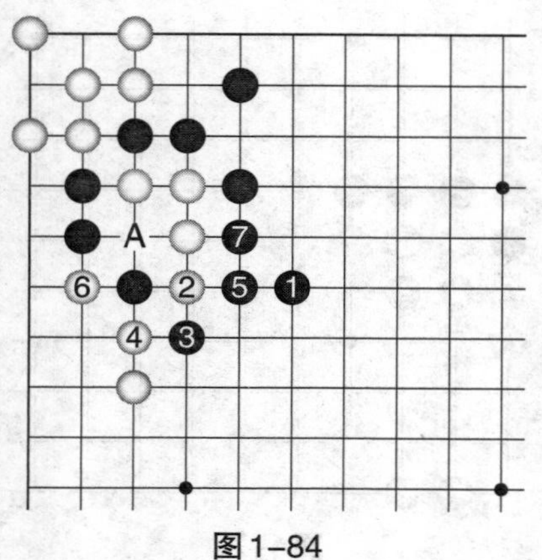

图1–84

正解：如图1-84，黑1飞在这边，正确！以下至黑7，白棋被吃。注意：使用飞枷（飞封）时，要飞在己方易被打吃的一边。

想一想：黑7在A位连也可以吃掉白棋，二者有什么不同呢？

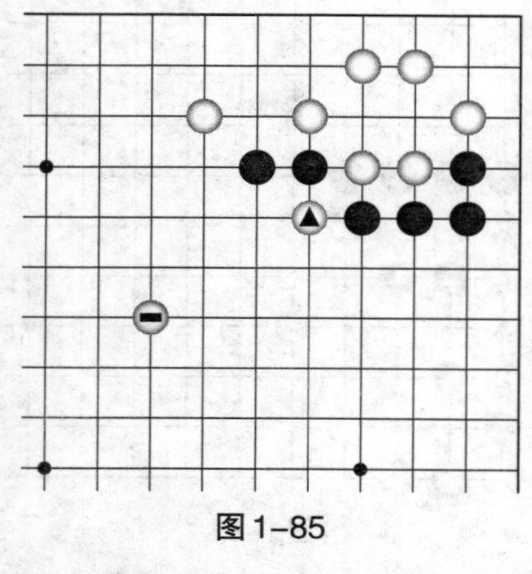
图1–85

【例31】如图1-85，此例选材于学生的实战对局。黑先，怎么下能吃掉白▲一子呢？

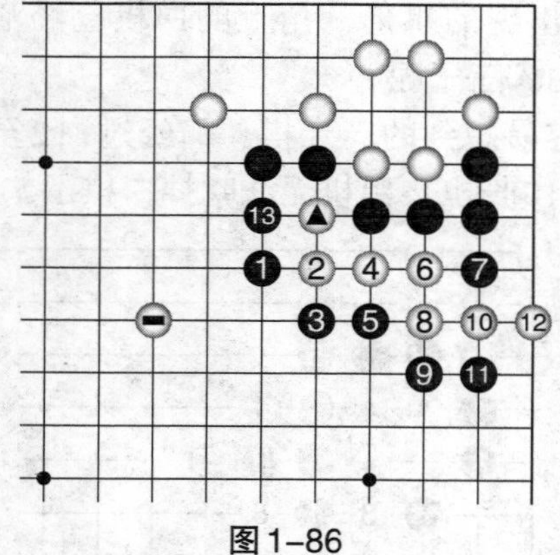
图1–86

如图1-86，由于有白⊖一子的存在，黑棋无法征吃白棋。黑1枷，好棋！以下至黑13，白棋被吃。

枷吃的要点：①对方棋的气数少；②两边都要比对方多一子或一边至少要多两个子；③走在要吃的子的斜方向，封住对方的出路。

枷吃也称封吃，主要包括：标准的枷吃、变形的枷吃、飞枷、虚枷等。特别是变形的枷吃在实战中经常出现，请大家反复练习，掌握枷吃的本质。

二、制造枷吃

1. 利用“打吃”制造枷吃

【例32】如图1-87，由于有白⊖一子的存在，黑棋无法征吃白棋。黑先，怎么下能吃掉白▲二子呢？

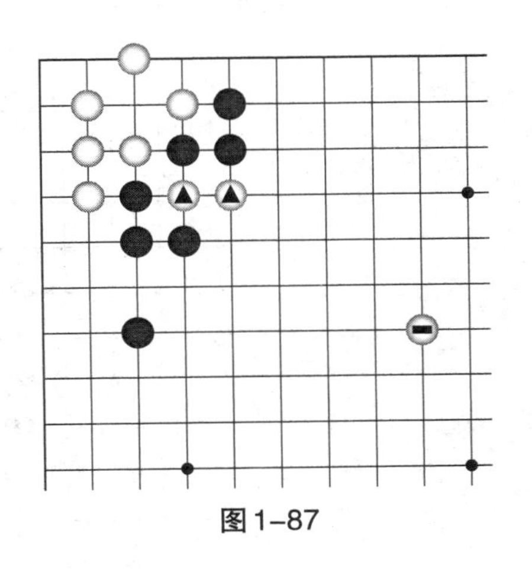

图1-87

失败：如图1-88，黑1枷吃，坏棋！白2逃，黑3扳，白4长出，黑棋已经无法吃掉白棋，而自身已四分五裂。

正解：如图1-89，黑1打吃，白2逃，黑3枷吃，好棋！以下至黑7，白棋无路可逃，黑棋成功。注意：黑棋能够用枷吃，主要是因为有黑△一子。

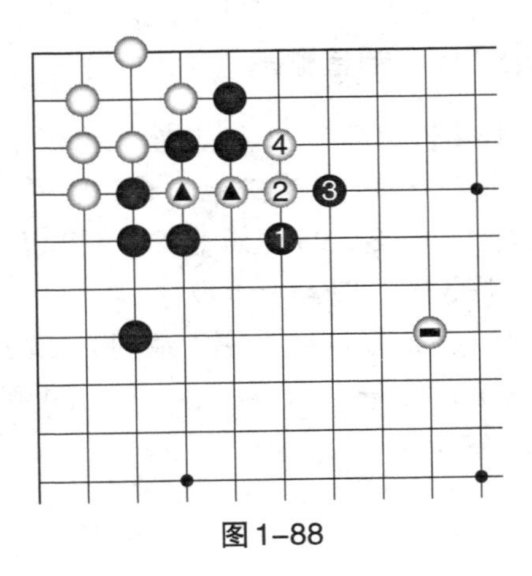

图1-88

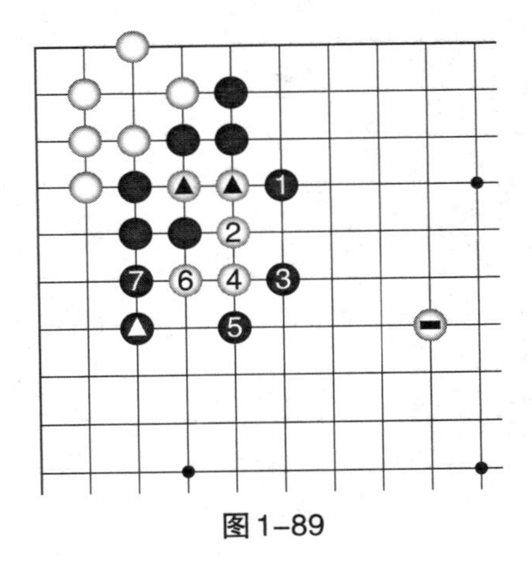

图1-89

2. 利用“长”制造枷吃

【例33】如图1-90，这是学生实战中的图形。黑先，怎么下才能救出被围的六个黑子？

提示：注意找白棋棋形的缺陷。

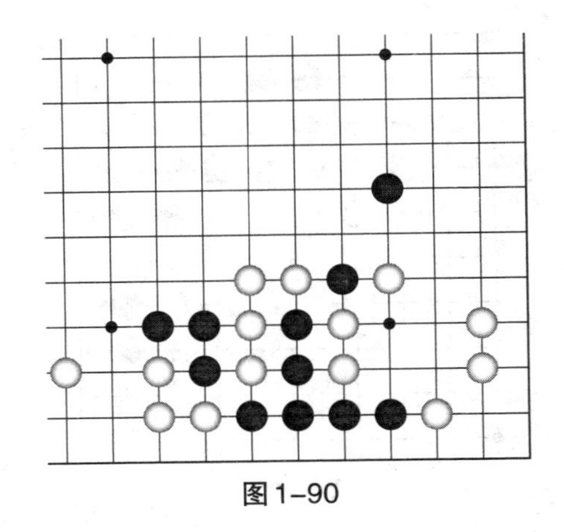

图1-90

正解：如图1-91，黑1长，当然的一手。下一步有A位的门吃和B位的枷吃，A、B两点黑棋必得其一。

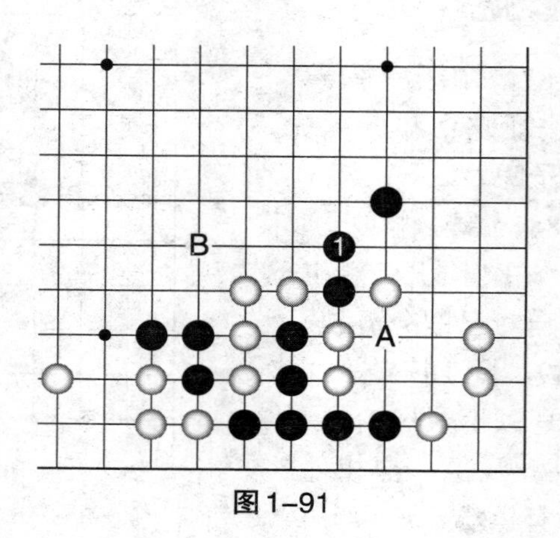

图1-91

图1-92

3. 利用“靠”制造枷吃

【例34】如图1-92，黑先，怎么下能吃掉白▲一子或吃掉白⊖一子？

正解：如图1-93，黑1靠，好棋！白2退，黑3枷，白▲一子被吃。

变化：如图1-94，黑1靠时，白2长，黑3扳，白⊖一子被吃，边上的黑△三子就安全了。

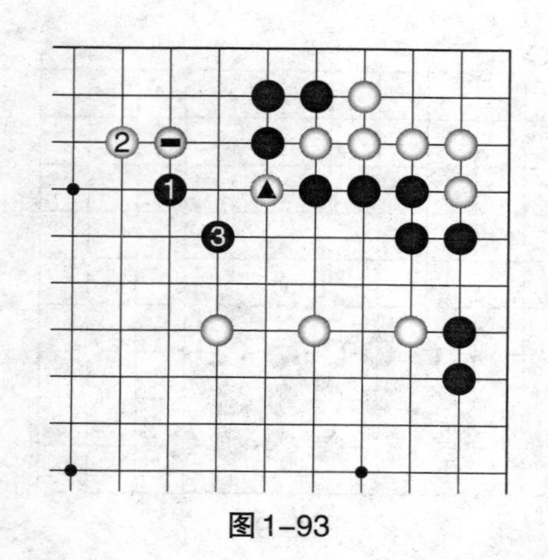

图1-93

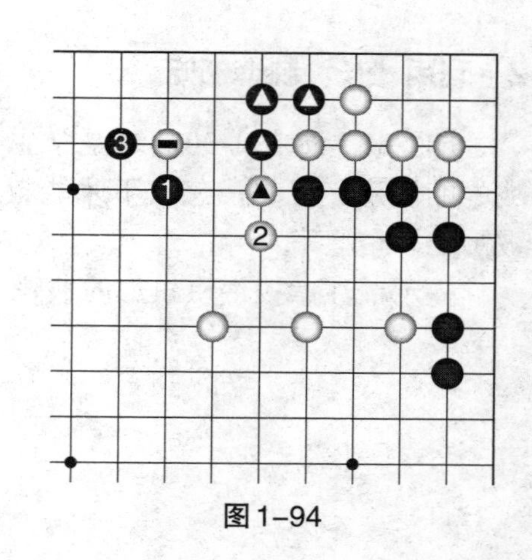

图1-94

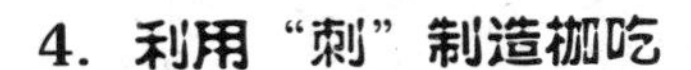

4. 利用“刺”制造枷吃

【例35】如图1-95，黑先，怎么下能吃掉白▲一子或对边上的白棋构成威胁呢？由于有白━一子接应，黑棋不能征吃白棋。

提示：黑棋需要做些准备工作。

失败：如图1-96，黑1拐打（初学者最容易下的棋），坏棋！白2长出，白棋气数越来越多，黑棋失败。

正解：如图1-97，黑1尖刺，妙！白2连，黑3打吃，白4长，黑5枷吃，好棋！白棋被吃。

强调：黑1尖刺有两个目的，一个是要枷吃，另一个是要在白2处断。白棋不能两全。

变化：如图1-98，黑1尖刺时，白2若长，黑3冲，白4挡，黑5断，以下A、B两点必得其一，黑棋成功。

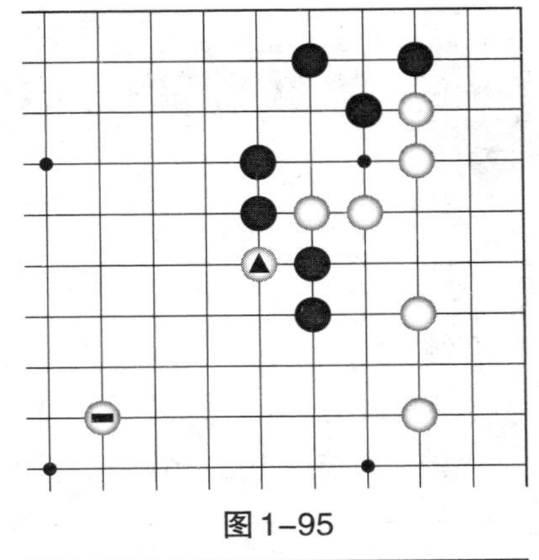

图1–95

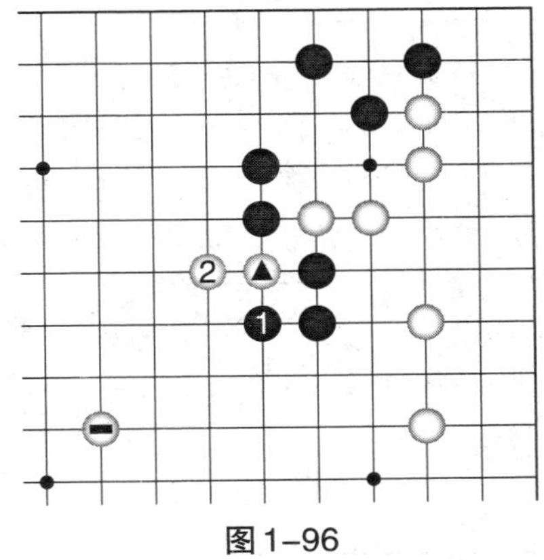

图1–96

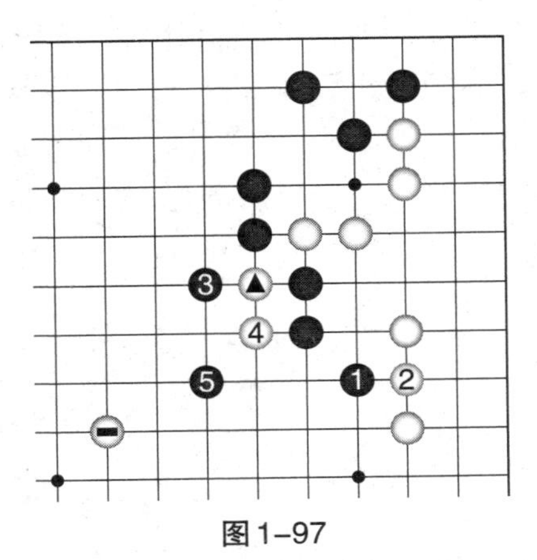

图1–97

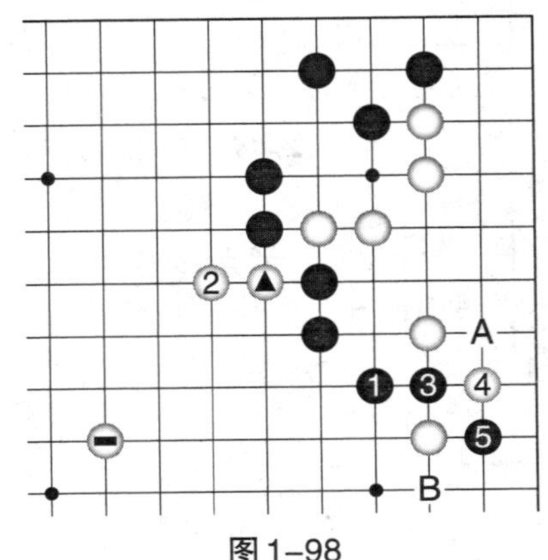

图1–98

制造枷吃的要点：①对方的棋气数通常是两口气或三口气；②一定要往枷的基本棋形上凑；③重点掌握几种枷吃的变例。

下棋时，如果想给对方制造出枷吃，那就必须熟练掌握枷吃各种类型，特别是变形的枷吃，头脑中要有枷吃的图形。在实战中，看见对方的棋形有点像枷吃时，要想办法走出枷吃的棋形，哪里缺棋子就往哪里凑棋子。

第六节　扑、倒扑和制造倒扑

一、扑

【例36】如图1-99，黑△二子还有两口气，黑⊖二子也剩两口气，要想同时将它们救出，就必须吃掉白▲二子。黑先，怎么能吃掉白▲二子呢？

失败：如图1-100，黑1打吃，错误！白2连，黑棋无法吃掉白棋，黑棋失败。

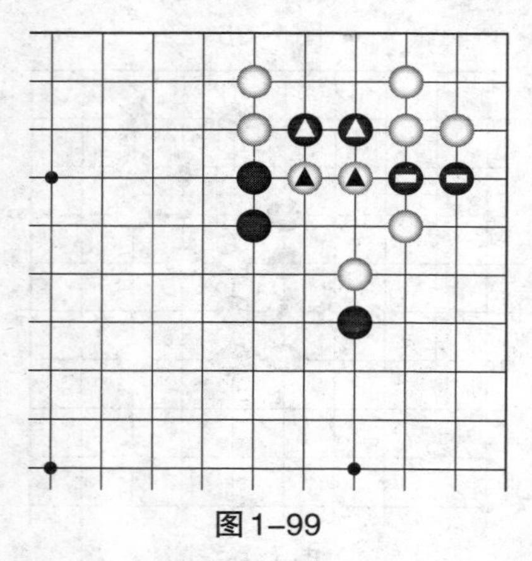

图1–99

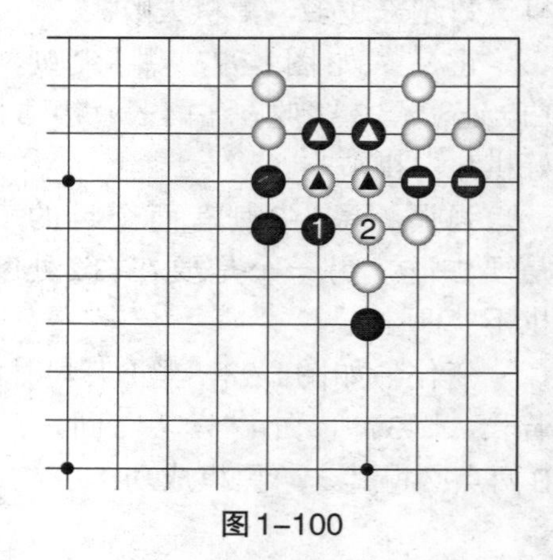

图1–100

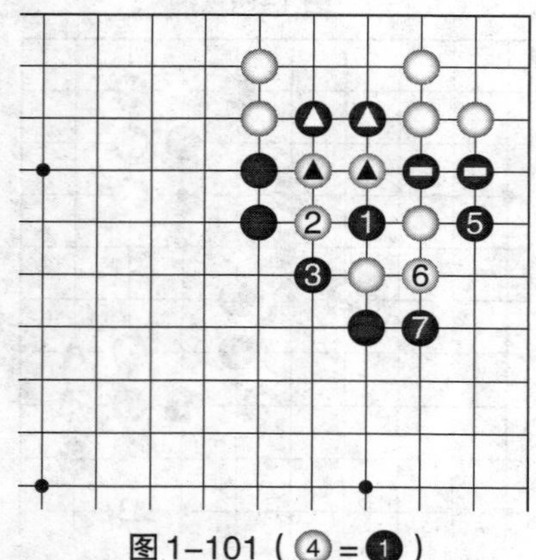

图1–101（④=❶）

正解：如图1-101，黑1下在白棋的虎口里，称为“扑”，好棋！有目的地送给对方吃。白2提，黑3再打，好棋！将对方棋的气打紧。以下至黑5、黑7形成征子。

扑的要点：①下在对方棋“断”的虎口里；②一定要有目的。

扑的作用：①断对方；②减少对方棋的气数。

扑是围棋中比较常见的手段，它能和许多吃子的方法结合在一起，产生意想不到的效果，以后，会详细介绍扑的妙用。这里请大家记住：只有下在对方棋“断”的虎口里，才叫“扑”，这步棋才有意义。

二、倒扑

【例37】如图1-102，黑△二子被白棋包围，还剩两口气；角上的黑棋也被白棋包围，两块棋都有危险，黑棋该怎么办呢？

正解：如图1-103，吃掉白▲二子是解决问题的关键。黑1勇敢地扑，送给白棋吃，好棋！白2提，黑3提光白棋。这就是倒扑。

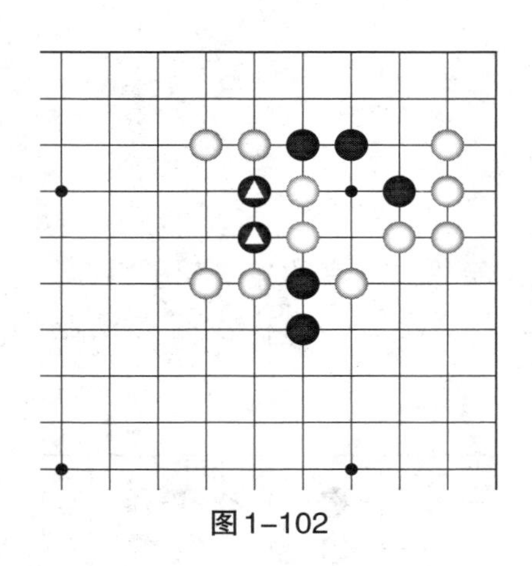

图1-102

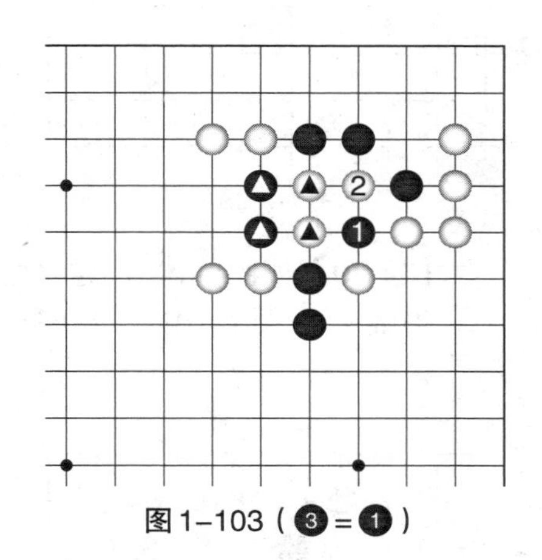

图1-103（❸=❶）

倒扑的要点：①对方的棋是两口气、有虎口；②将棋下在“断”的虎口里；③对方吃一子，己方反过来可以提掉对方数子。

倒扑是吃子的基本技巧之一，由于要先送给对方吃一子，初学者往往容易忽略。下棋时，大家要勇敢一些，要敢于弃子，一定要掌握倒扑棋形的本质，希望大家反复练习，认真体会。

三、制造倒扑

1. 利用“尖”制造倒扑

【例38】如图1-104，黑先，怎么对付白▲的打吃呢？

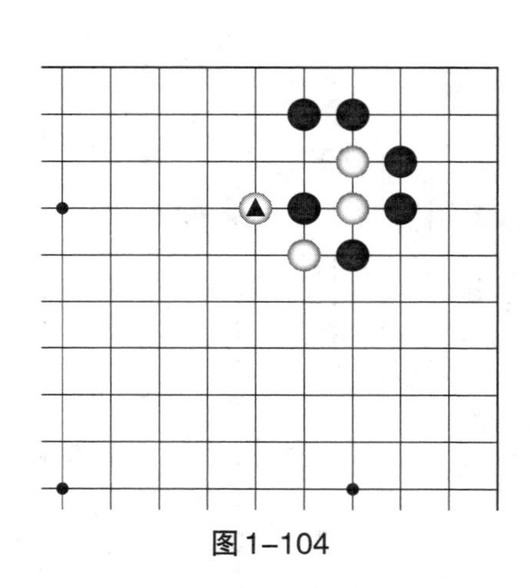

图1-104

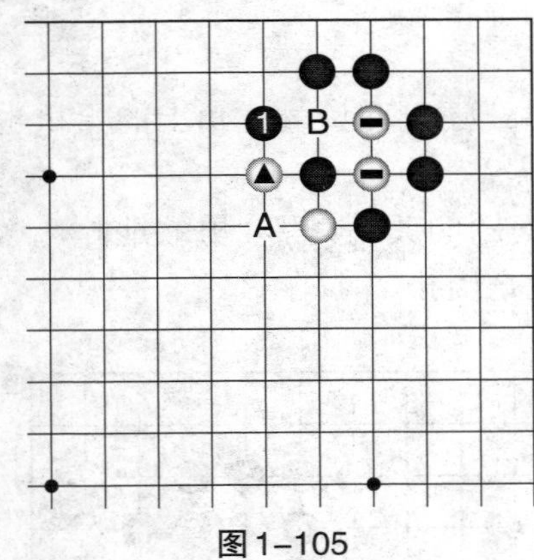

图1–105

正解：如图1-105，黑1尖，正着。给白⊖二子制造了倒扑，以后还留有A位的双吃，是一举数得的好棋。黑1如果改下在B位，是俗手！

【例39】如图1-106，这是学生的实战，黑棋二子真的被吃死了吗？

失败：如图1-107，黑1打吃，坏棋！白2连后，黑棋没有办法吃白棋了。

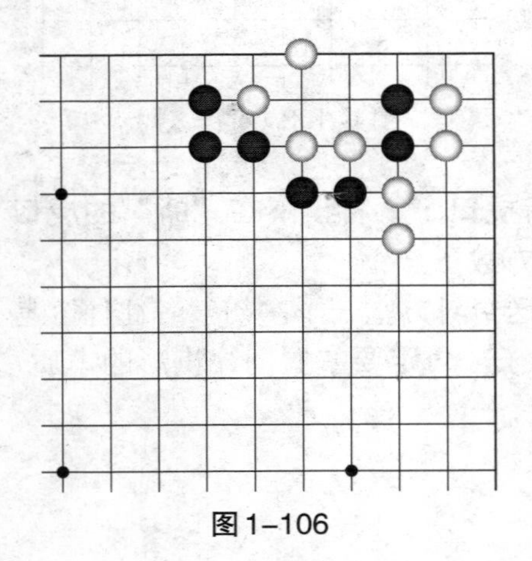
图1–106

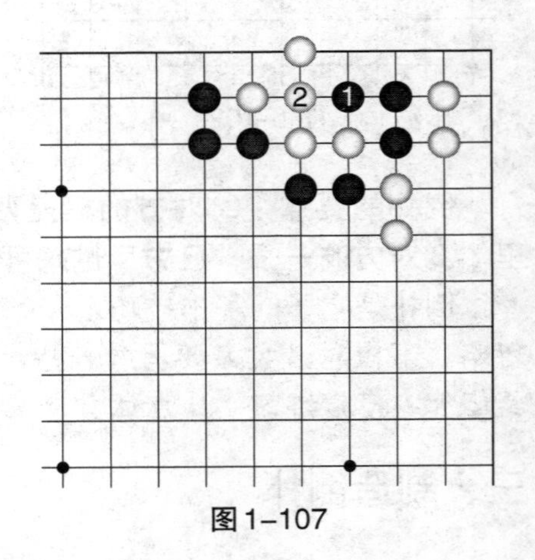

图1–107

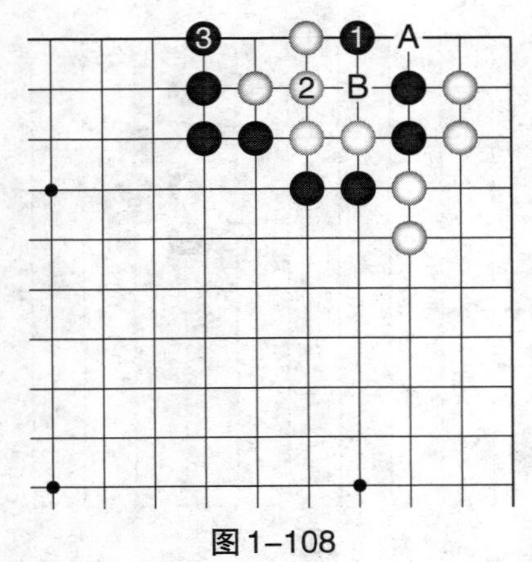

图1–108

正解：如图1-108，黑1尖，好棋！白2只能连，否则，黑棋下在2位形成倒扑。黑3立，由于白棋A、B两点不入气，白棋被吃。这就是黑棋利用制造倒扑的手段取胜的典型案例。

2. 利用“扳”制造倒扑

【例40】如图1-109，当白▲打吃黑棋时，黑棋应该怎么办呢？

失败：如图1-110，黑1提随手。白2挡，白角已活。黑棋有没有既能吃掉白棋三子，又能破坏白棋空的手段呢？

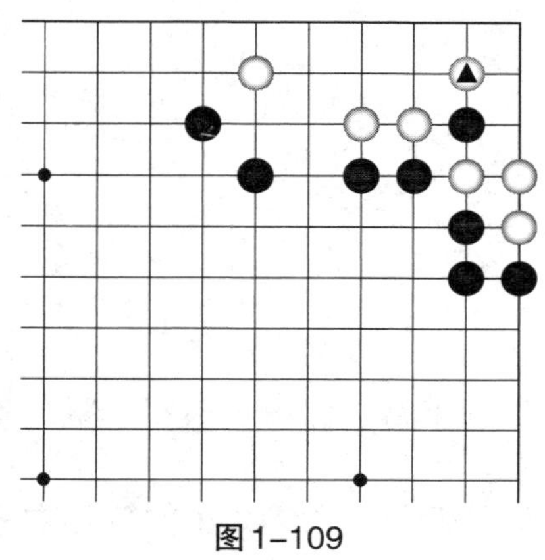

图1-109

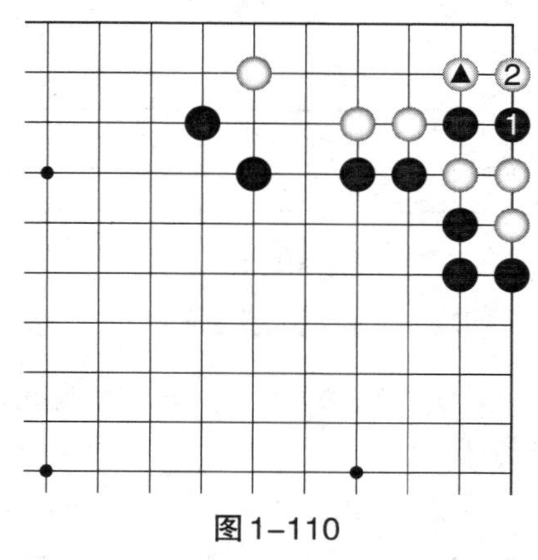

图1-110

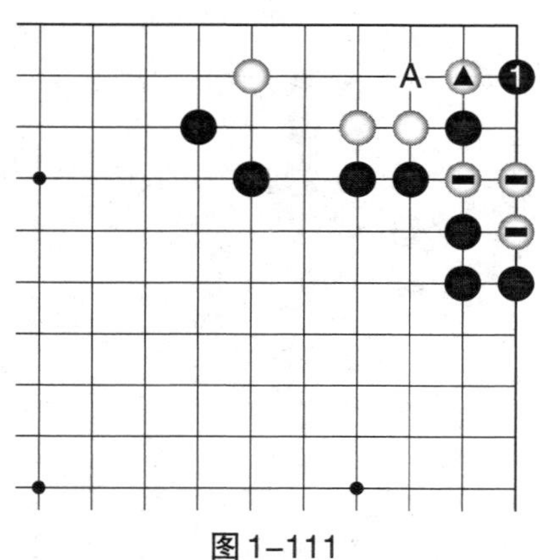

图1-111

正解：如图1-111，黑1扳，好棋！对于白⊖三子是倒扑，白棋的角小了，以后还留有A位打吃的手段。被围的白棋危险。

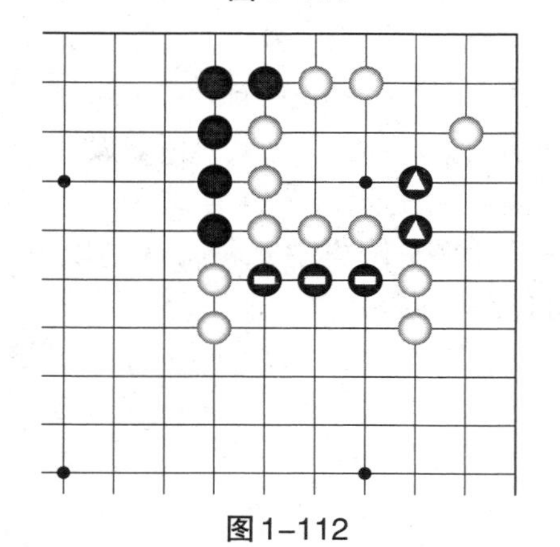

图1-112

3. 利用“断”制造倒扑

【例41】如图1-112，此为学生的实战对局。黑棋怎么下既能够救出黑▲二子，又能够救出黑⊖三子呢？

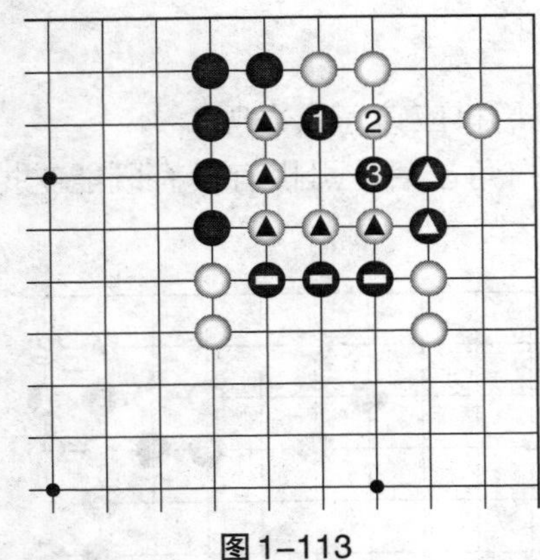

图1–113

如图1-113，经分析，吃掉白▲五子可以救出黑棋。黑1断是要点，白2打吃，黑3断打，形成倒扑，白▲五子被吃。

4. 利用“托”制造倒扑

【例42】如图1-114，角上的白棋好像眼位很丰富，但由于白棋气紧，黑棋有手段。

正解：如图1-115，黑1托，好手！A位形成倒扑。白▲二子的气比白⊖的气少，要将棋下在对方弱的一边。

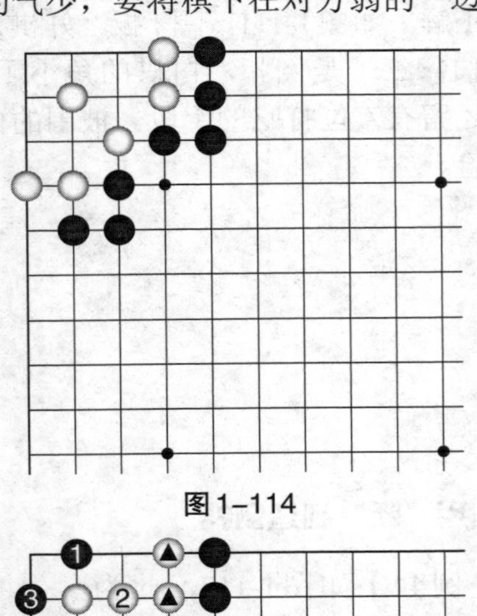
图1–114

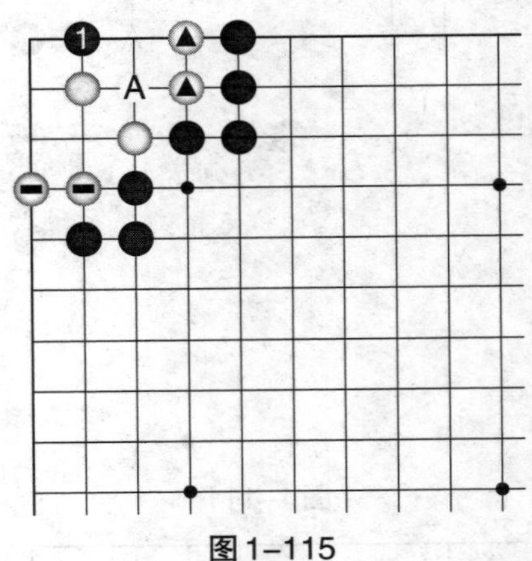

图1–115

如图1-116，白2只能连，黑3扳，白4打吃，黑5打吃，角上形成打劫。角上的白棋是活是死，关键看这个劫能不能打赢。打劫是围棋中一种特殊的现象，下文将详细介绍。

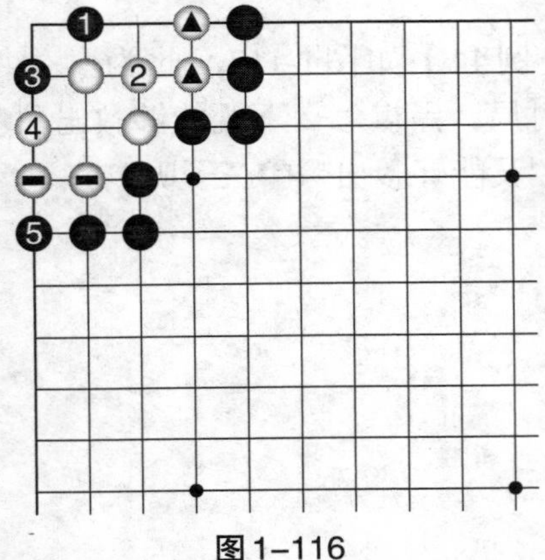

图1–116

四、双倒扑

【例43】如图1-117，黑先，角上的白棋好像已经是活棋，黑△子被吃，请大家仔细看看，黑棋有手段。

正解：如图1-118，黑1扑入，好棋！白棋不论提黑1还是黑△都是倒扑，这就是双倒扑。

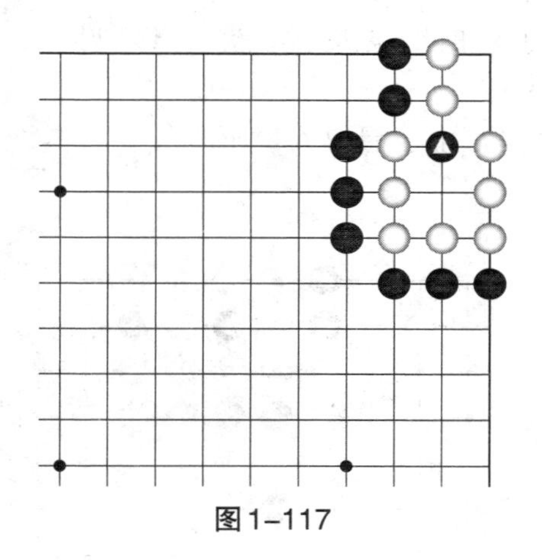

图1-117

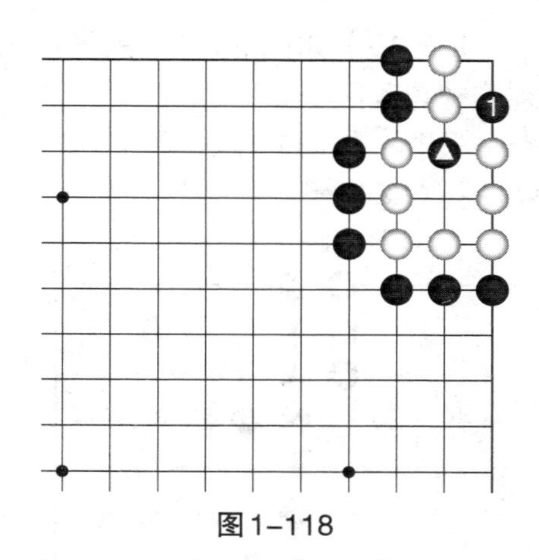

图1-118

【例44】如图1-119，角部的白棋棋形有点怪，黑棋有手段吗？请注意黑△子。

正解：如图1-120，黑1尖，好棋！由于白▲四子和白⊖三子都只有两口气，A、B两个倒扑黑棋必得其一。

扑可以和多种吃子的方法结合，将对方的棋吃掉，关于这一点在后面还会详细介绍。制造倒扑关键要掌握倒扑的基本棋形，至于双倒扑是在掌握倒扑的基础上，走一步棋同时制造两个倒扑，让对方无法防范。

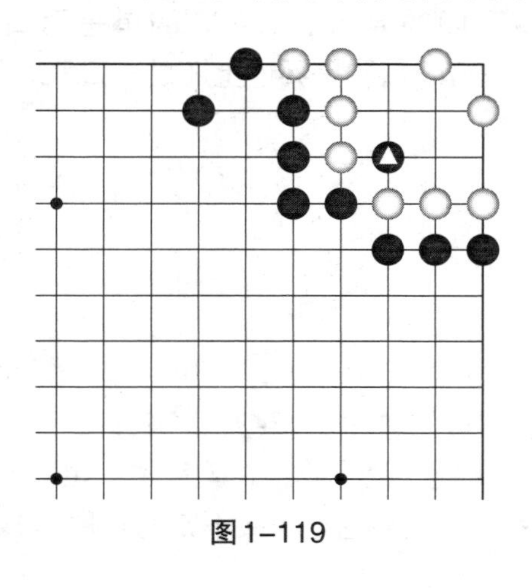

图1-119

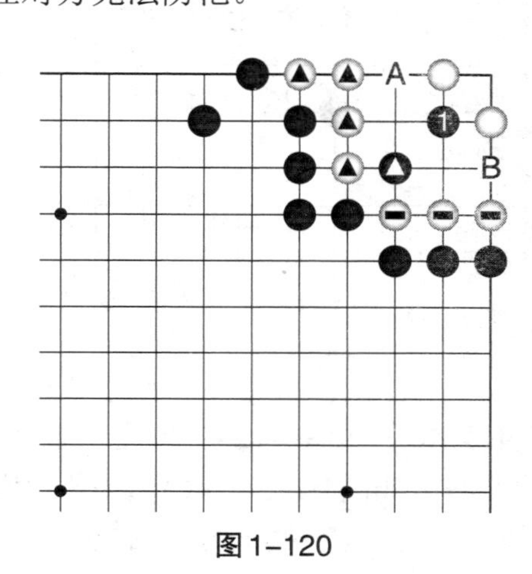

图1-120

第七节　接不归和制造接不归

一、接不归

【例45】如图1-121，黑先，三个黑△子被白棋包围了，能救出来吗？必须吃掉白▲四子。

失败：如图1-122，黑1扑，不好，白2提，由于黑棋A位不入气，黑棋无法吃掉白▲四子。

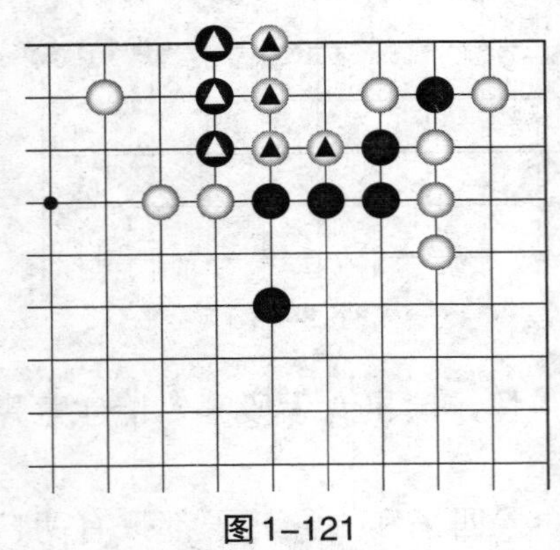

图1-121

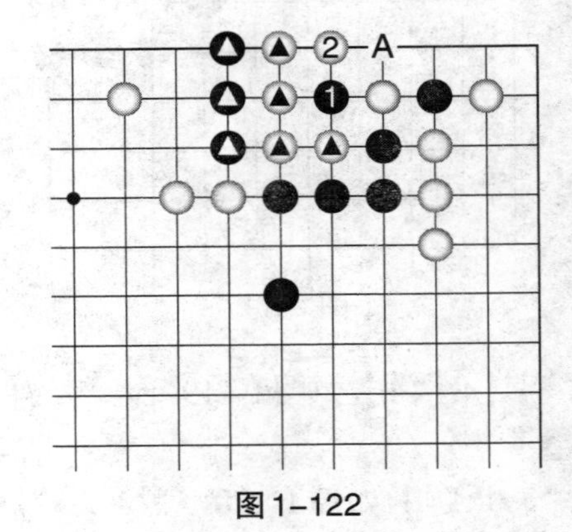

图1-122

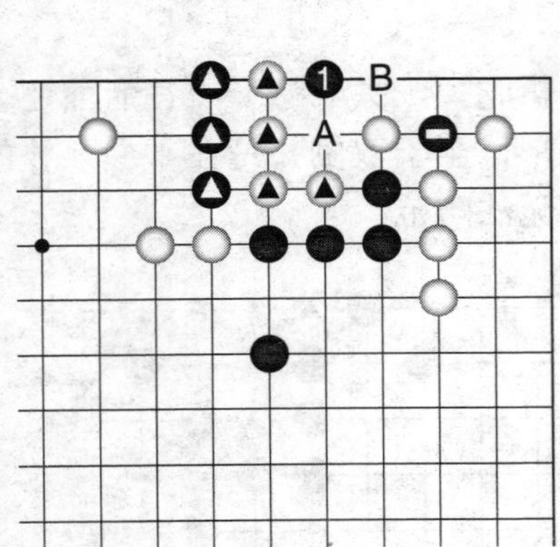

图1-123

正解：如图1-123，黑1打吃，好棋！由于有黑⊖子，白棋若在A位接，黑棋则在B位提，形成“接不归”。

接不归的要点：①对方的棋是两口气；②被打吃后和援兵连上还是一口气。

【例46】如图1-124，黑先，怎么下才能够救出被围的黑△二子呢？

正解：如图1-125，黑△二子要想逃出已不可能，只有吃掉白▲三子。黑1打吃，白2若连，黑3再断打，白棋被吃，黑△二子获救。这也是接不归的一种。

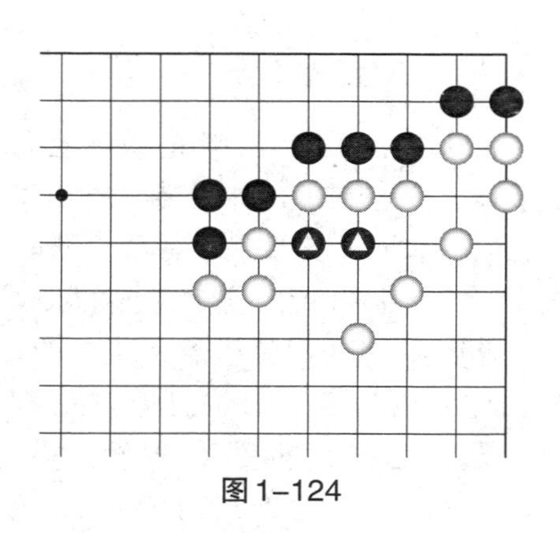
图1–124

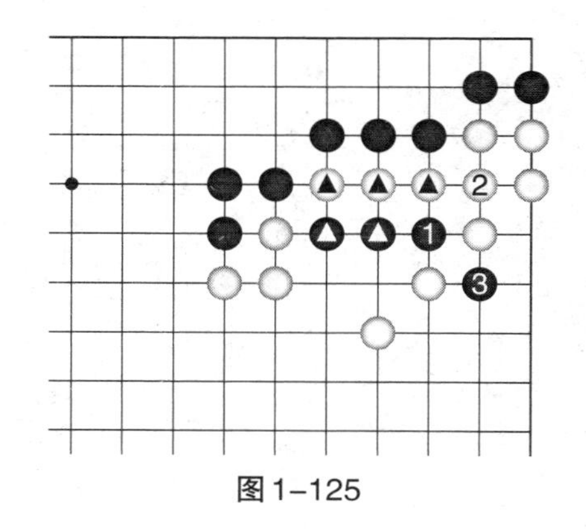
图1–125

接不归是吃子方法中比较简单的一种。主要有两种类型：①被打吃后，和援兵接上还剩一口气；②被打吃后，和援兵接上剩两口气，再被对方断打，即被吃死。以上两种都很常见，比较容易掌握。

二、制造接不归

1. 利用“扑”制造接不归

【例47】如图1-126，黑先，怎么下才能救出黑△三子呢？

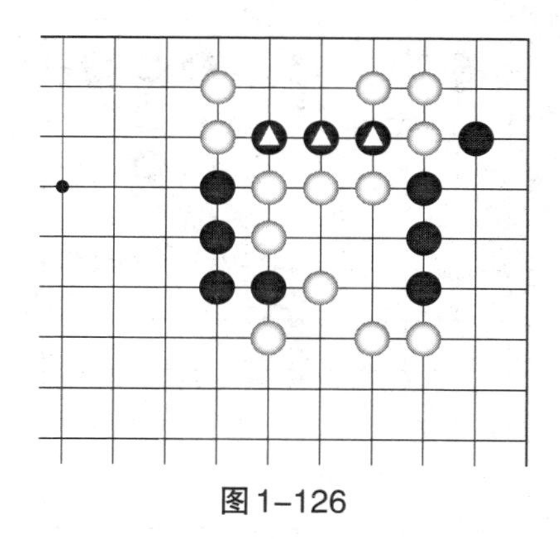
图1–126

失败：如图1-127，由于黑△三子还剩两口气，只有吃掉白△四子，黑△三子才能获救。黑1打吃，坏棋！白2连，黑棋已经不能吃掉白棋了。

正解：如图1-128，黑1扑，好棋！白2提，黑3再打，形成接不归。请大家仔细体会黑1的作用。

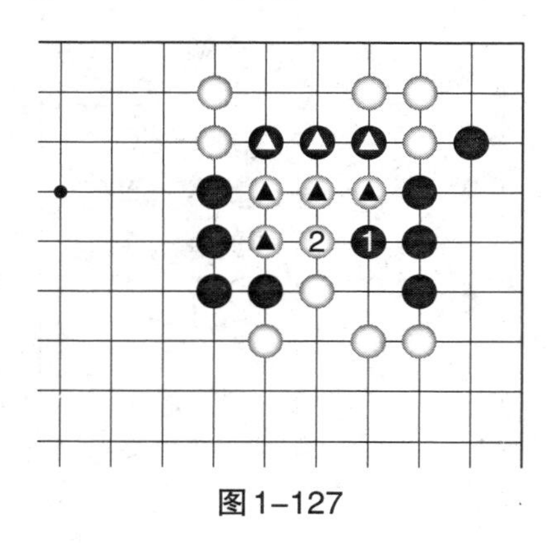
图1–127

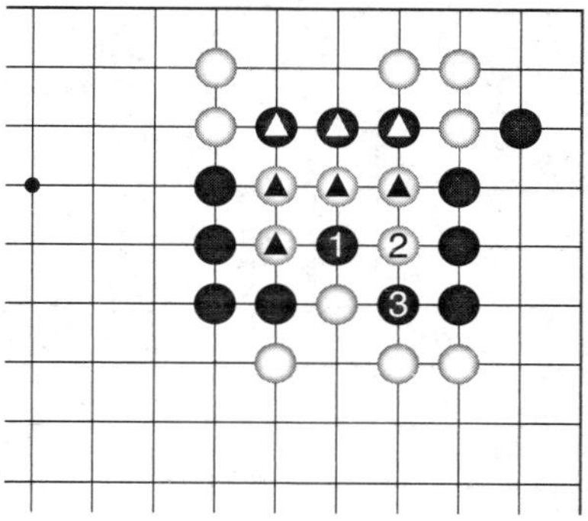

图1–128

2. 利用“断”制造接不归

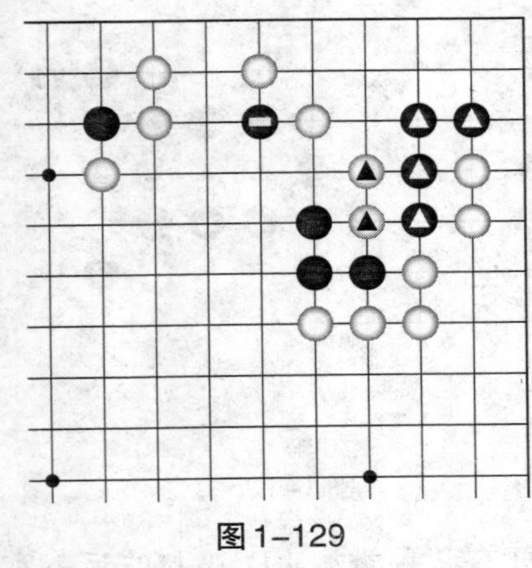
图1-129

【例48】如图1-129，黑先，角上的黑▲四子被白棋包围了，如果能吃掉白▲二子便可以获救。一定要利用黑⊖一子。

失败：如图1-130，黑1直接打吃，不好。白2连后，以下黑棋若A位打吃，白棋B位连；黑棋若在B位打吃，白棋A位长，无论怎样黑棋都吃不了白棋，黑棋失败。如果黑1先在2位打吃，白棋在1位连，黑棋也没有办法吃掉白棋。

正解：如图1-131，试着将白⊖一子和白▲二子看成一个整体，黑1断是有谋略的一手。无论白棋从A位打吃，还是从B位打吃都会出现接不归，如图1-132、图1-133。

请大家牢记：断是吃子的灵魂。

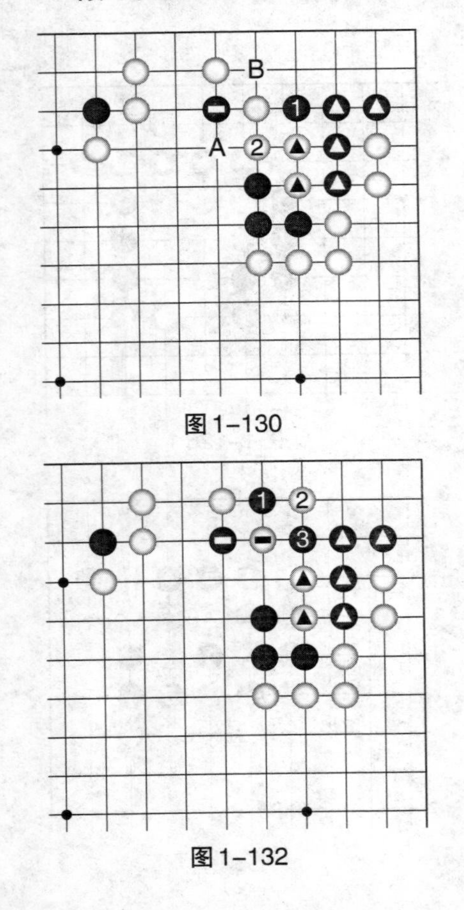

图1-130

图1-132

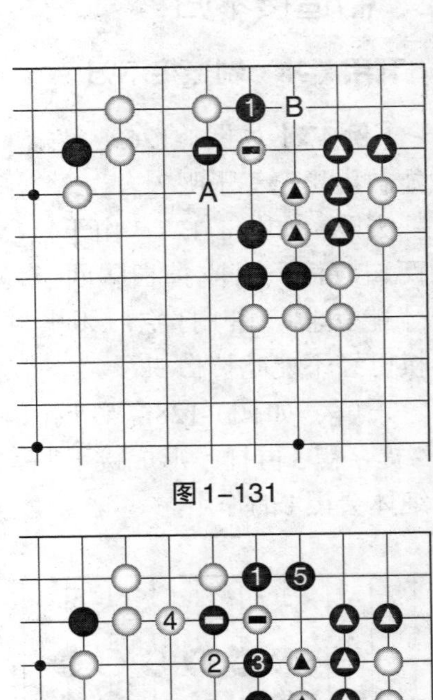

图1-131

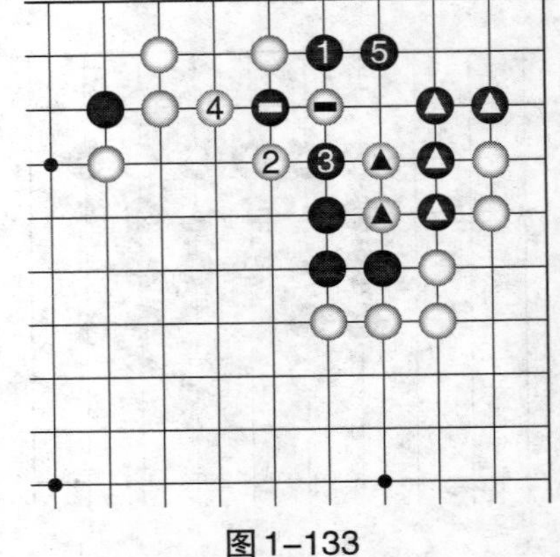

图1-133

3. 利用“打吃”制造接不归

【例49】如图1-134，黑先，怎么下才能救出黑△五子呢？

失败：如图1-135，黑1提，坏棋！白2连后，黑△五子无法救出。其中，黑1提白⊖子与黑△五子没关系。

正解：如图1-136，此题的关键是要吃掉白▲子。黑1打吃，正着。白2连，黑3打吃，形成接不归，黑△五子得救。

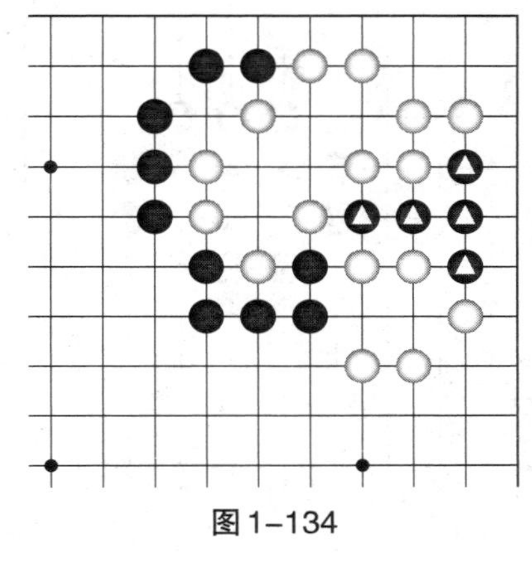

图1-134

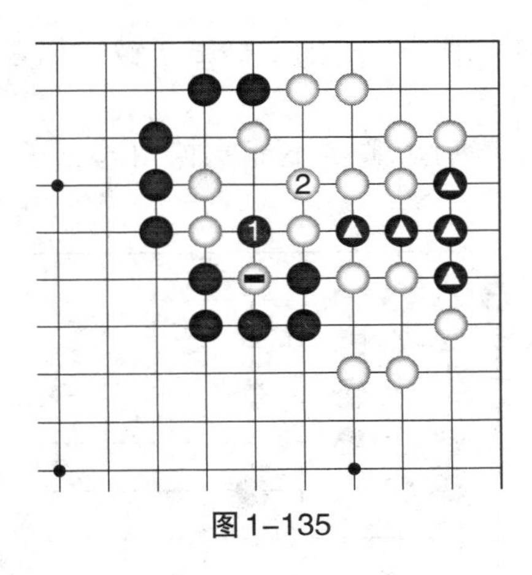

图1-135

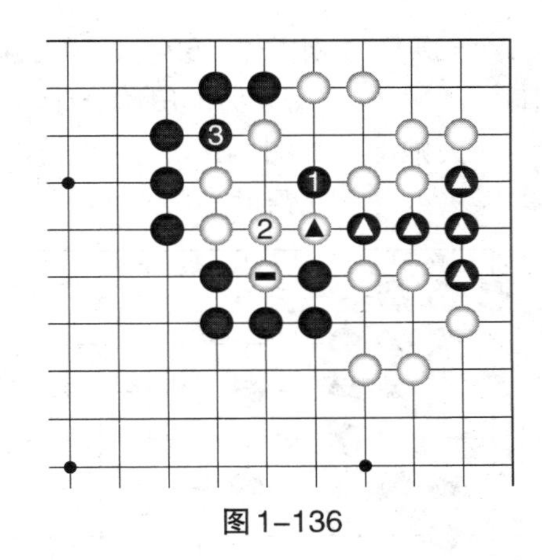

图1-136

4. 利用“挖”制造接不归

【例50】如图1-137，这是一个著名的图例。黑先，只有吃掉白▲三子，才能救出黑△三子。

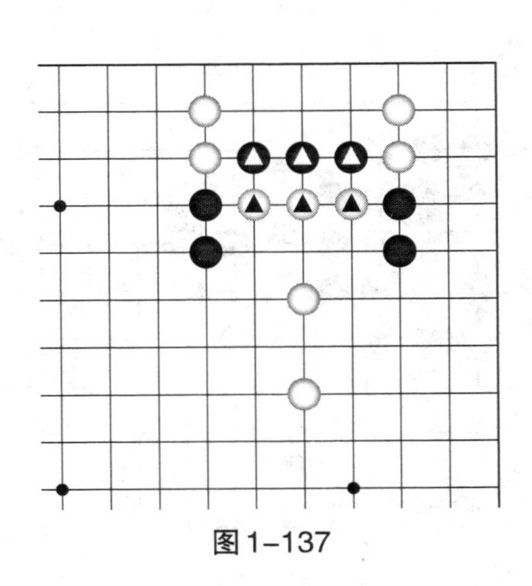

图1-137

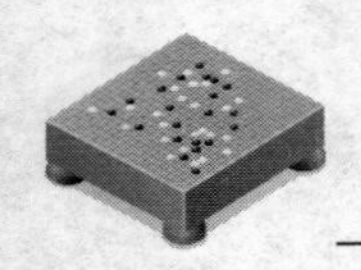

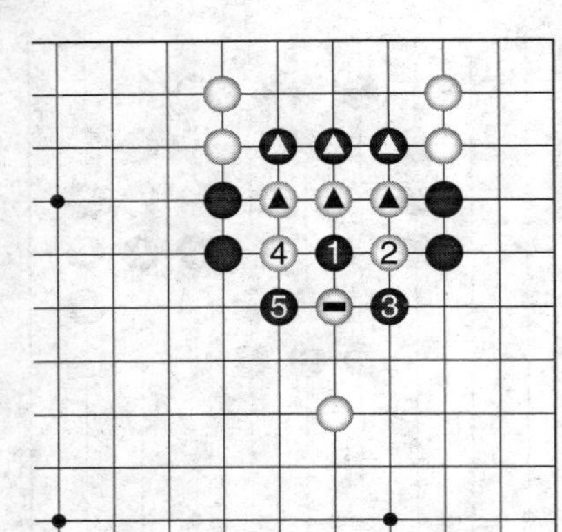

图1-138

正解：如图1-138，黑1挖，正着，将白▲三子和援兵白⊖子断开。白2打吃，黑3断打又是关键，白4提，黑5打吃，形成接不归。这就是著名的“乌龟不出头”。

5. 利用“挤”制造接不归

【例51】如图1-139，本例取材于学生的实战。角上的黑△三子被白棋包围了，黑先，只有吃掉白▲三子才能救出黑棋。

失败1：如图1-140，黑1长，错误！白2连后，黑棋不能吃掉白▲三子，黑棋失败。黑1帮助白棋联络。

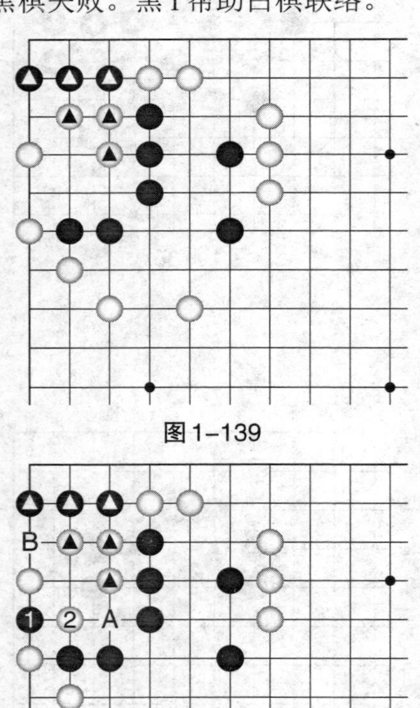

图1-139

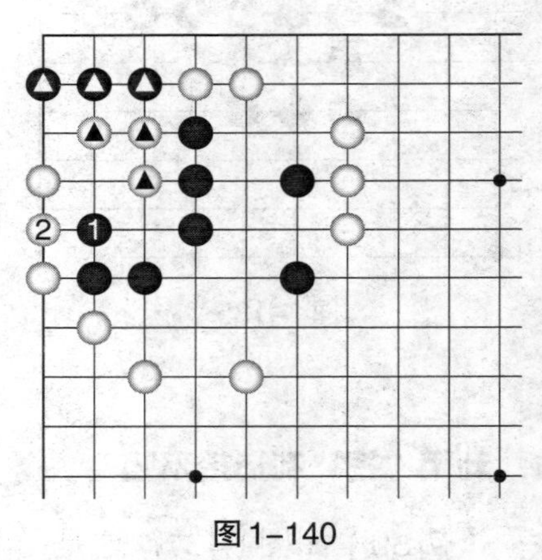

图1-140

失败2：如图1-141，黑1扑，好像有道理，但白2提后，A、B两点白棋必得其一，黑棋也失败。

图1-141

正解：如图1-142，黑1挤，好棋！白2连，黑3扑，妙手！白4提，黑5打吃，形成接不归，黑△三子成功获救。

变化：如图1-143，黑1挤时，白2连在此处，黑3扑，好棋！白4提，黑5打吃，形成接不归，白棋仍然被吃。

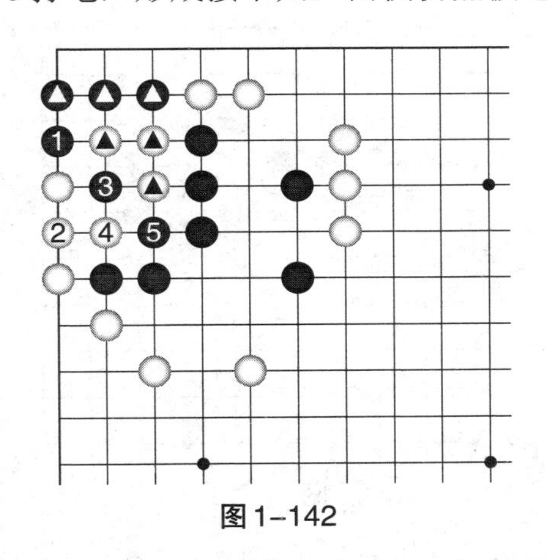
图1-142

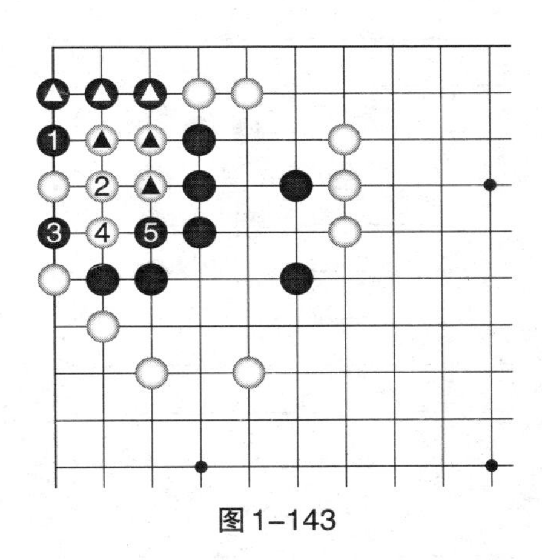
图1-143

制造接不归的要点：①对方的棋气数通常是两口气或三口气；②对方的棋有断点或有虎口。

接不归这种吃子的方法本身比较简单，但在实战中，能够制造出接不归，不仅需要认真的计算，还要注意行棋的次序。特别是扑的运用，实战中的接不归往往需要弃子。

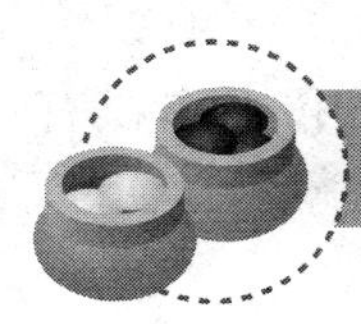

第八节　滚打

【例52】如图1-144，黑棋的形状好像不太完整，黑先，该怎么下呢？

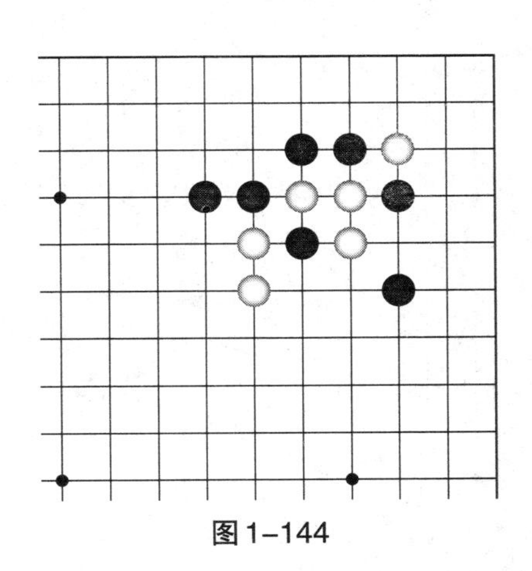
图1-144

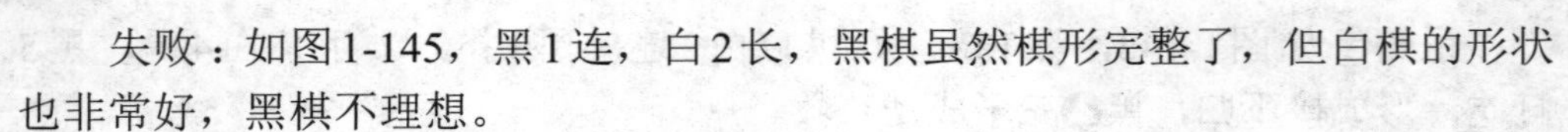

失败：如图1-145，黑1连，白2长，黑棋虽然棋形完整了，但白棋的形状也非常好，黑棋不理想。

正解：如图1-146，黑1打吃，好棋！白2只能提，黑3再打吃，白棋在△位连，这样黑棋的形状完整，而白棋的形状成为凝形。这就是“滚打”。

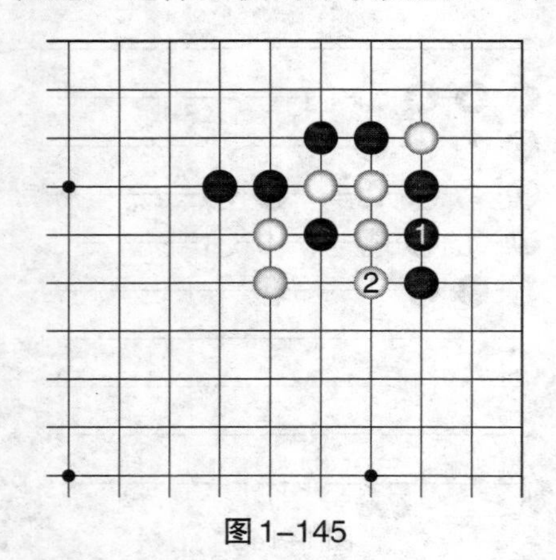

图1–145

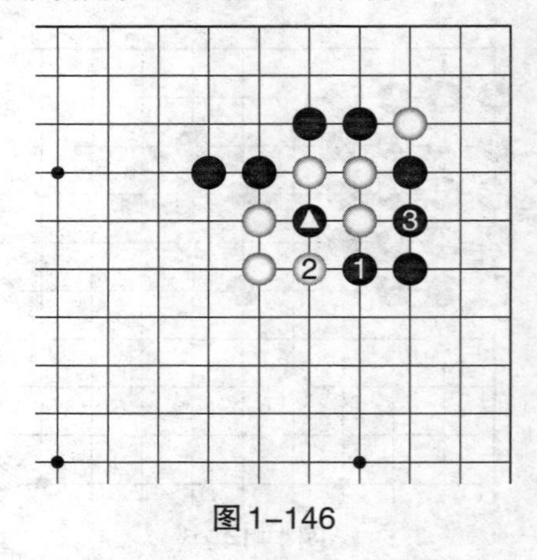

图1–146

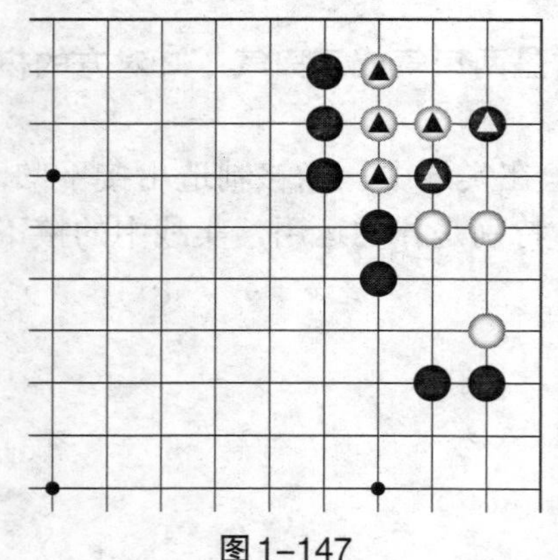

图1–147

滚打的特点是：①弃掉一个子；②利用打吃使对方只能提子；③利用打吃，迫使对方连上，成为凝形。

滚打的作用就是将对方的棋形打成凝形，下面介绍几种实战中的滚打。

【例53】如图1-147，角上的黑△二子好像已被白棋杀死，但仔细观察后发现由于白▲四子气数少，角上黑棋有手段。

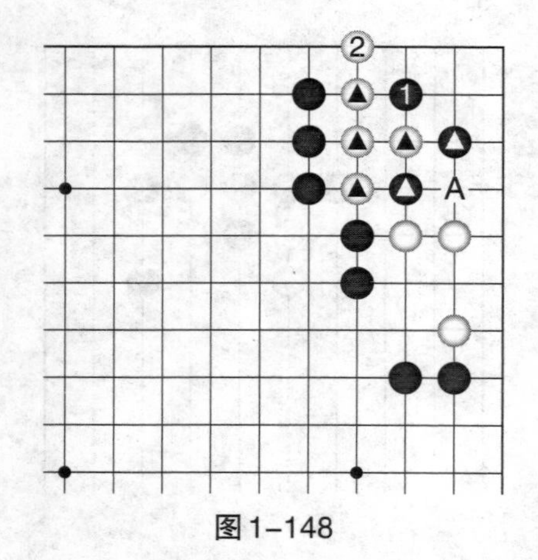

图1–148

失败：如图1-148，黑1打吃，坏棋！白2立，黑棋就什么手段都没有了。白2不能在A位提，否则黑棋在2位渡过，白棋被杀。

正解：如图1-149，黑1在一线打吃，正着。白2提，黑3打吃，白4在⊖位连，黑5连，补断，好棋！角上的黑棋成功渡过，白棋被杀。白2若在3位长，黑棋在5位打吃，白棋只能提，黑棋仍然可以渡过。

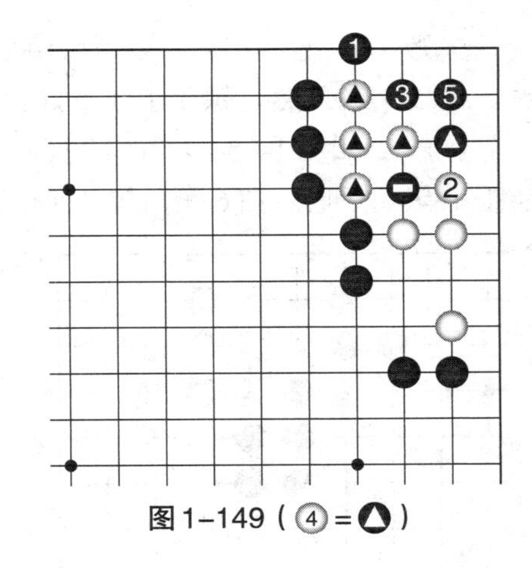
图1-149（④=△）

【例54】如图1-150，黑棋只有吃掉白▲二子，才能得以联络。黑先，该怎么下呢？

正解：如图1-151，黑1断打，好棋！白2长，黑3断打，以下至黑7，白棋被吃。

想一想：黑5能不能在7位打吃？为什么？

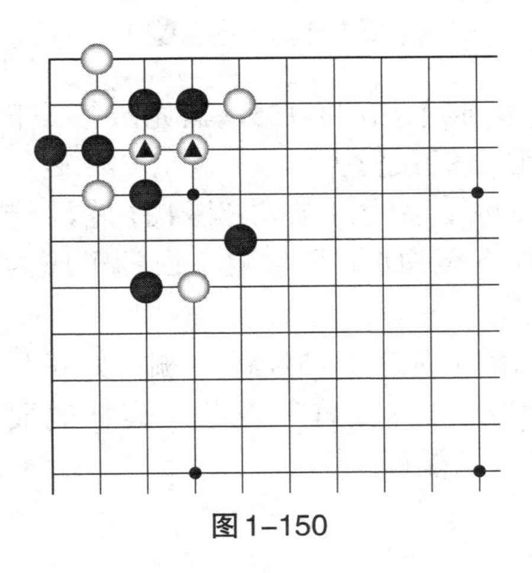
图1-150

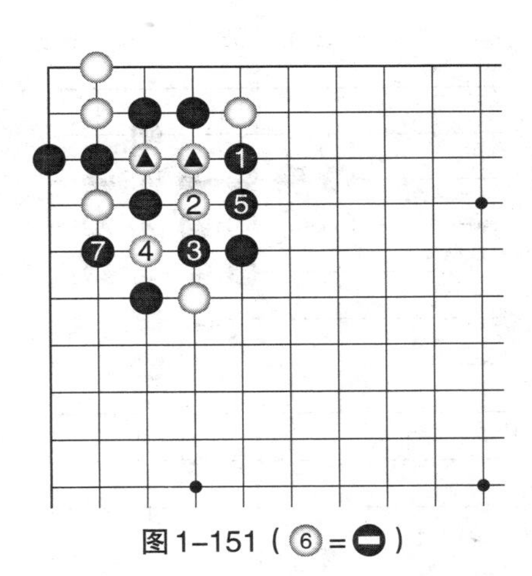
图1-151（⑥=⊖）

【例55】如图1-152，黑先，黑△三子被白棋包围了，怎么下才能救出黑棋呢？

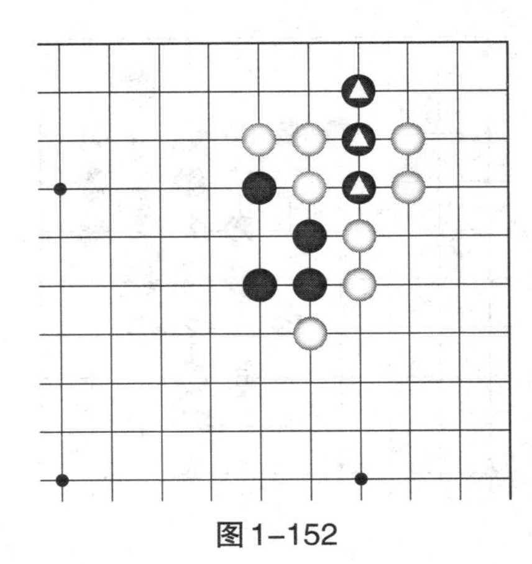
图1-152

失败：如图1-153，只有吃掉白▲三子，才能救出黑△三子。黑1扳，正着。白2打吃必然，黑3连，不好。以下至白6，黑△三子被吃。

正解：如图1-154，当白2打吃时，黑3反打，做成假门吃，好棋！白4只能提，黑5打吃，白6连，黑7征子，白棋被吃，黑△三子成功获救。

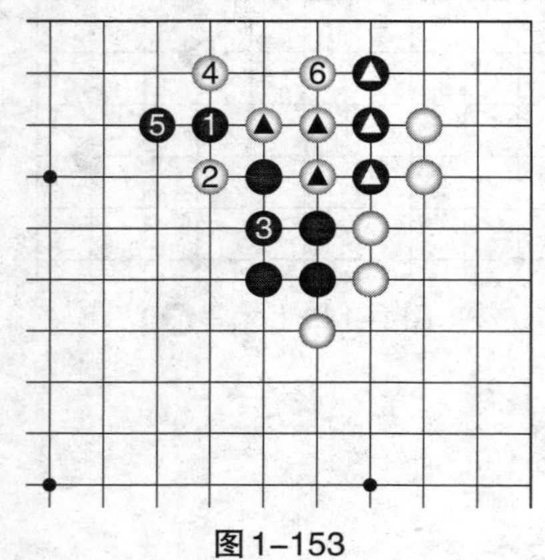

图1-153

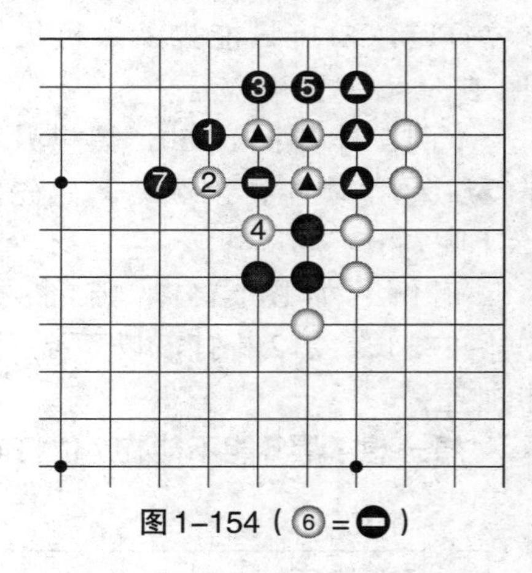

图1-154（⑥=⊖）

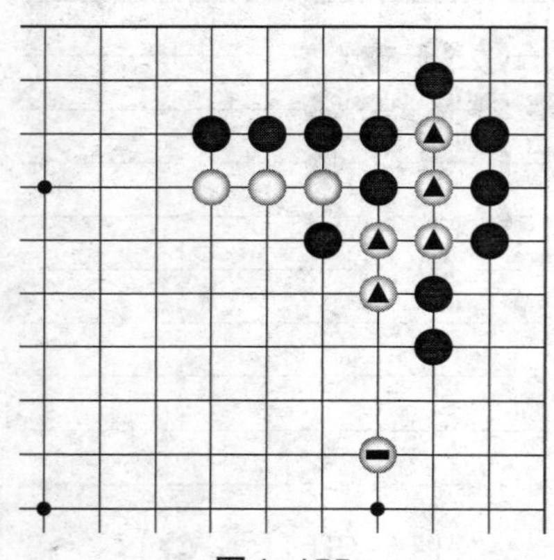

图1-155

【例56】如图1-155，黑先，怎么下能吃死白▲五子？

失败：如图1-156，黑1打吃，错误！以下至白6征子失败，白⊖子成为接应子。

正解：如图1-157，黑1枷，好棋！白2冲吃，黑3扳打，正着，滚打的要点，白4只能提。

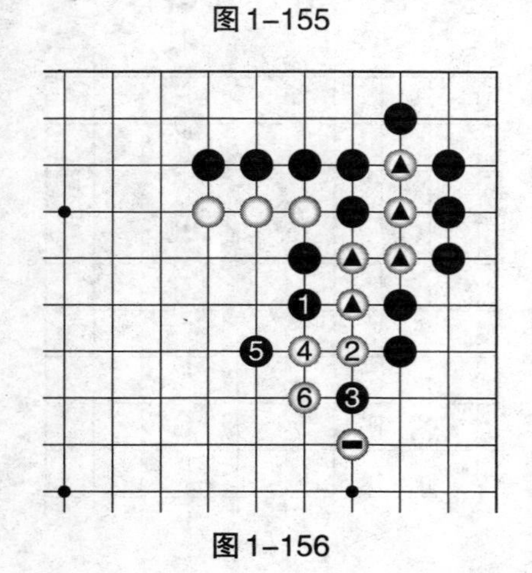

图1-156

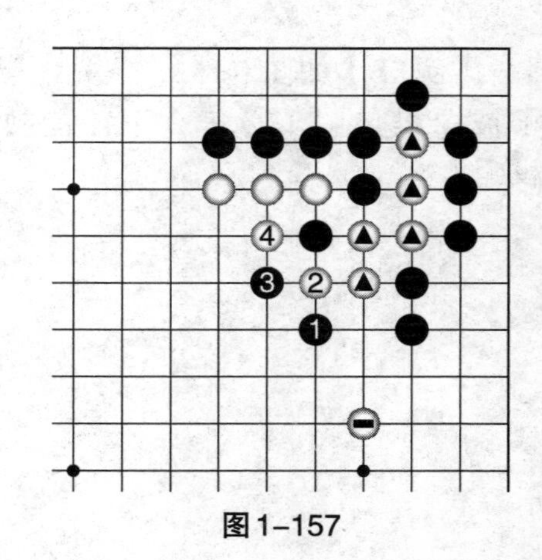

图1-157

如图1-158，黑5打吃，白6连，至此黑棋完成滚打，以下至黑11，形成征子，白棋被吃。

变化：如图1-159，黑9枷，好棋！白10冲吃，黑11打吃，白12只能提，黑13打吃，形成“乌龟不出头”。其中黑13不可在A位打吃白12一子，否则，黑棋在B位打吃，形成打劫，黑棋失败。

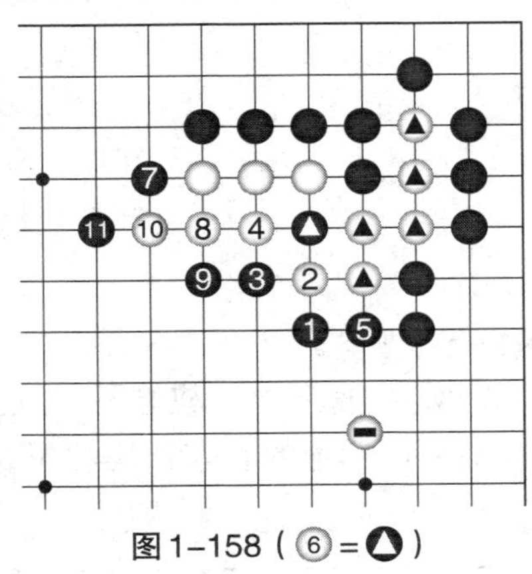

图1-158（⑥=▲）

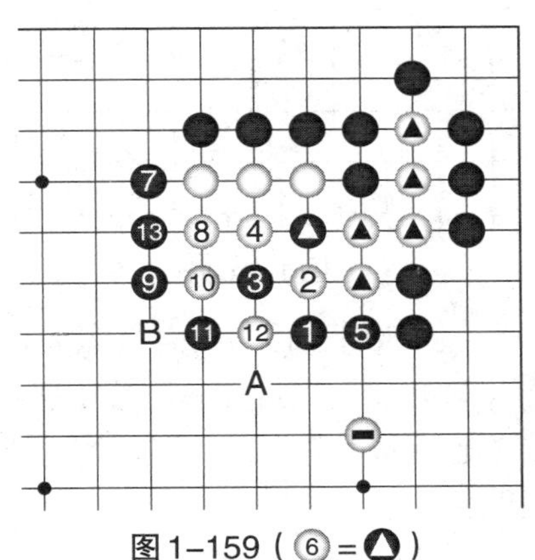

图1-159（⑥=▲）

【例57】如图1-160，黑先，白棋角上有问题吗？

失败：如图1-161，由于黑棋角上二子被打吃，黑1连是很容易想到的，白2虎。黑棋错过机会。

正解：如图1-162，黑1打吃，好棋！白2若提，黑3断打，好棋！白4若连，黑5再打，白棋被吃。

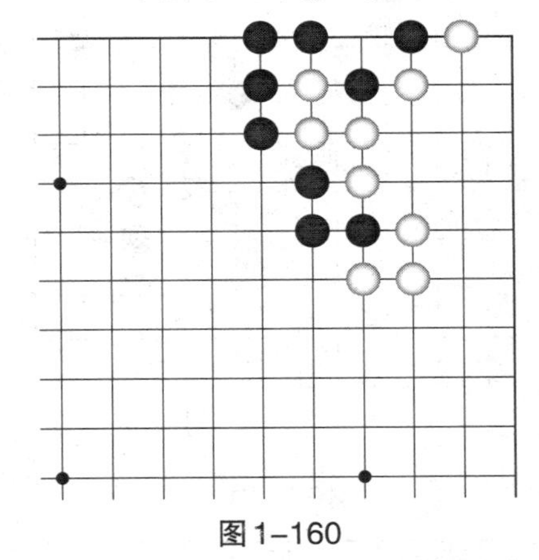

图1-160

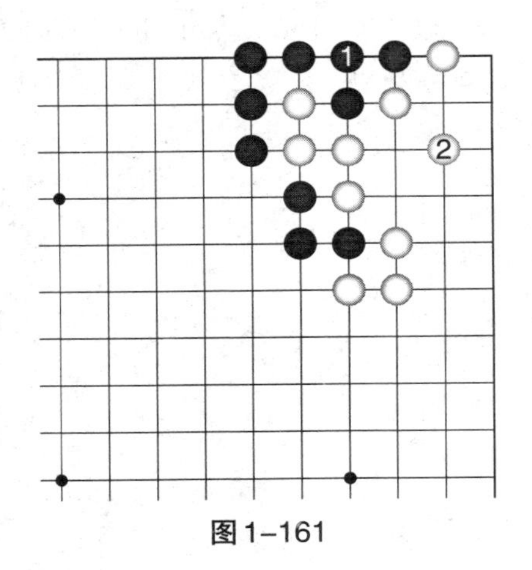

图1-161

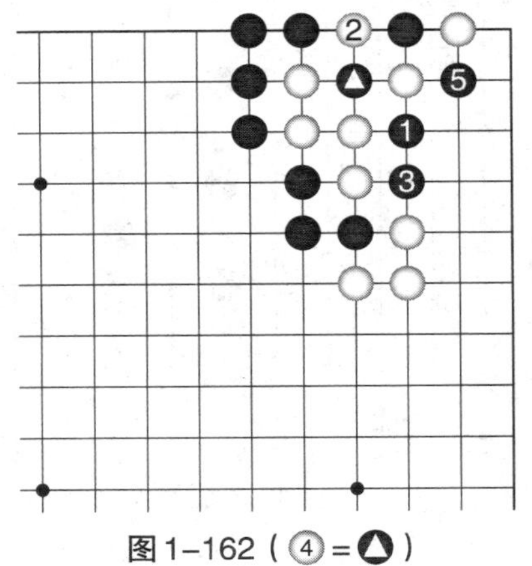

图1-162（④=▲）

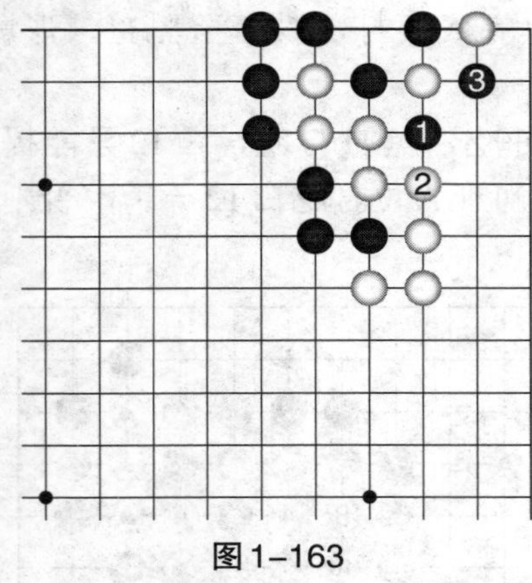

图 1-163

变化：如图1-163，黑1打吃，白2只能连，黑3提，黑棋成功压缩了白棋角部的空。

【例58】如图1-164，黑先，怎么下能吃掉白▲子呢？

失败：如图1-165，黑1打吃，白▲是棋筋，如果被吃，黑棋自然连上。白2逃当然，以下至黑5，形成征子，但黑棋忽略了白⊖子的存在，黑棋征子失败。

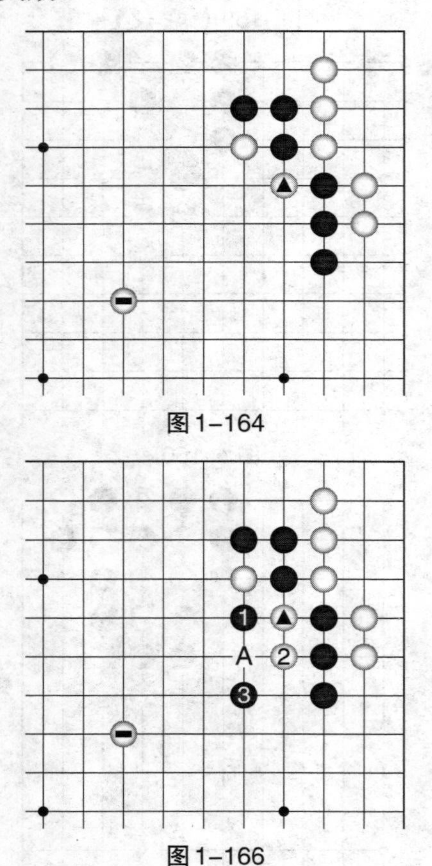

图 1-164

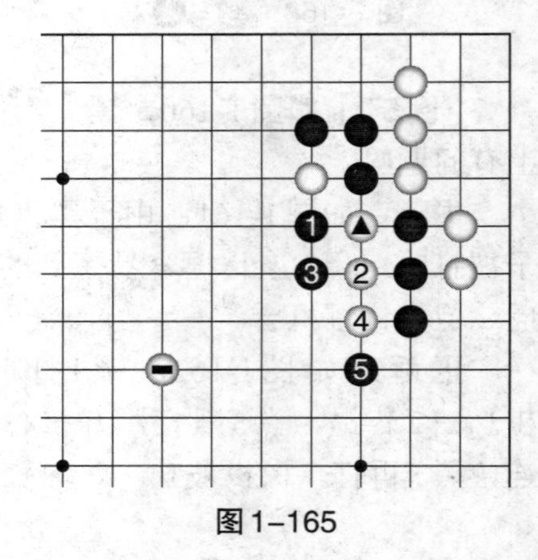

图 1-165

图 1-166

正解：如图1-166，黑1打吃，白2逃，黑3枷，好棋！

如图1-167，接图1-166，白1冲吃，黑2打吃，好棋！至黑4形成滚打。白5若粘，黑6打吃。以下用征子，白棋被吃。黑棋利用滚打成功地改变了征子的方向。

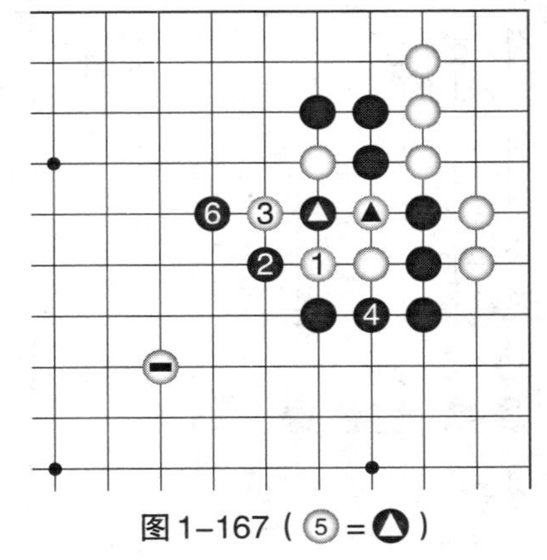

图1-167（⑤=▲）

滚打是一种战术，它往往和其他吃子的方法结合吃掉对方的棋子。滚打本身的作用主要是将对方的棋形变成凝形，使对方的棋效率低。实战中的滚打各式各样，其主要方法是利用断、扑、枷、挖、扳等着法。滚打的最后一吃，一定要打吃棋子多的一边，迫使对方只能连上，别无选择。

第九节 边角吃子

围棋棋盘的边就像一道天然屏障，棋子到边线就没有路了，因此离边线近的棋子就容易被吃，本节将介绍一线、二线和三线的吃子方法。

一、吃一线的子

【例59】如图1-168，黑先，怎么下能吃掉白▲子呢？

如图1-169，黑1断打，好棋！以下至黑7，白棋逃到角上，无路可逃。白棋被吃。

结论：一线的棋子一路打吃就可以吃死。

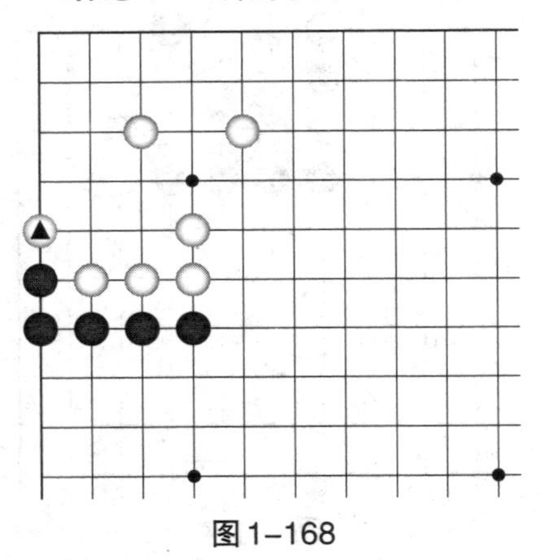

图1-168

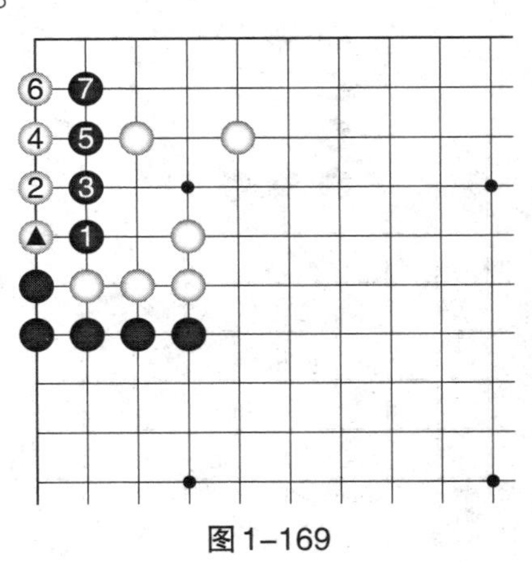

图1-169

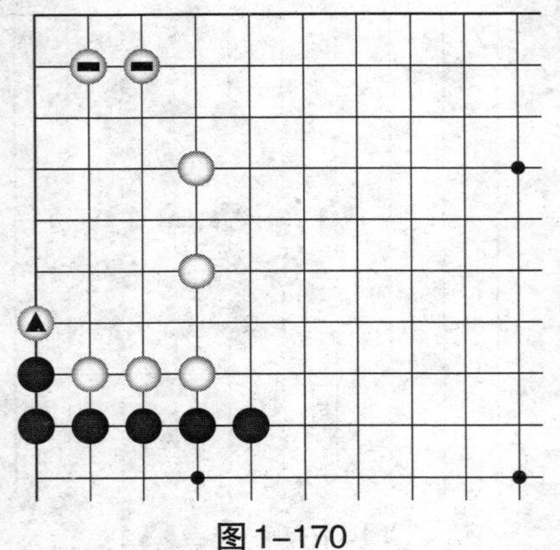

图1-170

【例60】如图1-170，黑先，白棋的空里有问题吗？

失败：如图1-171，由于一线的白▲子和二线的棋子没连着，白▲子就容易被吃。但因为白棋有白⊖二子，黑棋不能单纯一路打吃。

如图1-172，黑1断打，白2逃，黑3再打，同时长气，白4逃，黑5枷，好棋！白棋被吃。

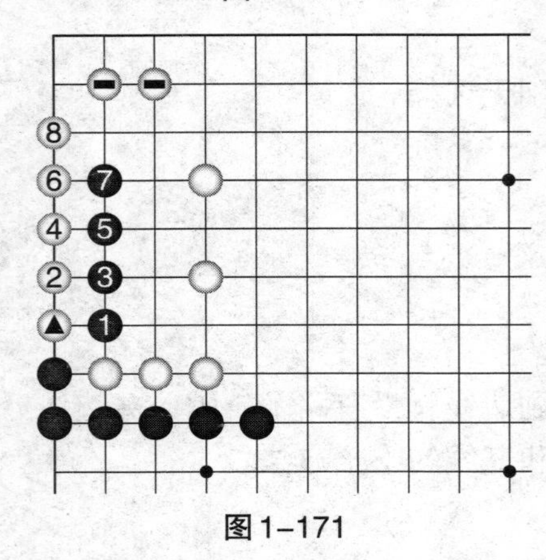

图1-171

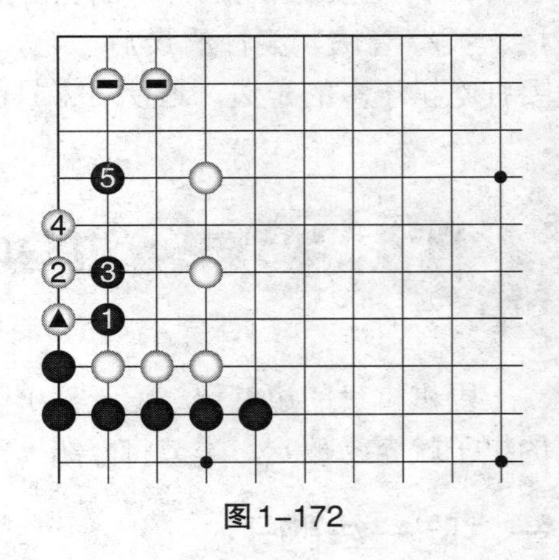

图1-172

注意：一线逃跑时，需防范对方的枷。

【例61】如图1-173，黑先，白棋的角有问题吗？

正解：如图1-174，由于白棋气数比较少并且有断点，易被吃。黑1打吃，白2若连，黑3断打，形成抱吃。

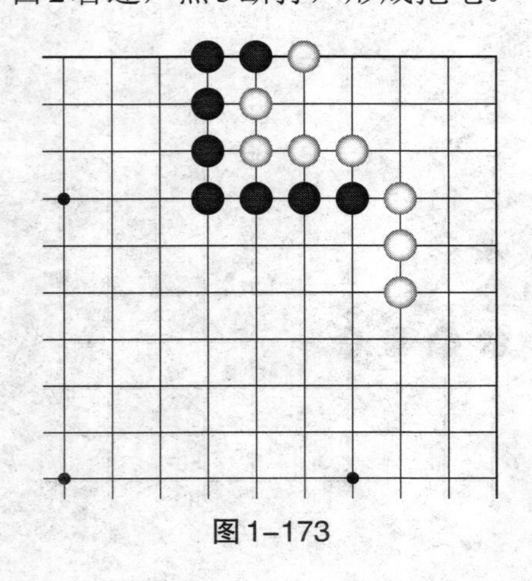

图1-173

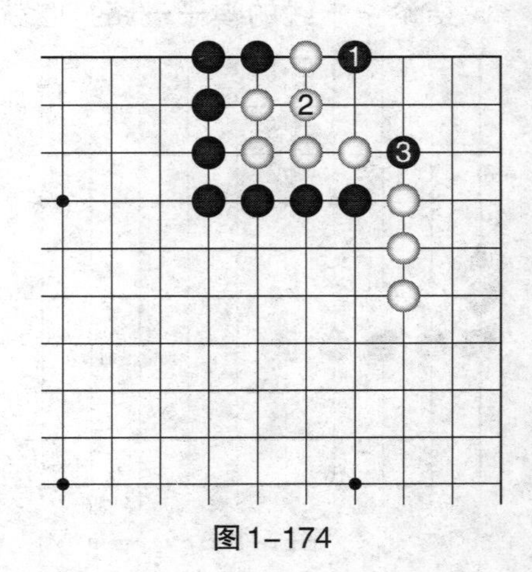

图1-174

变化：如图1-175，当黑1打吃时，白2反打，正着。黑3提，白4打吃，黑5连，白6连，黑棋成功压缩了白棋角部的空。其中白6连不能省略，否则黑棋在A位断吃，白棋角上数子被杀。

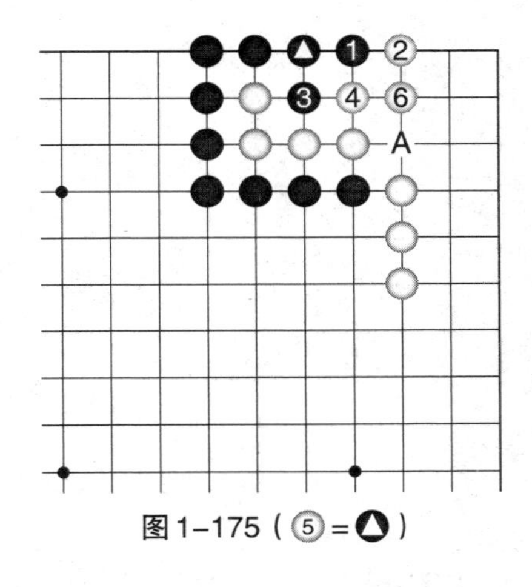

图1-175（⑤=▲）

二、吃二线的子

【例62】如图1-176，黑先，怎么下才能救出被围的黑棋二子？

正解：如图1-177，黑1打吃，好棋！将棋往一线赶。白2逃，黑3打吃，白棋无路可逃，黑▲二子成功获救。

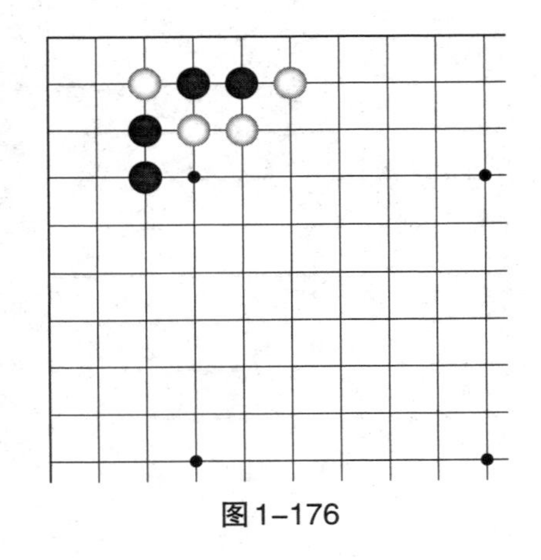
图1-176

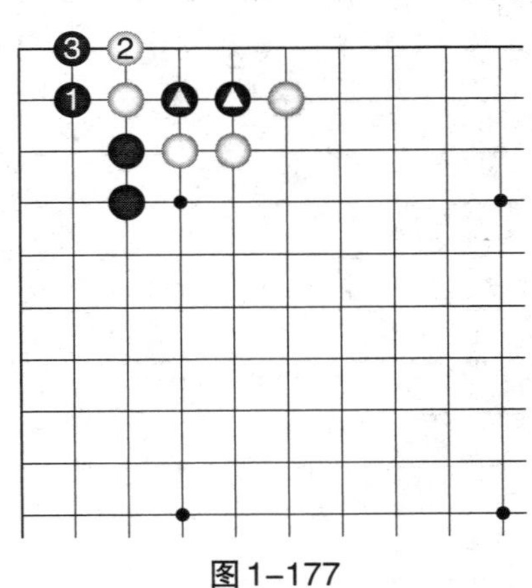
图1-177

【例63】如图1-178，黑先，是否在A位补断？

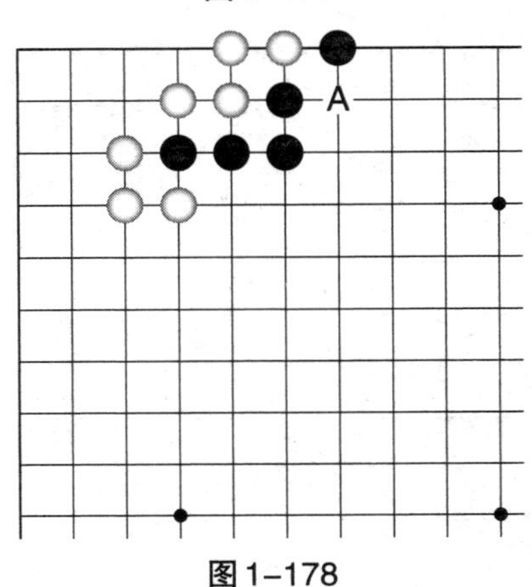

图1-178

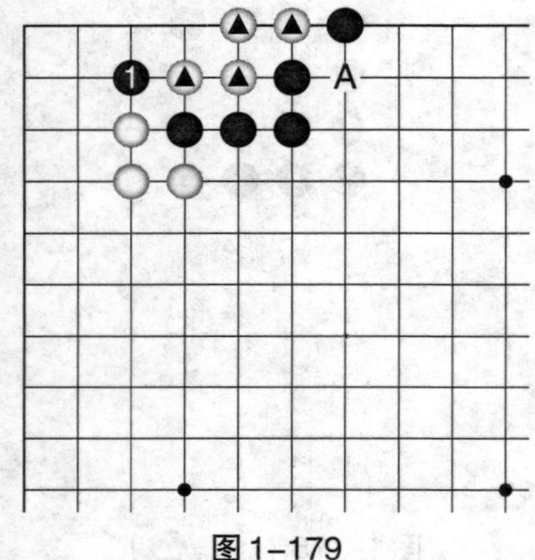

图1–179

正解：如图1-179，由于白▲四子只有两口气并且又有断点，于是黑1断打，好棋！白▲四子被吃，黑棋A位断点也就不存在了。

结论：二线的棋和三线的棋没连着，又只有两口气，像这样的棋容易死。

【例64】如图1-180，黑先，怎么下能够吃死白▲二子，将黑棋连起来？

失败：如图1-181，黑1挡，方向错误！白2拐，由于A位有双吃，黑棋已经围不住白棋了，黑棋失败。

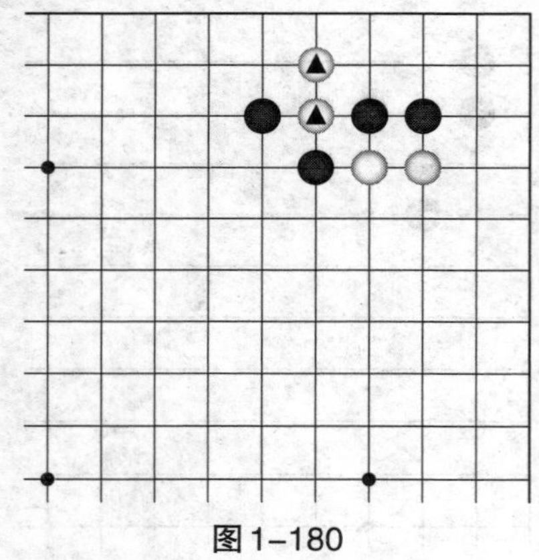

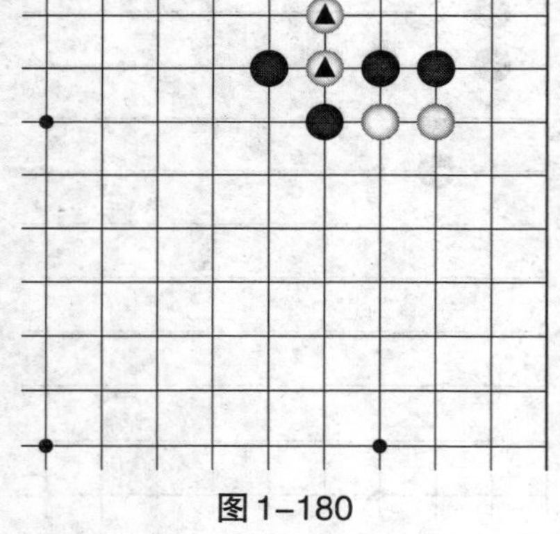
图1–180

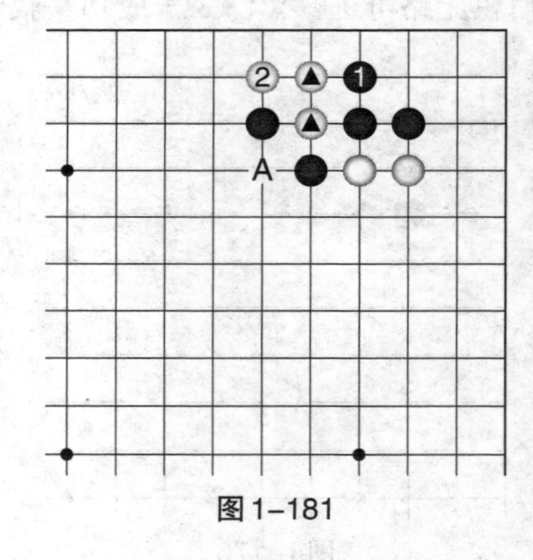

图1–181

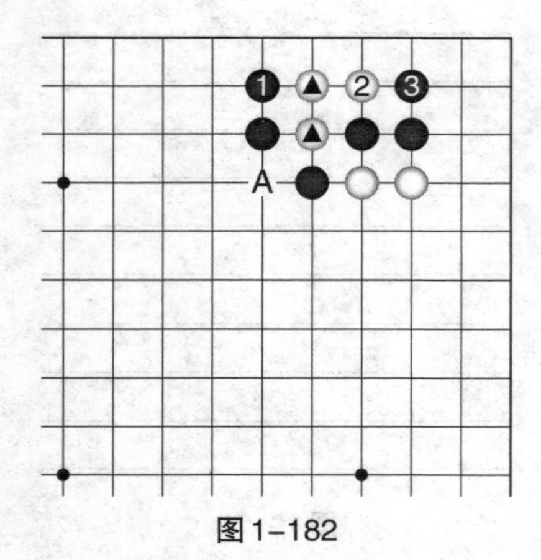

图1–182

正解：如图1-182，黑1从这边挡，正着。白2若逃，黑3拐，白棋无路可逃。

注意：要从弱的一边围对方。图中黑棋A位有断，外围两个子要弱一些，因此要从这边围白棋。

【例65】如图1-183，黑先，怎么下才能吃死白▲三子，将黑△二子救出？

失败：如图1-184，黑1挡，方向错误！白2拐，角上的黑△二子只有两口气，白棋有三口气，黑棋被吃。

正解：如图1-185，黑1从里边挡，正确！白2逃，黑3扳，白棋无路可逃。其中，黑1的作用有两个：①紧白棋的气；②长黑棋的气。

结论：吃子时，走在既长己方棋的气，又能紧对方棋的气一边。

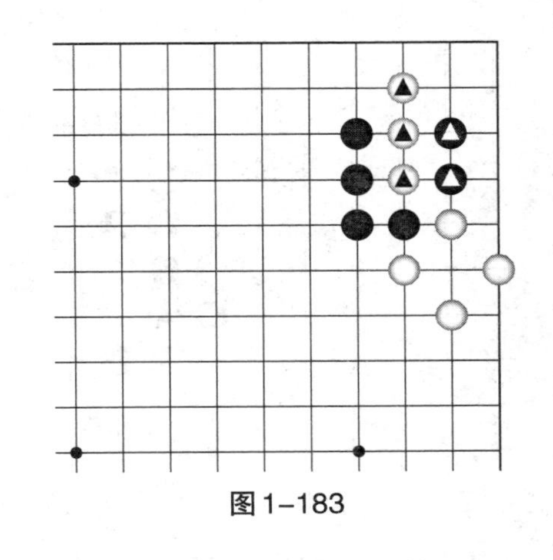
图1-183

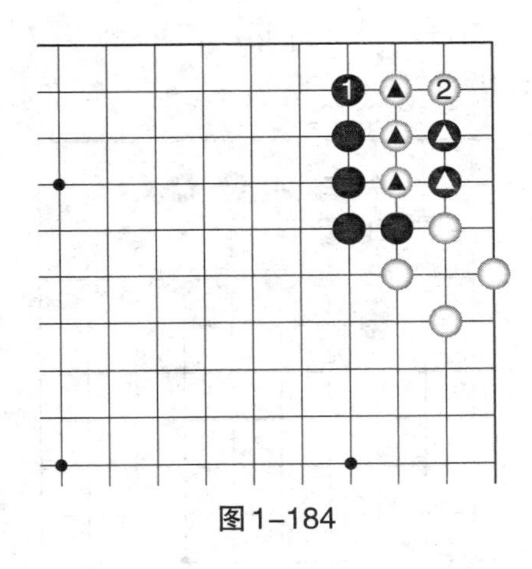
图1-184

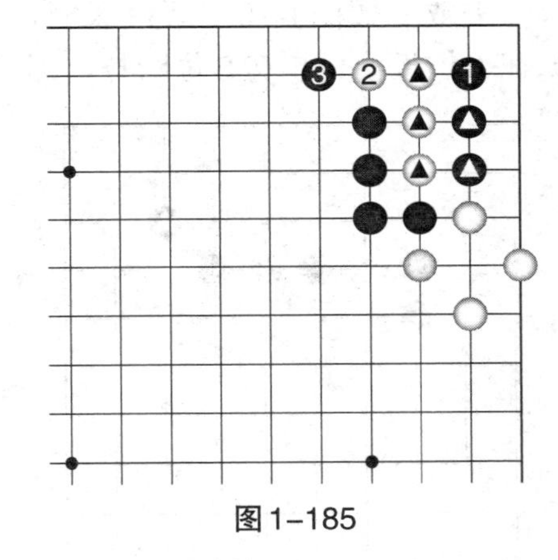
图1-185

三、吃三线的子

【例66】如图1-186，黑先，白▲断，有点过分，黑1打吃，接下来黑棋在A位挡，还是在B位挡呢？

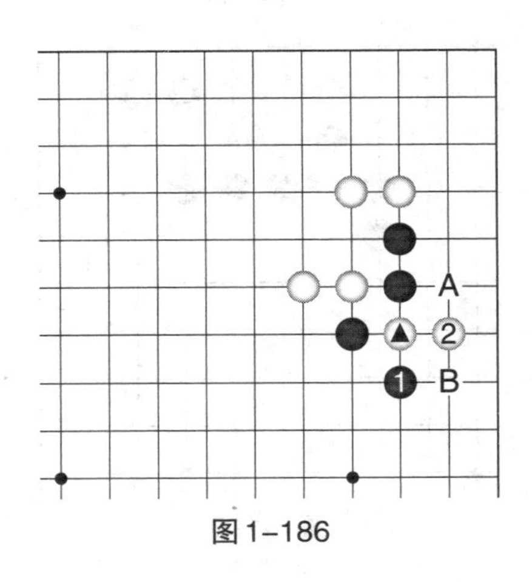

图1-186

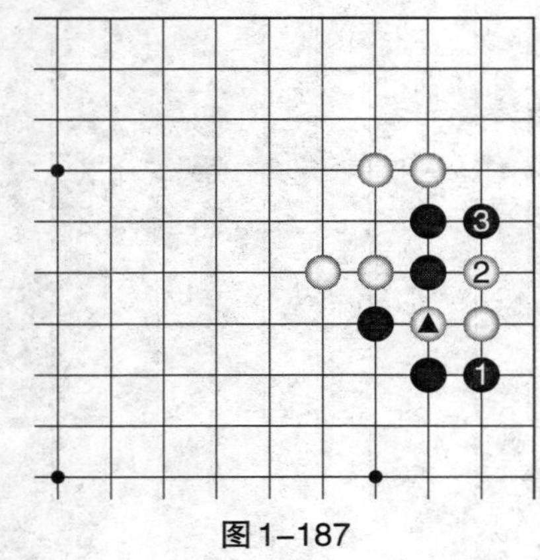

图1–187

正解：如图1-187，黑1在B位挡，正着。白2逃，黑3拐，白棋被吃。请大家自己验证黑1能不能在A位挡。

【例67】如图1-188，黑先，怎么下能够吃死白▲三子，救出黑▲三子呢？

失败：如图1-189，黑1长时，白2小尖，好手！黑3打吃，白4连。黑棋如在A位扳，白棋在B位断打，黑棋断不开白棋。

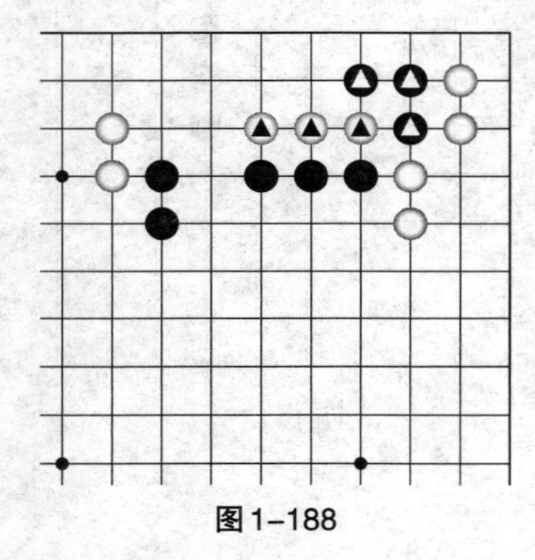

图1–188

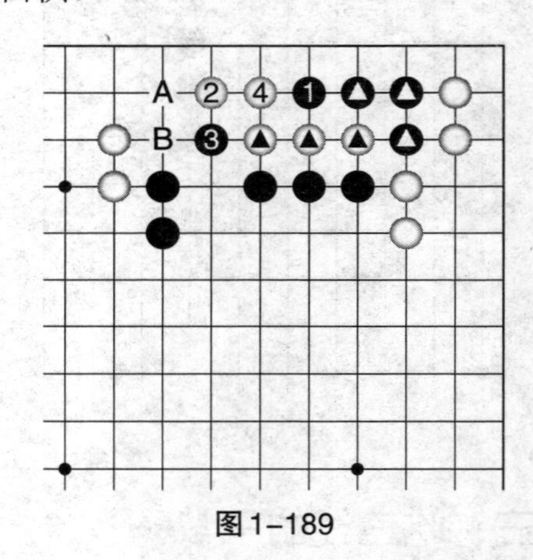

图1–189

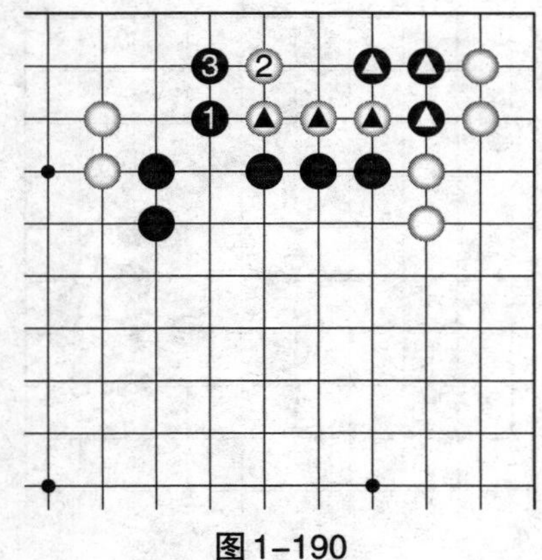

图1–190

正解：如图1-190，黑1虎，好棋！将白棋围起来。白2逃，黑3挡住，白棋气少被杀。其中白2若在3位应，黑棋则在2位门吃。

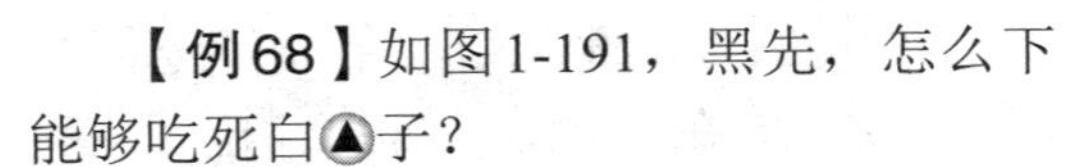

【例68】如图1-191，黑先，怎么下能够吃死白▲子？

失败：如图1-192，黑1打吃，方向错误！白2立后，黑▲二子只有两口气，而白棋有三口气，故黑▲二子被吃。

正解：如图1-193，黑1打吃，正着。白2逃，黑3扳打，形成征子，白棋被吃，黑棋成功联络。

注意：当己方三线的棋气数较少时，就不能往边上赶对方。

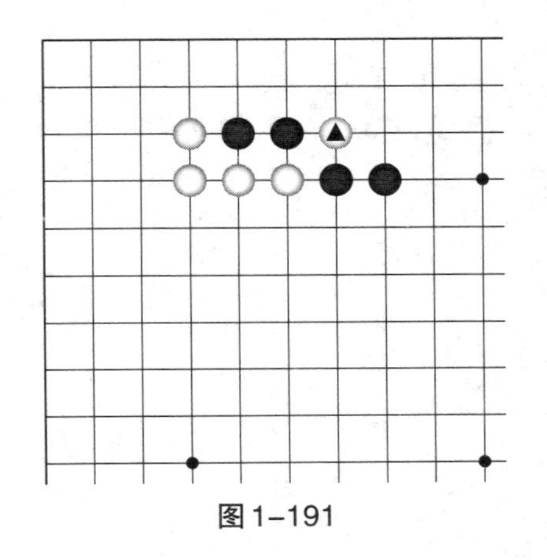

图1-191

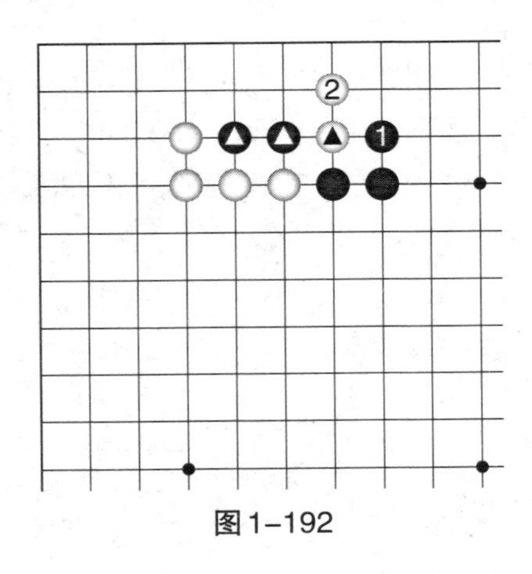

图1-192

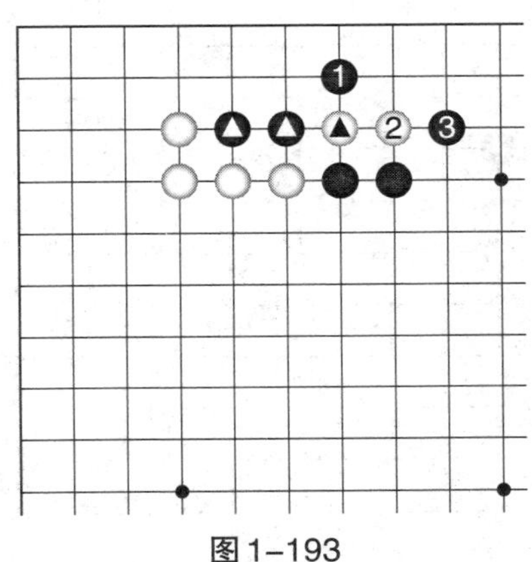

图1-193

【例69】如图1-194，黑先，白▲子将黑棋断了，黑棋应该怎么办呢？

失败1：如图1-195，黑1打吃，想要利用边线吃死白棋不能实现。白2立，黑3挡，白4拐，黑5挡，白6打吃，黑棋反而被吃。

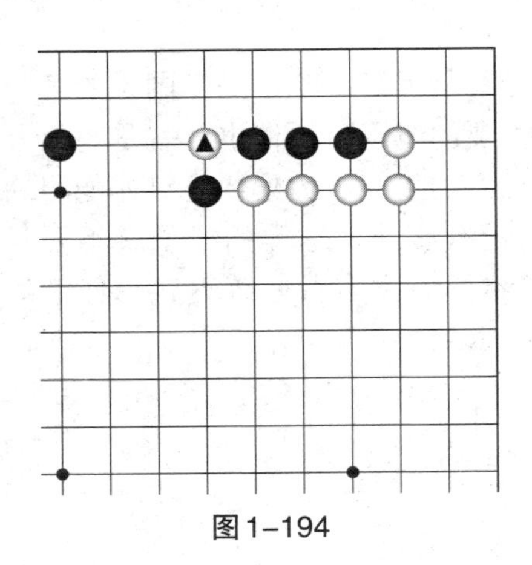

图1-194

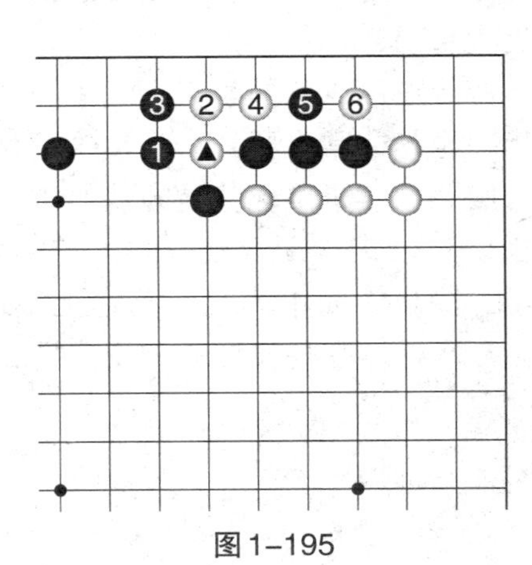

图1-195

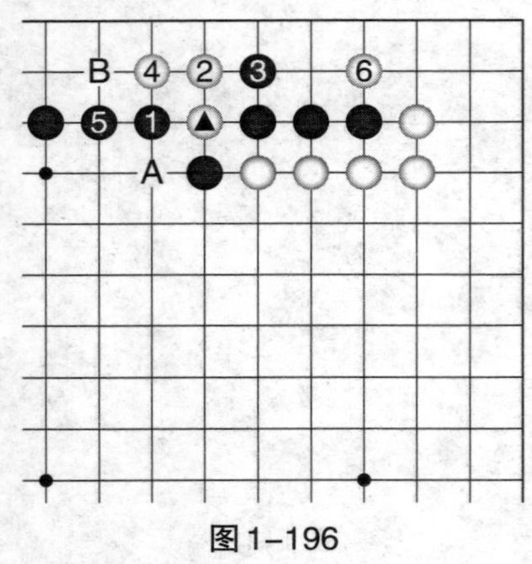

图1–196

失败2：如图1-196，黑1打吃，白2立，黑3挡在内侧，白4拐，由于A位有双吃，黑棋不能在B位虎住，黑5连，白6扳，黑棋气短被杀。

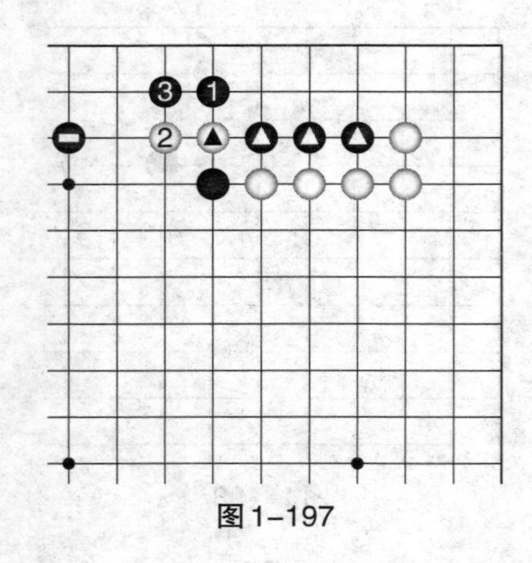

图1–197

正解：如图1-197，由于黑▲三子气数较少，故不具备吃死白▲子的条件。因此，黑棋只能在二线打吃，白2长，黑3再长，和边上的黑⊖子联络。

结论：一般情况下，边角吃子都是往边上赶对方。一线的子和二线的子没连着就容易死；二线的子和三线的子没连着也容易死；三线的子由于离边比较近也容易死。

经过第一章的学习，大家的吃子水平已经有所提高。吃子是学围棋的第一步，也是非常重要的一步，吃子时大家要吃重要的棋子，所谓重要就是对己方有威胁的棋子，也就是断着的棋子，关系到己方的生存。另外要吃对方能跑的棋子，也就是说不能跑的棋子并且对己方又没有威胁，这样的棋子就不要吃了。围棋中简单的吃子基本上就这些方法，希望大家多做些练习题，仔细体会，掌握一些规律性的知识，提高自己吃子的本领。

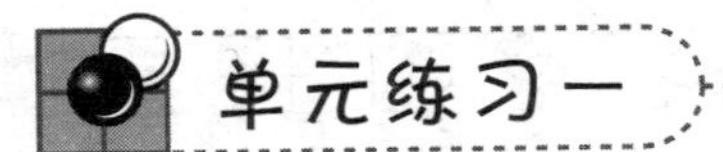

以下都为黑先，怎样下才能吃白棋的子？注意有标记的棋子。

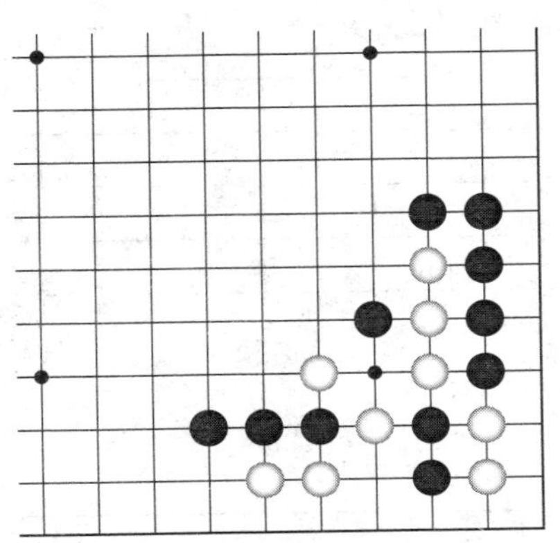
第1题

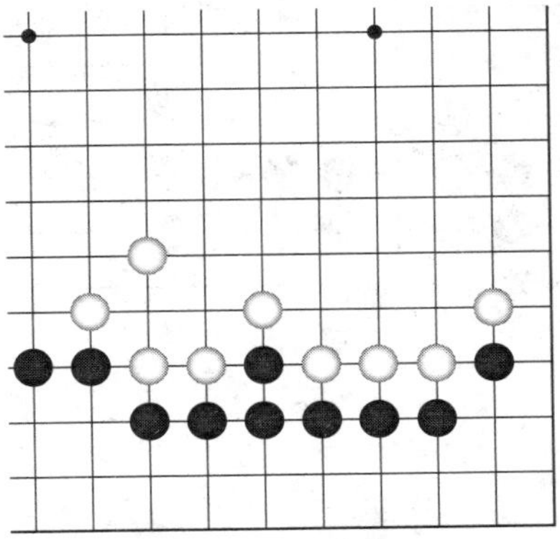

第2题

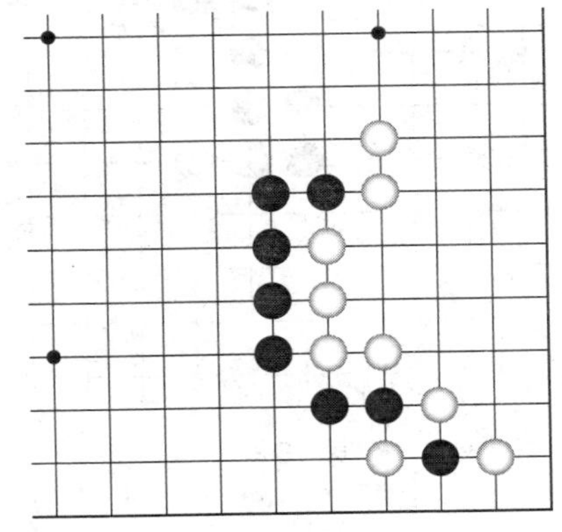
第3题

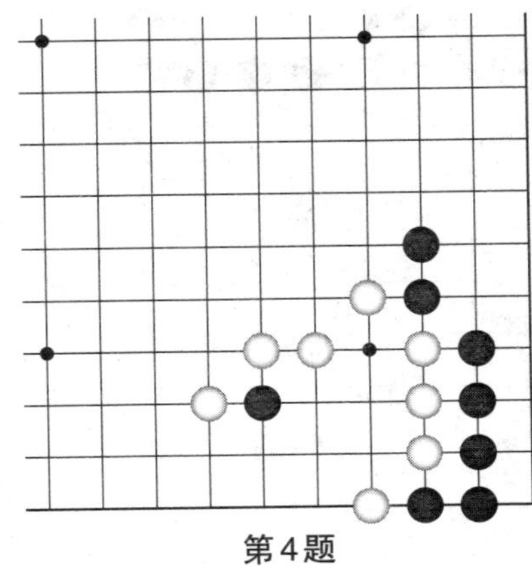
第4题

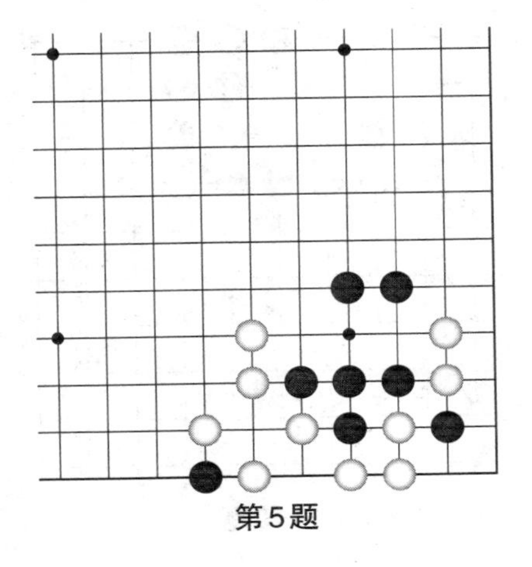
第5题

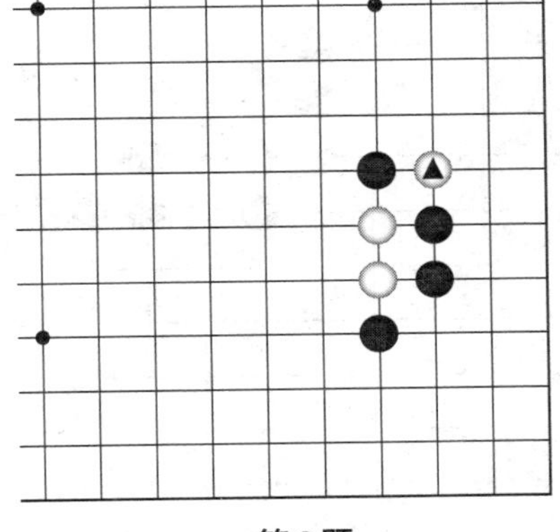
第6题

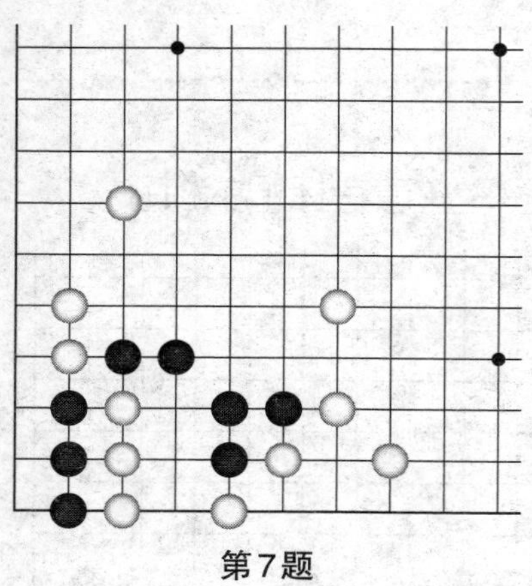

第7题

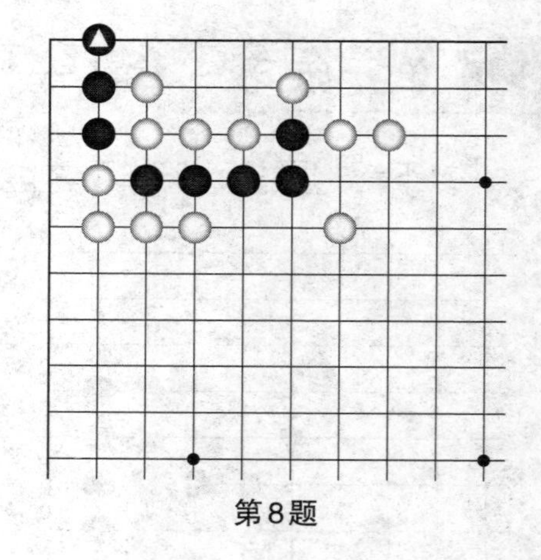

第8题

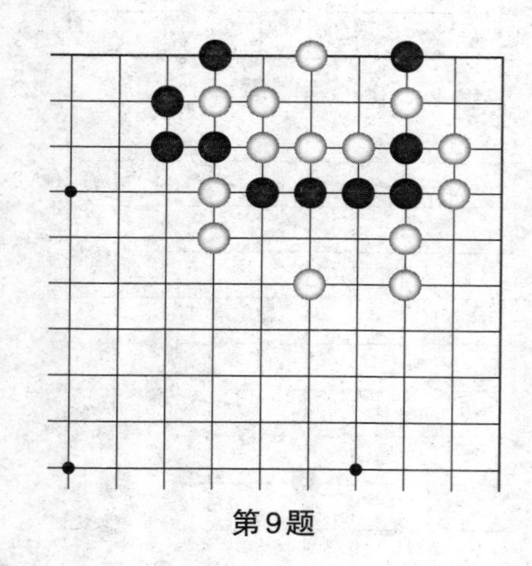

第9题

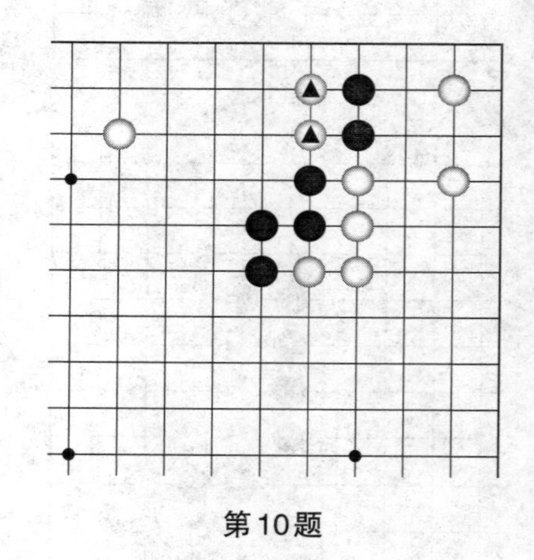

第10题

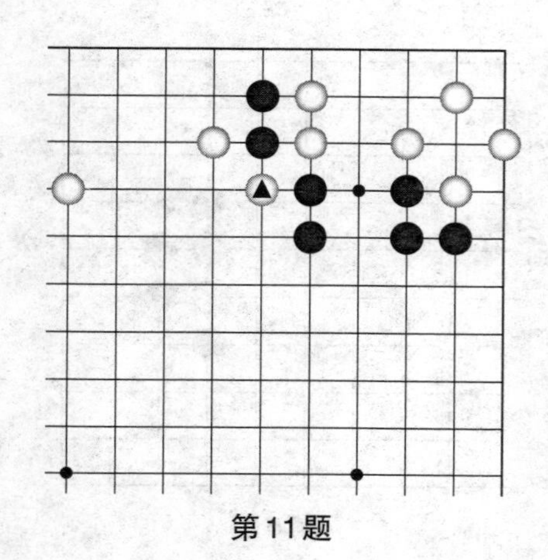

第11题

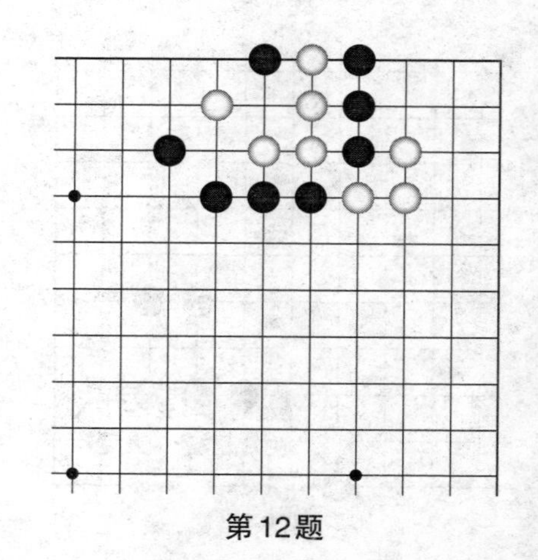

第12题

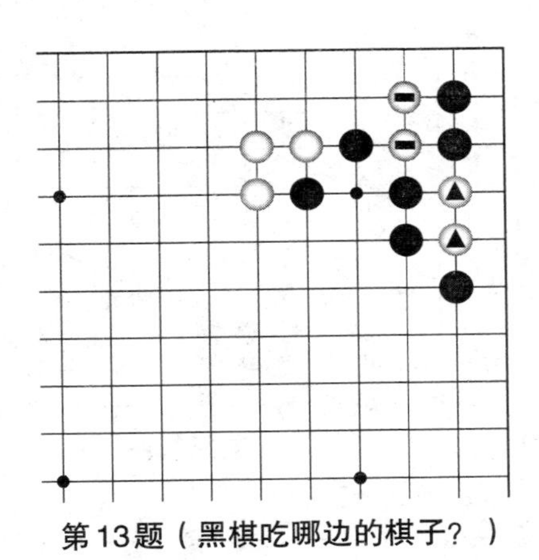
第13题（黑棋吃哪边的棋子？）

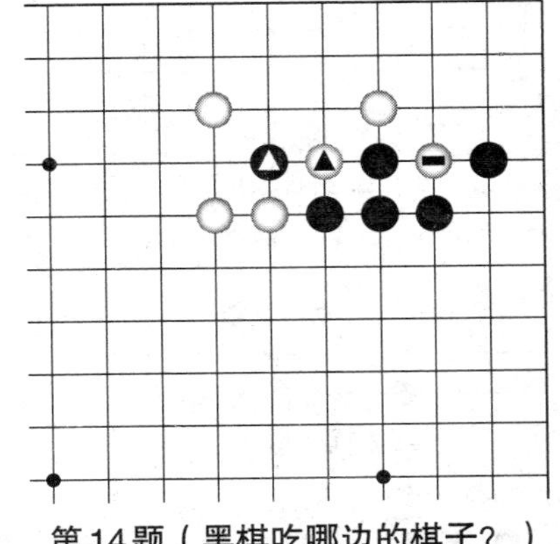
第14题（黑棋吃哪边的棋子？）

参考答案

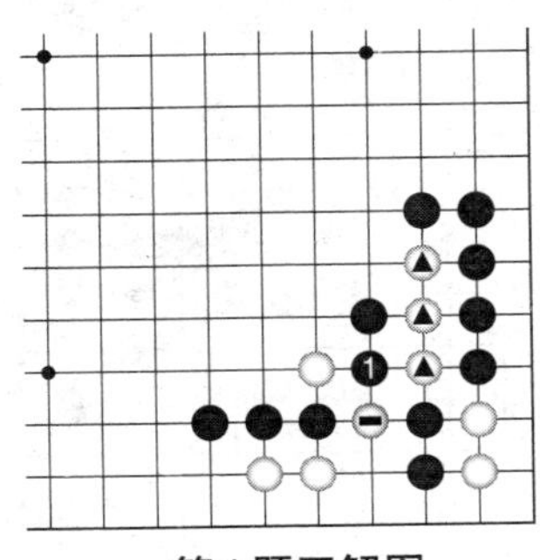
第1题正解图

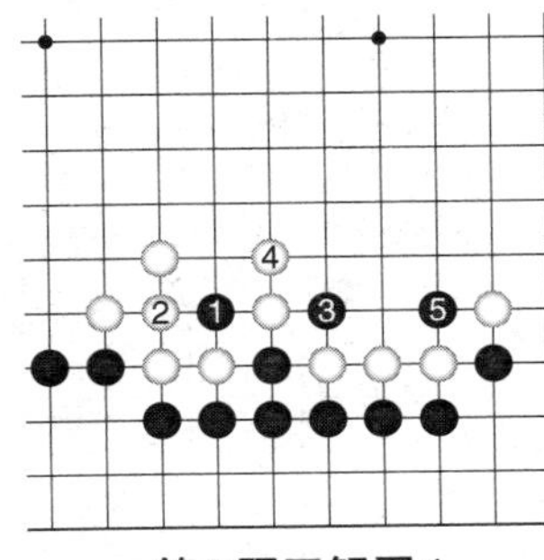
第2题正解图1

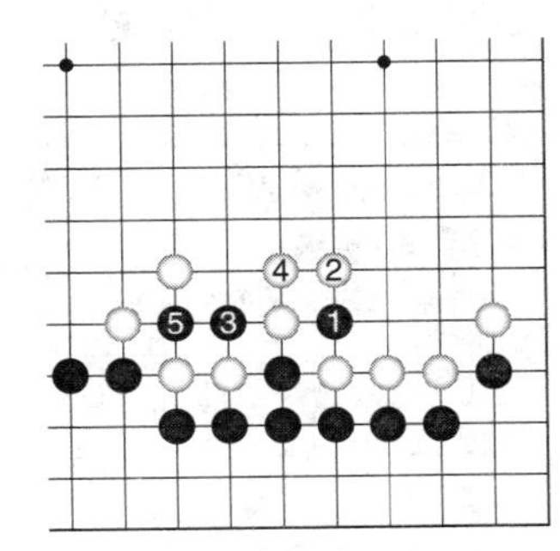
第2题正解图2

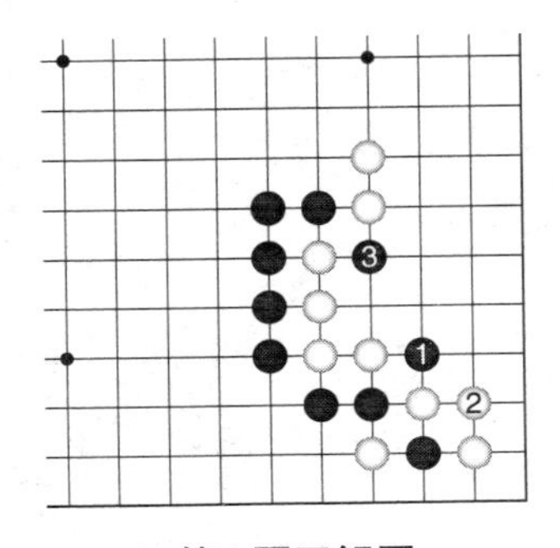
第3题正解图

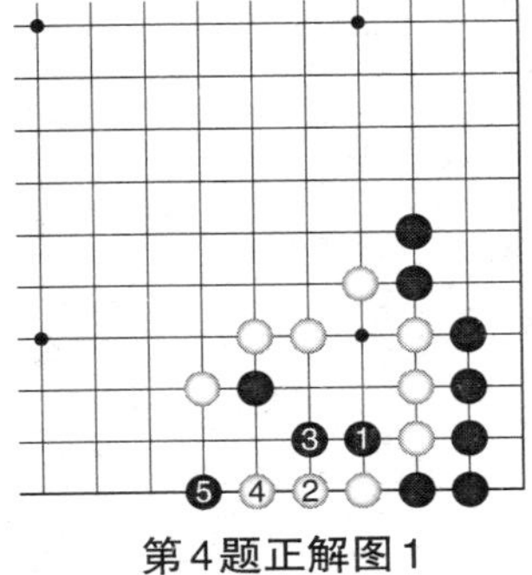
第4题正解图1

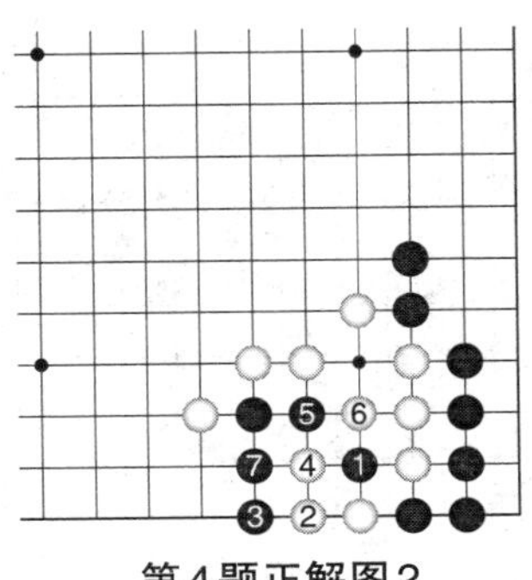
第4题正解图2

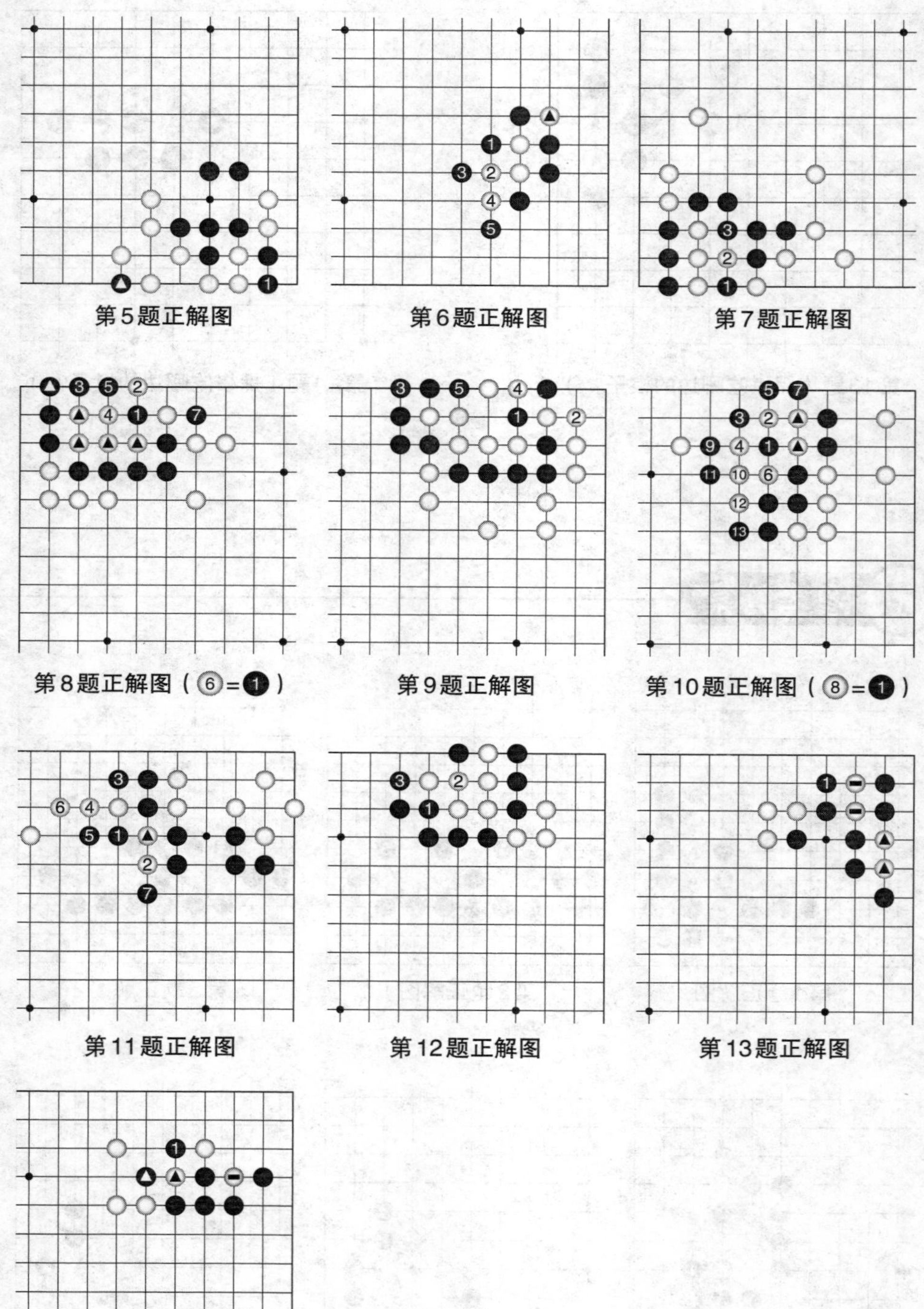

第5题正解图
第6题正解图
第7题正解图
第8题正解图（⑥=❶）
第9题正解图
第10题正解图（⑧=❶）
第11题正解图
第12题正解图
第13题正解图
第14题正解图

第二章　连接和分断

围棋是由围地的多少决定胜负的。一般来说，棋子只有连起来才能围地；而被断的棋子，立即会遇到生死问题，因此，连接和分断在围棋中非常重要。连接是防守的重要手段，而分断则是进攻、吃子的前提，如何正确运用连接和分断的着法，是初学者必备的知识。本章主要介绍一些简单的联络和分断的方法。

第一节　连接的意义

在吃子阶段，我们介绍了棋只要连上气数就多，就不容易死，就是强棋，反之，被断后气数少，就容易死，就是弱棋。但在一定条件下，强弱是可以转换的，这是围棋中常见的问题。那么怎么将弱棋变成强棋呢？强棋具有什么价值呢？通过本节的学习，希望大家能够明白。

【例1】如图2-1，黑1打吃，白▲子还剩一口气，马上要被吃。

如图2-2，经过白2至白6逃后，白棋的气数增加到五口气，白棋就成为难吃的棋，相应地也就变强了，另外，黑棋还留有A、B两个断点，白棋就更加强大了，以后白棋在A位断，黑棋就危险了。

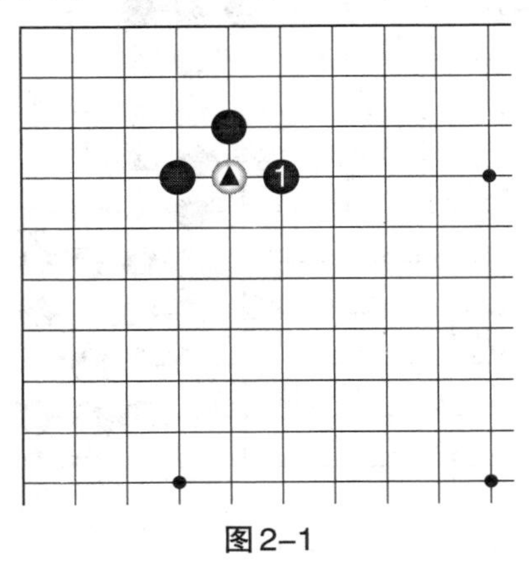

图2-1

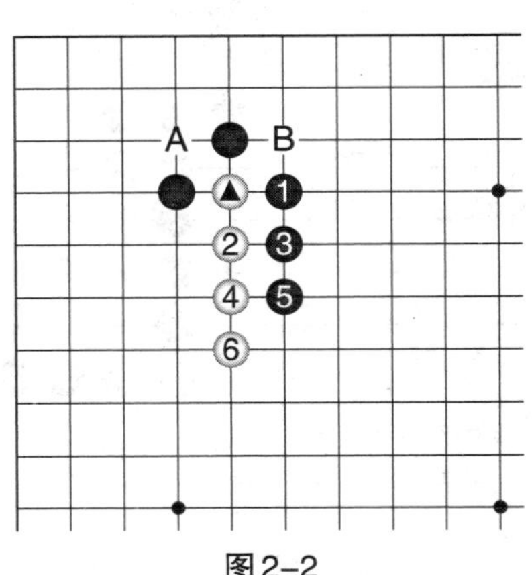

图2-2

【例2】如图2-3，连起来的棋子可以围地，黑棋全连着，所围之地归黑棋所有，换言之右上角的空归黑棋了。

如图2-4，黑棋的空中有白▲四子，但由于黑棋全连着，白棋又不能做出两只眼，因此角部的空仍然全部算成黑棋的。

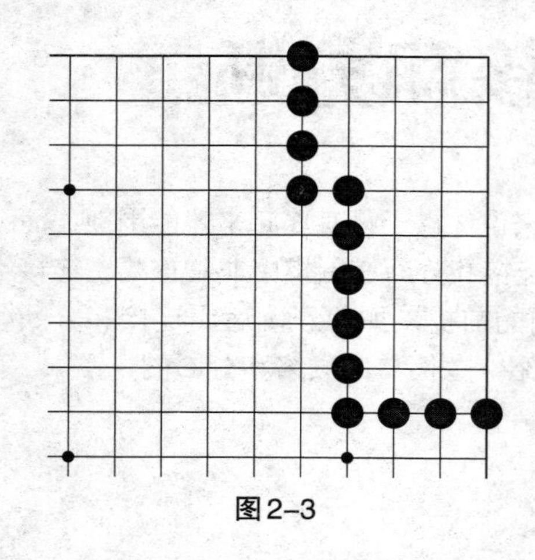

图2-3

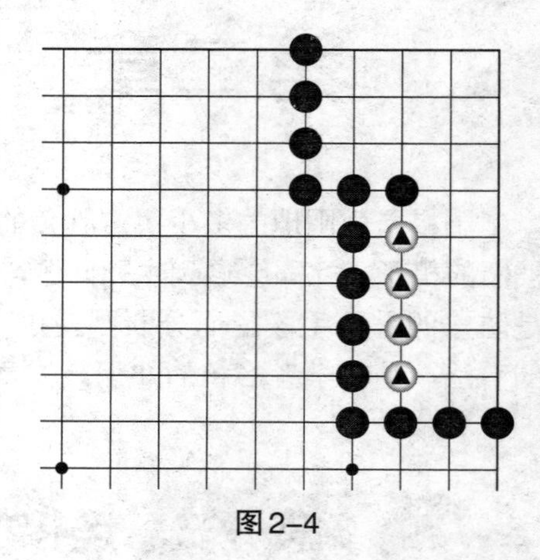

图2-4

如图2-5，本图角部的空就不能计算成黑棋的了。因为黑棋没有全连着，黑▲三子被白棋断开了，这就形成了白▲四子和黑▲三子对杀，黑棋只有吃死白棋，角上的空才能计算成黑棋的。反之，若白棋吃死黑棋了，黑棋的空会减少很多。

如图2-6，本图黑棋虽然被白棋断开了，但黑▲数子有两只眼，是活棋，因此，角上的空仍然计算成黑棋的。

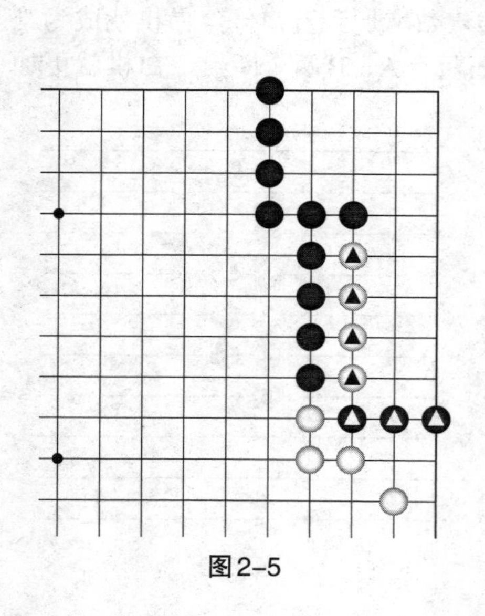

图2-5

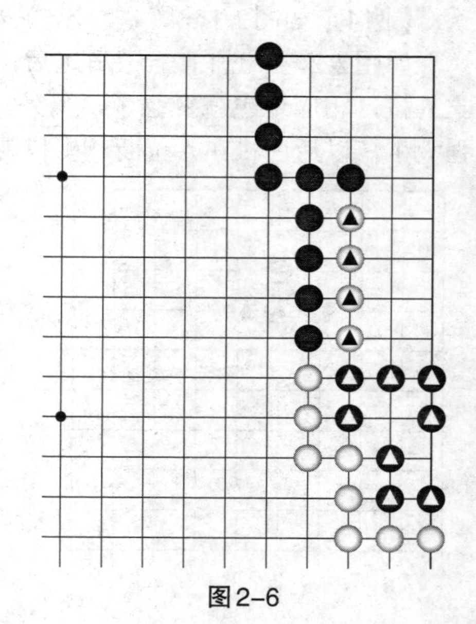

图2-6

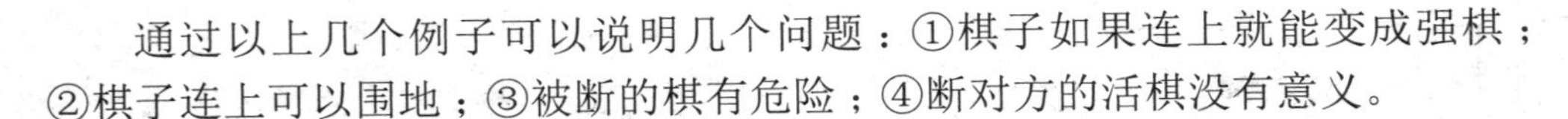

通过以上几个例子可以说明几个问题：①棋子如果连上就能变成强棋；②棋子连上可以围地；③被断的棋有危险；④断对方的活棋没有意义。

下棋时，遇到危险最好将自己的棋连上，只有这样棋子才能更好地发挥作用。

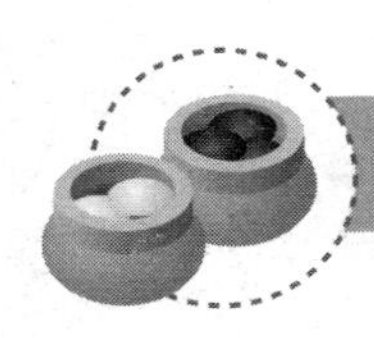

第二节　连接的方法

连接是一种比较好的防守方法，棋子连在一起，就不容易被吃。

一、连（粘、接）

【例3】如图2-7，黑棋A位有断点，黑棋应该怎么补断呢？

正解：如图2-8，黑1粘，正着。白2连，黑3跳出头，重要！不可省略。正所谓“下围棋往外走”，这也是定式中的着法。

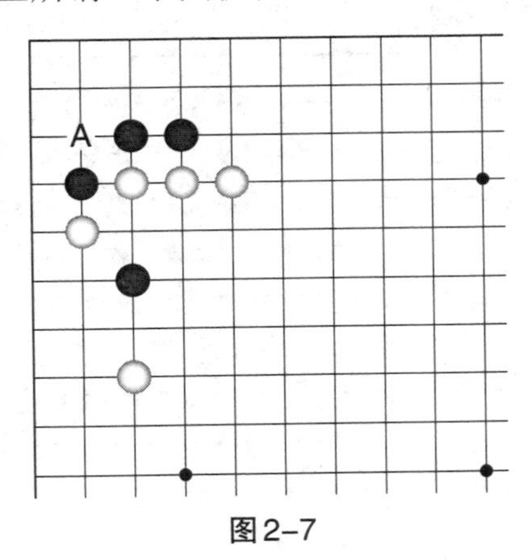

图2-7

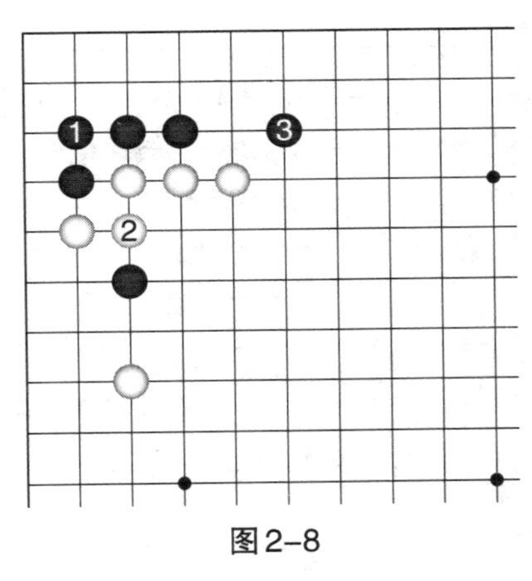

图2-8

二、虎

【例4】如图2-9，黑棋A、B两点都有断，黑棋怎么下能够同时补上两个断点呢？

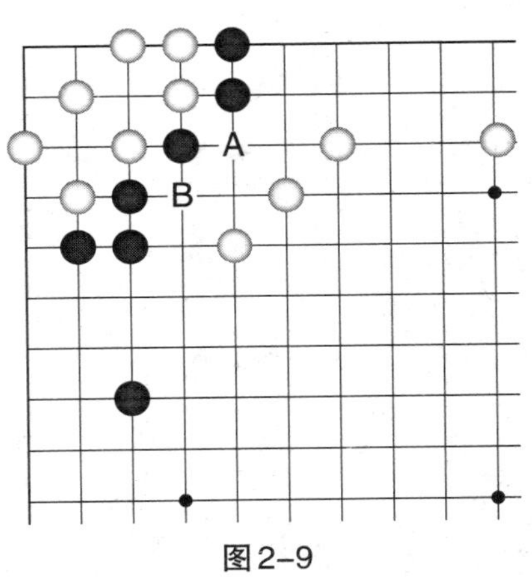

图2-9

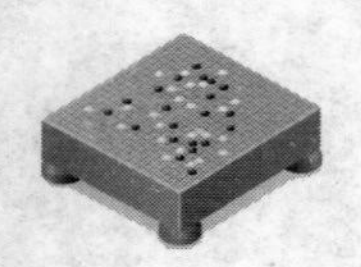

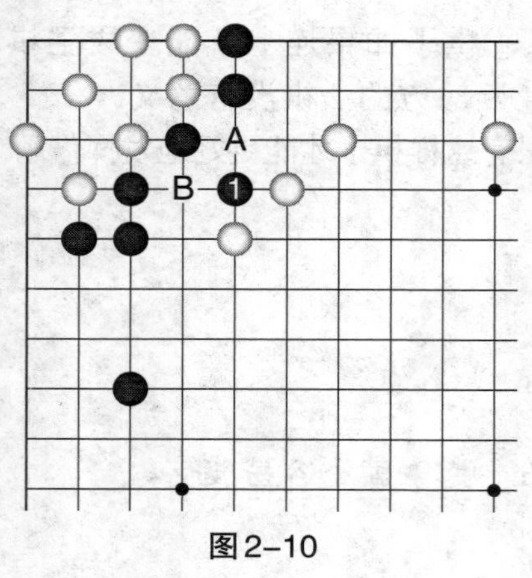

图2-10

正解：如图2-10，黑1虎，正着，形成两个虎口，又称为“双虎”，白棋就不能将黑棋断开了。

【例5】如图2-11，黑先，怎么补A位的断呢？请注意白▲子。

失败：如图2-12，黑1粘，不好！黑1和黑△二子形成了典型的愚形三角，而且对白▲子没有威胁，棋子的效率低。

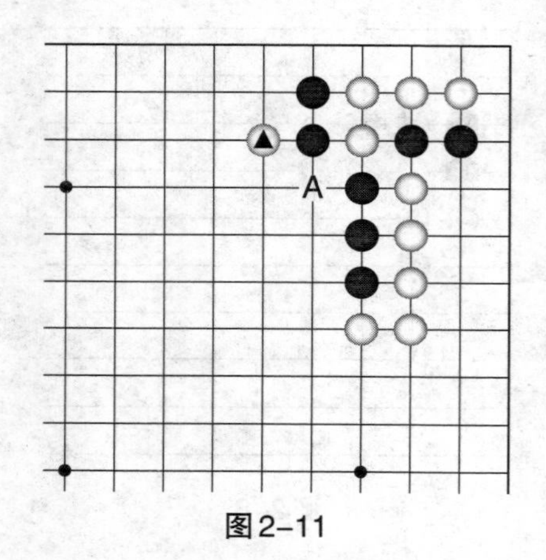

图2-11

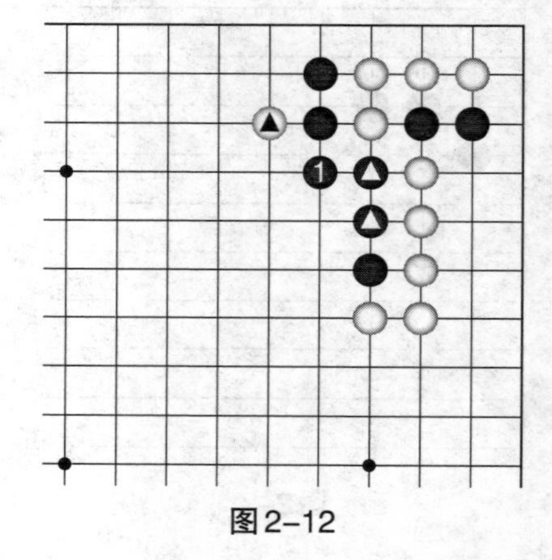

图2-12

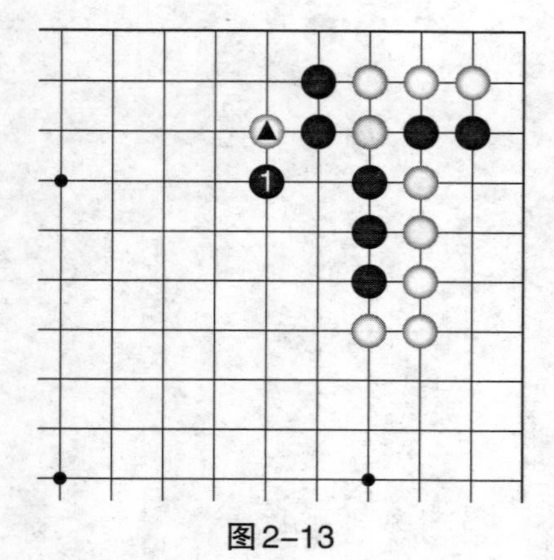

图2-13

正解：如图2-13，黑1虎，正着。既补了断，又扳住白▲子，同时黑棋的棋形也很美，这步棋也称“扳虎”。一举数得，子力效率高。

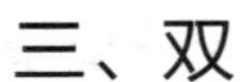

三、双

【例6】如图2-14，黑先，黑棋的棋形有缺陷，应该怎么下呢？

失败：如图2-15，黑1连，思路正确，但棋形不美，棋子的效率低。

正解：如图2-16，黑1双，好棋！既能保持联络，棋形也美，棋子的效率也高。这步棋也称“双板凳”。A、B两点黑棋必得其一。

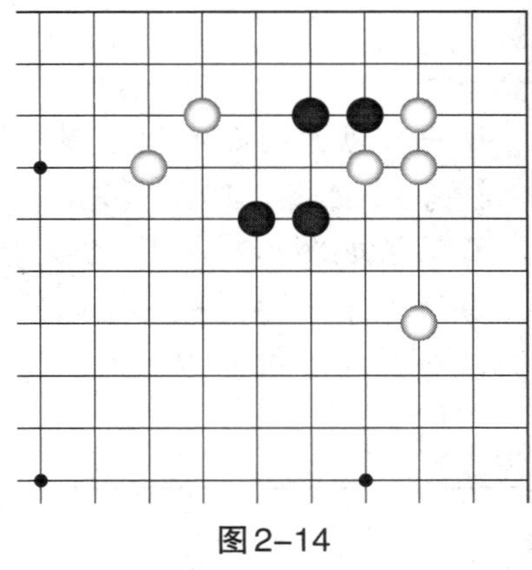

图2-14

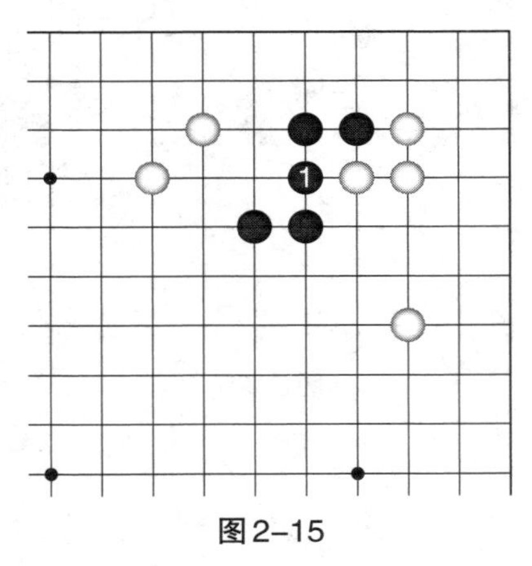

图2-15

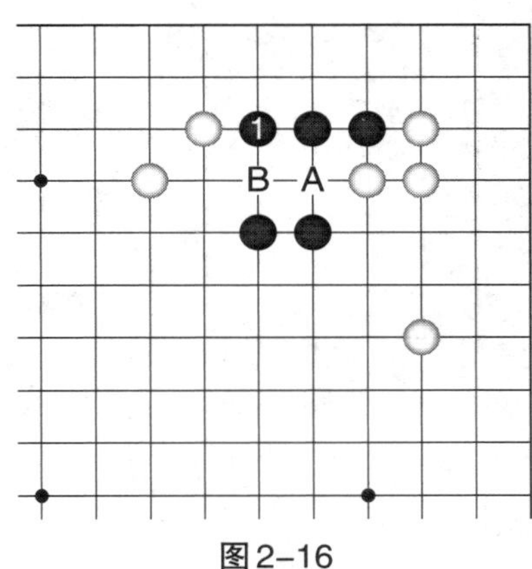

图2-16

四、棒接

顾名思义，棒接就是将己方的棋接成像木棒一样。

【例7】如图2-17，黑先，黑棋怎么下将两个黑子连上呢？

正解：如图2-18，黑棋联络的方法有几种，像本图黑1这样，称为“棒接”。实战中棒接用得比较少，黑棋棋形有点缺乏弹性。

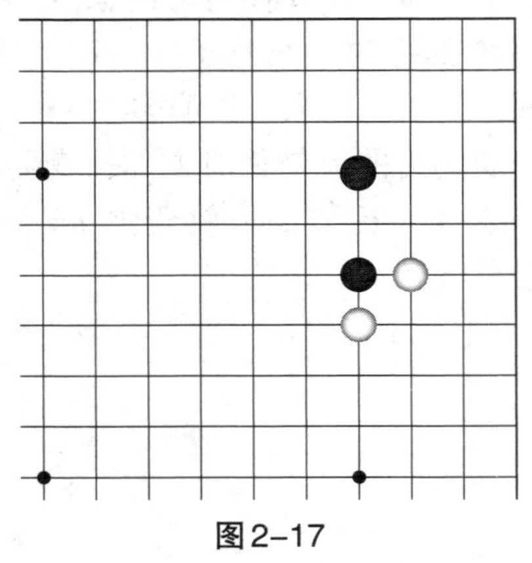

图2-17

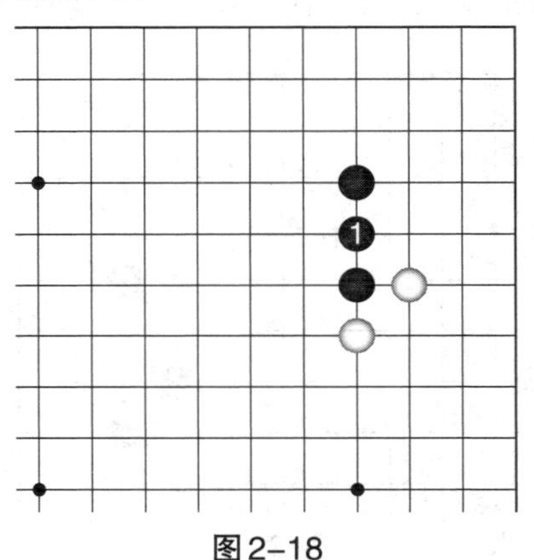

图2-18

五、尖

所谓尖就是在距离己方棋子最近的斜线方向上落子。

【例8】如图2-19，黑先，怎么下能够将两个黑子连上？

正解：如图2-20，黑1尖。黑棋得以联络，棋形完整。

联络除了上述几种方法以外，还有一些联络技巧，如：跳、飞、渡等，这些方法会在《围棋速成：入门与提高（提高篇）》一书中详细介绍。

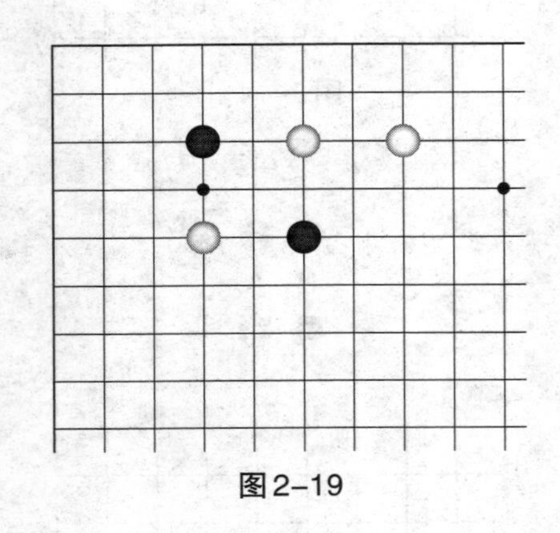

图2-19

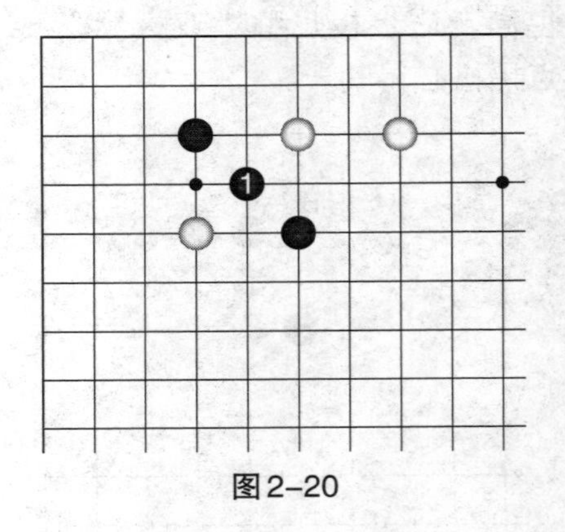

图2-20

第三节　分断的目的

“断”是攻击的开始，是消灭对方棋子的第一步，是攻击对方棋子的基本手段。因此，在攻击对方棋时，能够断的时候要立即断开，使对方的棋变弱，这才是有效的进攻。在吃子时，请大家牢记“断”，只有“断”才可能吃死对方的棋。分断的目的就是使对方的棋变弱，对方的棋弱了，己方的棋就变强了，战斗就会对己方有利。

【例9】如图2-21，黑先，该怎么下呢？

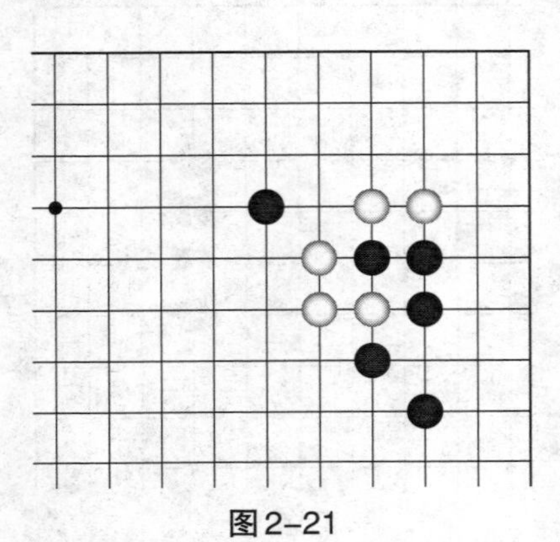

图2-21

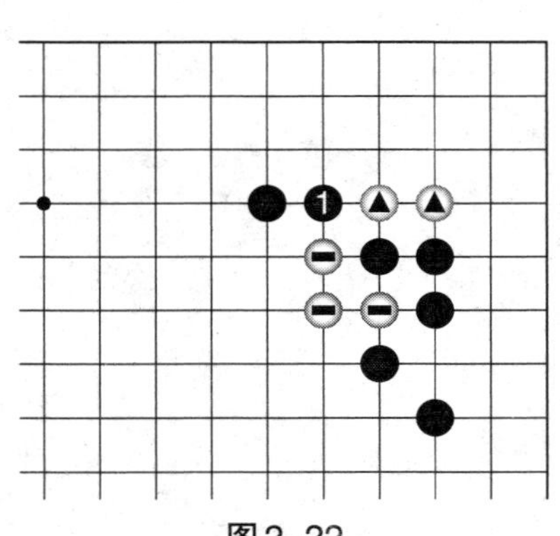
图2-22

正解：如图2-22，黑1断，正着。白▲二子被黑棋包围了，变成了弱棋；白⊖三子还剩三口气，也变成了弱棋。白棋两块棋不能兼顾，必死一处。

【例10】如图2-23，黑先，黑棋有厉害的攻击手段吗？

正解：如图2-24，黑1断，厉害！角上的白子和中间的白二子都剩两口气，都有危险，白棋必死一边。

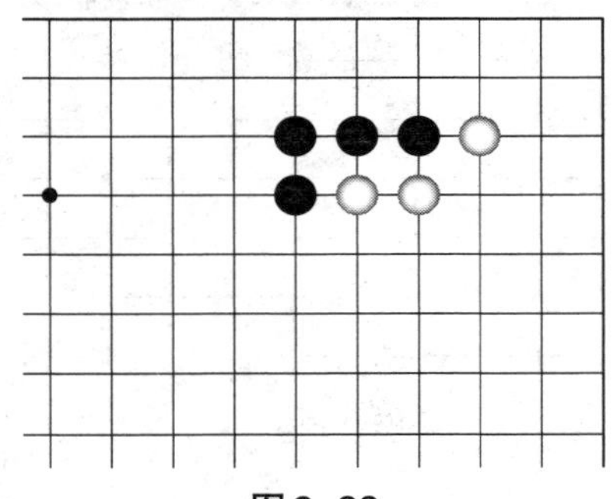
图2-23

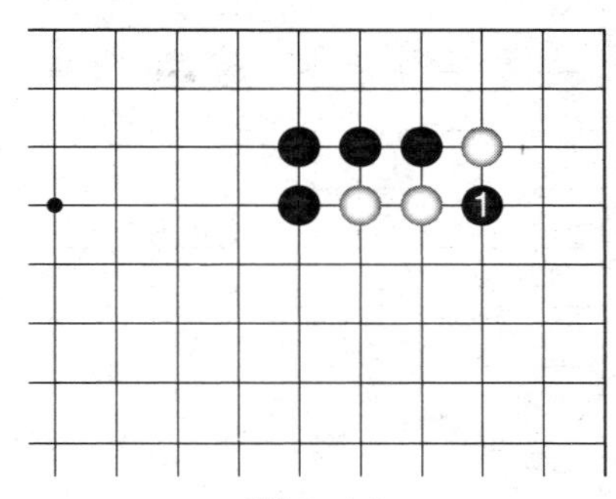
图2-24

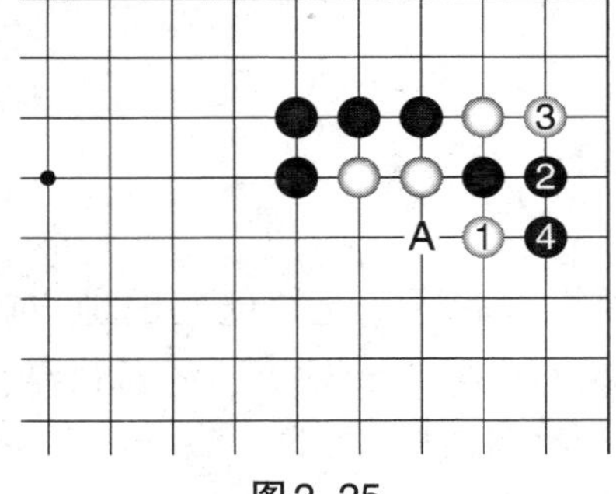

图2-25

变化：如图2-25，白棋杀不死黑1，白1打吃，黑2立，白3挡，黑4拐后，由于A位有双吃，白棋已经围不住黑棋了，白棋被吃。

【例11】如图2-26，黑先，黑棋三子有点危险，该怎么下呢？

如图2-27，黑1断，正着。白▲子还剩两口气，有危险。

如图2-28，白1打吃，正确。以下至黑4，双方必然。白▲子被吃，黑棋基本安全了。

如图2-29，白1打吃，坏棋！黑2长，白3连，黑4拐，白棋三子被吃，损失惨重。

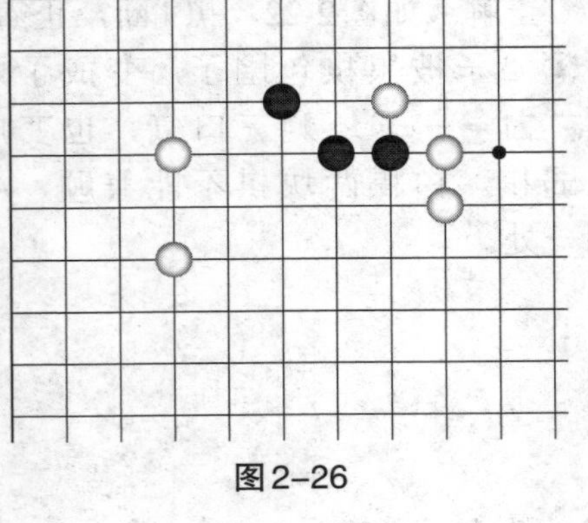
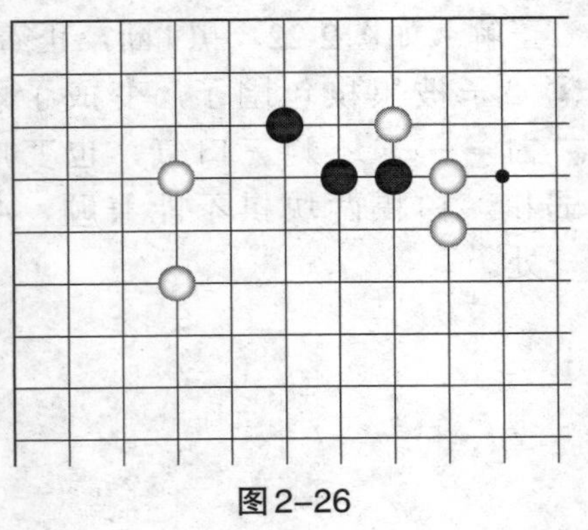

图2–26

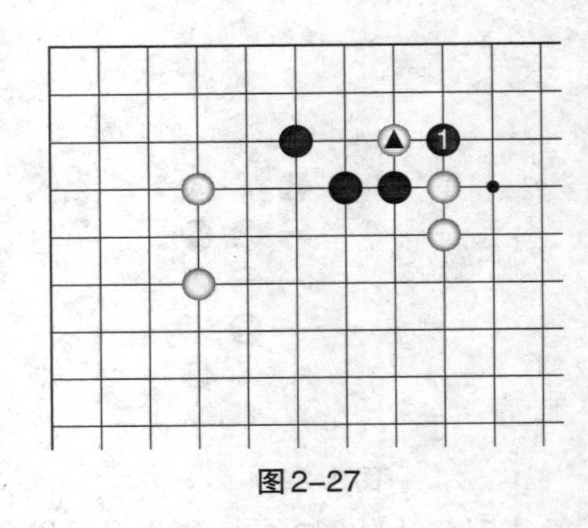

图2–27

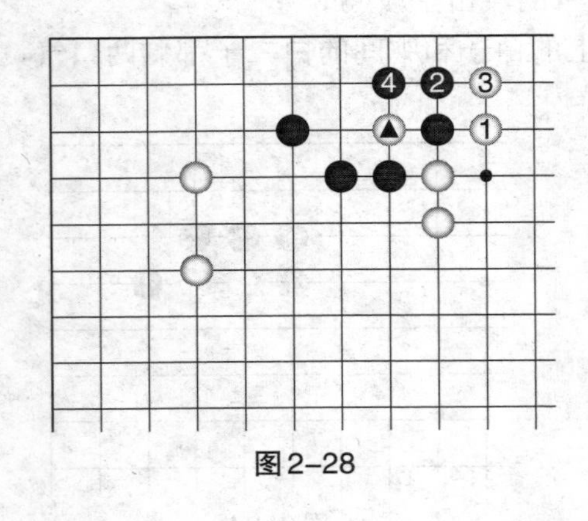

图2–28

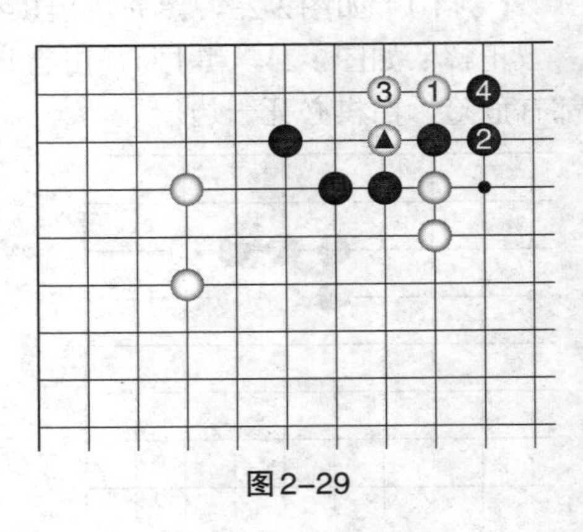

图2–29

第四节　分断的方法

下围棋时，通常是“能断的地方就要断”，给对手有力的打击，从而获取利益。下面介绍几种分断的方法。

一、扳断

【例12】如图2-30，黑先，怎么下能将角上的白▲三子和边上的白棋断开呢？

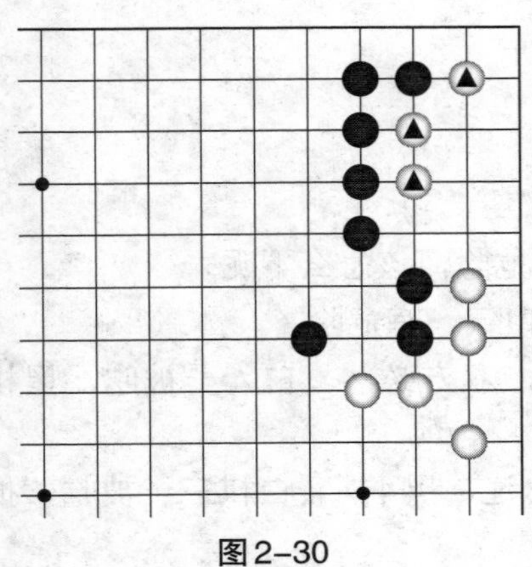

图2–30

失败：如图2-31，黑1冲，坏棋！白2挡，白棋已经得到了联络。黑棋无论下在A还是B都不能分断白棋。

正解：如图2-32，黑1扳，好棋！白棋不能在A位断，否则黑棋在B位门吃，白棋被吃。

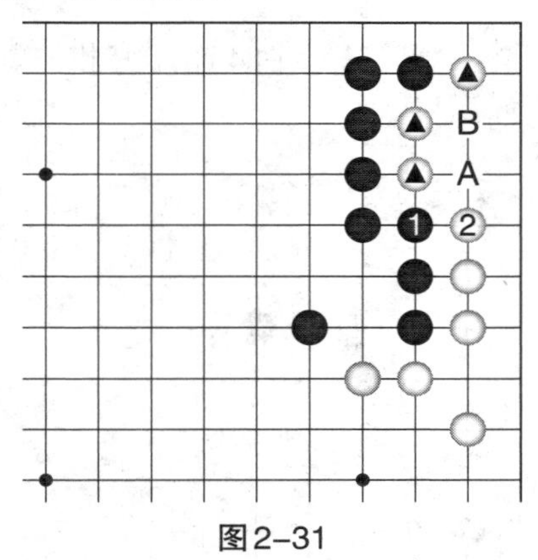

图2-31

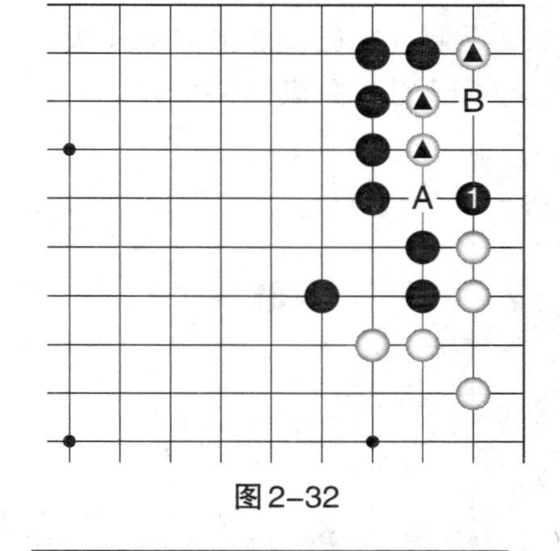

图2-32

变化：如图2-33，白1夹时，黑2再扳，好棋！造成白棋A位不入气，同时成功阻渡。黑棋断开白棋。

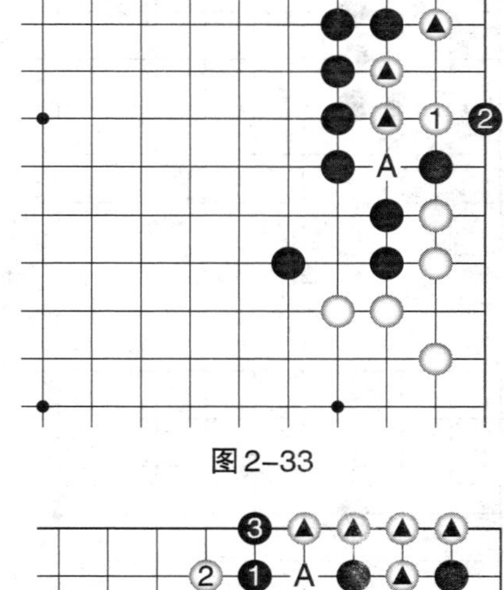

图2-33

【例13】如图2-34，黑先，怎么才能将白▲五子和边上的白棋分断呢？

正解：如图2-35，黑1扳，好棋！白棋已经被断。白2虎，黑3立，白棋A位不入气，白▲五子被吃，黑棋成功。

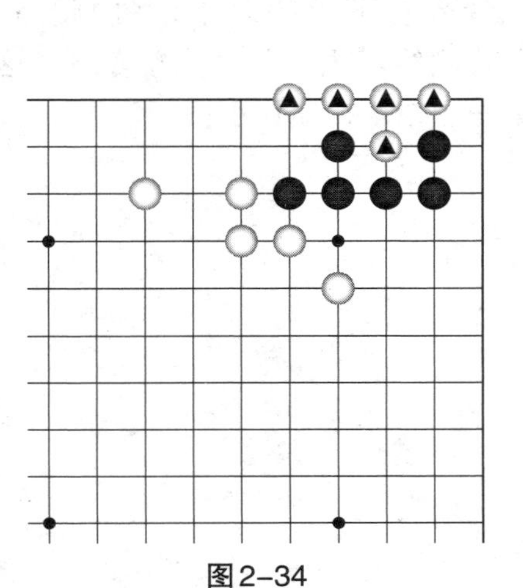

图2-34

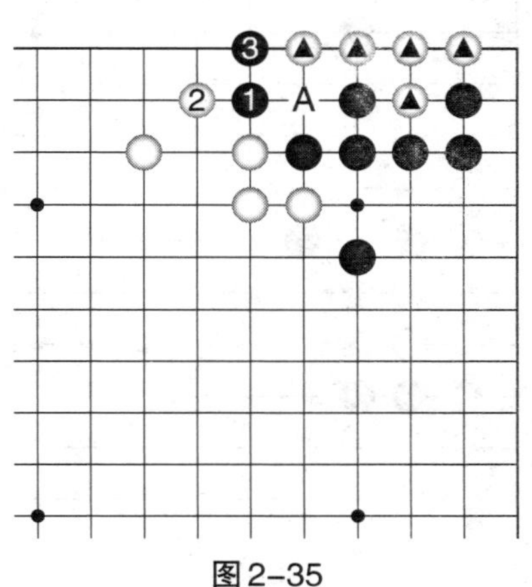

图2-35

二、打断

打断就是利用打吃将对方的棋分断。

【例14】如图2-36，黑先，实战中白▲扳，黑棋怎样才能将白⊖二子和白▲分断呢？

失败1：如图2-37，黑1扳，不好！白2断吃，黑3连，白4连，好棋！黑1之子已死，白棋联络成功。

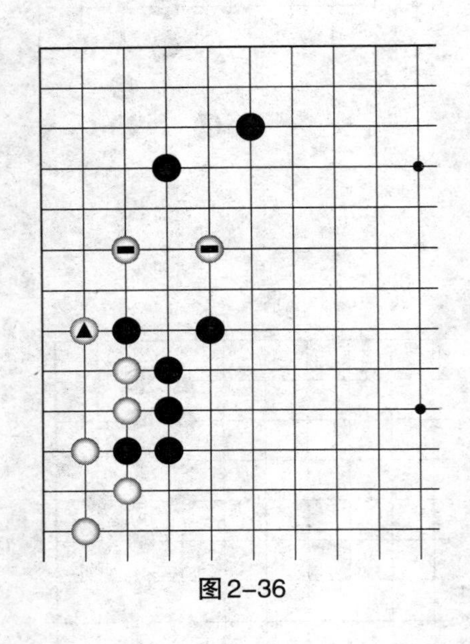

图2-36

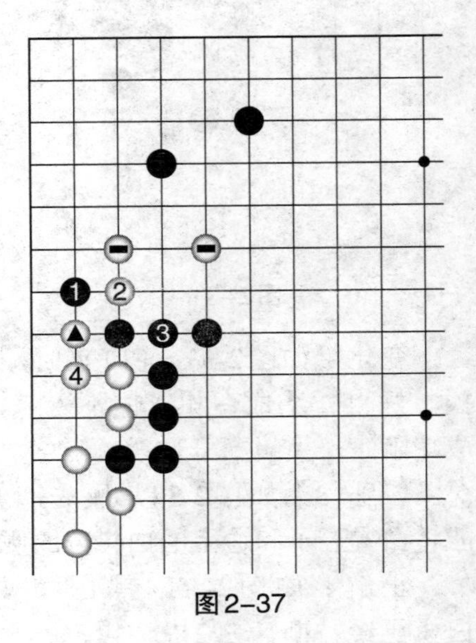

图2-37

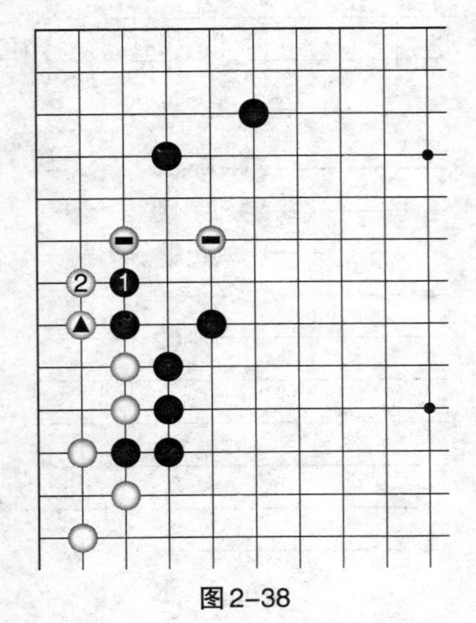

图2-38

失败2：如图2-38，黑1顶，坏棋！是初学者容易下出的恶手！白2爬后，白棋成功联络。黑1帮助对方联络，这样的着法，实战中切不可下。

正解：如图2-39，黑1打吃，正着。白2连，黑3再打，白4只能提，黑5连。黑棋利用打吃，成功将白⊖二子分断，白⊖二子危险。

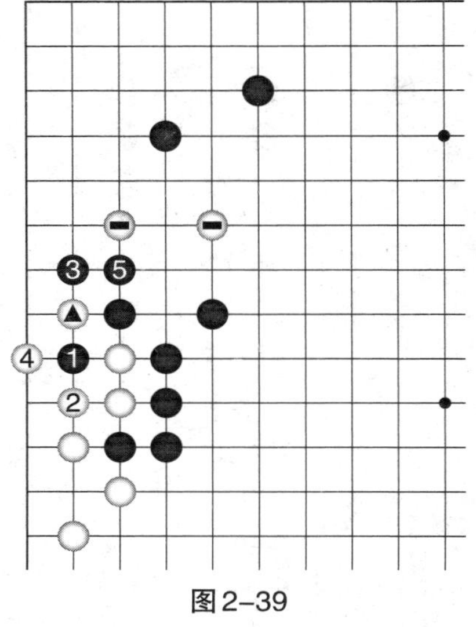

图2-39

三、挤断

【例15】如图2-40，黑先，能将白▲二子分断吗？

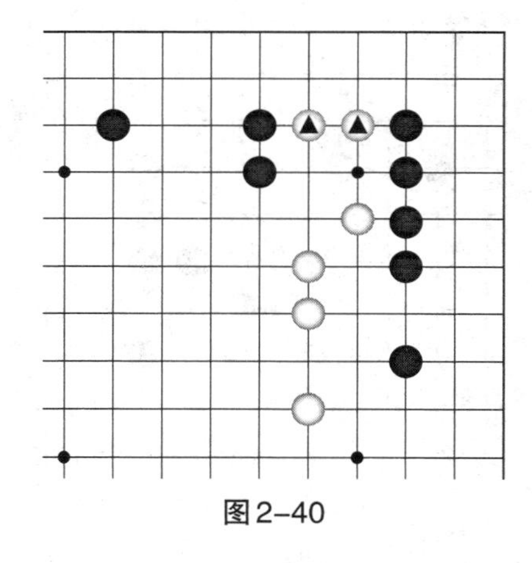
图2-40

失败：如图2-41，黑1冲，坏棋。白2挡，A位形成虎口，黑棋不入气，白棋联络成功。

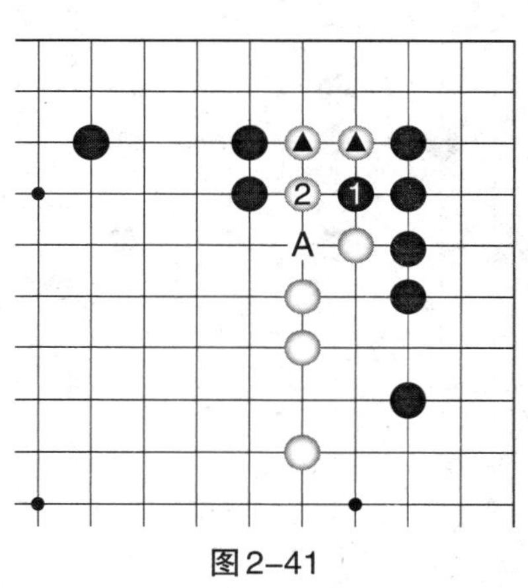

图2-41

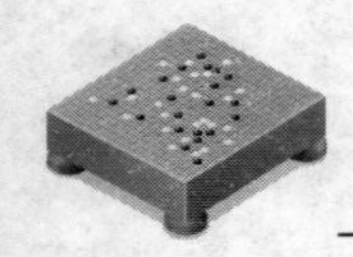

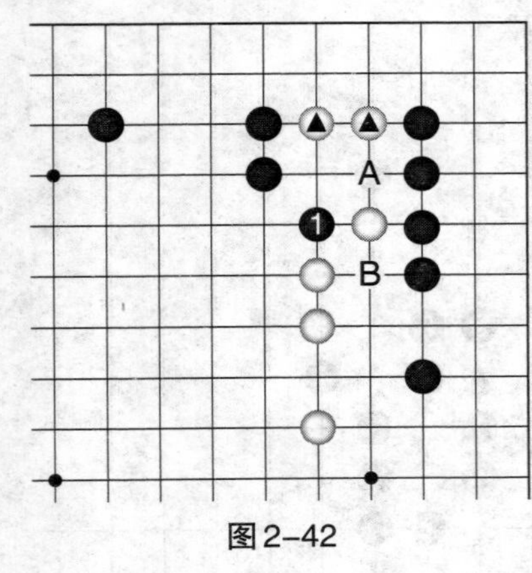

图2-42

正解：如图2-42，黑1挤，正着。白棋同时出现了A、B两个断点，黑棋必得其一。

四、尖断

【例16】如图2-43，黑先，怎样下才能将白▲二子分断呢？

如图2-44，黑1尖，厉害！抓住了白棋棋形的弱点，白棋同时出现了A、B两个断点，白棋不能两全，黑棋收获很大。

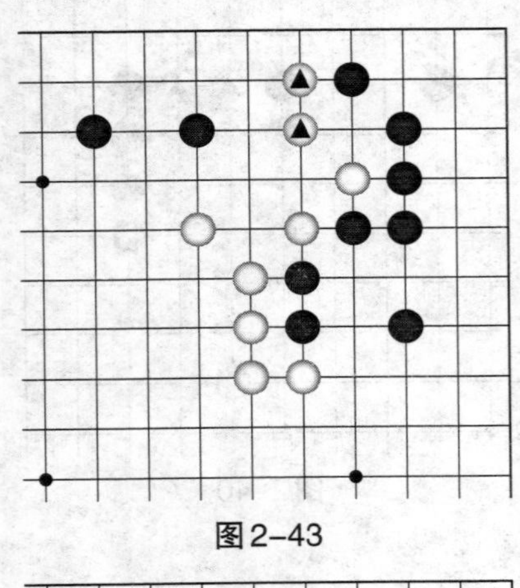
图2-43

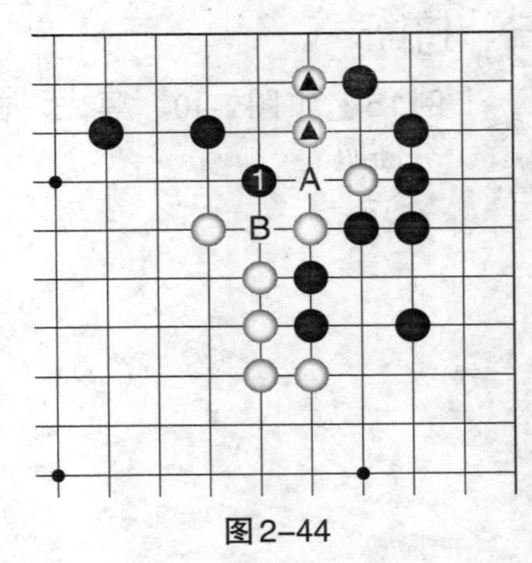

图2-44

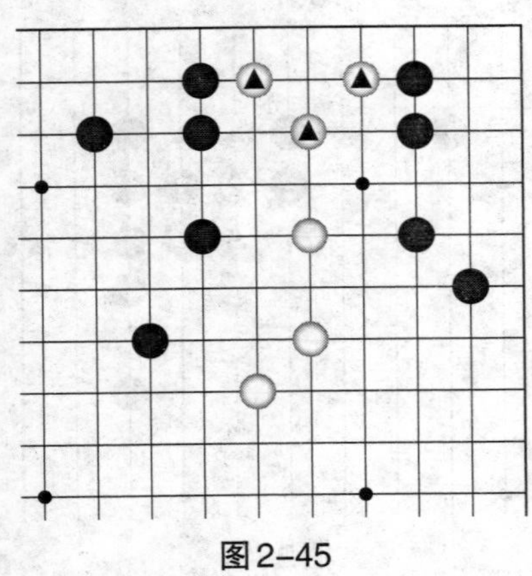
图2-45

五、挖断

【例17】如图2-45，黑先，怎样将白▲三子分断呢？

正解：如图2-46，黑1挖，正着。白2打吃，黑3长后留下A、B两个断点，黑棋必得其一。

变化：如图2-47，黑1挖时，白2若从另一边打吃，黑3长后，白棋依然留下A、B两个断点，白棋不能两全。

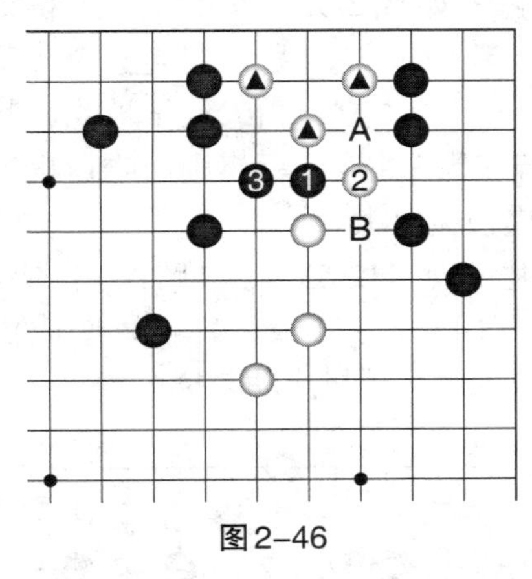

图2-46

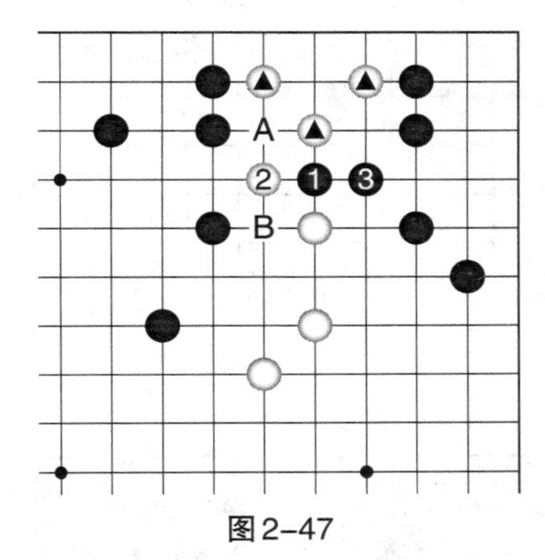

图2-47

六、冲断

【例18】如图2-48，黑先，能将白棋断开吗？

正解1：如图2-49，黑1冲，白2挡，黑3断，至黑7征子，黑棋利用冲断，吃掉白棋外边一子，并且将白棋包围了。

正解2：如图2-50，接上图，黑棋也可断在外边，白2打吃，黑3反打，白4提，黑5打吃，这样白棋得边，黑棋得角。

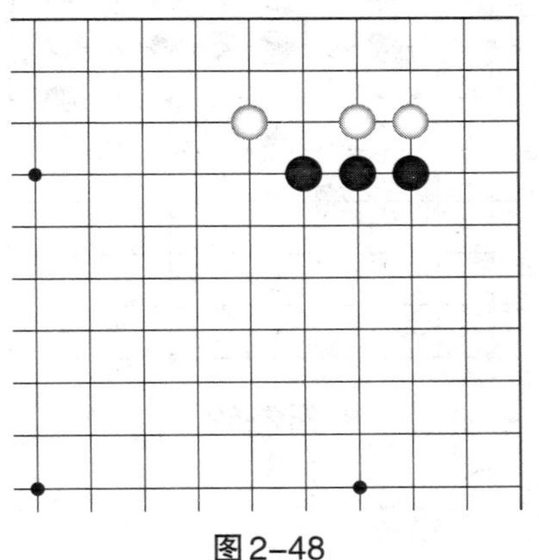

图2-48

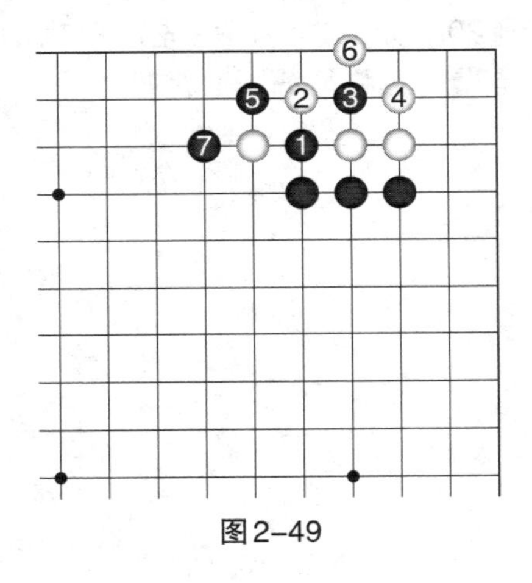

图2-49

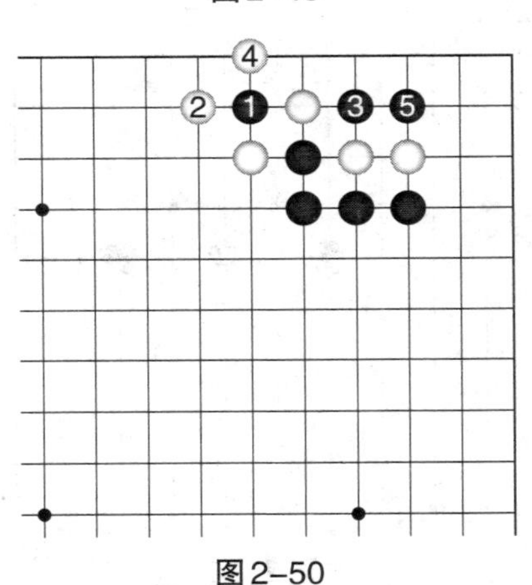

图2-50

七、跨断

【例19】如图2-51，黑先，能将白▲五子和边上的白棋断开吗？

正解：如图2-52，黑1跨，好棋！白2冲，黑3断，白4只能打吃，黑5反打，白6提，黑7立，白▲五子被吃。其中白4若在黑5处连，黑棋则门吃白棋三子，白棋损失更大。

变化：如图2-53，黑1跨，白2夹，黑3挤，白4粘，黑5扳，好棋！造成白棋A位不入气，黑棋成功断掉白棋。

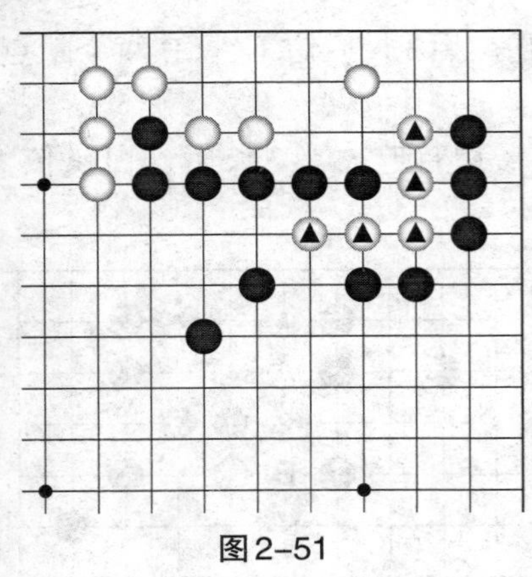

图2-51

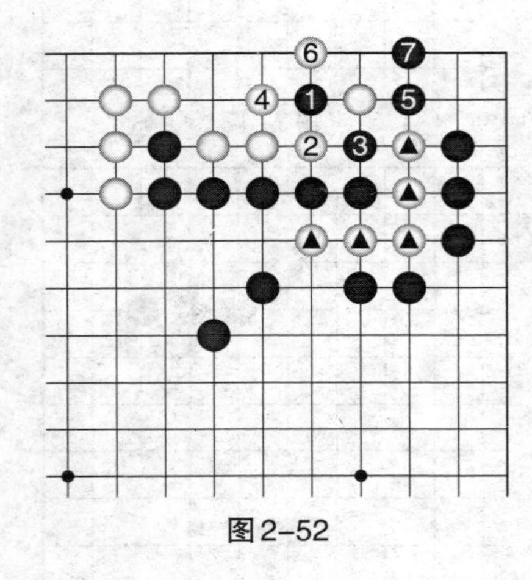

图2-52

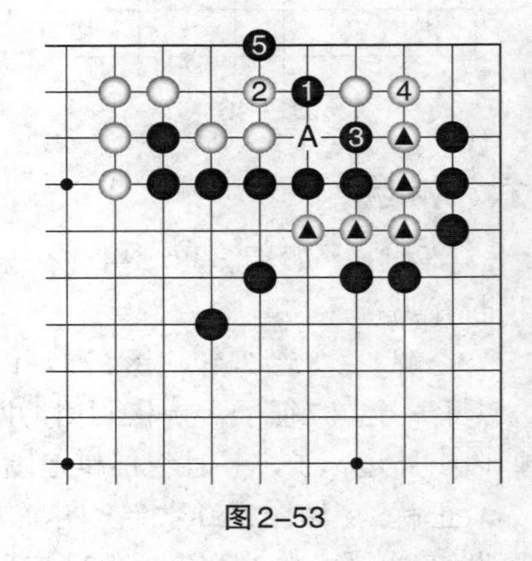

图2-53

八、靠断

【例20】如图2-54，黑先，白棋的形状有点薄，黑棋能分断白棋吗？

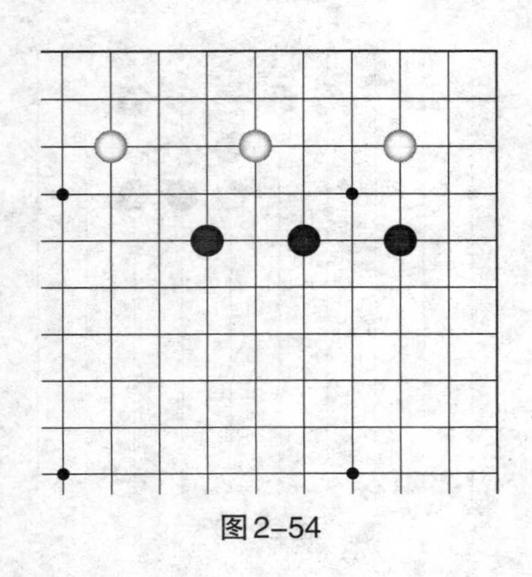

图2-54

正解：如图2-55，黑1靠，白2扳，黑3断，好棋，形成扭断。白4打吃，黑5反打，好棋，白6提，黑7连，白棋被断。

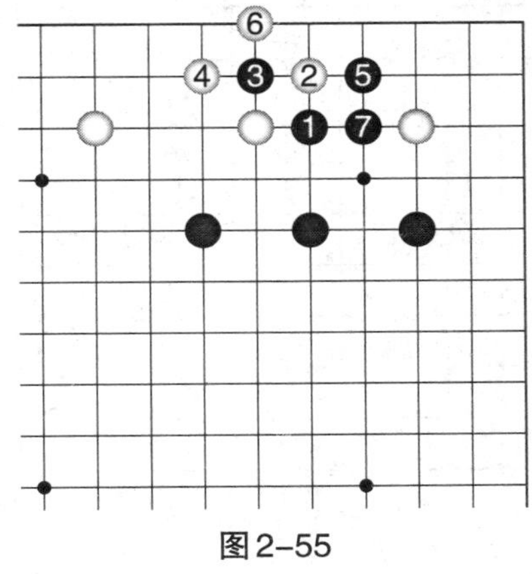

图2-55

第五节　连接和分断的运用

通过前面几节的学习，大家已经了解了分断的厉害。下棋时，既要联络自己又要将对方分断，如何处理好这个问题跟棋力水平有很大关系。本节主要介绍联络和分断的简单常型。

一、连接的运用

【例21】如图2-56，黑棋一连五子很坚实，但过分坚实就等于笨重，效率低。围棋是以围地多为胜的，那么就要用比较少的棋子尽可能地多围地，提高棋子的效率。

如图2-57，黑1、黑3称为“大飞守角”。黑棋用了两个子基本上完成了图2-56五个子的作用，棋子的效率很高，但效率高的棋形往往薄弱，不牢固。

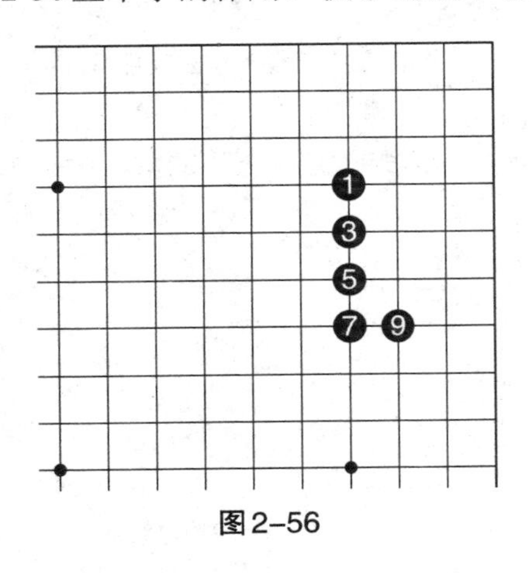

图2-56

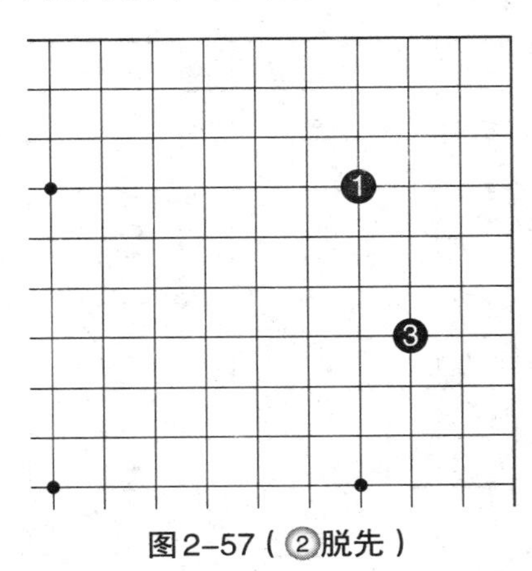

图2-57（②脱先）

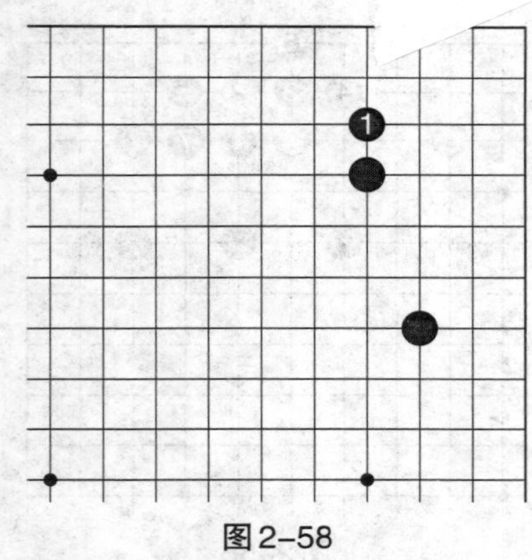

图2-58

如图2-58，黑1称为“立”，在此局面下又称“玉柱”，即立加上大飞守角。本图黑棋棋子效率高，棋形也比较完整、舒展，角基本上围住了。

【例22】如图2-59，像黑1这样斜着走，称为“尖”或“小尖”。A、B两点黑棋必得其一，因此黑棋是连着的。小尖是一种牢固的联络形式。

【例23】如图2-60，黑1称为“跳”，由于两个黑棋之间隔了一线，就不如小尖牢固，但它效率高。

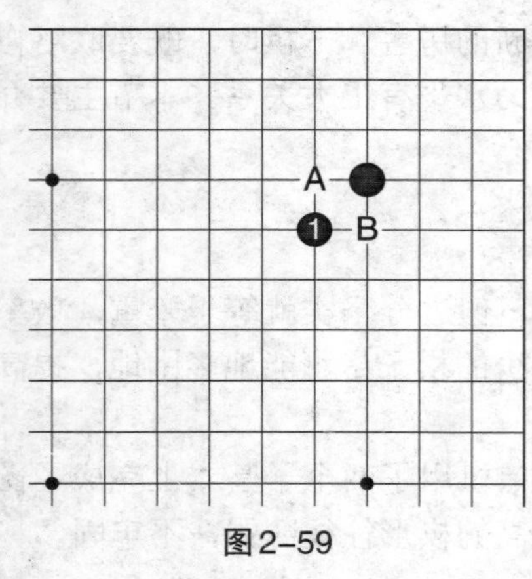

图2-59

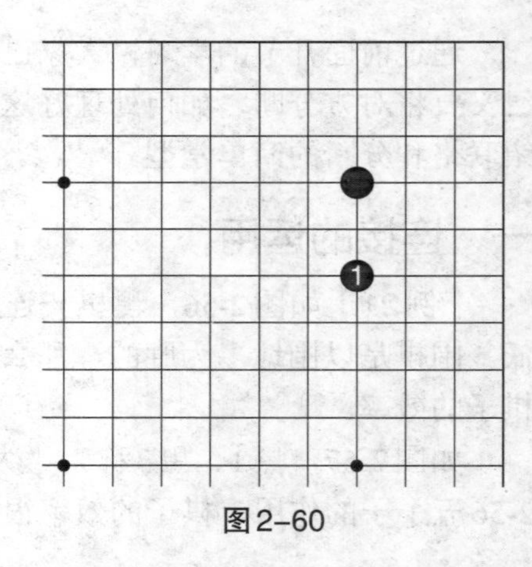

图2-60

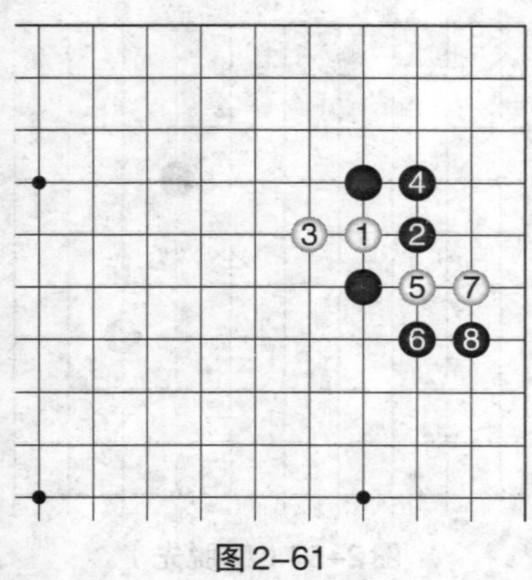

图2-61

如图2-61，白1挖，黑2打吃，至黑8挡，白棋二子被吃。

结论：四线的跳是连着的。

如图2-62，黑棋是三线的跳，白1挖时，由于黑棋离边比较近，黑2打吃，必然！往边上赶对方，至黑6长，白棋三子被吃。

结论：三线跳比四线跳更为牢固。

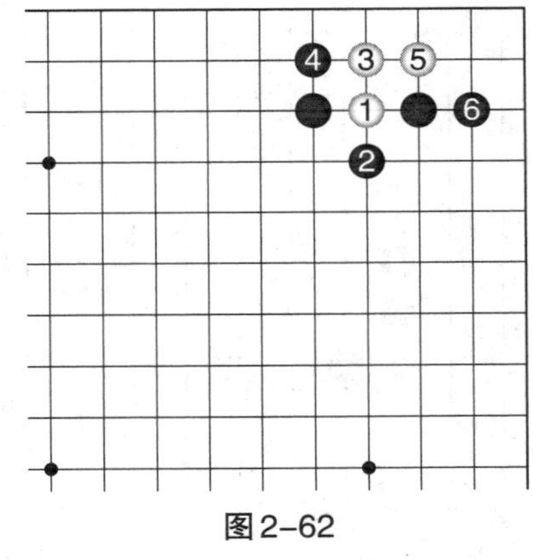

图2-62

如图2-63，黑棋在中间跳，白1挖，黑2打吃，白3长，黑4连，白5断，黑棋无法吃掉白棋，黑棋被断。

结论：中间的跳联络不牢固，有被断的可能。

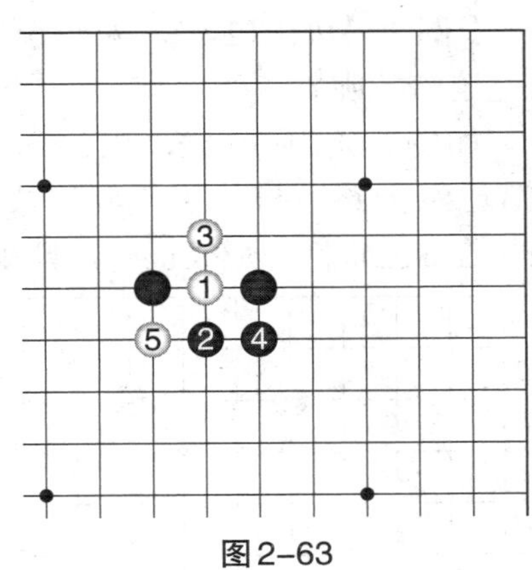

图2-63

【例24】如图2-64，黑1、黑3称为“小飞守角”。

如图2-65，白1碰，黑2挡，白3断，无理！黑4打吃，白5立，黑6挡，白棋被吃，黑棋联络成功。

结论：边上的小飞是连着的，效率高。

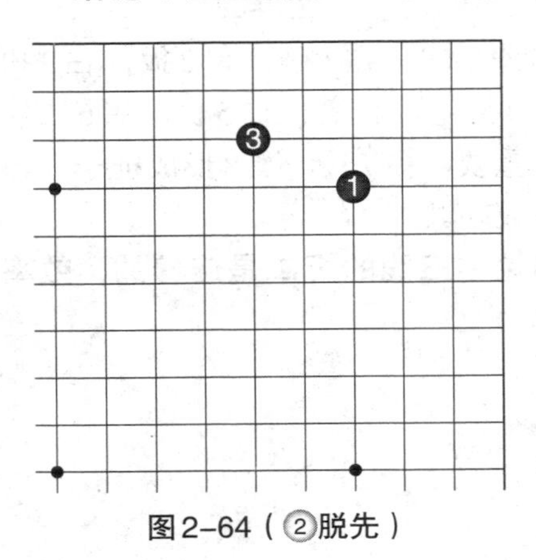

图2-64（②脱先）

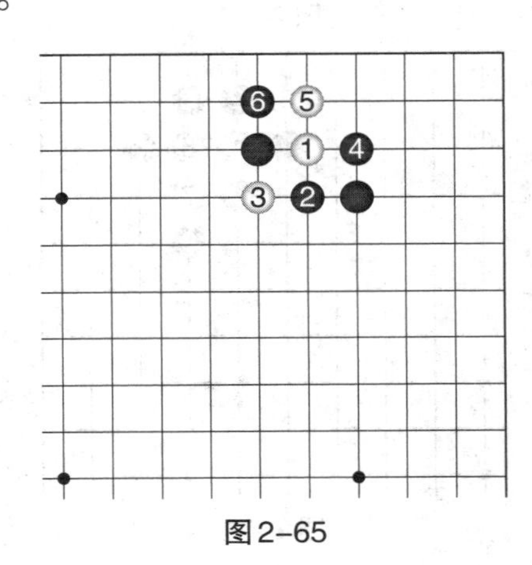

图2-65

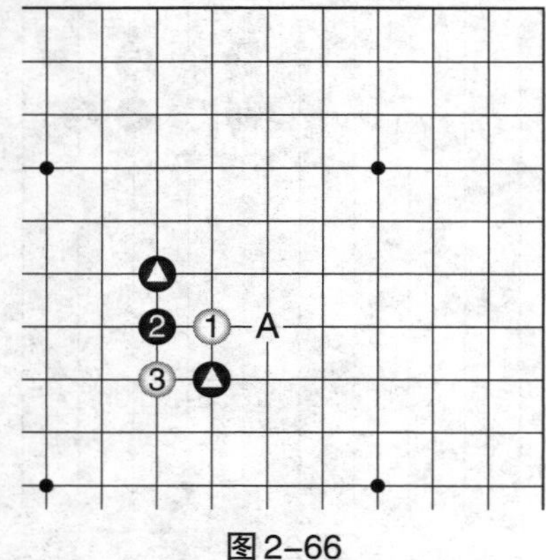

图2–66

如图2-66，黑▲二子在中腹小飞，白1碰，黑2挡，白3断后，黑棋有在A位征子的手段，因此，中腹的小飞能否分断要先看征子，只有在征子有利时，才能分断对方。

结论：中腹的小飞联络不够牢固。

【**例25**】如图2-67，两个黑棋称为“拆二”，是常用的围地手段，拆二是否是连着的呢？

如图2-68，白1碰，黑2扳，白3连扳，黑4断，白5长，黑6连，好棋！白3已经无路可逃，黑棋联络成功。其中，黑6切不可贪吃白3一子，否则，白棋在6位断打，形成征子，黑棋失败。

图2–67

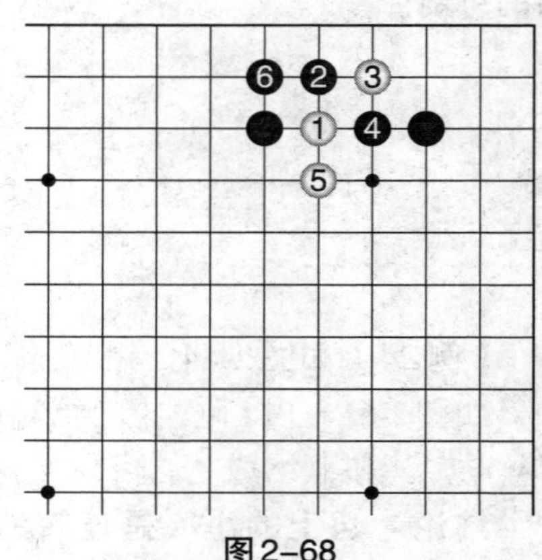

图2–68

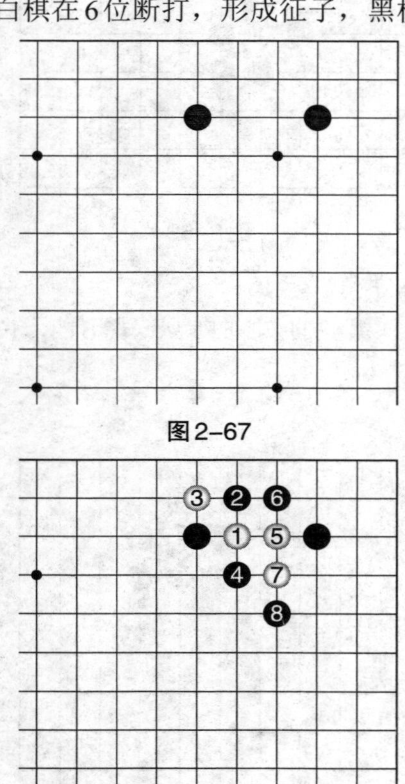

图2–69

如图2-69，白1碰，黑2扳，白3扭断，黑4打吃，正着，白5长，黑6二线打吃，重要，白7长，黑8形成征子，黑棋联络成功。

结论：三线的拆二是连着的，效率也高。

【例26】如图2-70，黑棋在中腹，隔二线称为“大跳”或“二间跳”。这两个黑棋是否是连着的呢？

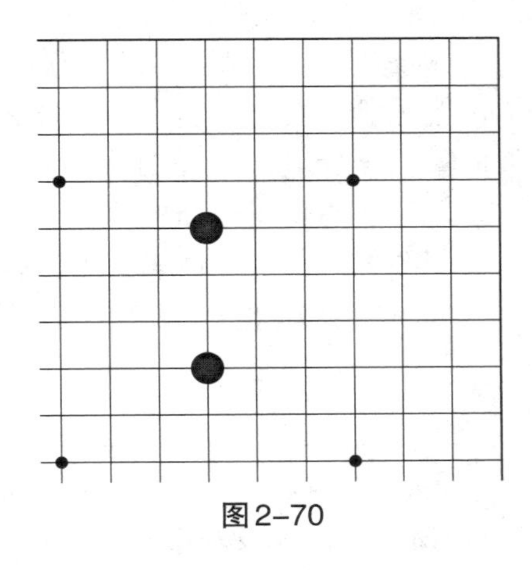
图2-70

如图2-71，白1靠，黑2扳，白3连扳，黑4断打，白5长，黑6连，白7长，黑棋无法吃死白棋，黑棋被断。

结论：中腹的二间跳联络有缺陷，容易被对方分断。

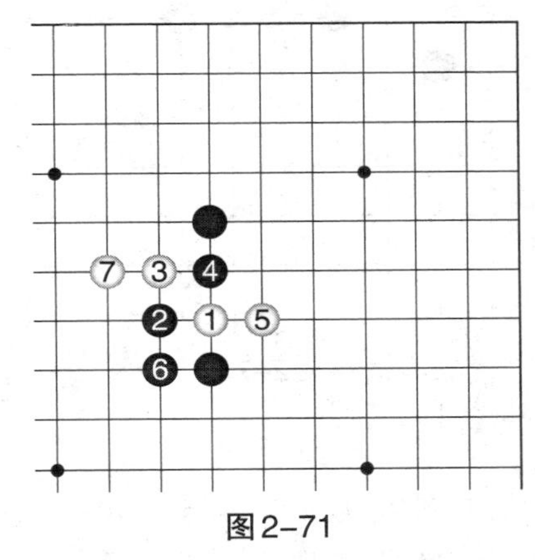

图2-71

棋子的联络不仅和棋形有关，而且还和所在的位置有关。通常情况下，在角上、边上联络比较牢固，在中腹联络不结实，有缺陷，但要看周围的情况。下棋既要注意联络，又要下出效率高的棋，毕竟围棋以围地多少论胜负。

二、分断的运用

一般情况下断对方要符合以下原则：①分断对方时，要注意己方的安全；②分断对方时，要能够重伤对方的棋；③分断对方时，一定要吃对方重要的棋子；④不能整体攻击对方时，可分断对方吃掉部分棋子。

【例27】如图2-72，黑先，黑1挖断成立吗？

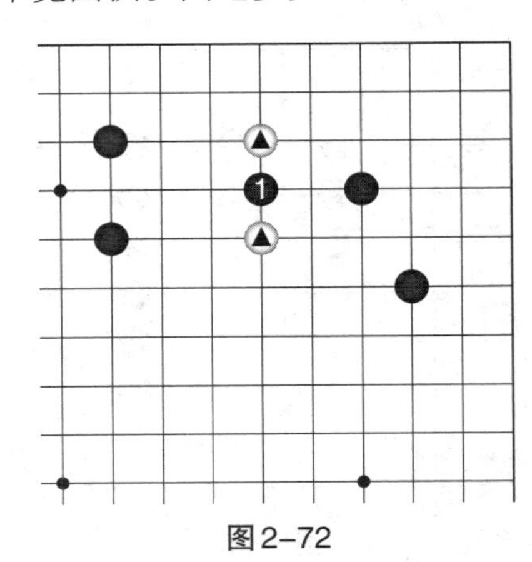

图2-72

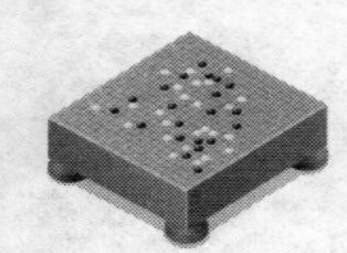

如图2-73，当黑1挖时，白2打吃，以下至白10，黑棋虽然吃死白棋一子，但黑▲子被吃，黑棋得不偿失。①原来黑棋的角现在变成白棋的角；②本来白▲二子受攻，现在白棋得到了安定；③黑棋得到的地盘没有白棋多。黑1挖断，显然违反了分断的原则。

如图2-74，现在白▲二子比较弱，黑棋应该考虑整体攻击白棋。如本图黑1镇，其中，黑1也可考虑在A位尖顶。关于这一点在以后还要详细的介绍。

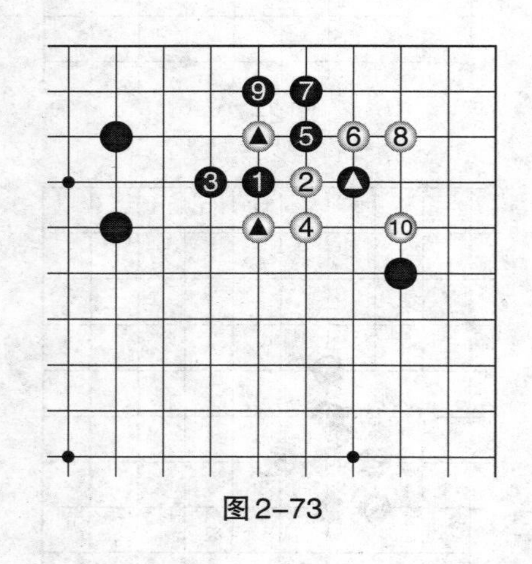

图2-73

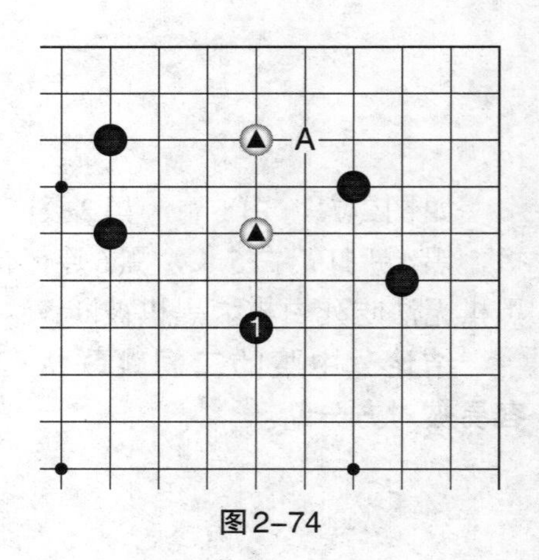

图2-74

【例28】如图2-75，黑先，白棋已经逃出黑棋的包围圈，整体攻击已经不可能，能不能吃掉一部分呢？

失败：如图2-76，黑1挖，错误！没有找到白棋棋形的弱点，白2打吃，黑3连，白4连，黑棋无功而返。

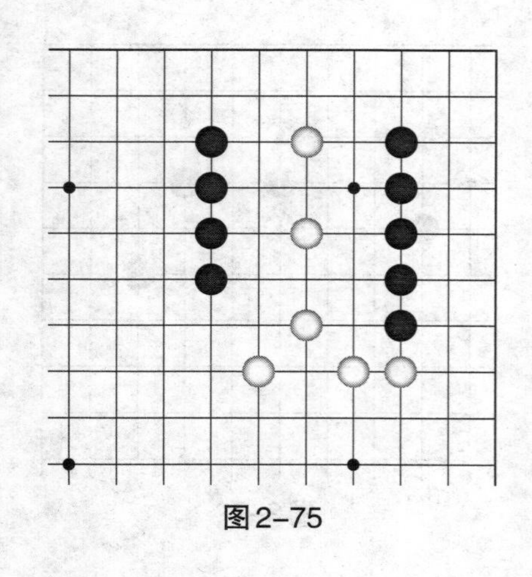
图2-75

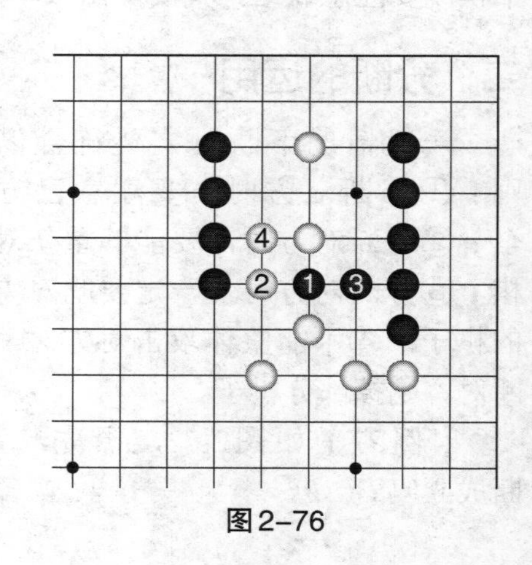

图2-76

正解：如图2-77，黑1挖，正着。白2打吃，黑3连，白棋留有A、B两个断点，黑棋必得其一，白棋被断。

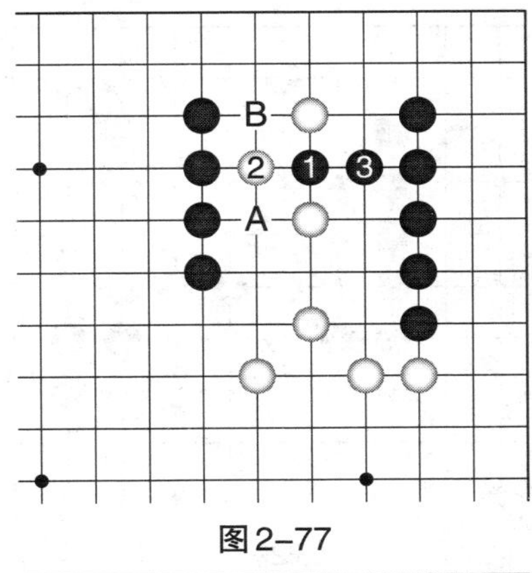

图2-77

【例29】如图2-78，黑先，怎么对付白▲子断呢？

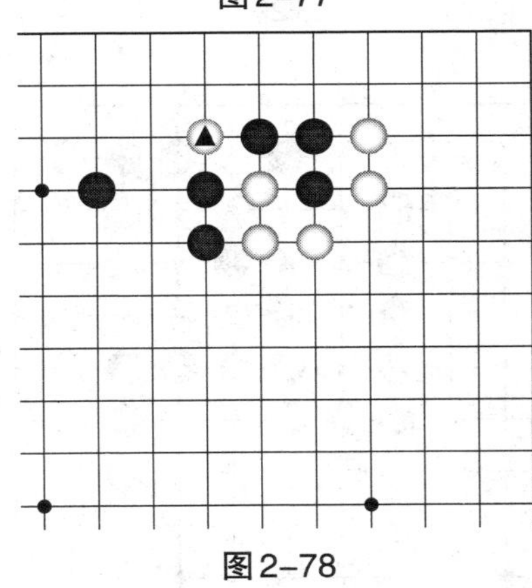

图2-78

失败：如图2-79，黑1打吃，往边上赶对方，好像有道理，但白2立后，黑△三子被吃。

正解：如图2-80，由于有黑⊖子，黑1从二线打吃，特殊下法。白2长，黑3二线爬，好棋！白4长，黑⊖子正好起到围白棋的作用，至黑7，白棋被吃。白▲子断不成立，没有注意自身的安全，违反了分断的原则。

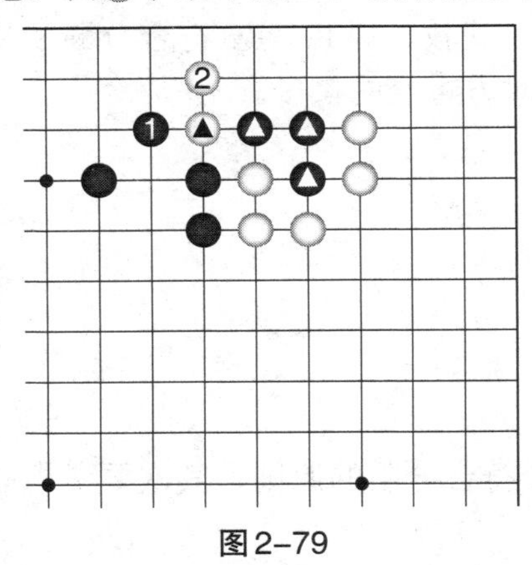

图2-79

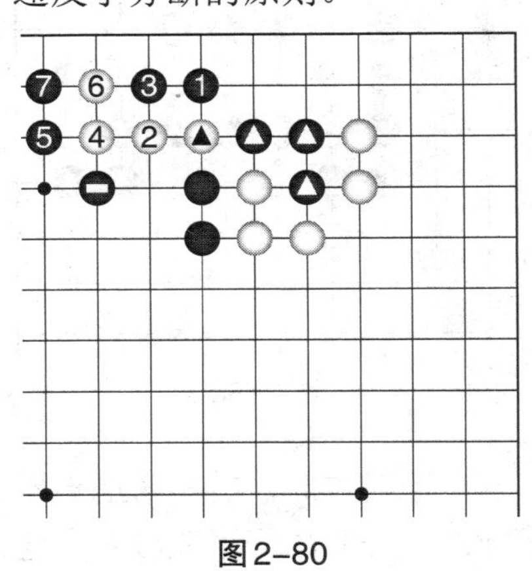

图2-80

图2-81

【例30】如图2-81，黑先，黑▲数子被白棋包围了，想办法吃死白▲四子。

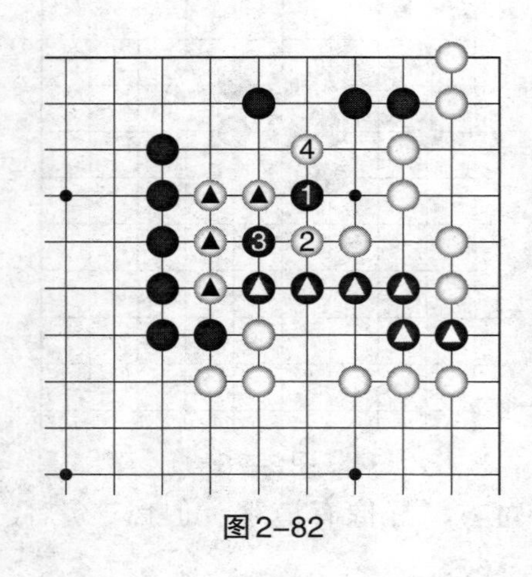

图2-82

失败：如图2-82，黑1跨，好棋！白2冲，黑3断，过急！白4打吃，白棋联络成功，黑棋失败。

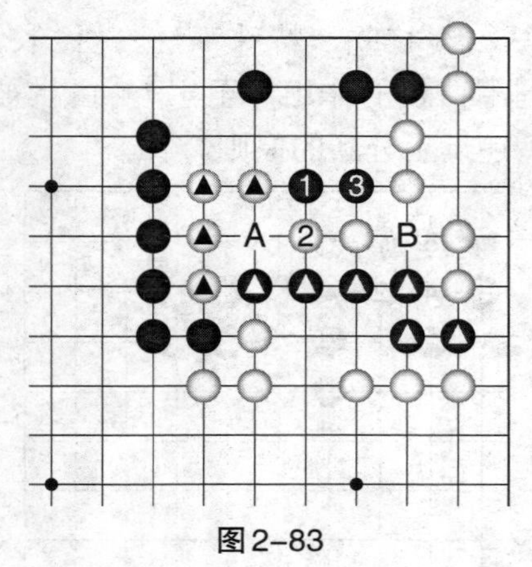

图2-83

正解：如图2-83，黑1跨，白2冲时，黑3挤，妙手！白棋留有A、B两个断点，黑棋必得其一，白▲四子被吃，黑▲数子获救。黑1、黑3符合分断的原则，吃对方重要的棋子。

分断对方时，首先考虑该不该断，一定要符合分断的原则，其次要考虑能不能断，分断之子不能被对方吃死。

单元练习二

以下均为黑先，注意题目要求及有标记的棋子。

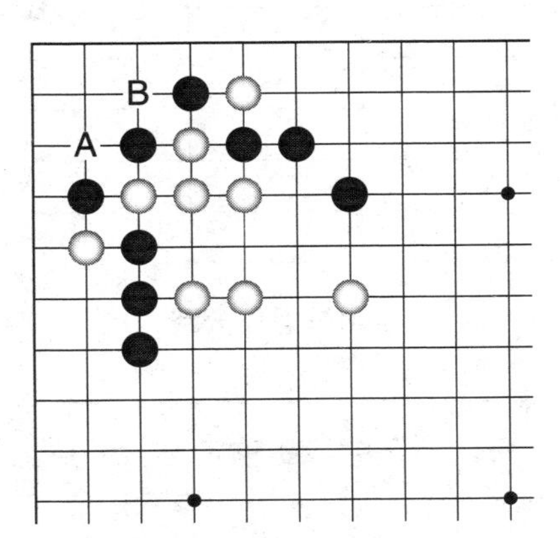

第1题黑先连接

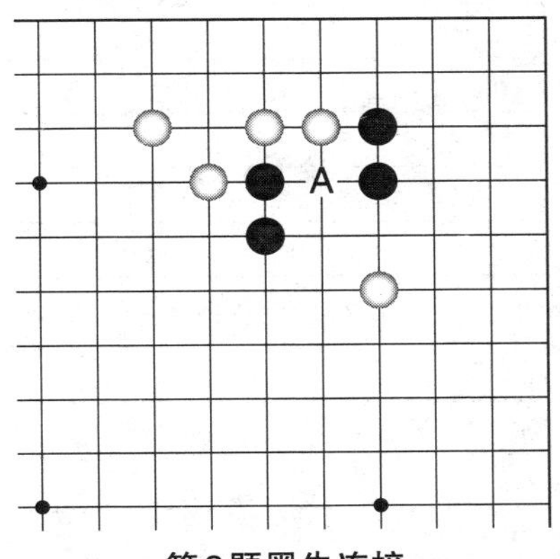

第2题黑先连接

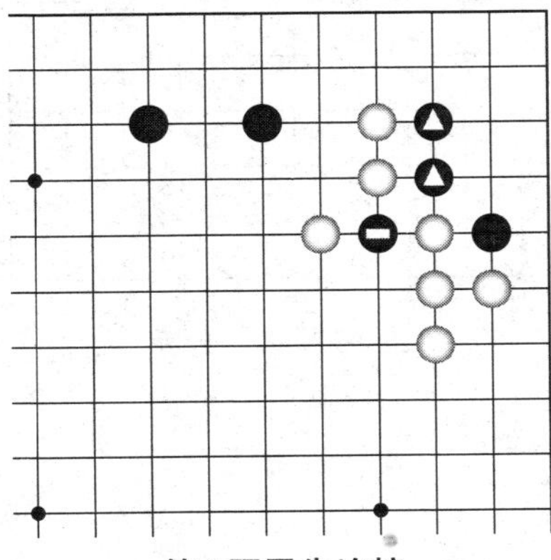

第3题黑先连接

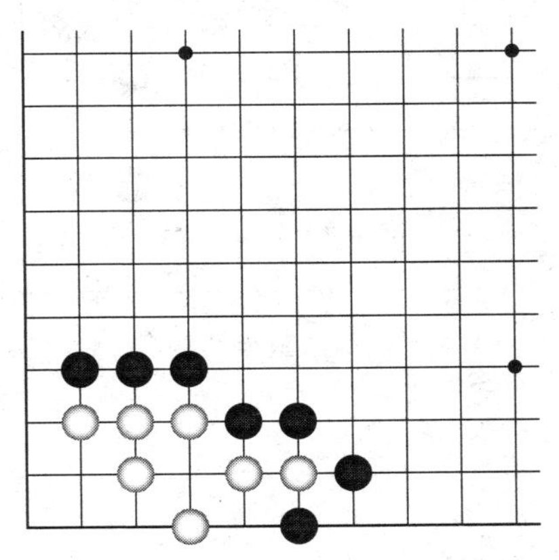

第4题黑先连接

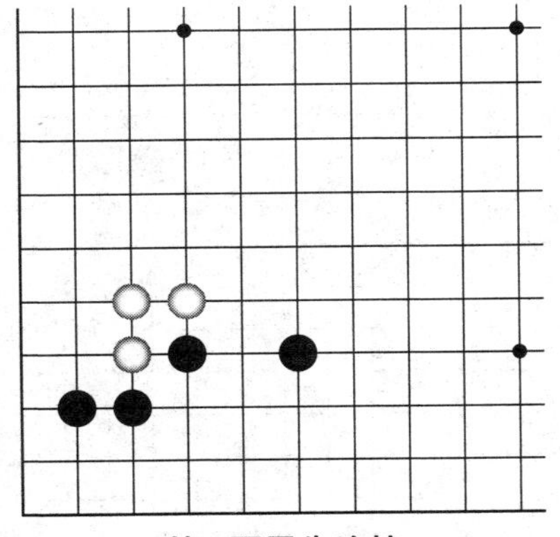

第5题黑先连接

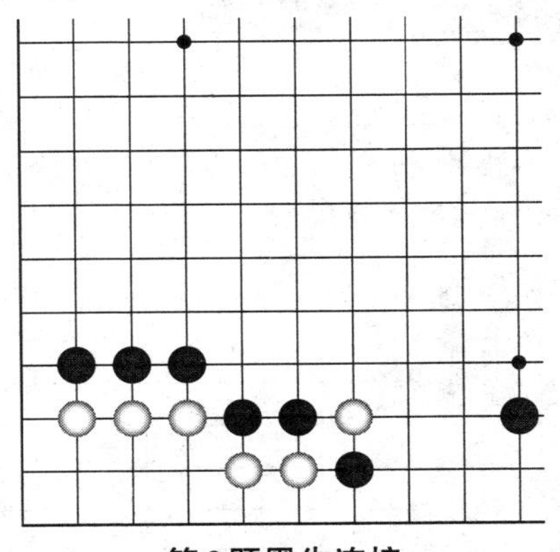

第6题黑先连接

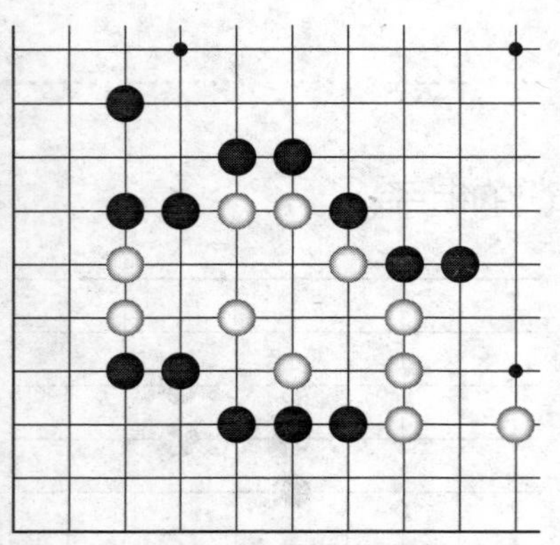

第7题黑先分断

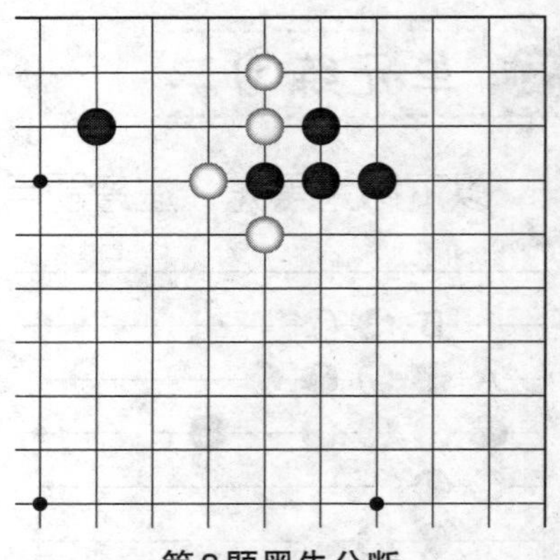

第8题黑先分断

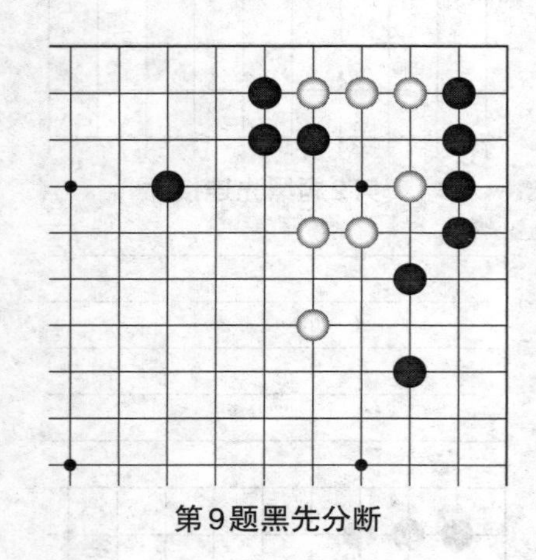

第9题黑先分断

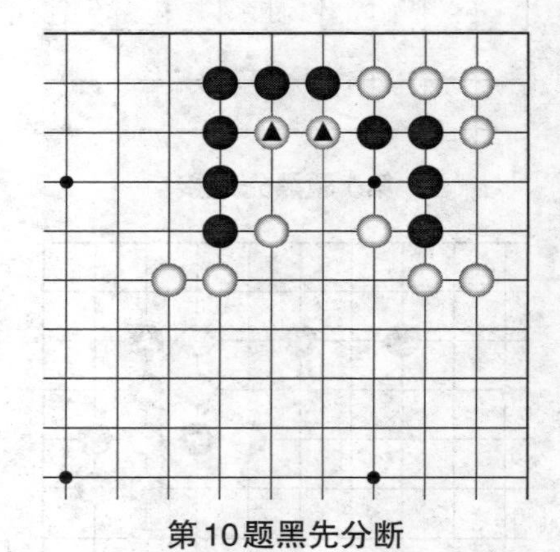

第10题黑先分断

参考答案

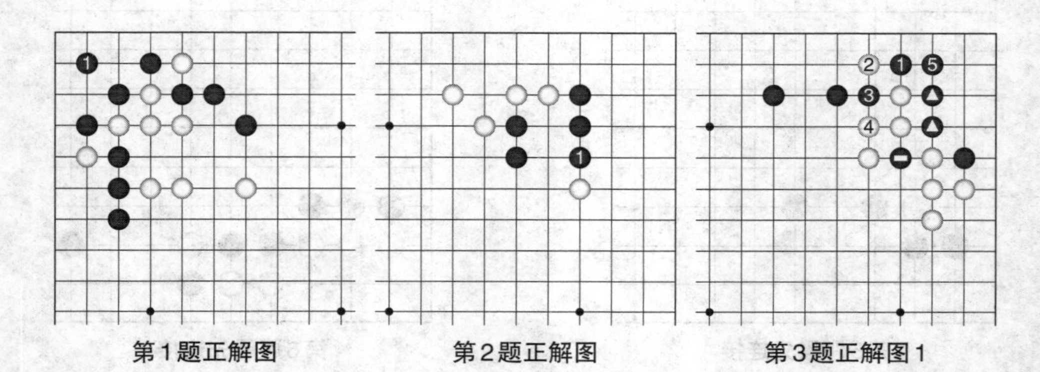

第1题正解图　　第2题正解图　　第3题正解图1

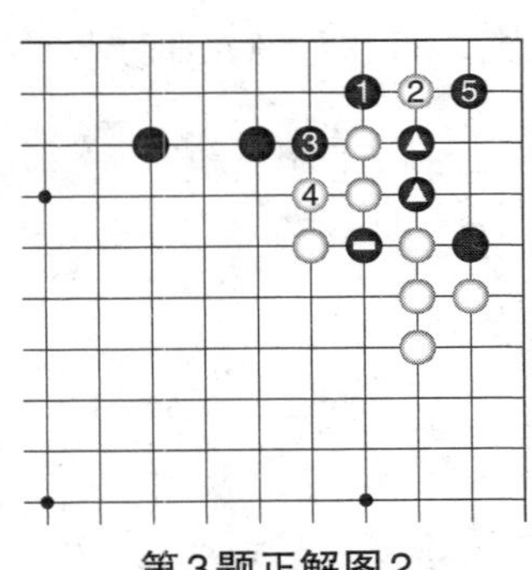
第3题正解图2

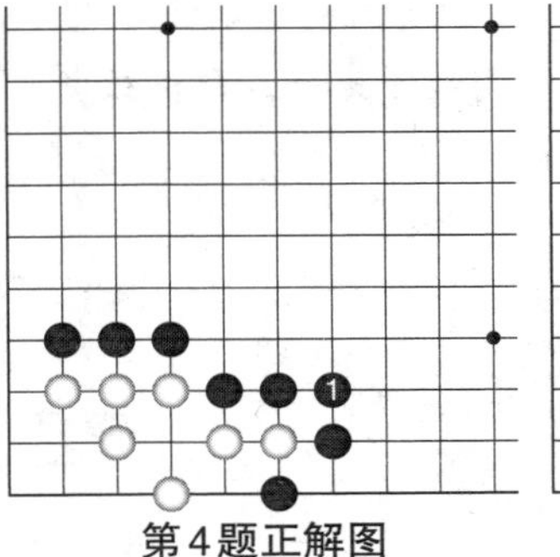
第4题正解图

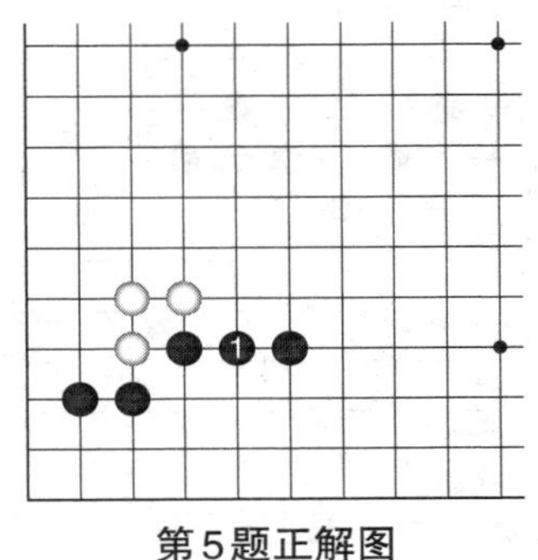
第5题正解图

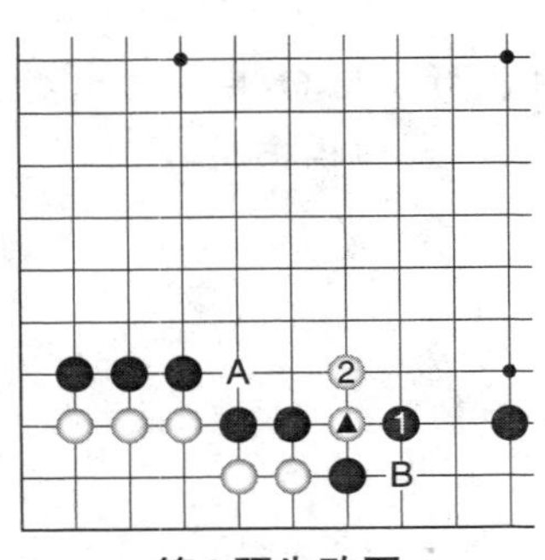
第6题失败图

第6题失败图：黑1打吃，坏棋！白2长，A位有门吃、B位有打吃，黑棋失败。其中，黑1打吃是加强对方、削弱自己的坏棋。

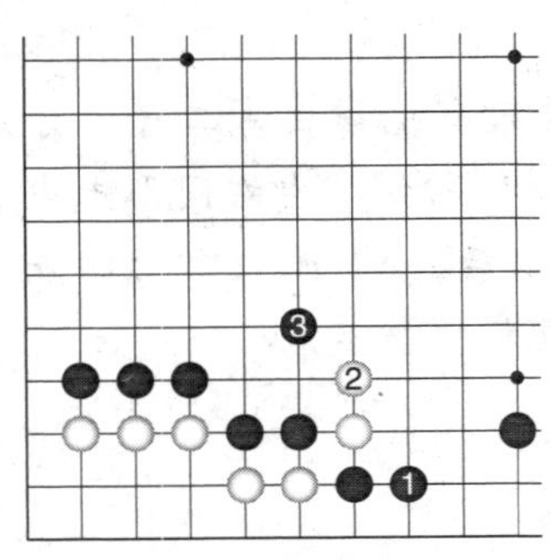
第6题正解图

第6题正解图：黑1退，是加强自己、削弱对方的好棋！白2若长，黑3跳是棋形的要点。

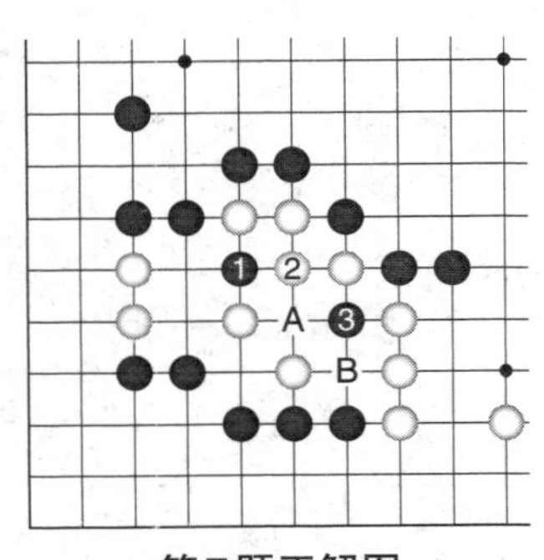
第7题正解图

第7题正解图：黑1打吃，好棋！白2若接，黑3断吃，以后白A，黑B，白棋被断；若白B，黑棋在A位挤，白棋仍然被断。

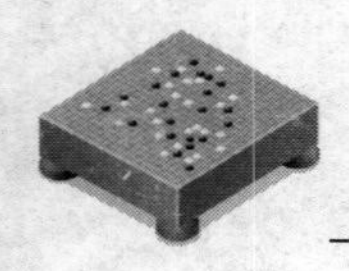

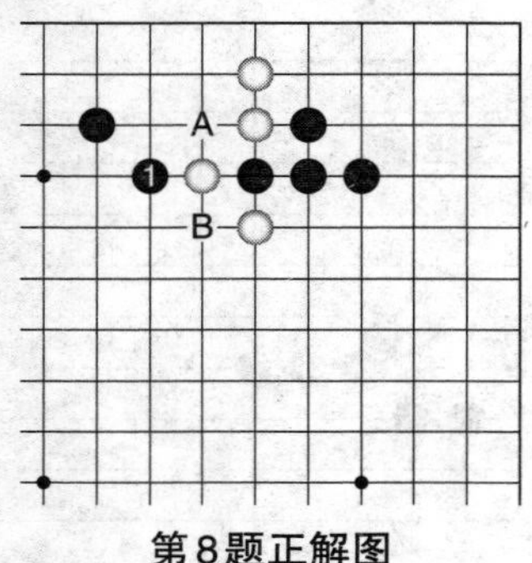

第8题正解图

第8题正解图：黑1尖夹，好棋！A、B两点黑棋必得其一，白棋被断。

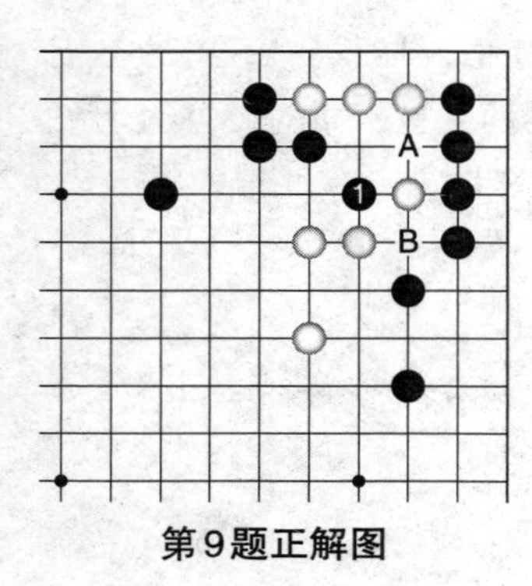

第9题正解图

第9题正解图：黑1挤，好棋！白棋同时出现A、B两个断点，黑棋必得其一，白棋被断。

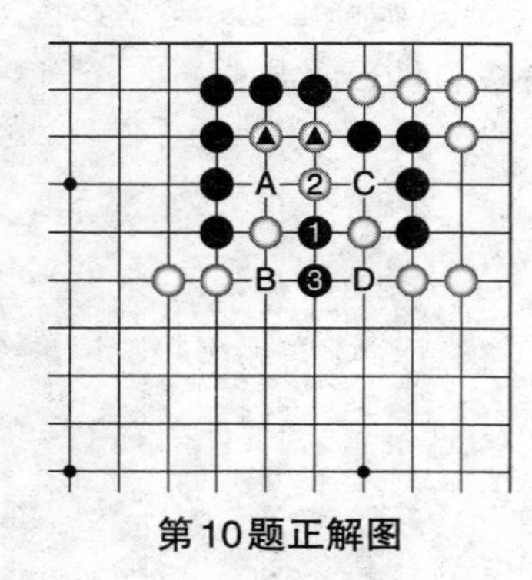

第10题正解图

第10题正解图：黑棋只有吃掉白▲二子，才能救回四子。黑1挖，好棋！所谓“左右同形走中间”。白2打吃，黑3长，以后，A、B、C、D四点无论白棋接在哪里都将被黑棋吃接不归。

第三章　基础死活棋形

吃子、死活、对杀并称为围棋初级阶段的“三剑客”。本章主要介绍围棋死活问题和实战中的一些常见的死活棋形。

第一节　活棋的方法

活棋的方法最主要的有两种：①做眼活棋，俗称“眼活”；②扩大眼位，俗称“地活”。本节主要围绕这两种方法讨论，希望大家从中掌握一些规律。

一、眼活

眼活就是先做眼，有时先做一只眼，有时一步做出两只眼。

1．先做一只眼

【例1】如图3-1，黑先，黑棋被白棋包围应该赶快做眼。黑棋怎么走才能活呢？

失败：如图3-2，黑1立，错误！由于黑▲四子气紧，白2打吃，黑3连，白4再长，黑棋被杀。其中，白2也可下在4位托。黑棋的这个棋形是“曲四”，但由于黑▲四子和其他的黑棋没连着，此形称为“断头曲四”。

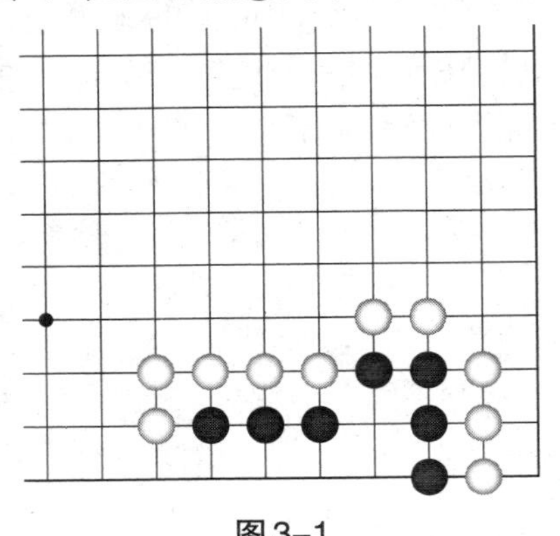

图3-1

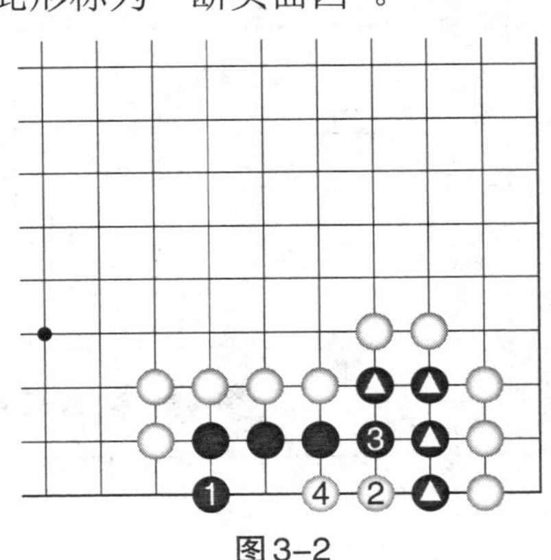

图3-2

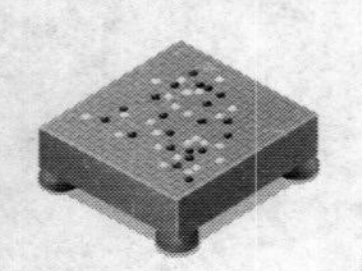

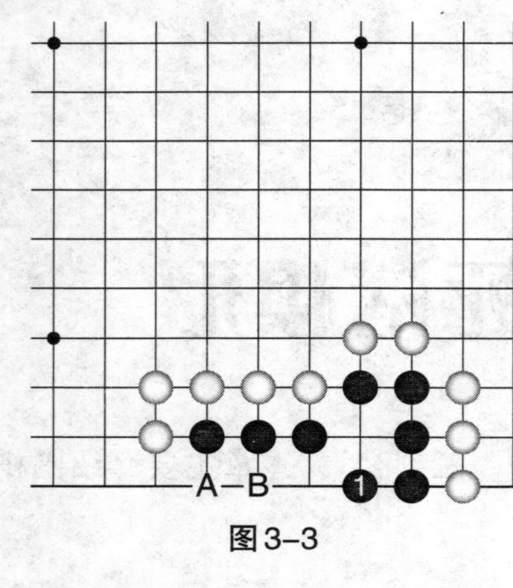

图3–3

正解：如图3-3，黑1做眼，好棋！以后白A，黑B，黑棋两眼活棋。黑1后，边上黑棋有三个地盘，正所谓“三个地盘一只眼”。

【例2】如图3-4，黑先，黑棋怎么下能活呢？

失败：如图3-5，黑1接，错误！白2扳，缩小眼位，黑3挡，白4点，要着！黑棋被杀。

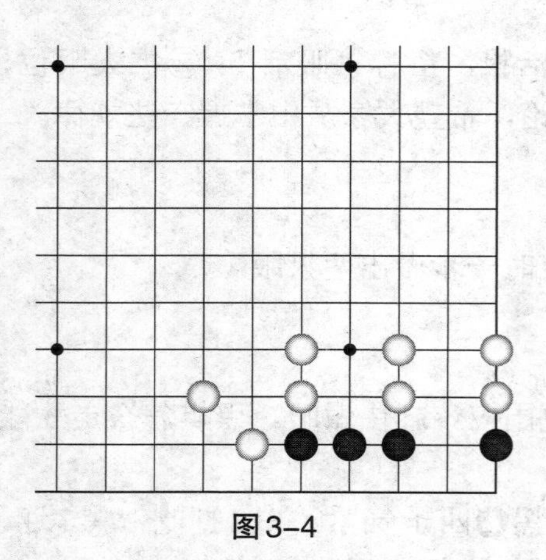
图3–4

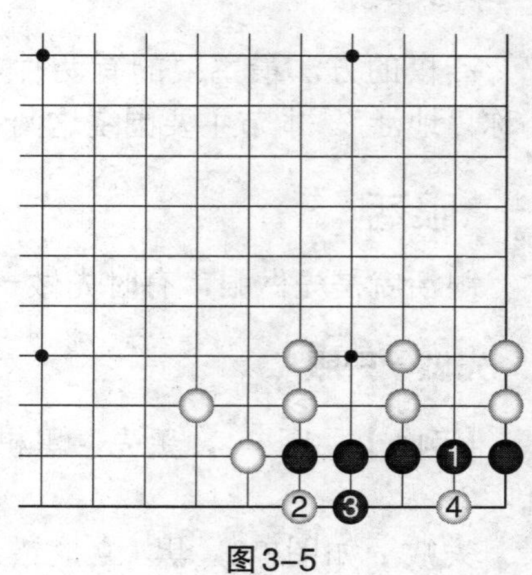

图3–5

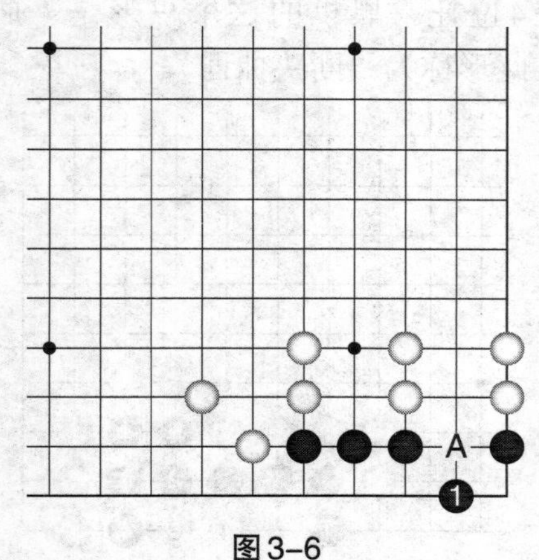

图3–6

正解：如图3-6，黑1做眼，好棋！由于白棋A位不入气，角上的眼就是真眼，边上的按照“三个地盘一只眼”的规律，黑棋已经两眼活棋。

2. 抢占眼形要点

【例3】如图3-7，黑先，黑棋怎么下才能活棋呢？

正解：如图3-8，黑棋的形状像“刀五”，黑1好棋！这是黑棋眼形的要点，以后A、B两点必得其一，黑棋可以活棋。

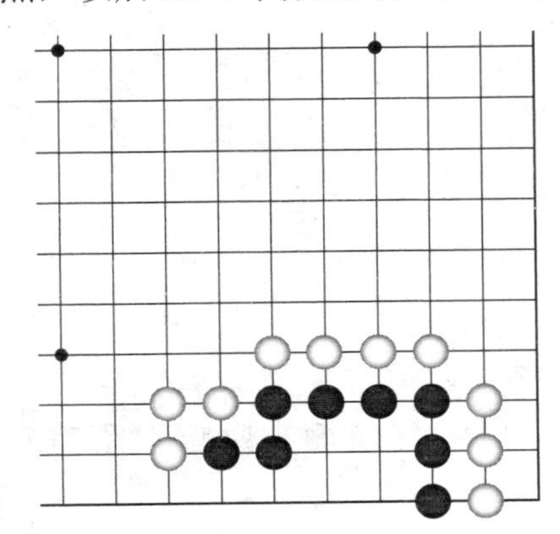

图3-7

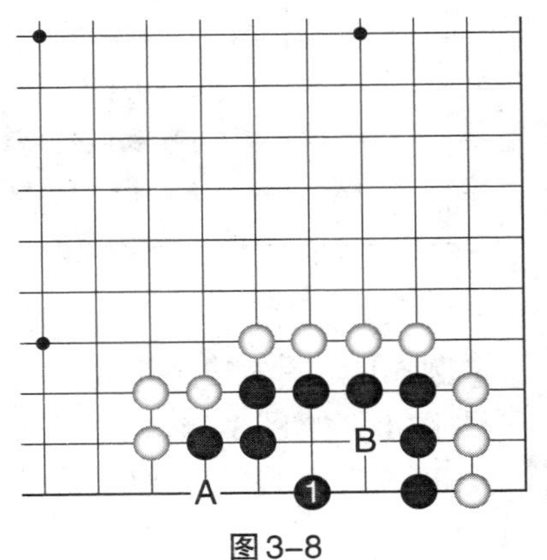

图3-8

【例4】如图3-9，黑先，黑棋怎么下能活呢？

失败：如图3-10，黑1打吃，不好！黑棋的形状是“曲四”，但这有断点，因此，黑棋不能活棋。黑3若提，由于有白▲子，黑棋逃不出去，故白4长，破眼，黑棋被杀。

变化：如图3-11，白2打吃时，黑棋最好的应法就是像黑3这样做劫，形成劫活。但打劫活不是正解。

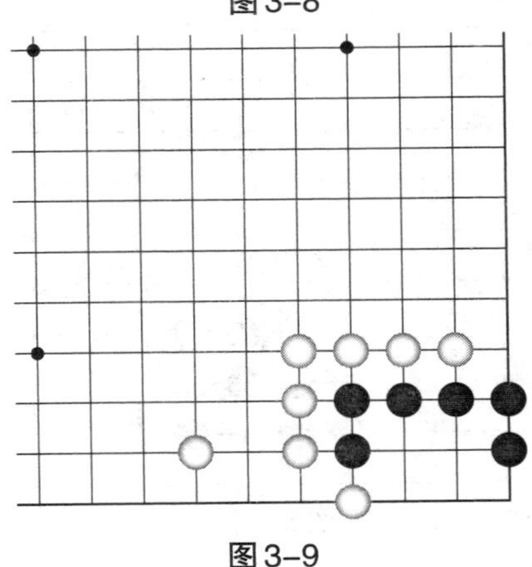

图3-9

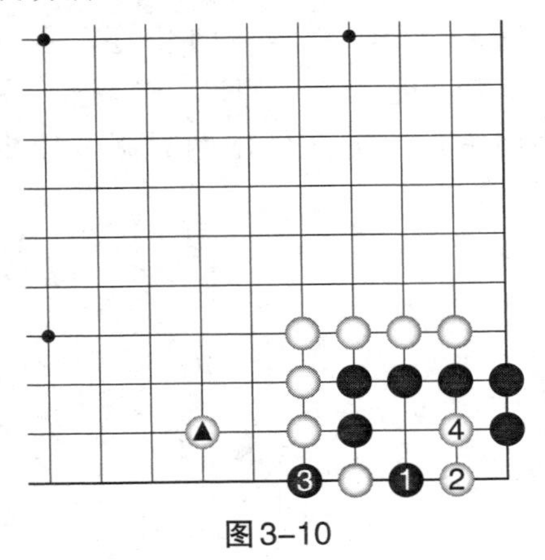

图3-10

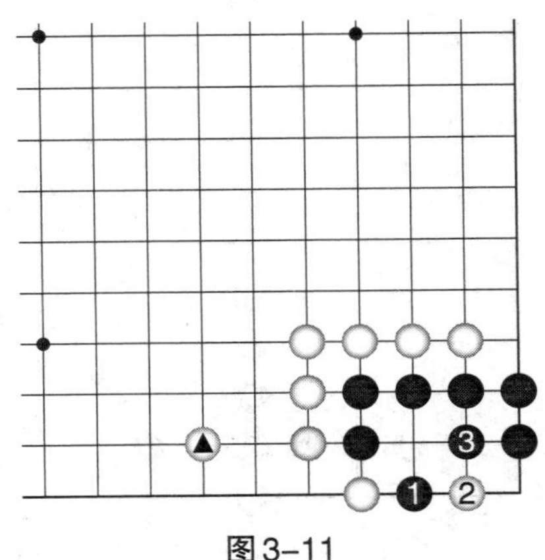

图3-11

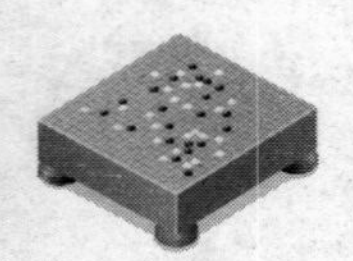

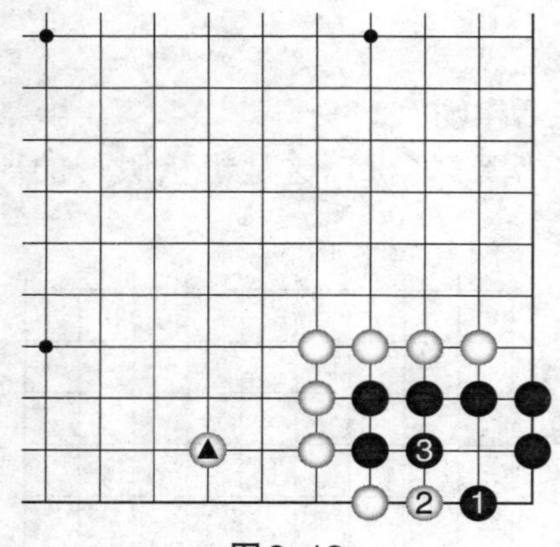

图3–12

正解：如图3-12，黑1做眼，好棋！这是黑棋眼形的要点。白2长，黑3做眼，黑棋两眼活棋。

【例5】如图3-13，黑先，怎么下能活棋呢？

失败1：如图3-14，黑1连，不好！白2、白4、白6缩小眼位，黑7挡，形成“直三”，白8点，黑棋被杀。

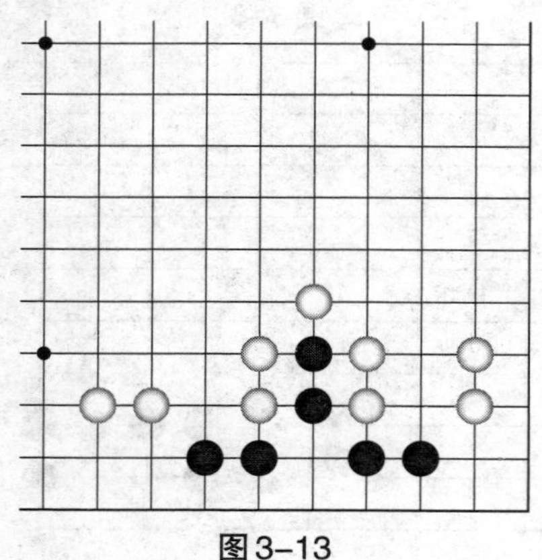
图3–13

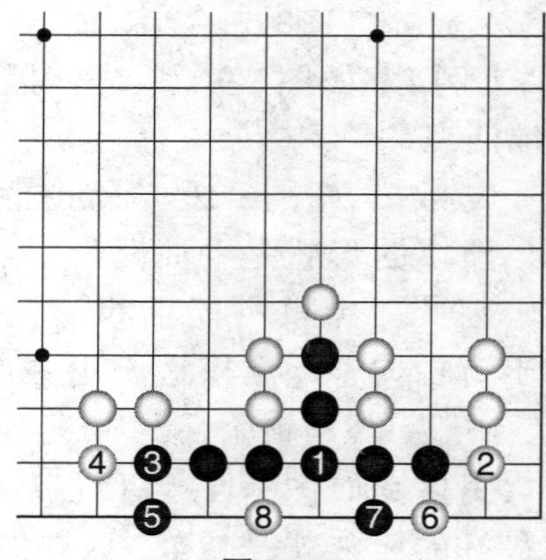

图3–14

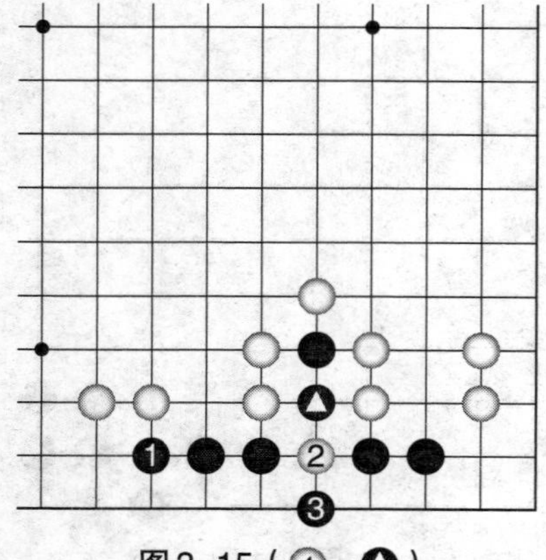

图3–15（④=▲）

失败2：如图3-15，黑1不连，直接往外冲，白2提，黑3打吃，白4连，黑棋逃不出去，也无法做出两只眼，黑棋被杀。

正解：如图3-16，黑1要点！做成“打二还一”，黑棋已经连上了。白2挡，黑3做眼，白4再挡，黑5做眼，黑棋两眼活棋。

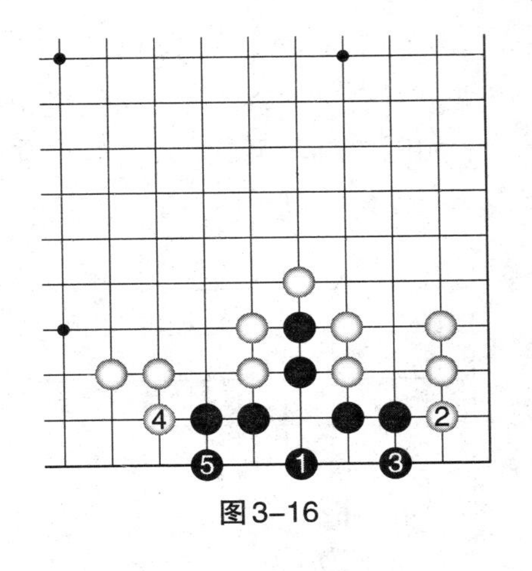
图3-16

3. 做两只眼

【例6】如图3-17，黑先，怎么下能做出两眼呢？

正解：如图3-18，黑1做眼，好棋！黑1一步棋做出两只眼。

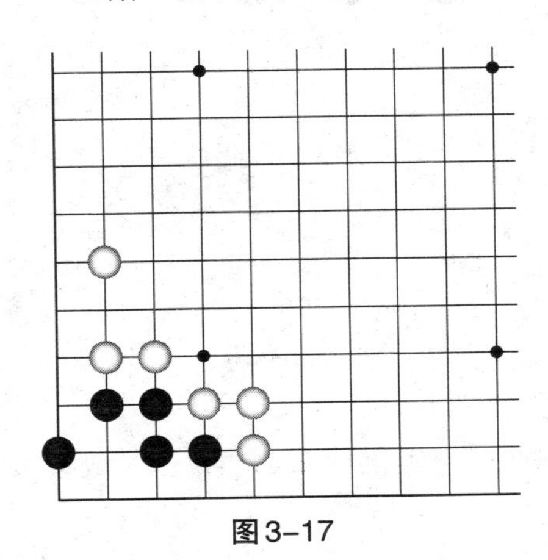
图3-17

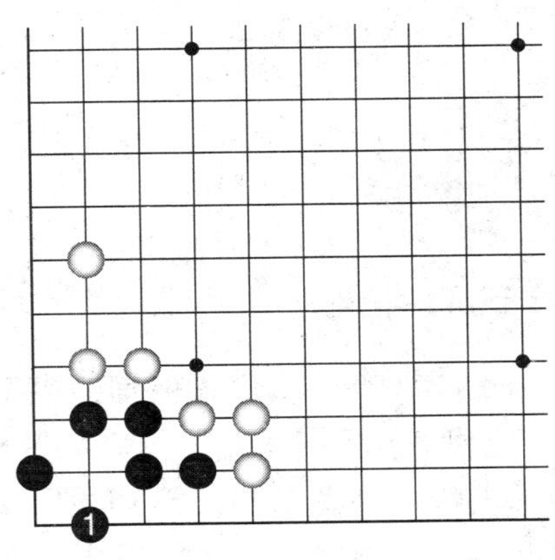
图3-18

【例7】如图3-19，黑先，黑棋怎么下能活呢？

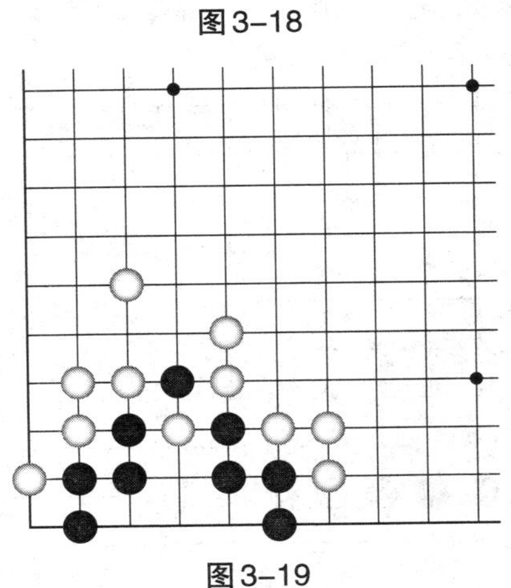
图3-19

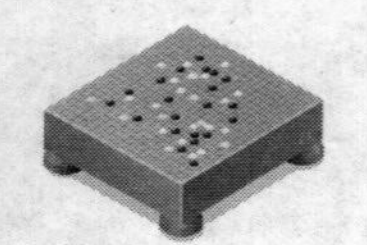

失败：如图3-20，黑1提，是初学者常见的错误！被白2占据眼形要点，黑棋出不去，被杀。黑1和做眼关系不大。

如图3-21，黑1做眼，好棋！由于A位白棋不能下，黑棋一步棋做出两只真眼，黑棋活棋。

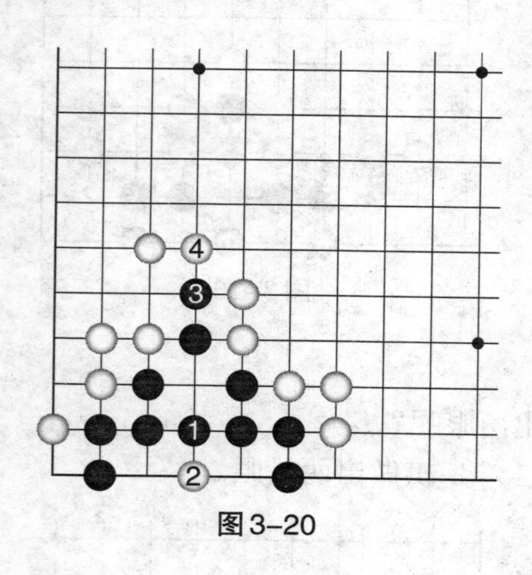

图3-20

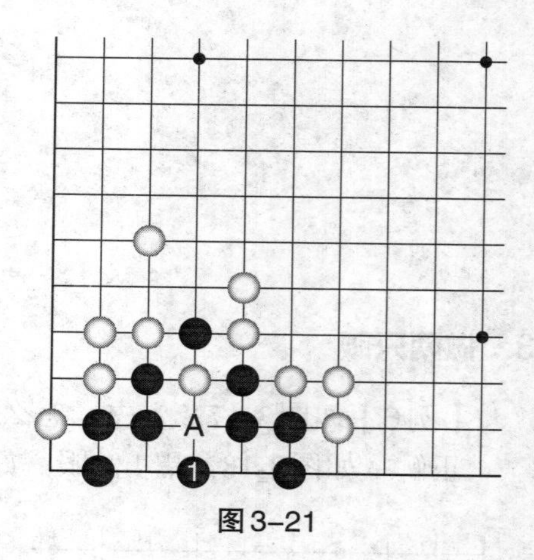

图3-21

二、地活

1. 走成活棋形

走成活棋形就是将被围的棋走成活棋的形状如：直四、曲四、板六等。

【例8】如图3-22，黑先，黑棋该怎么活呢？

失败：如图3-23，黑1做眼，白2扳，黑3挡，黑棋两眼活棋。黑1做眼虽然能活，但不充分，黑棋只围了两个地盘，不好！

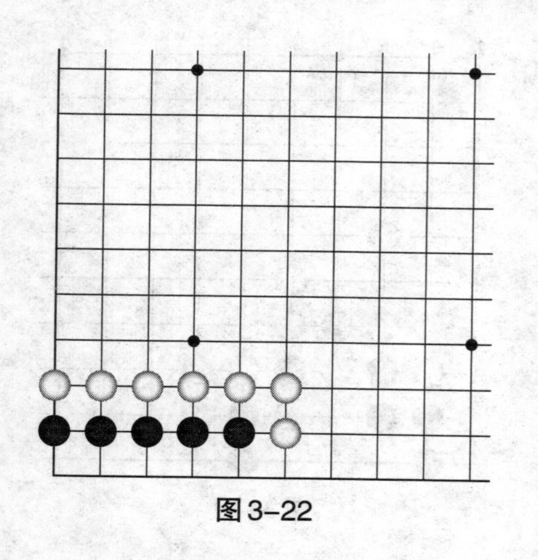
图3-22

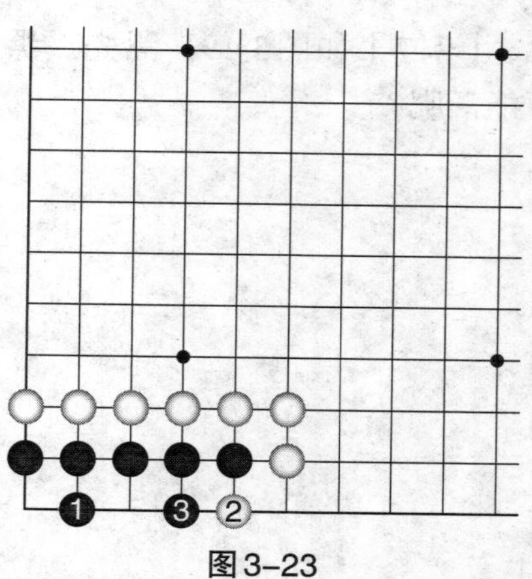

图3-23

正解：如图3-24，黑1立，正确！黑棋走成了“直四”，是活棋形，明显好于图3-23。

注意：“能走成活棋形就不用做眼”，即“地活”。

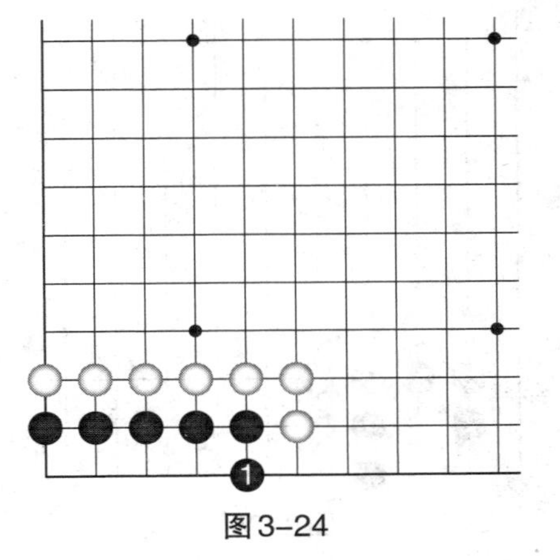

图3-24

【例9】如图3-25，黑先，怎么下好呢？

失败：如图3-26，黑1是眼形的要点，白2点眼，黑3立阻渡，白4长，黑5做眼，白棋二子被吃，黑棋两眼活棋。黑1后，白棋应在3位扳，黑棋在2位挡，黑棋围四个地盘。黑棋围的地盘少，不好。

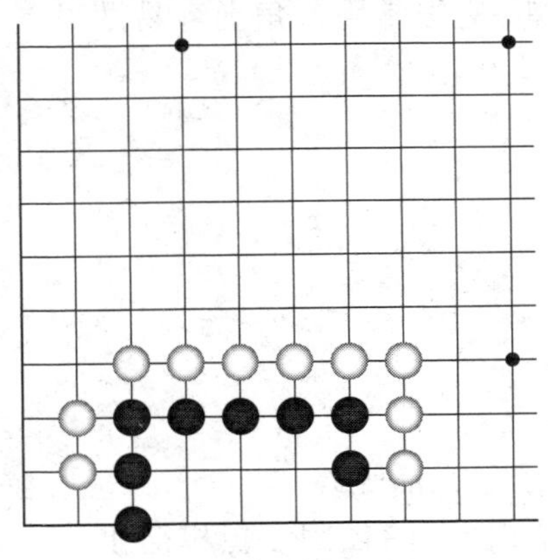

图3-25

图3-26

正解：如图3-27，黑1立，正确！走成“板六”，黑棋又能活棋，围的地盘又多。

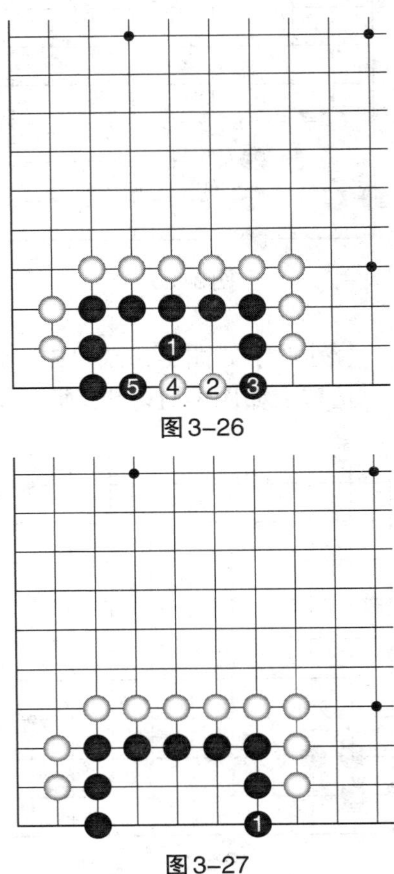

图3-27

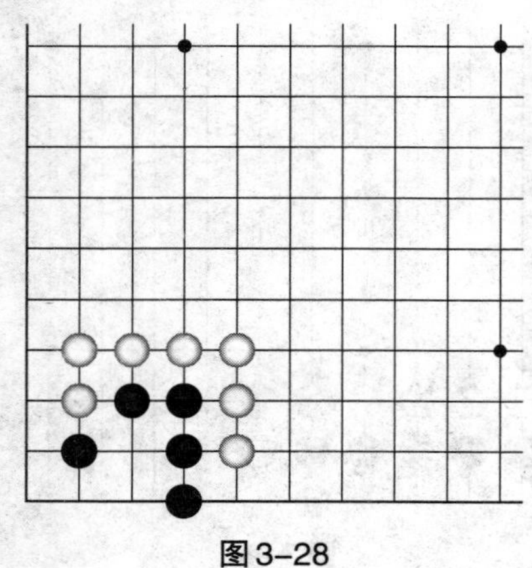

图3-28

2. 扩大眼位

简单地讲，就是将自己的地盘围大了，地盘大了就好做眼了。

【例10】如图3-28，黑先，黑棋怎么下能活呢？

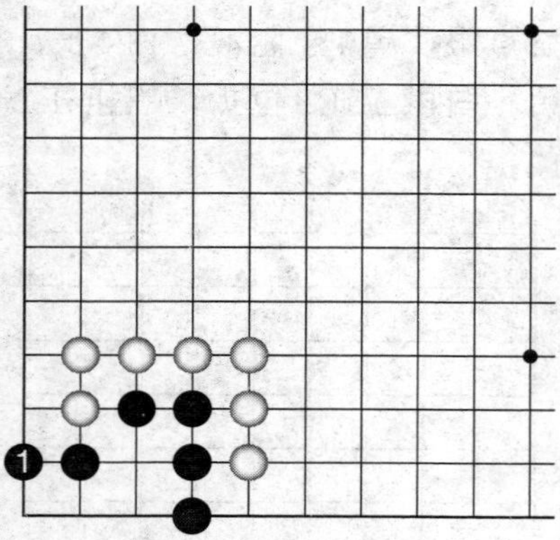

图3-29

正解：如图3-29，黑1立，扩大眼位的好手，黑棋形成“断头曲四”，但黑棋有外气，故黑棋能够确保做两只眼。黑1立很常用，角上容易做眼。

【例11】如图3-30，黑先，角上的黑棋三子怎么活呢？

正解：如图3-31，黑1扳，扩大眼位，白2拐，黑3做眼，黑棋活棋。

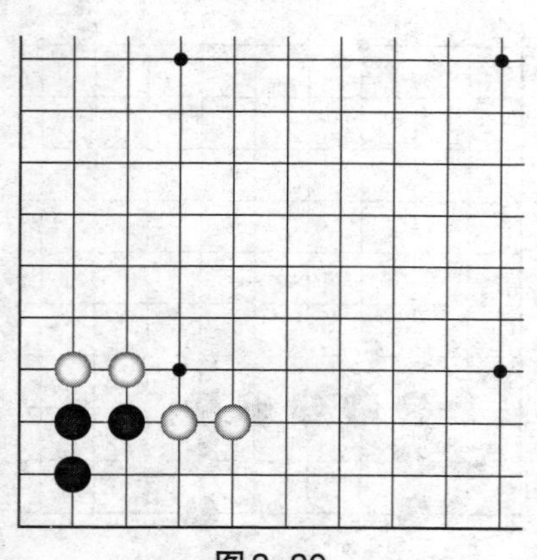

图3-30

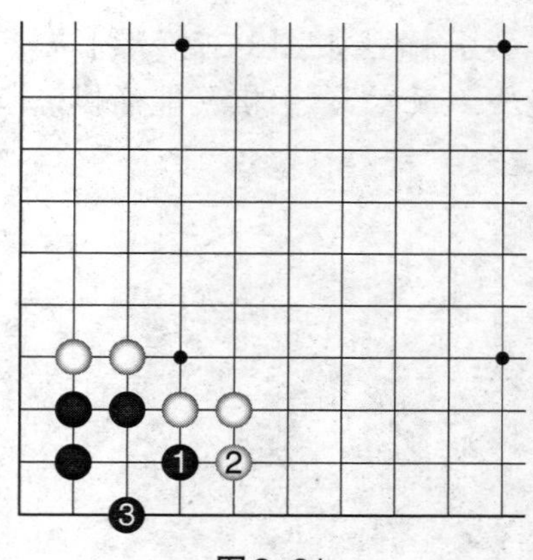

图3-31

【例12】如图3-32，黑先，黑棋已有一只眼，怎么下能够做出另一只眼呢？

正解：如图3-33，黑1长，扩大眼位，正确。白2挡，黑3做眼，黑棋两眼活棋。其中，黑1下在3位是初学者常见的错误，白棋可下在1位，黑棋做的是假眼，黑棋被杀。

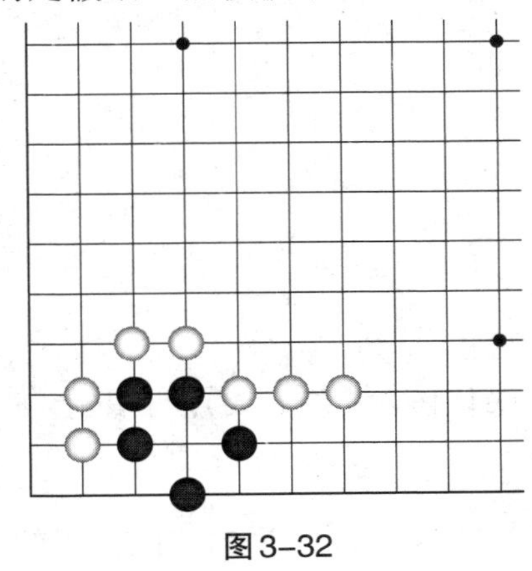

图3-32

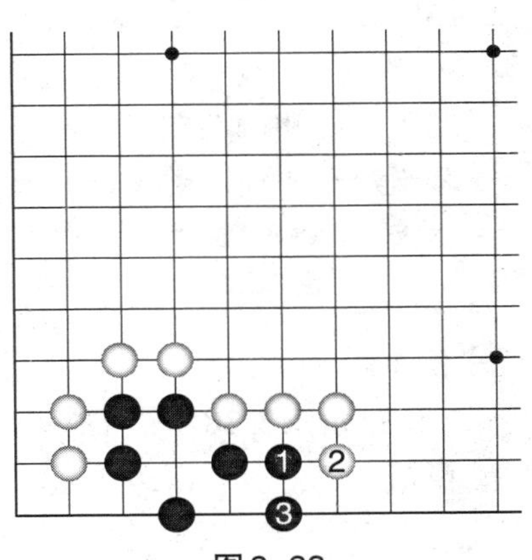

图3-33

【例13】如图3-34，黑先，怎么才能做出另一只眼呢？

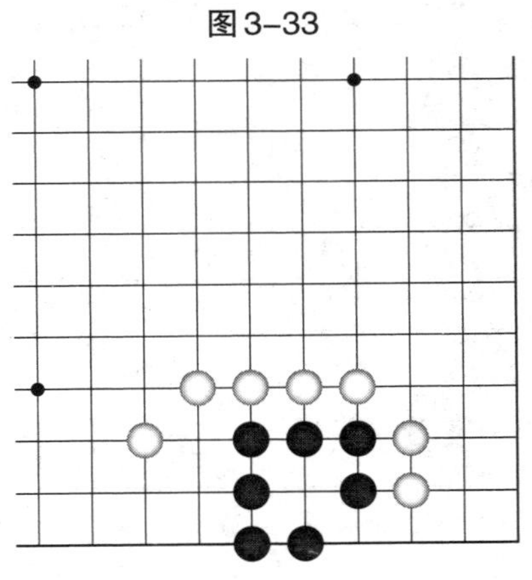

图3-34

失败：如图3-35，黑1长，是初学者容易下的棋，白2挡，黑棋被杀。

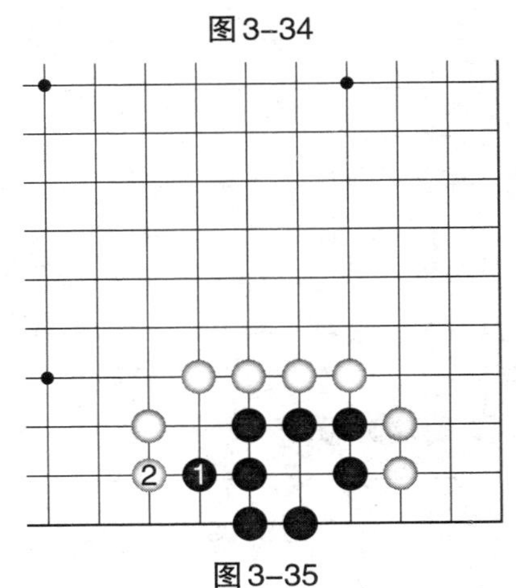

图3-35

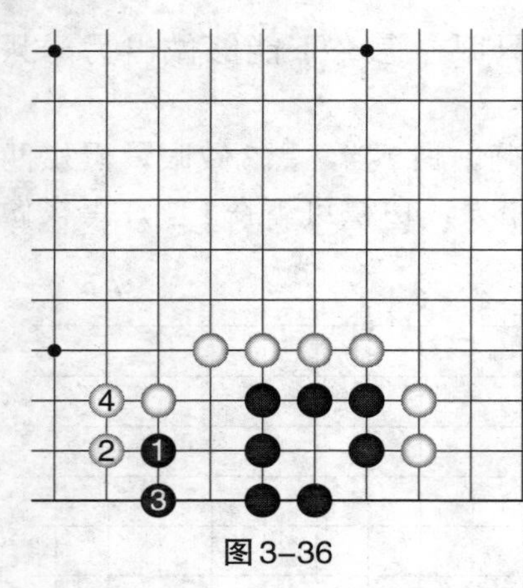
图3-36

正解：如图3-36，黑1托，好棋！白2扳，黑3立，正着！白4连，补断重要！黑棋有了1、3两手棋后，已经活棋。

【例14】如图3-37，黑先，黑棋怎么下能活呢？

失败：如图3-38，黑1往边上长，方向错误！白2扳角，要点！黑3至白8，黑棋被杀。

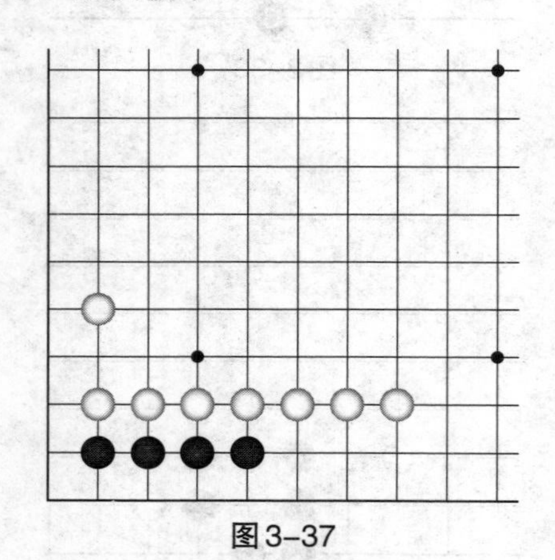
图3-37

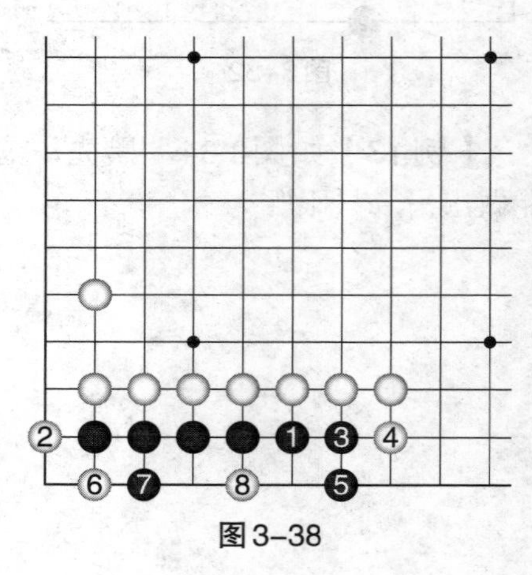
图3-38

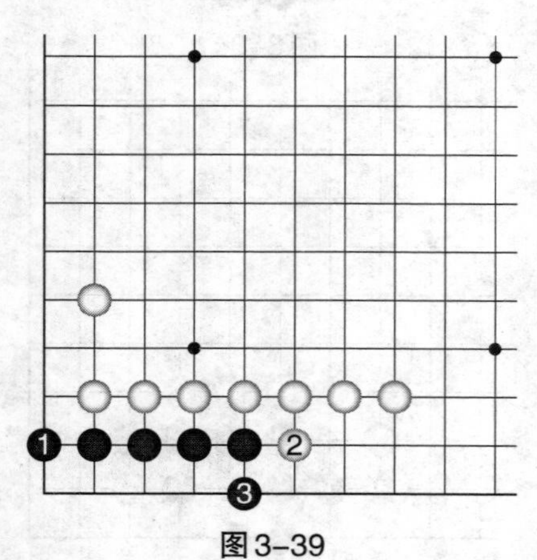
图3-39

正解：如图3-39，黑1立角，好棋！白2拐，黑3再立，形成“直四”活棋。其中，黑1正是“角上好造眼”。

3. 利用对方棋形的缺陷做眼

被包围的棋本身无法做出两只眼，只有利用对方棋形的缺陷来做眼。

【例15】如图3-40，黑先，白棋若A位连着，黑棋就死了，黑棋怎么利用白棋A位的断点来做眼呢？

变化：如图3-41，黑1团，白2连，黑3做眼。这是黑棋一厢情愿的下法，白2有反击的手段。

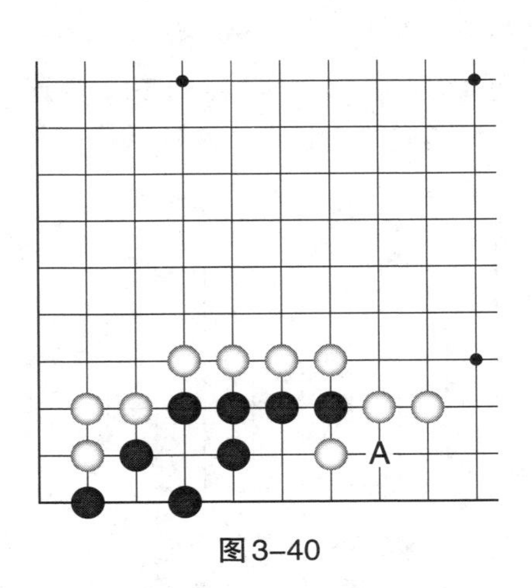

图3-40

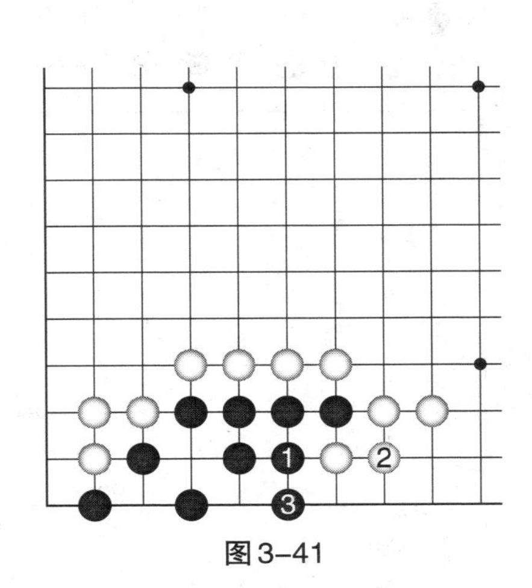

图3-41

失败：如图3-42，黑1团，白2扳，破眼，强手！黑3断打，白4做劫，形成劫活，黑棋失败。

正解：如图3-43，黑1尖，做眼，好棋！白2连，黑3连，黑棋活棋。白2不能在3位破眼，否则黑棋在2位断吃，白棋二子被吃。

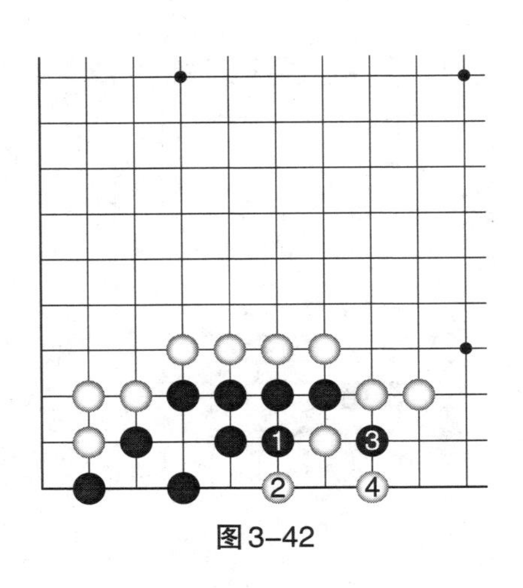

图3-42

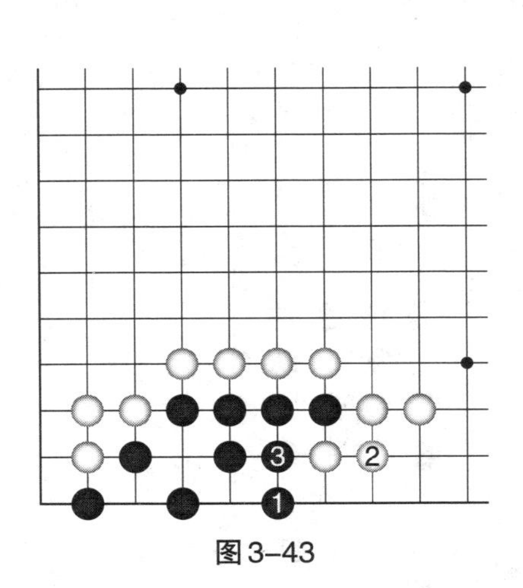

图3-43

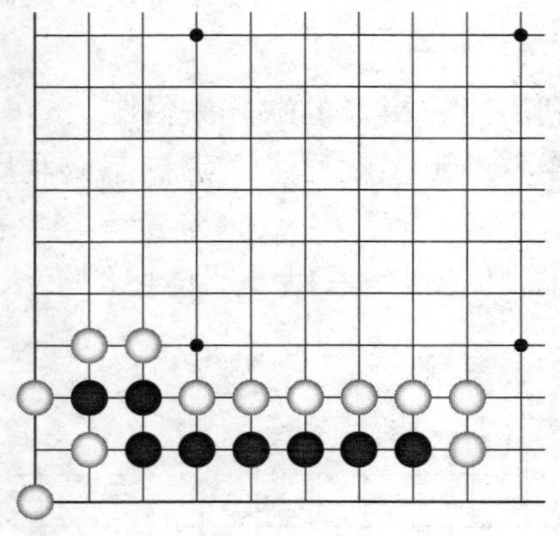

图3-44

【例16】如图3-44，黑先，黑棋要想做出两只眼，必须找出白棋棋形的缺陷，黑棋怎么办呢？

失败：如图3-45，黑1立，错误！没有找白棋的缺陷。白2扳，黑3挡，白4点眼，顽强！以后黑棋在A位提，形成打劫，黑棋失败。

正解：如图3-46，黑1立，下一步在A位可吃白棋接不归，白2只能连，黑3再立，形成“直四”，黑棋活棋。

图3-45

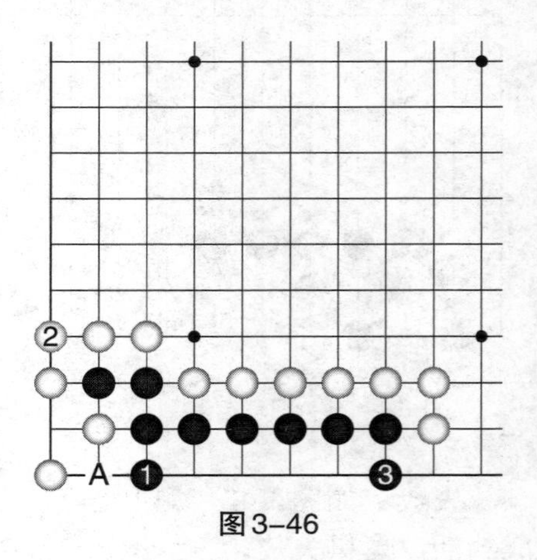

图3-46

【例17】如图3-47，黑先，怎么才能再做一只眼活棋呢？

失败：如图3-48，黑1连的同时打吃，白2提，黑3打吃，不好！白4虎，做成“打二还一”，黑棋做不出真眼，被杀。

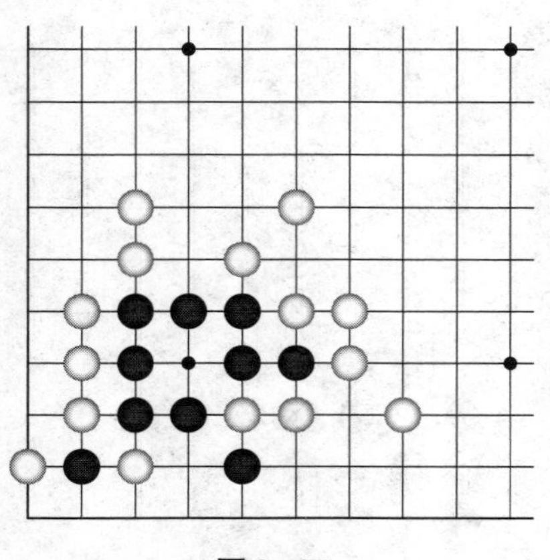

图3-47

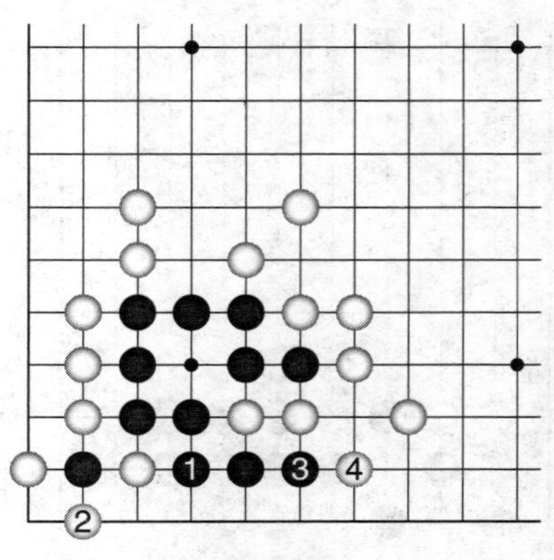

图3-48

正解：如图3-49，黑1连，白2提，黑3跳刺，好棋！白4只能连，黑5连，白6拐，黑7立，黑棋成功做眼活棋。

以上介绍了几种做眼的方法，一般情况下，有眼形要点时，用做眼的方法，没有眼形要点时，用扩大眼位法。做眼时先做先手眼。希望大家反复练习。活棋还有其他方法，在另外两册书中还会介绍。

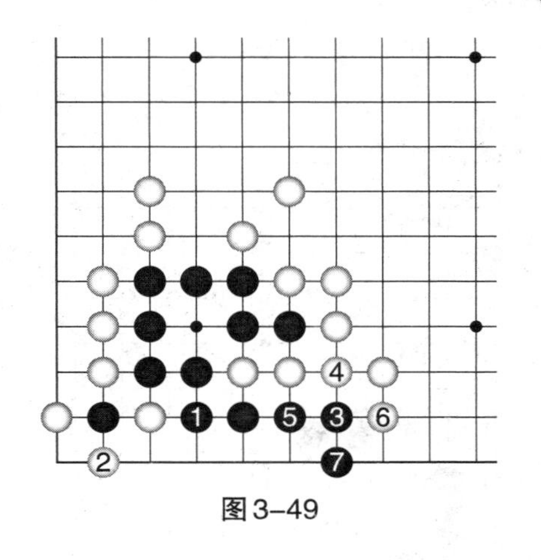
图3-49

第二节　杀棋的方法

要想杀死对方的棋，就不能让对方做出两只眼来。因此杀棋的方法大体上可以分为：抢占眼形要点法和缩小眼位法。

一、抢占眼形要点

1. 点眼

【例18】如图3-50，黑先，怎么下能杀死白棋呢？

正解：如图3-51，白棋的棋形很像“丁四”，黑1点眼，要点！白棋已经无法做出两只眼，白棋被杀。

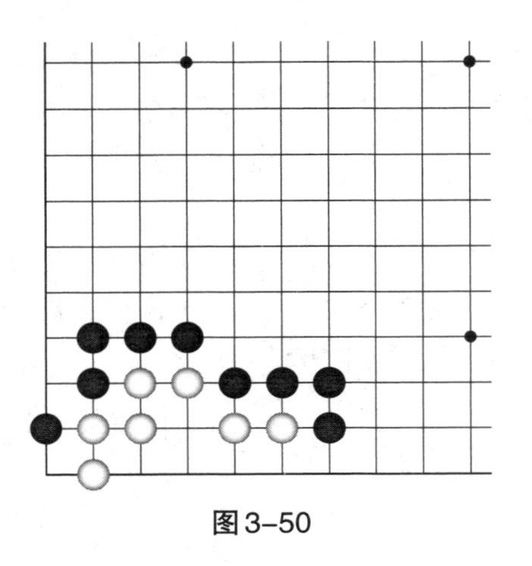
图3-50

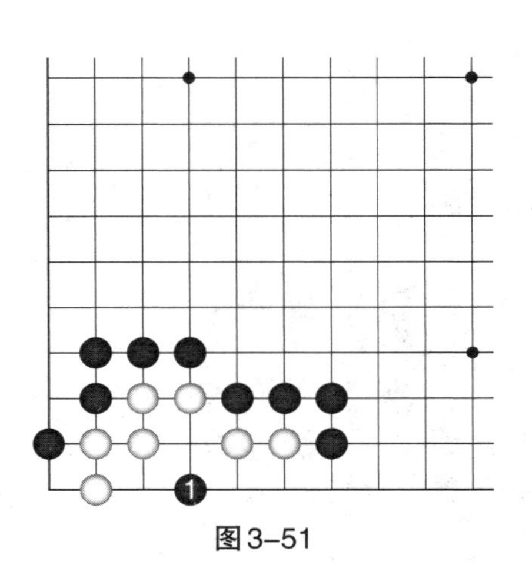
图3-51

【例19】如图3-52，黑先，怎么走能杀死白棋呢？

正解：如图3-53，黑1点眼，要点！以后A、B两点，黑棋必得其一，白棋被杀。

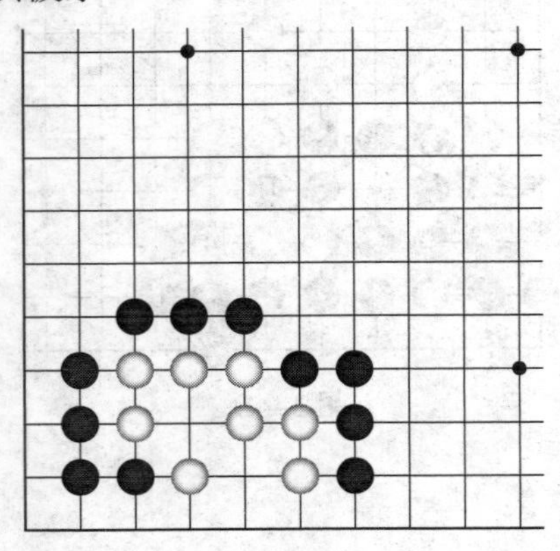

图3-52

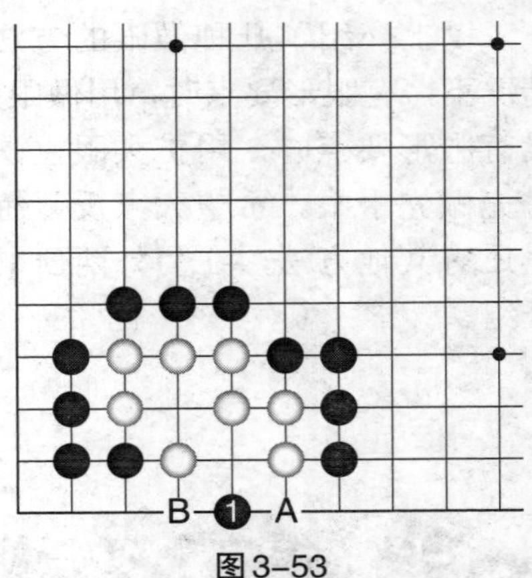

图3-53

【例20】如图3-54，黑先，怎么下能杀死白棋呢？

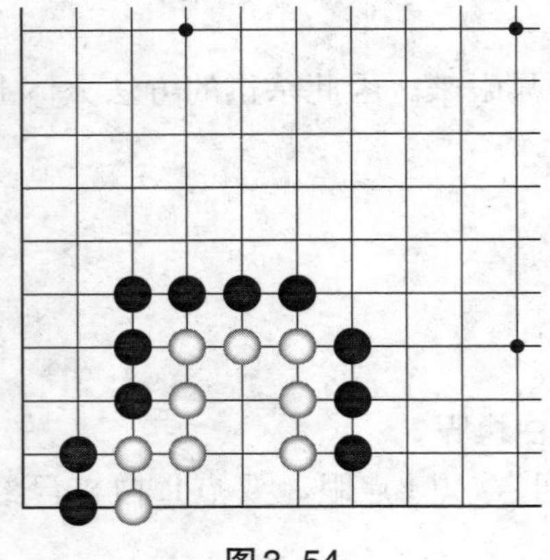

图3-54

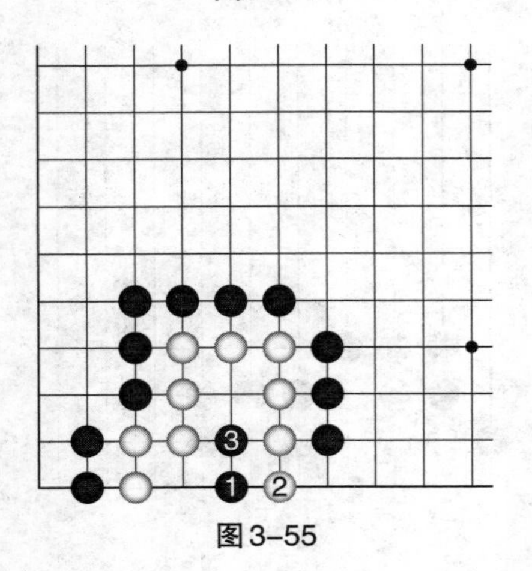

图3-55

正解：如图3-55，黑1点眼，好棋！白2阻渡，黑3长，“曲四”的两个要点都被黑棋占上了，白棋吃二子只有一只眼，白棋被杀。

通常情况下“点眼”，要点在对方要出眼时，也就是说：在对方的棋有虎口时，经常用点眼的方法。

2. 挤（卡）

【例21】如图3-56，黑先，怎么下能杀死角上的白棋呢？

正解：如图3-57，黑1挤重要，将A位不完整的眼变为假眼，白棋被杀。

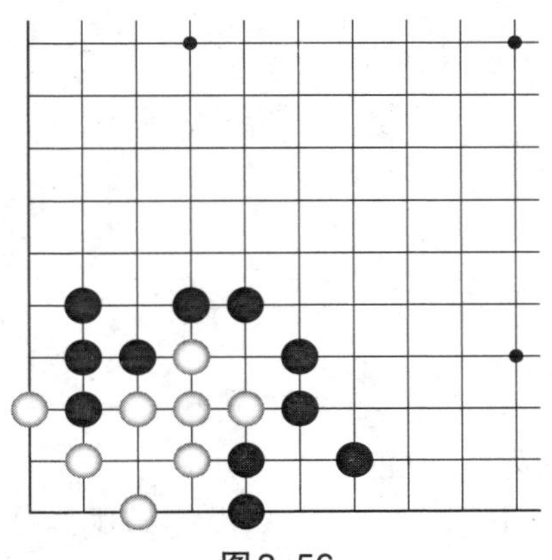

图3-56

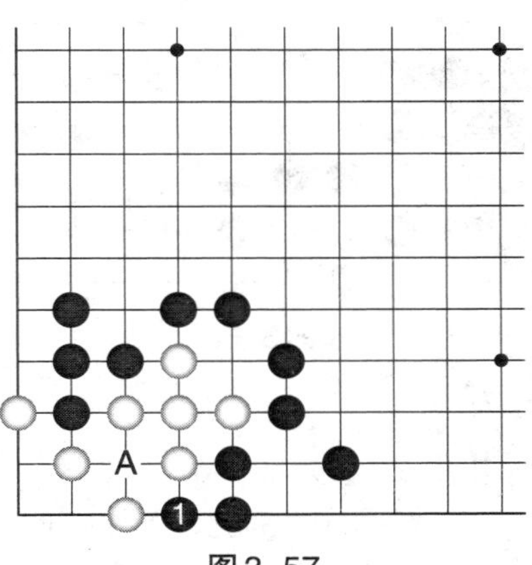

图3-57

【例22】如图3-58，黑先，怎么能够杀死角上的白棋呢？注意利用黑△子和黑棋一路硬腿的作用。

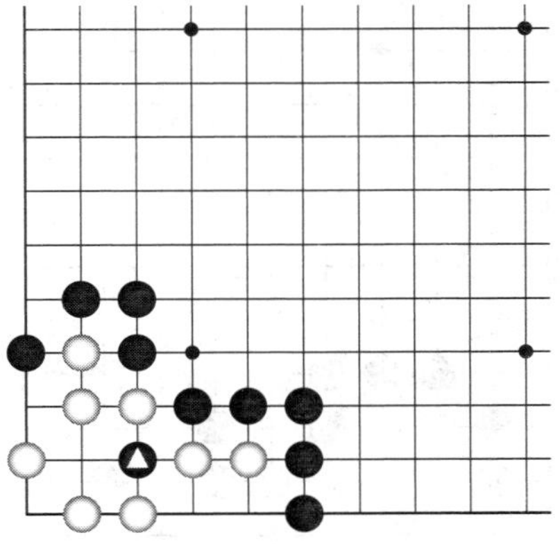

图3-58

失败：如图3-59，黑1打吃，坏棋！既没有利用黑△子，也没有利用黑棋的硬腿。白2连，白棋活棋，黑棋失败。

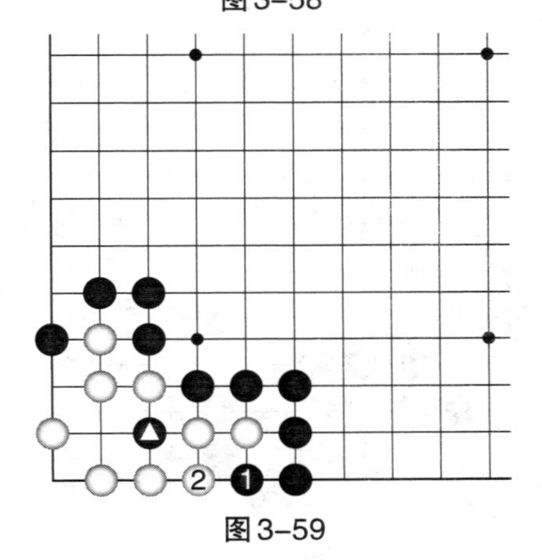

图3-59

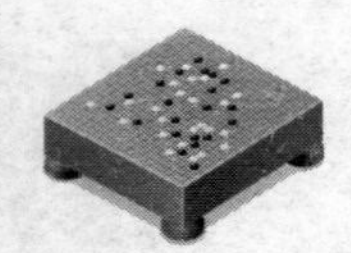

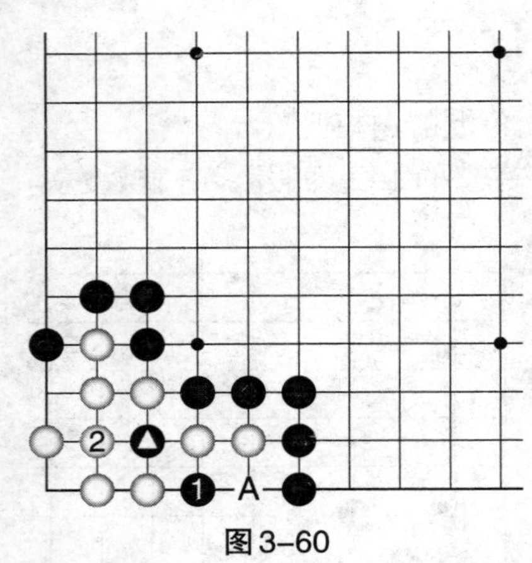

图3-60

正解：如图3-60，黑1扑，要点！白棋不能在A位提，这是倒扑；白2提，黑棋在A位连，白棋的眼就成假眼了，白棋被杀。

3. 扑

【例23】如图3-61，黑先，怎么下能够杀死白棋呢？

失败：如图3-62，黑1打吃是初学者最爱下的棋，错误！没有破眼！白2连，白棋已活。

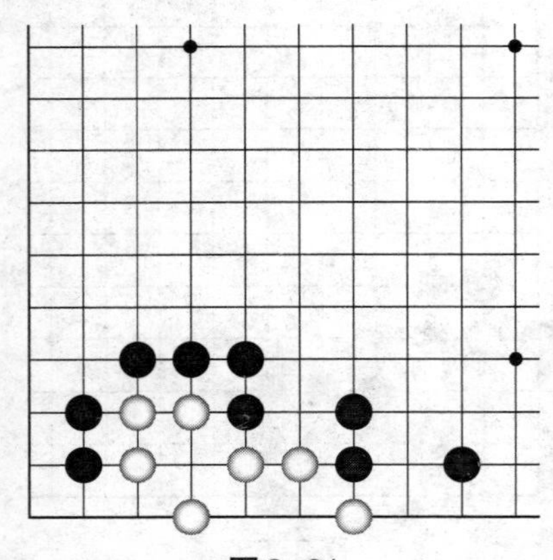
图3-61

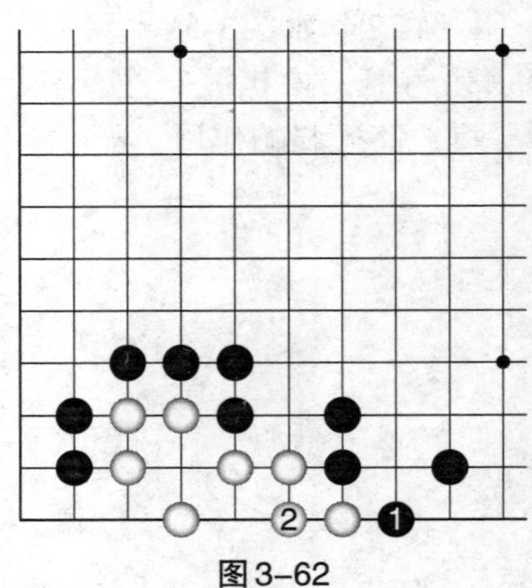

图3-62

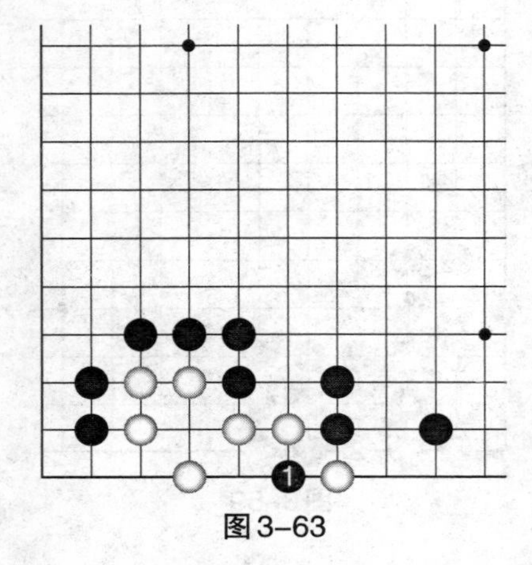

图3-63

正解：如图3-63，黑1扑，是眼形的要点，白棋的眼成为了假眼，提与不提都死了。

【例24】如图3-64，黑先，黑△子已死，白棋眼形比较丰富，好像已经活了，但黑棋有手段。

正解：如图3-65，黑1断，送给白棋吃，这是关键一步！白2只能提，此时与【例23】相似，黑3再扑，白棋是假眼，被杀。

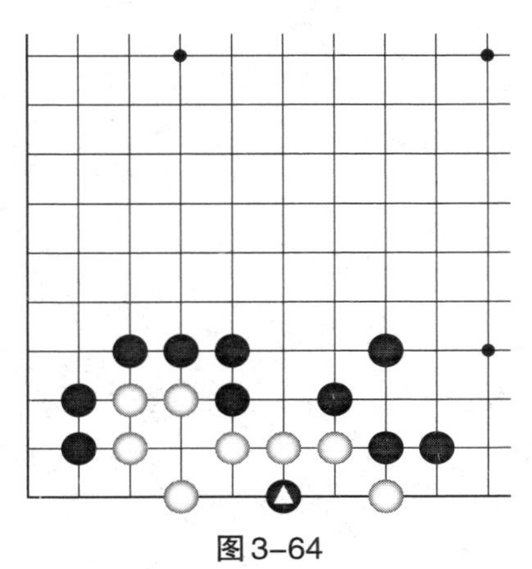

图3–64

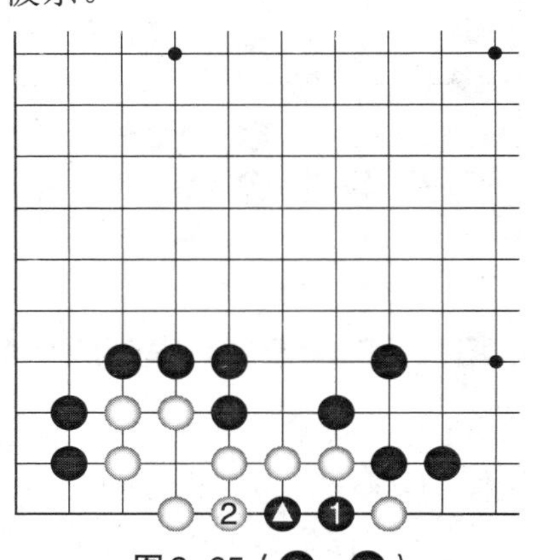

图3–65（❸=❶）

4. 断

【例25】如图3-66，黑先，白棋在角上已经有一只眼了，黑棋怎么能够把中间的眼破掉呢？

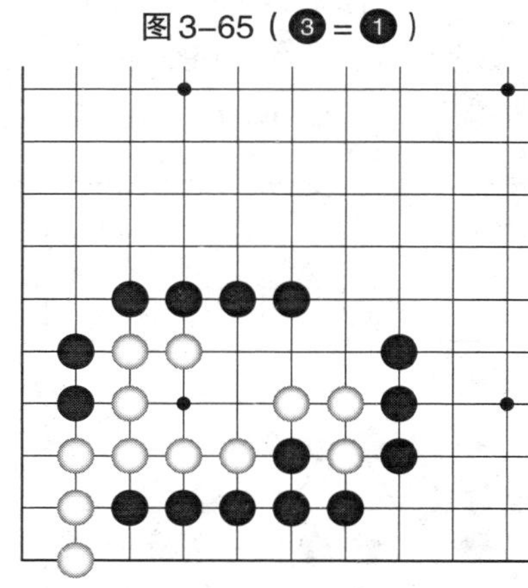

图3–66

失败：如图3-67，黑1冲，坏棋！没有找对眼形的要点。白2连后，白棋正好做眼。

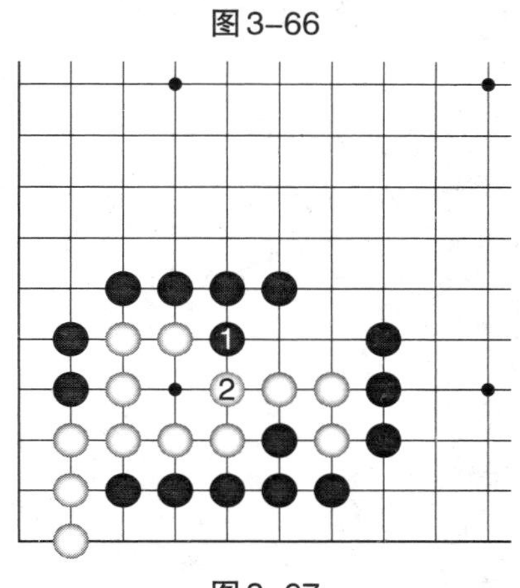

图3–67

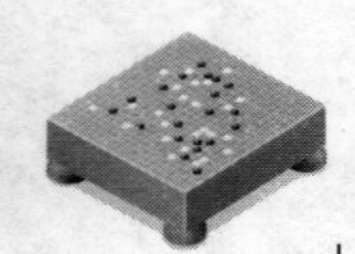

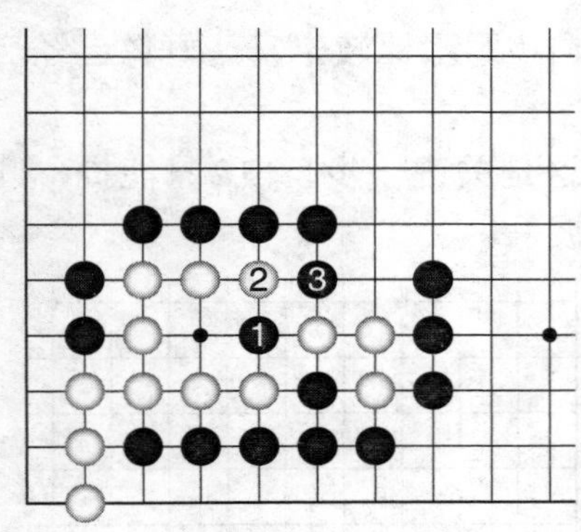

图3–68

正解：如图3-68，黑1断，好棋！白棋眼形的要点。白2打吃，黑3断（卡），白棋的眼成为假眼，白棋被杀。

5. 将对方的棋走成死棋形或一点就死的棋形

这是一种比较特殊的杀法，在对方的空里有己方的棋子，将这些棋子连在一起，形成“方四”或“直三”“曲三”“丁四”“刀五”“花五”（也称梅花五）“花六”（也称葡萄六）等棋形，然后再抢占眼形要点，将对方点死。

【例26】如图3-69，黑先，怎么下能杀死白棋呢？

正解：如图3-70，黑1团，好棋！黑棋几个子形成“方四”，白棋被杀。

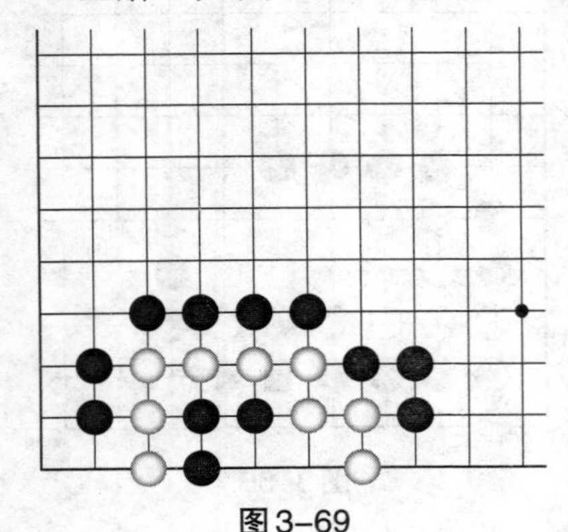

图3–69

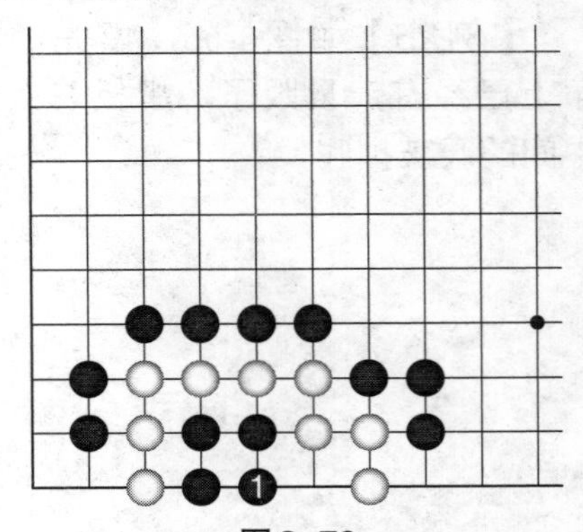

图3–70

【例27】如图3-71，黑棋几个子被白棋吃死了，白棋好像已经活了，但黑棋可以将白棋杀死，怎么办呢？

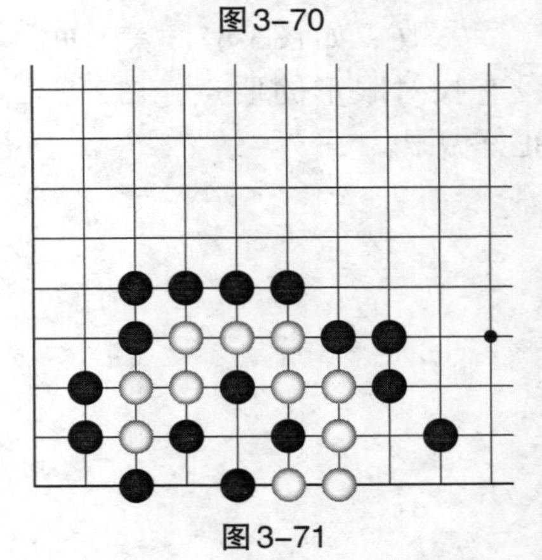

图3–71

正解：如图3-72，黑1连，好棋！黑棋几个子连成“花五”。黑1是杀死白棋的要点。

如图3-73，白2提，黑3点眼，白棋被杀。其中，黑3切不可救黑△子，否则，白棋下在3位，白棋活棋。白棋提黑△子是假眼，白棋死棋。

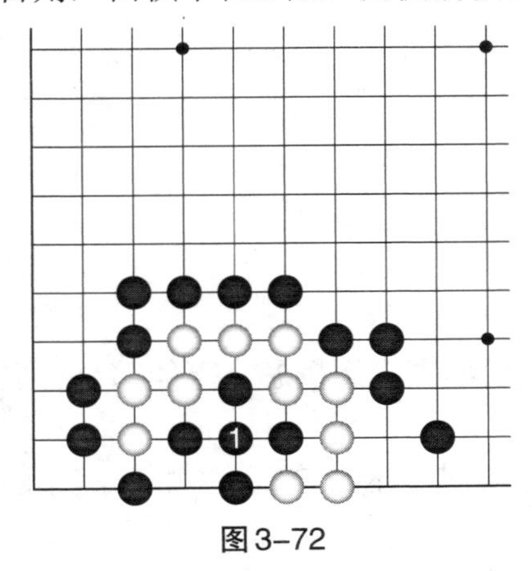

图3-72

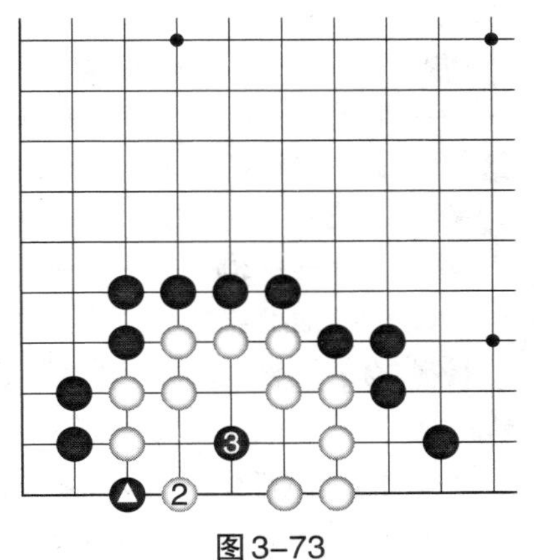

图3-73

6. 其他

【例28】如图3-74，黑先，白棋好像已经活了，黑棋是否还有手段？注意黑△子的位置。

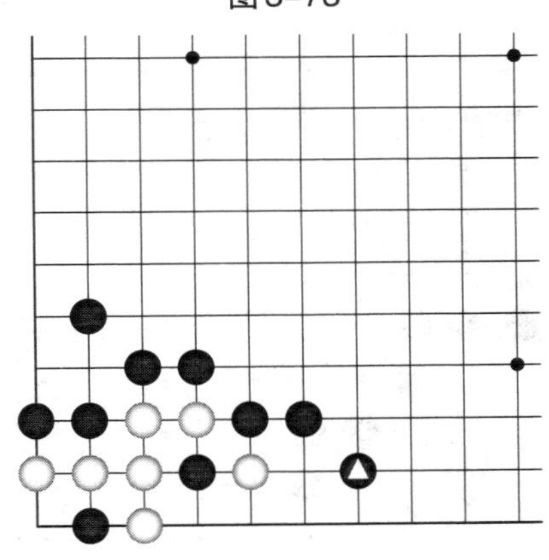

图3-74

失败：如图3-75，黑1打吃，坏棋！忽视了黑△子的存在。白2立，白棋两眼活棋，黑棋失败。

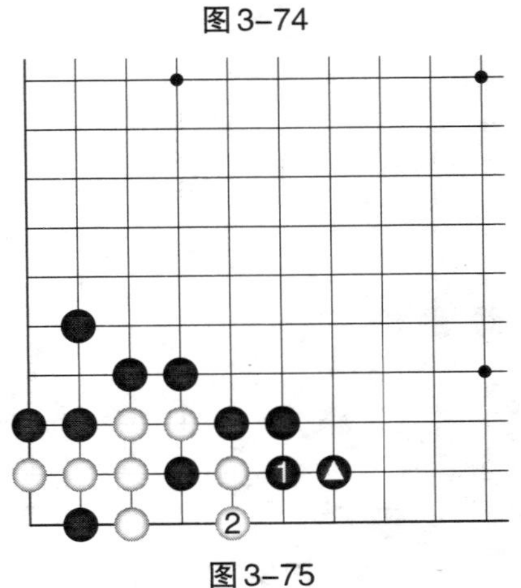

图3-75

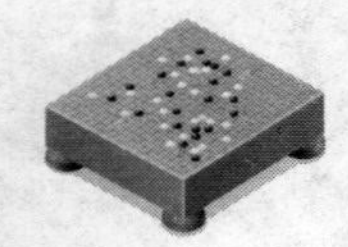

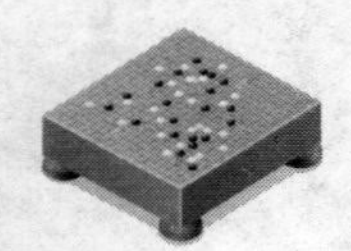

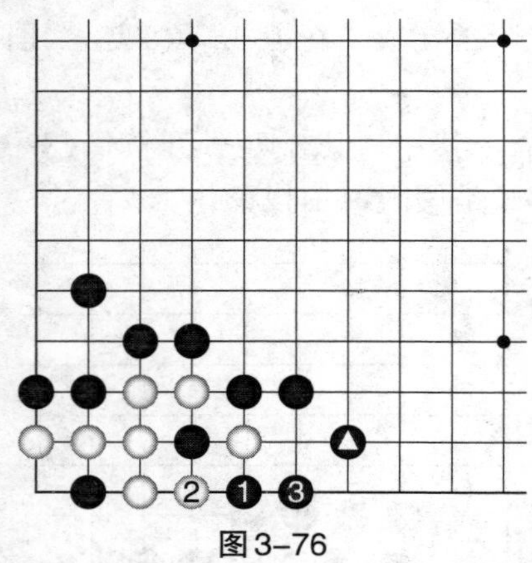

图3–76

正解：如图3-76，由于有黑▲子，就产生了黑1打吃的手段，白2提，黑3退，白棋被杀。黑1是眼形的要点，特定着法。

【例29】如图3-77，黑先，白棋好像眼形很丰富，黑棋怎么下能够杀死白棋呢？

失败1：如图3-78，黑1打吃，想占据眼形要点，白2连，黑3扳，缩小眼位，白4挡，白棋已活，黑棋失败。

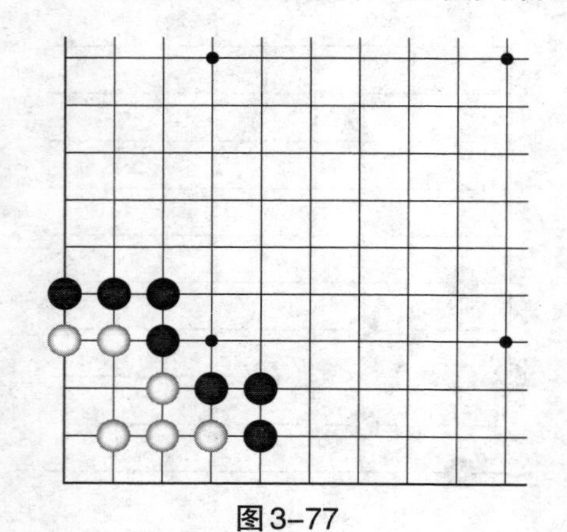

图3–77

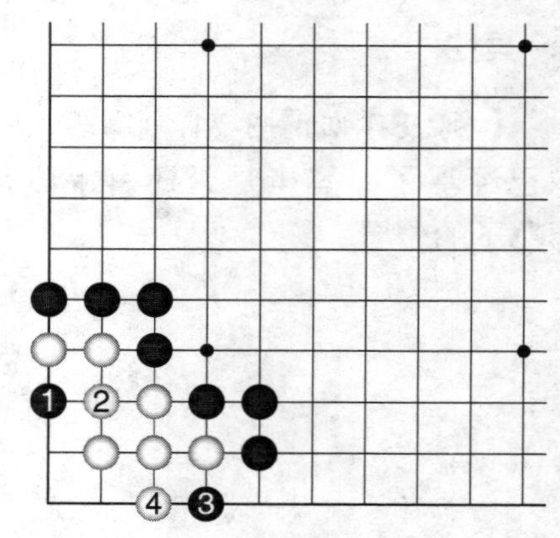

图3–78

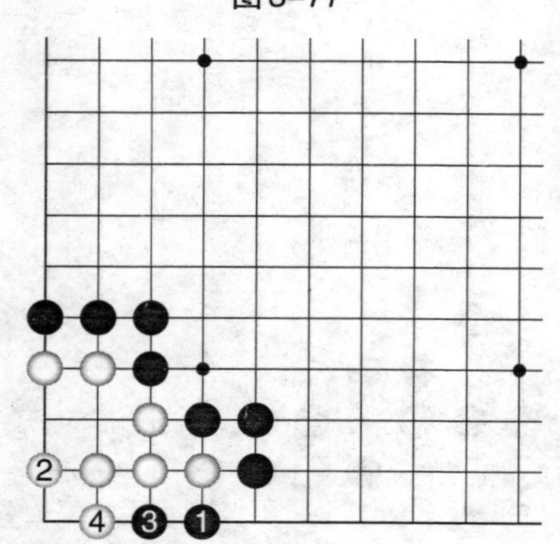

图3–79

失败2：如图3-79，黑1扳，缩小眼位，白2做眼，好棋！至白4，白棋两眼活棋。其中，白2抢占了眼形的要点。

正解：如图3-80，黑1托，抢占眼形要点的好棋！下一步准备在2位倒扑。白2只能连，黑3再扳，缩小眼位，白4挡，黑5长，白棋被杀。以后白棋走A位，黑棋不能在B位挡，否则白C断吃，形成打劫，黑棋应在C位退。

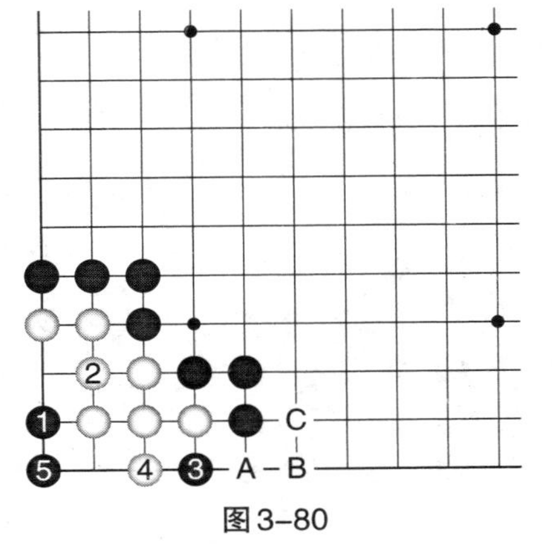

图3-80

【例30】如图3-81，黑先，怎么下能够杀死角上的白棋呢？

失败1：如图3-82，黑1点眼，不好！白2挡，阻渡，好棋！黑3长，白4做眼，白棋已经活了。

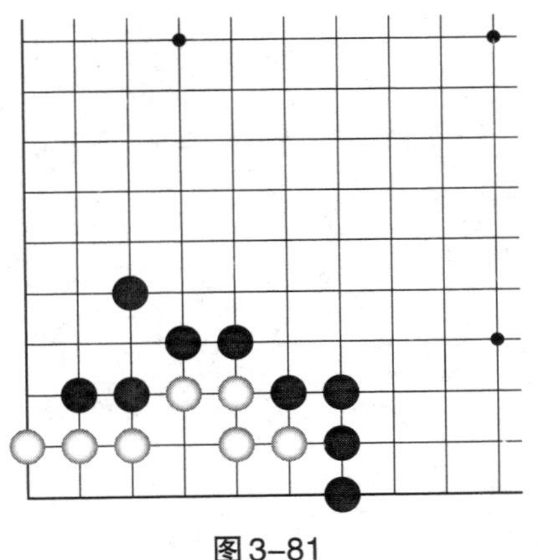
图3-81

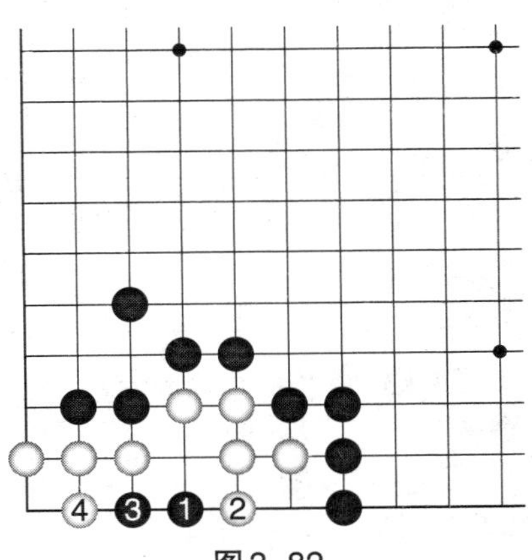

图3-82

失败2：如图3-83，黑1冲，缩小眼位，白2挡，黑3托，白4做眼后，白棋活棋。

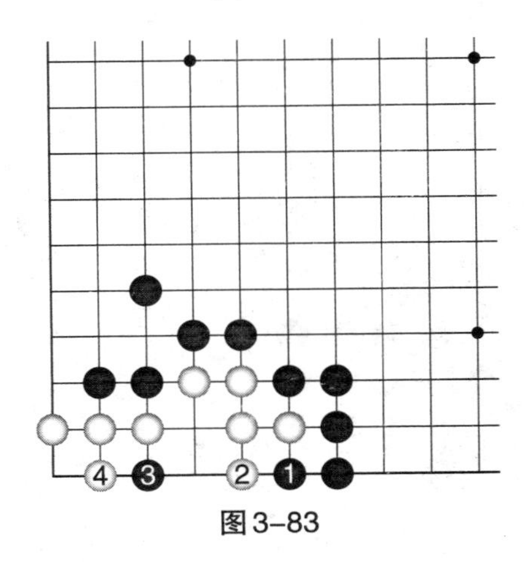

图3-83

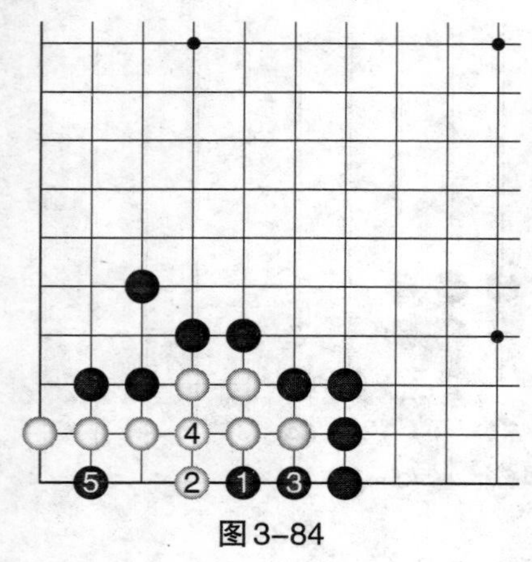

图3-84

正解：如图3-84，黑1托，好棋！眼形的要点。白2打吃，黑3连，反吃白棋，白4连，形成直三，黑5点眼，白棋被杀。

二、缩小眼位

所谓缩小眼位就是从对方空的缝隙往里钻，把对方的空变少，让对方做眼的地方变狭窄，这样就不利于做眼了。

1．冲

【例31】如图3-85，黑先，怎么下能够杀死白棋呢？

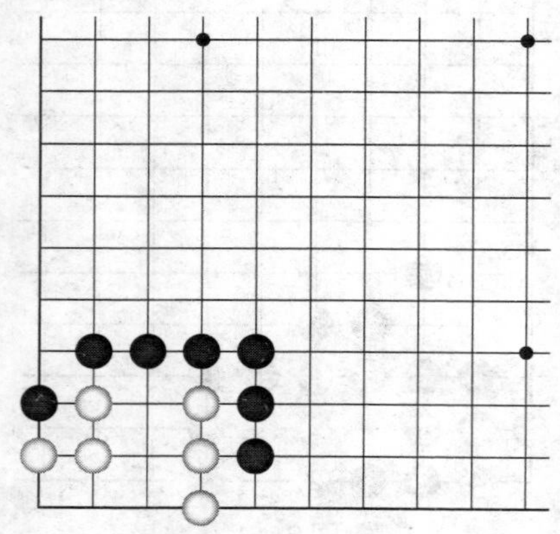

图3-85

正解：如图3-86，黑1冲，缩小白棋的眼位，白2挡，形成直三，黑3点眼，白棋被杀。

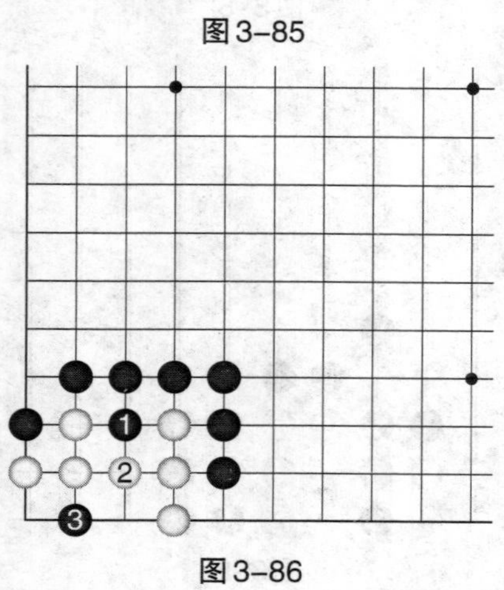

图3-86

变化：如图3-87，接图3-86，白4若提，黑5跳，好棋！白6时，黑7跳，正确。黑7不能在A位挡，否则，白棋有B位打吃的手段，白棋冲出黑棋的包围圈。

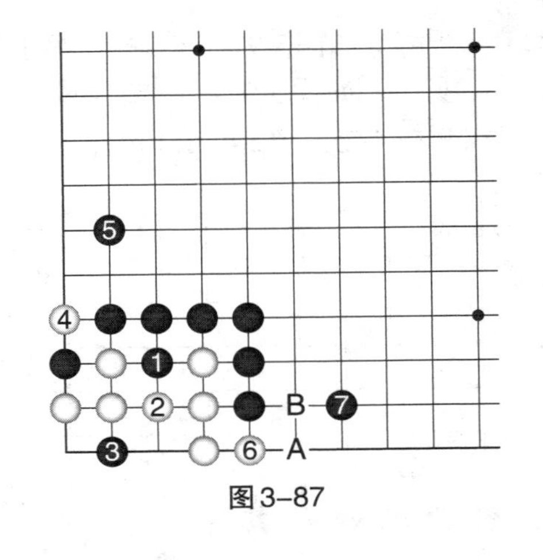

图3-87

2. 扳

【例32】如图3-88，黑先，能杀死角上的白棋吗？

正解：如图3-89，黑1扳，缩小眼位，好棋！白2挡，黑3点眼，白棋被杀。

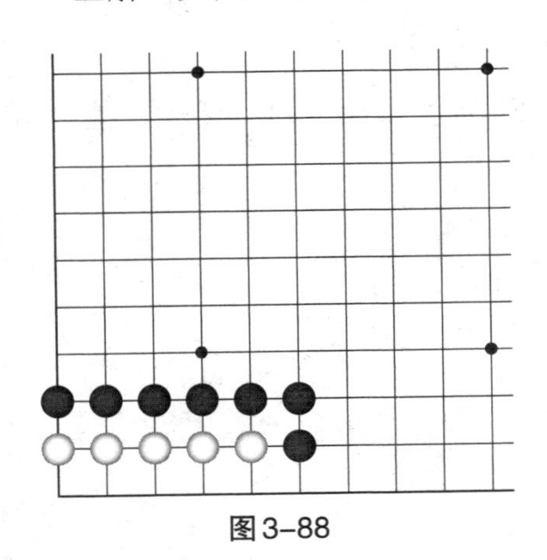
图3-88

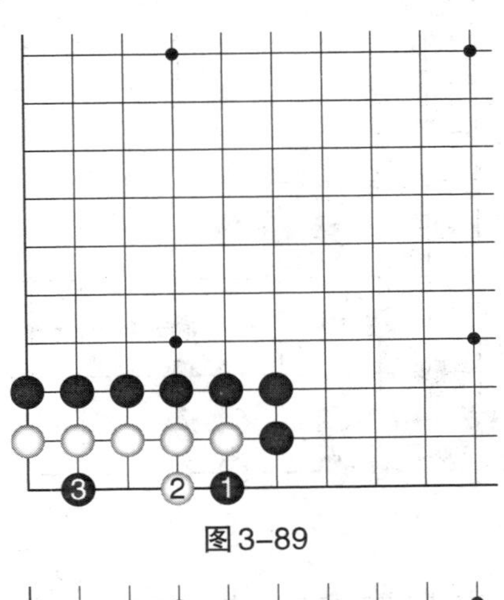
图3-89

3. 扑

【例33】如图3-90，黑先，能杀死角上的白棋吗？

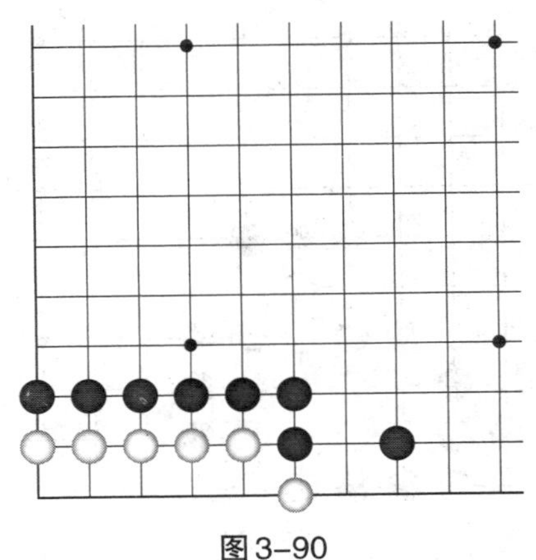
图3-90

正解：如图3-91，黑1扑，缩小眼位，好棋！白2提，黑3点眼，白棋被杀。

变化：如图3-92，当黑1扑时，白2若做眼，黑3长，多送给白棋吃一个，好棋！白4提，黑5再在1位扑，白棋被杀。

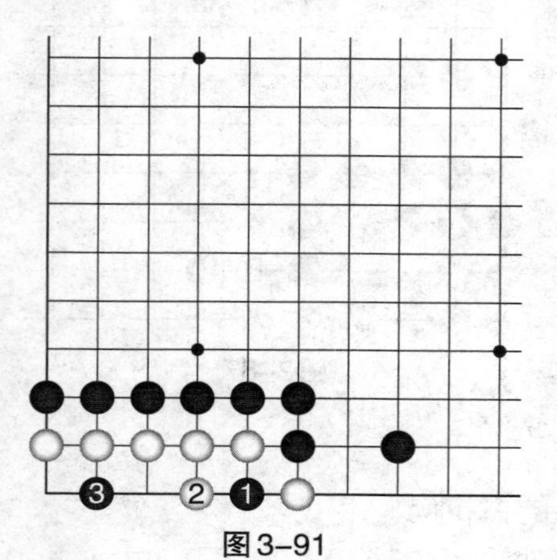

图3-91

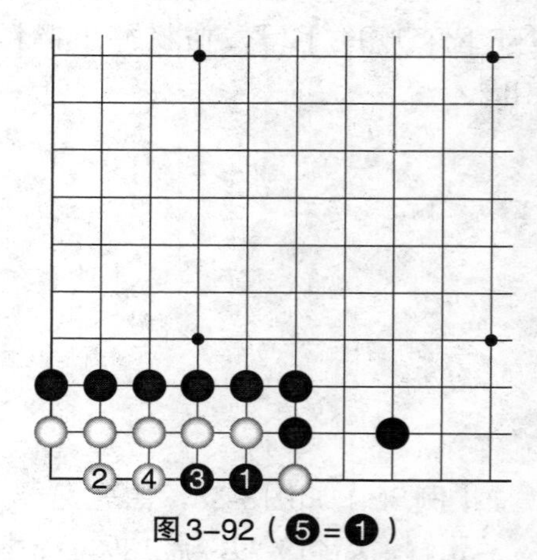

图3-92（❺=❶）

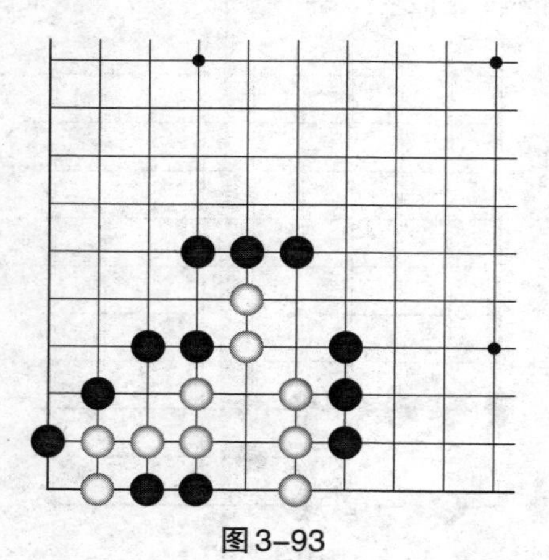

图3-93

4. 挤

【例34】如图3-93，黑先，能杀死白棋吗？

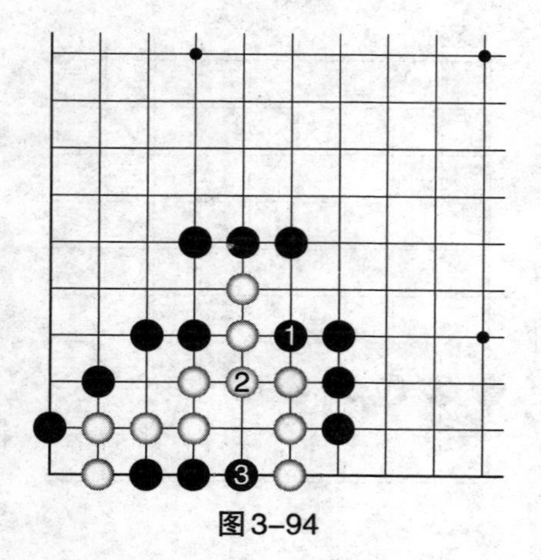

图3-94

正解：如图3-94，黑1挤（卡），缩小眼位，好棋！白2粘，黑3长，形成直三，白棋被杀。

5. 挖

【例35】如图3-95，黑先，能杀死白棋吗？

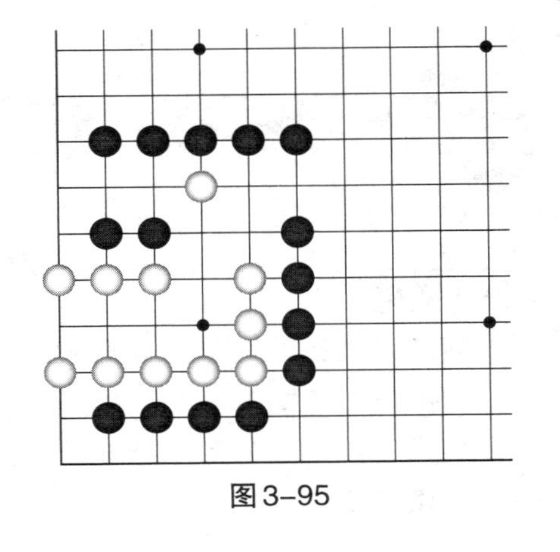

图3-95

失败：如图3-96，黑1冲，坏棋！没有破眼，白2接，白棋形成直四，白棋已活。

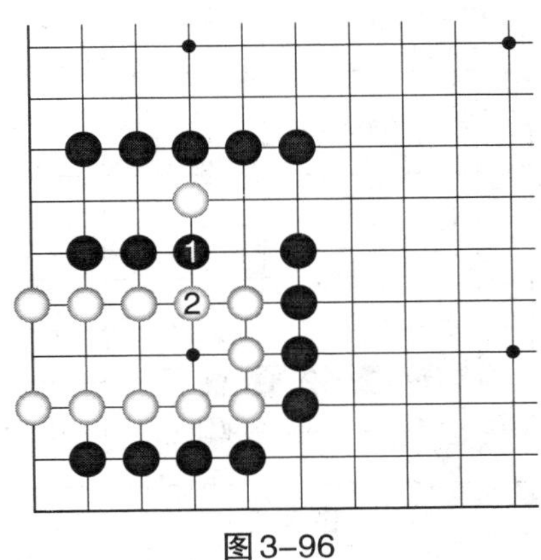

图3-96

正解：如图3-97，黑1挖，缩小眼位的好棋！白2打吃，黑3挤，眼形的要点，白4提后，形成直三，黑5点眼，白棋被杀。其中，白4若在5位做眼，黑棋在4位长，多送一子，白棋提后，黑棋再扑，白棋也被杀。

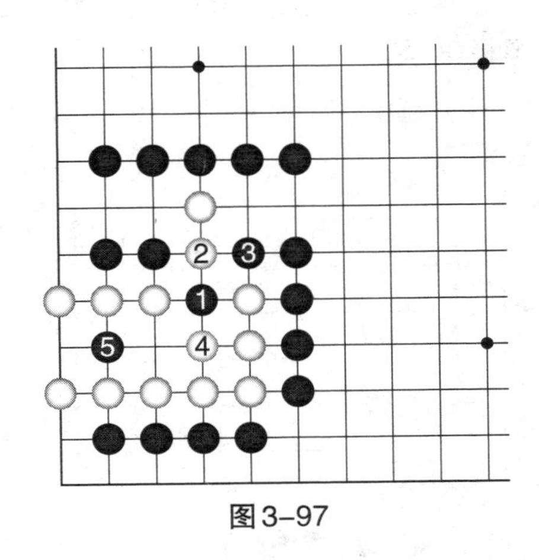

图3-97

围棋中杀棋的方法还有许多，这里只介绍了几种常用的方法，只要大家能够掌握本书中介绍的这些方法，就有一定的棋力水平了，随着棋力的提高，大家破眼杀棋的本领也将提高，请大家努力！

第三节　双活和打劫活

一、双活

双活是活棋的一种特殊形式，双活就是活棋。

【例36】如图3-98，黑先，黑棋怎么才能活呢？

失败1：如图3-99，黑1立，错误！白2扳，黑3挡，形成刀五，白4点眼，黑棋被杀。

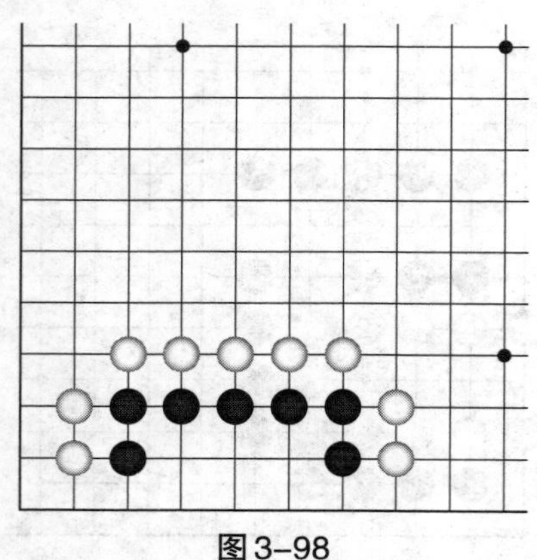

图3-98

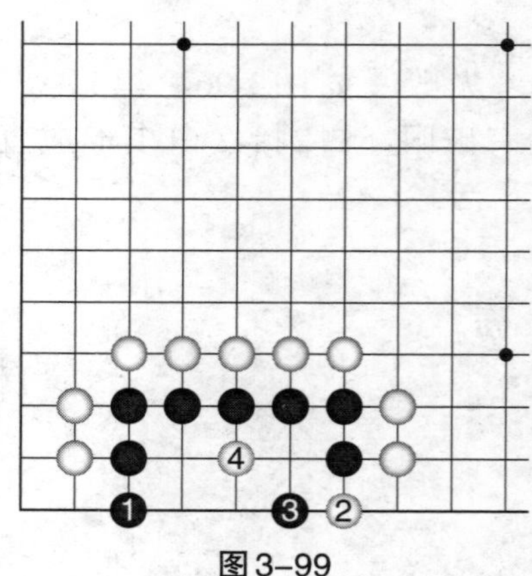

图3-99

失败2：如图3-100，黑1跳，好像是眼形的要点，但经过白2到白6点眼，黑棋被杀。

正解：如图3-101，黑1曲，好棋！黑棋眼形的要点。以下至白6，形成双活。

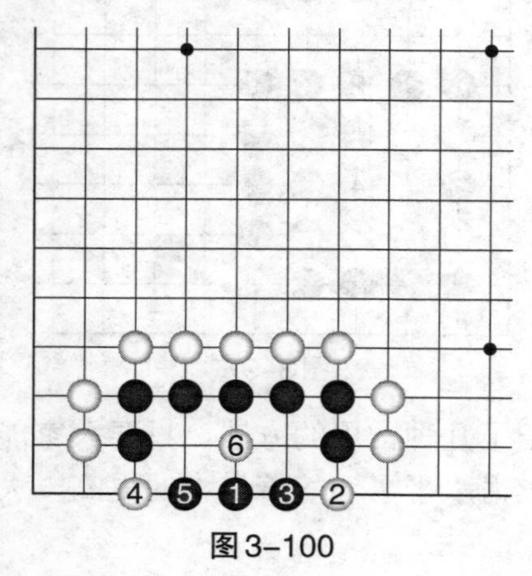

图3-100

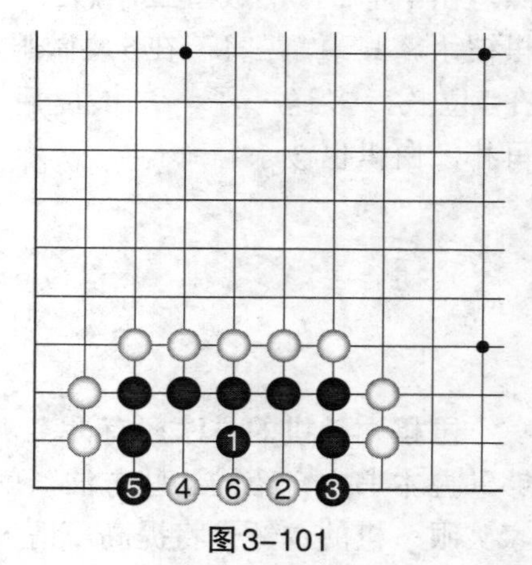

图3-101

【例37】如图3-102，黑先，角上的白棋已经有一只眼，而黑▲子被吃，白棋好像已经活了，但黑棋有手段。

正解：如图3-103，黑1扑，紧白棋的气。白2提，黑3尖，好棋！白4立，阻渡，黑5立，紧气。A位双方都不入气，形成双活。

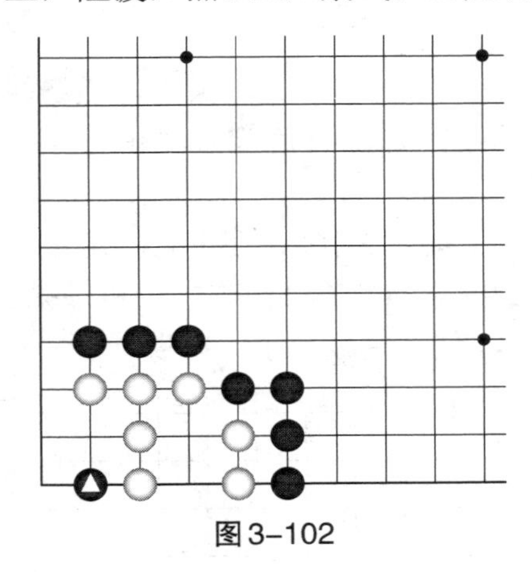

图3-102

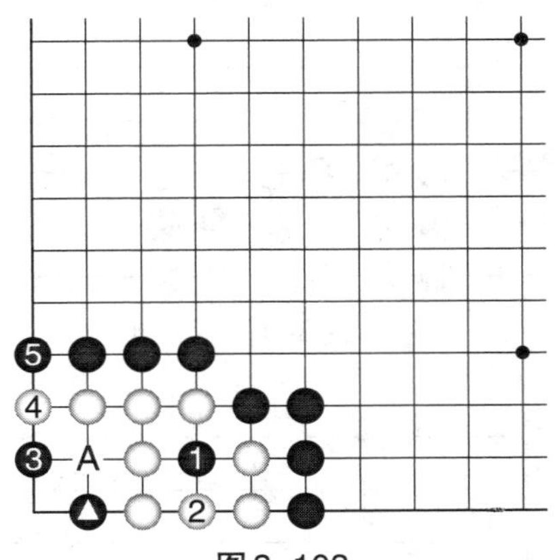

图3-103

【例38】如图3-104，黑先，怎么活呢？

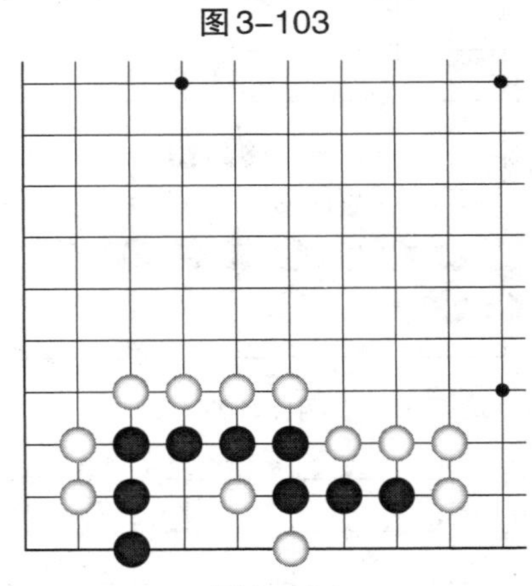

图3-104

失败：如图3-105，黑1立，扩大眼位，白2尖，黑棋已死。以后黑A，白B，形成丁四，黑棋被杀。若黑棋不走，以后会形成刀五，黑棋也死。

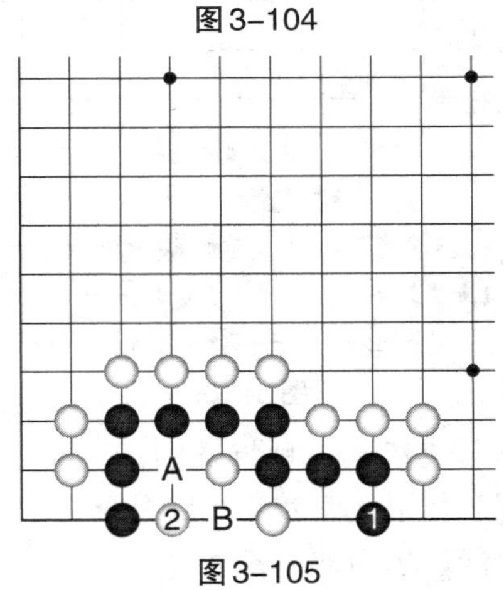

图3-105

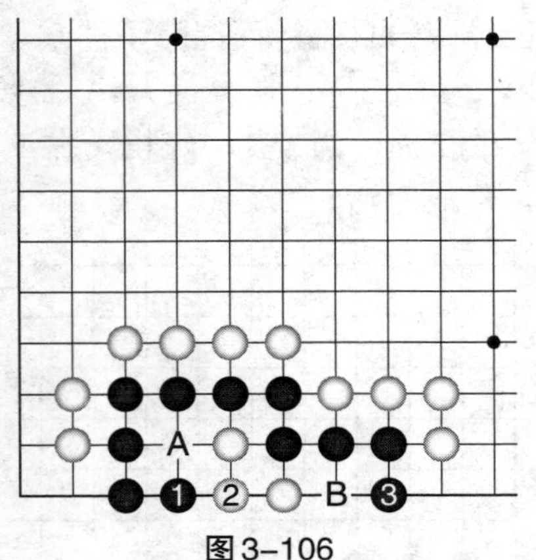

图3-106

正解：如图3-106，黑1曲，正确。白2连，黑3立，由于A、B两点，白棋都不能下，黑棋也不下，形成双活。若白棋无论下在A位或B位，黑棋提，形成曲四，黑棋活棋。

【例39】如图3-107，黑先，黑▲四子被包围了，好像有危险，黑棋有什么手段呢？

失败：如图3-108，黑1尖，初学者容易想到的坏棋！白2打吃，黑棋被杀。其中，黑1使公气减少了，错误！

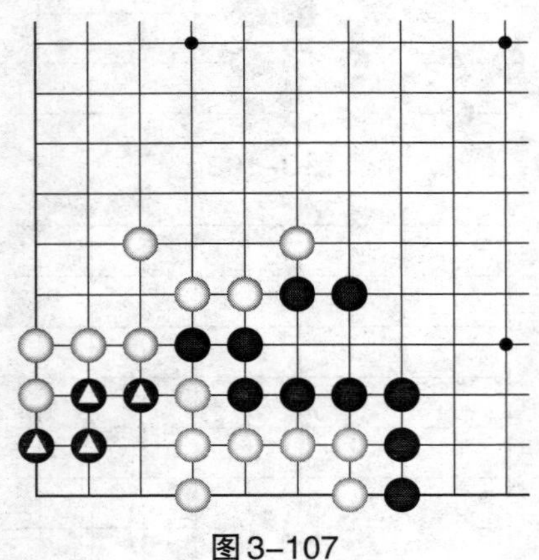

图3-107

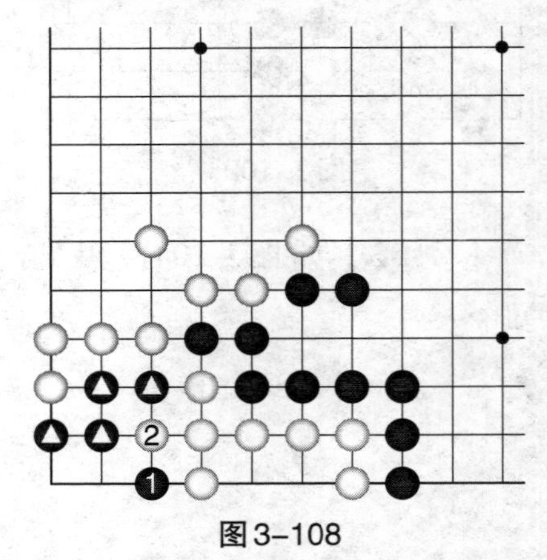

图3-108

正解：如图3-109，黑1做眼，好棋！白2紧气，黑3紧气，A位双方都不入气，形成双活。

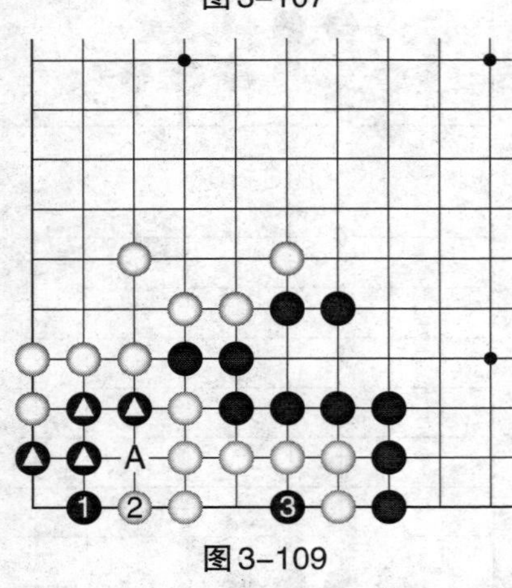

图3-109

双活是一种特殊的活棋。双活一定要有公气，一般情况下双方条件要相同。如：无眼双活，就是黑白双方都没有眼，至少要有两口公气；再如：有眼双活，黑白双方都要有一只眼，至少要有一口公气。公气越多越容易双活。

二、打劫活

打劫活又称劫活，就是劫打赢了是活棋，打输了就是死棋。关键看劫能不能打赢。

【例40】如图3-110，黑先，黑棋有什么破眼的手段呢？

正解：如图3-111，当黑1打吃时，白2做劫是强手，形成“劫杀”，白棋打赢此劫才能做活。

变化：如图3-112，黑1打吃，好棋！白2若连，黑3再长，白棋被杀。

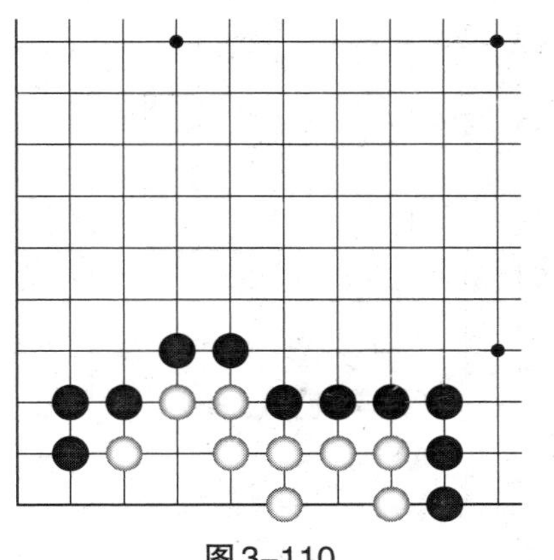
图3-110

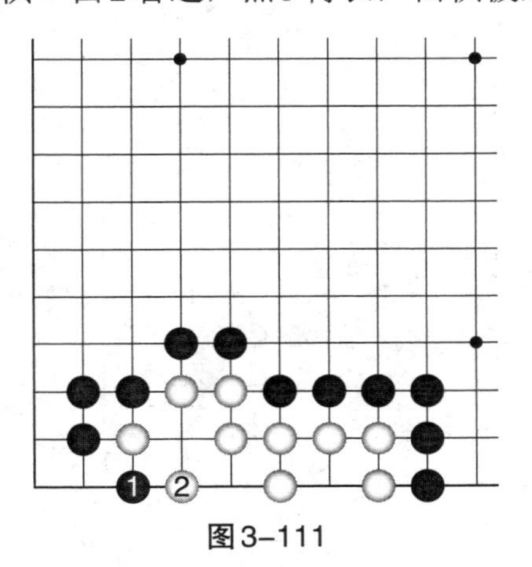

图3-111

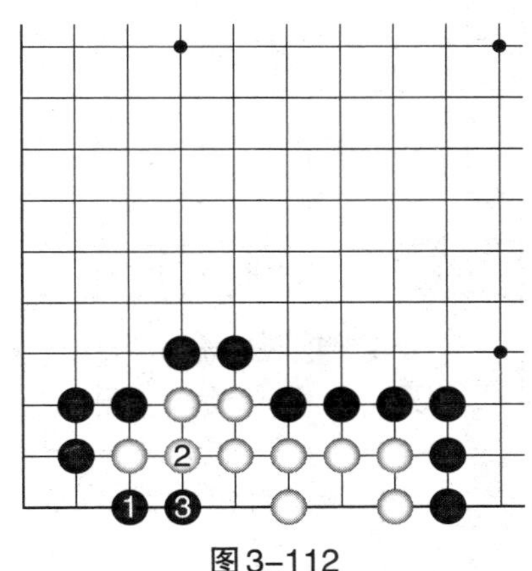

图3-112

【例41】如图3-113，黑先，若黑A、白B，白棋好像已经活了。但是，黑棋有手段。

正解：如图3-114，黑1扑，利用角上的特殊性，形成劫杀。

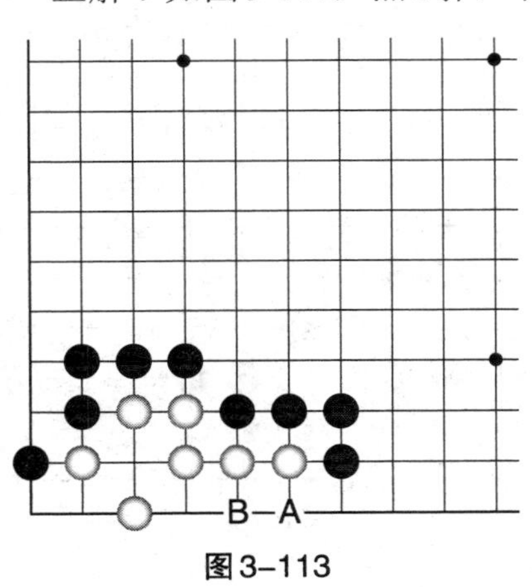

图3-113

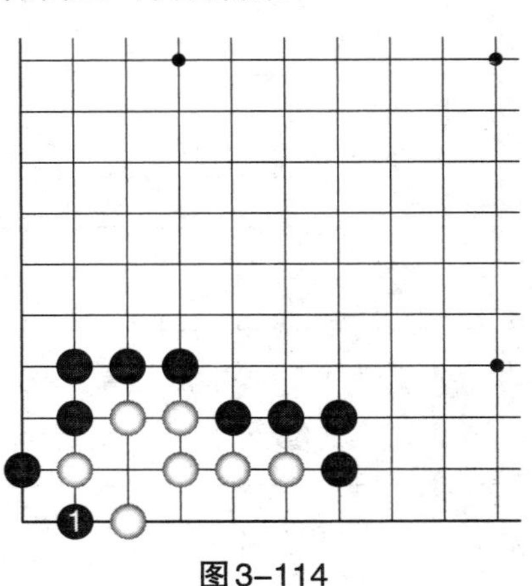

图3-114

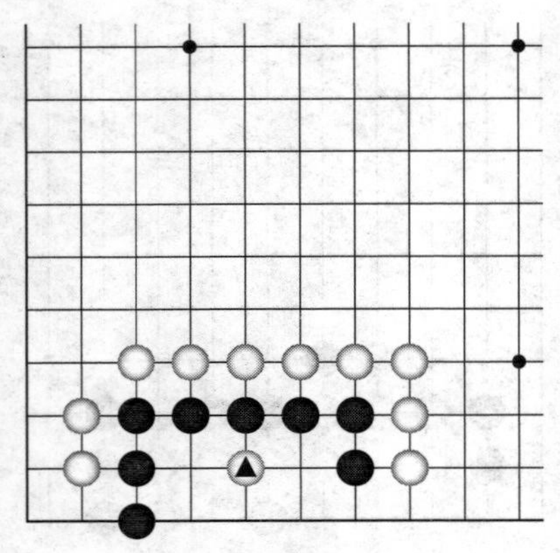

图3-115

【例42】如图3-115，黑先，怎么对付白▲子，黑棋的结果如何呢？

失败：如图3-116，黑1立，不好！白2立，将来形成刀五，黑棋被杀。

正解：如图3-117，黑1夹，要点。白2打吃，黑3做劫，形成劫活。其中，黑3不可在A位连，否则，白棋渡过，黑棋被杀。

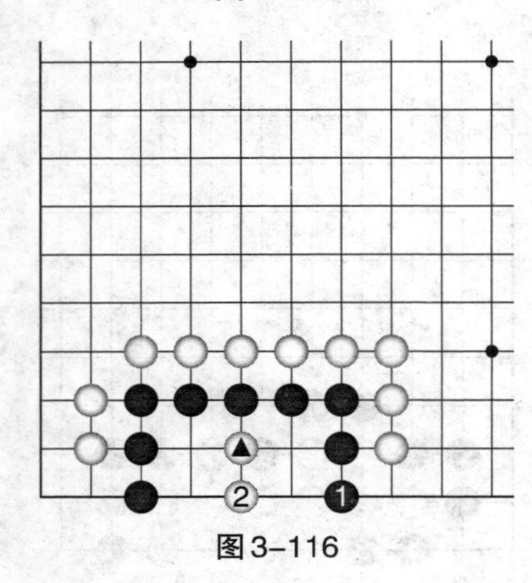

图3-116

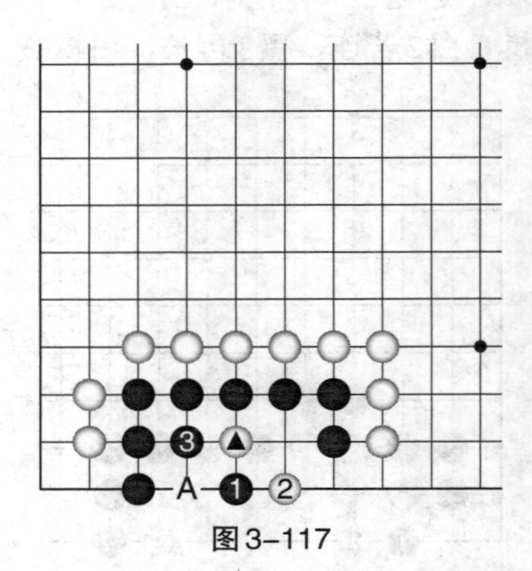

图3-117

【例43】如图3-118，黑先，白棋角上有一只眼，黑△子要死，黑棋有手段吗？

失败：如图3-119，黑1连，错误！白2做眼，白棋两眼活棋。

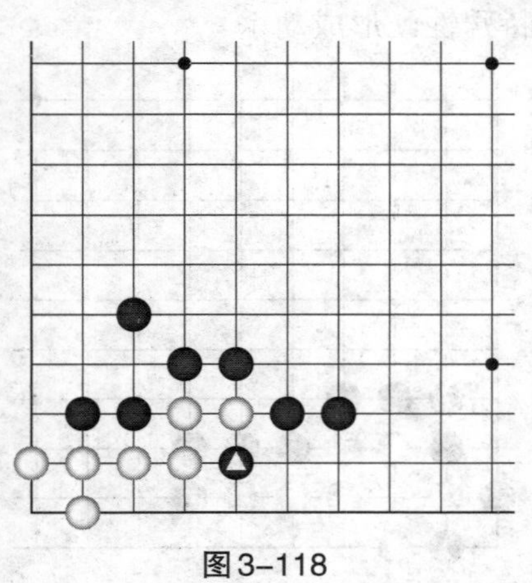

图3-118

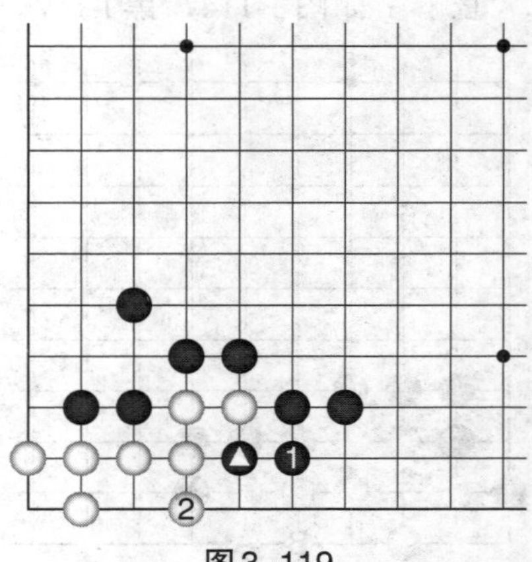

图3-119

正解：如图3-120，黑1扳，强手！白2打吃，黑3做劫，好棋！形成劫杀。

打劫活是围棋的一种特殊现象，劫胜则活，劫败则死，这是在不能净活时，使用的特殊手段，它比较顽强，要比被净杀强多了。通常情况下，初学者不愿意打劫，但要想提高棋力，必须学习和锻炼如何打劫，关于这一点在后面还会详细介绍。

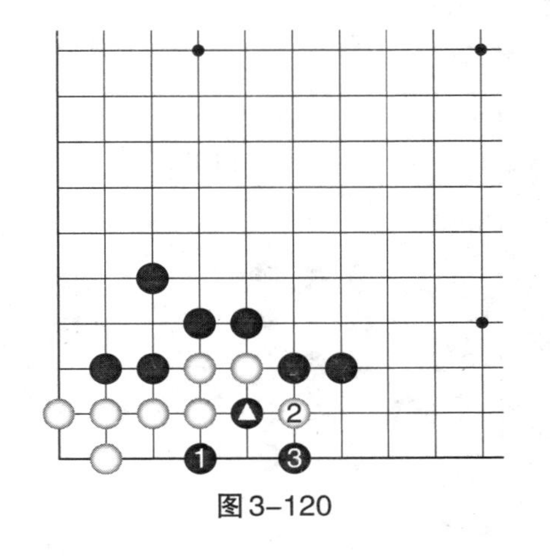

图3-120

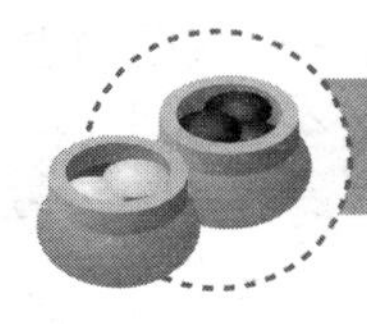

第四节　实战中的死活

本节所选例题取材于学生的实战对局。

【例44】如图3-121，黑先，黑棋已经有一只眼，怎么才能在边上再做一只眼呢？两个黑▲都不能死。

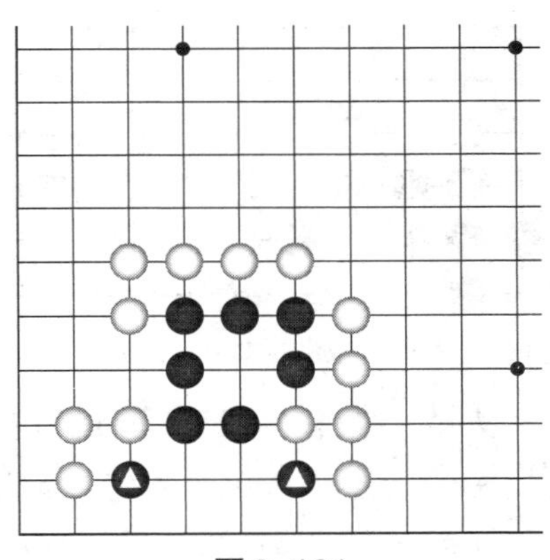

图3-121

失败：如图3-122，黑1连，错误！白2打吃，黑3做劫，形成打劫活，黑棋失败。

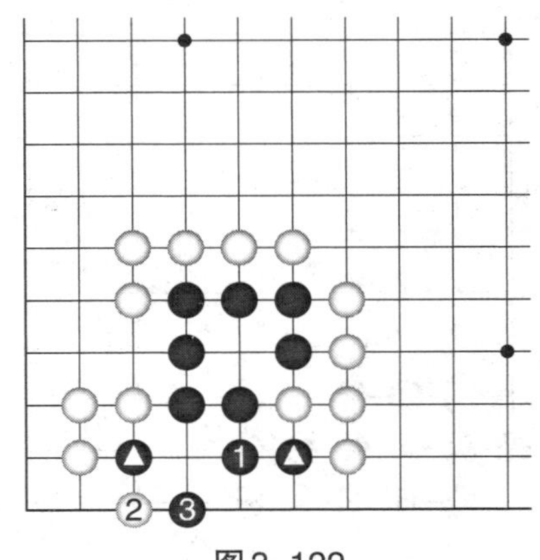

图3-122

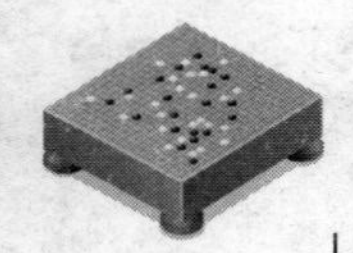

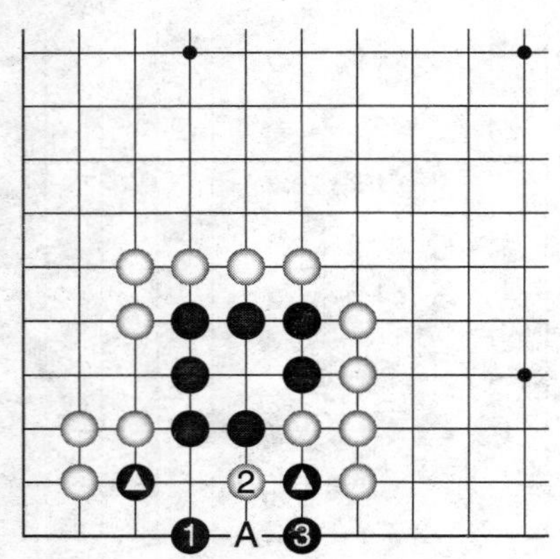

图 3–123

正解：如图3-123，黑1虎，正确！白2打吃，黑3立，由于有黑1，白棋在A位不入气，白2被吃，黑棋做眼成功。其中，黑1也可在A位虎。

请大家牢记本棋形，实战中经常出现。

【例45】如图3-124，黑先，既要把白▲子吃死，又要做眼，怎么办呢？注意白⊖子的作用。

图 3–124

失败：如图3-125，黑1打吃，是初学者最容易犯的错误！白2好棋！由于有白⊖子，黑棋A位不入气，只能在B位提，白棋于A位连，黑棋被杀。

正解：如图3-126，黑1小尖，正确！白▲子被吃，黑棋两眼做活。

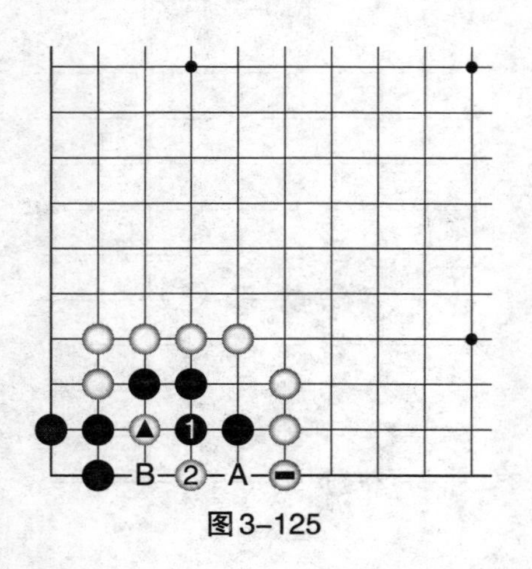

图 3–125

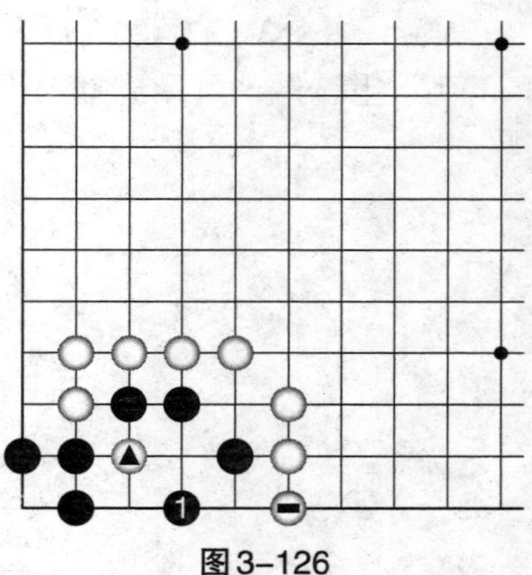

图 3–126

【例46】如图3-127，黑先，怎么下能够杀死白棋呢？注意找白棋的弱点。

失败：如图3-128，黑1扑，好像抓住了白棋的弱点，但白2提后，A、B两点白棋必得其一，白棋活棋。

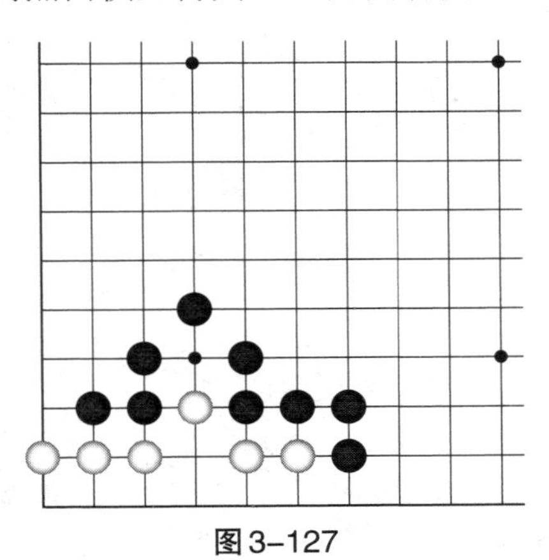

图3-127

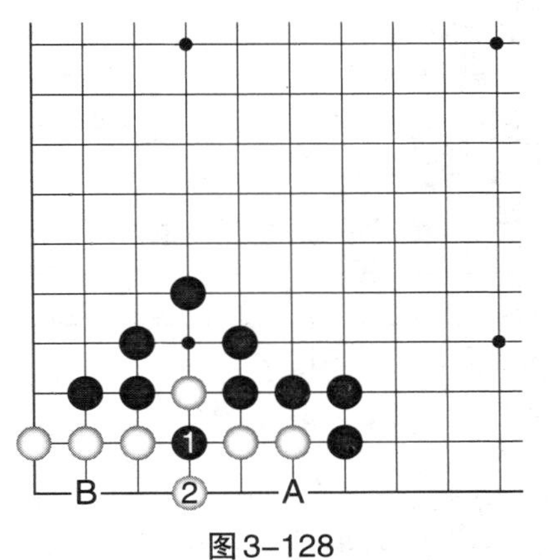

图3-128

正解：如图3-129，黑1扳，正确，白2挡，黑3再扑，次序正确。白4提，黑5点眼，白棋被杀。

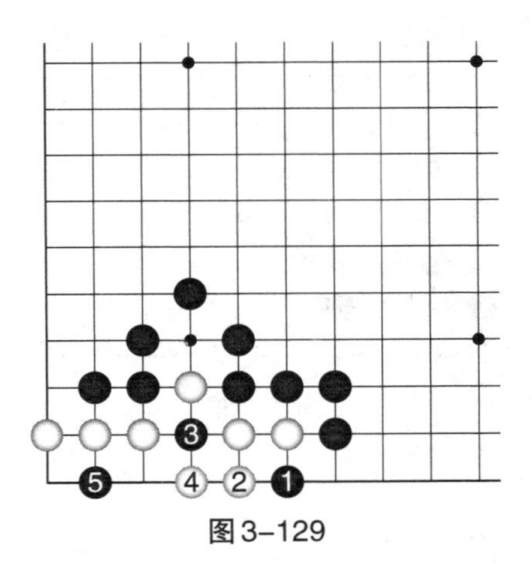

图3-129

变化：如图3-130，黑1扳，白2做眼，黑3点眼，好棋！白棋被杀。其中，黑3若在A位打吃，白棋在3位挡，形成“打二还一”，白棋活棋。

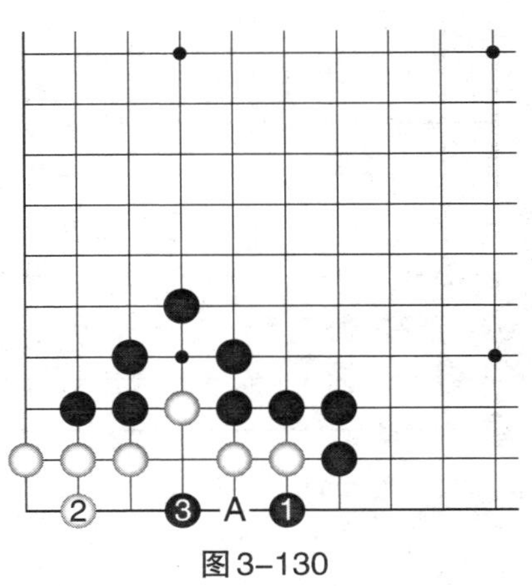

图3-130

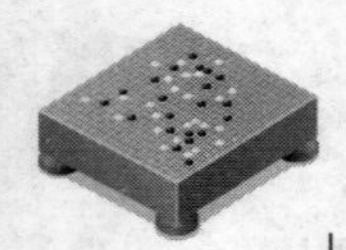

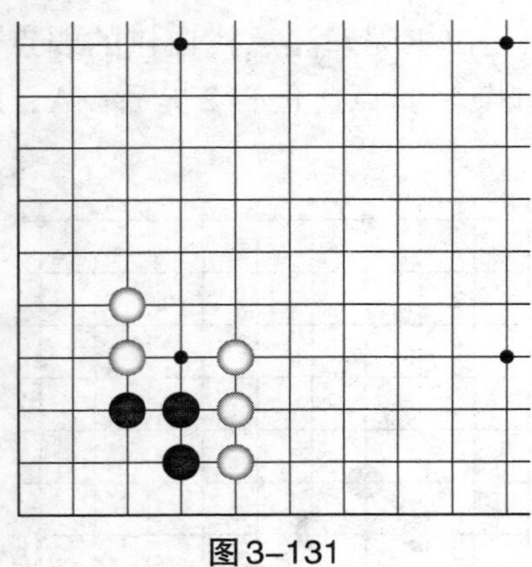

图 3-131

【例47】如图3-131，黑先，这是角上经常出现的棋形，黑棋怎么活呢？注意眼形的要点。

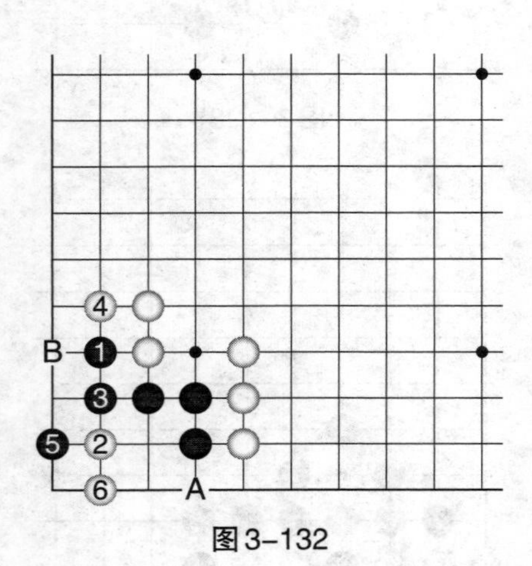

图 3-132

失败：如图3-132，黑1扳，扩大眼位，初学者最容易想到的棋，错误！白2点，黑3只能连，白4拐，黑5扳，白6立，以后A位要渡，B位要破眼，黑棋失败。

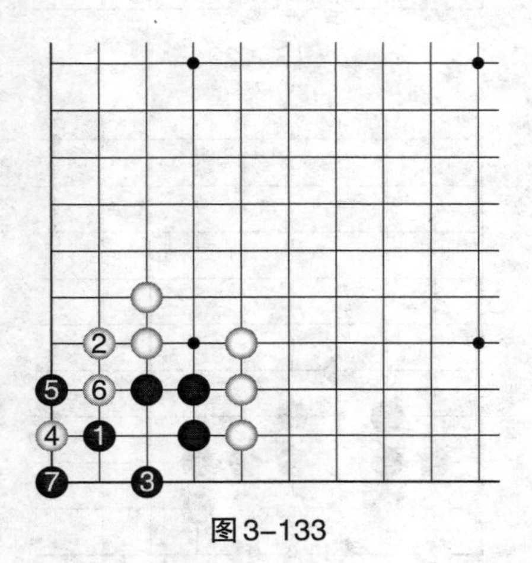

图 3-133

正解：如图3-133，黑1是眼形的要点，白2立，黑3做眼，好棋！以下至黑7，黑棋两眼活棋！其中，白4托，虽然是手筋，但也于事无补。

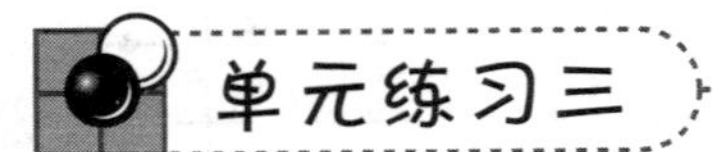

以下均为黑先，注意题目要求及有标记的棋子。

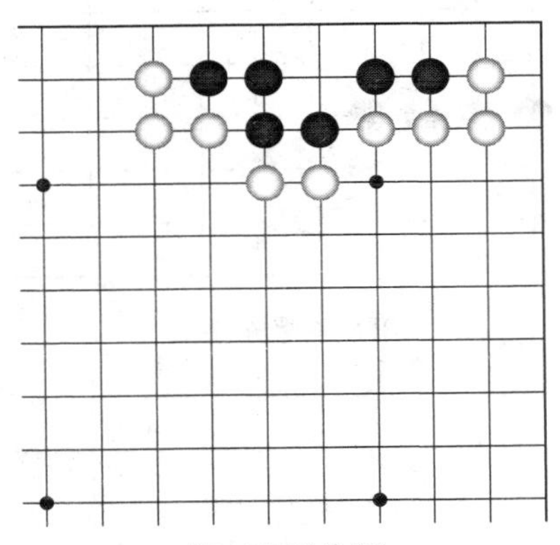

第1题黑先活

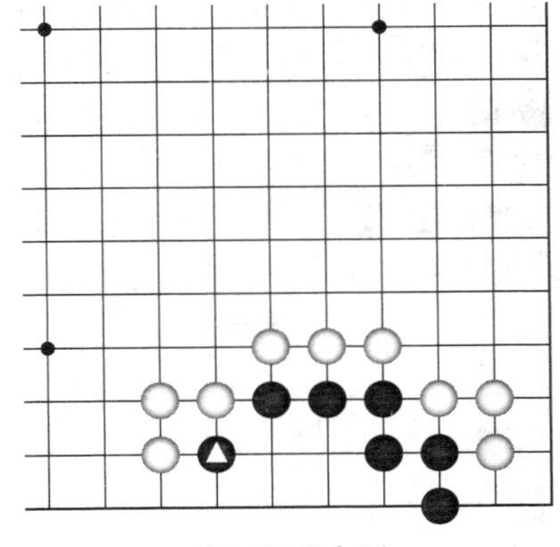

第2题黑先活

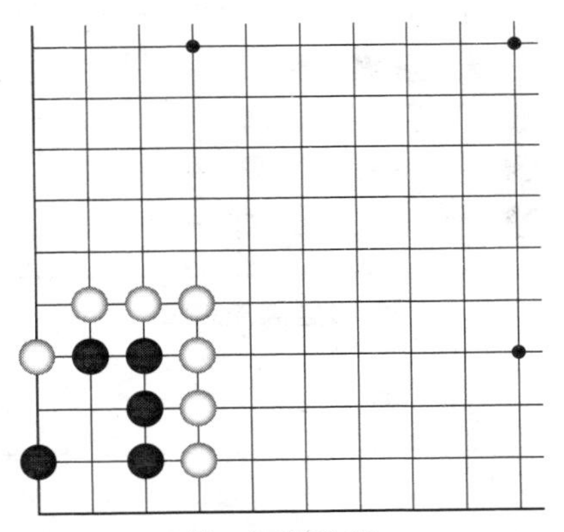

第3题黑先活

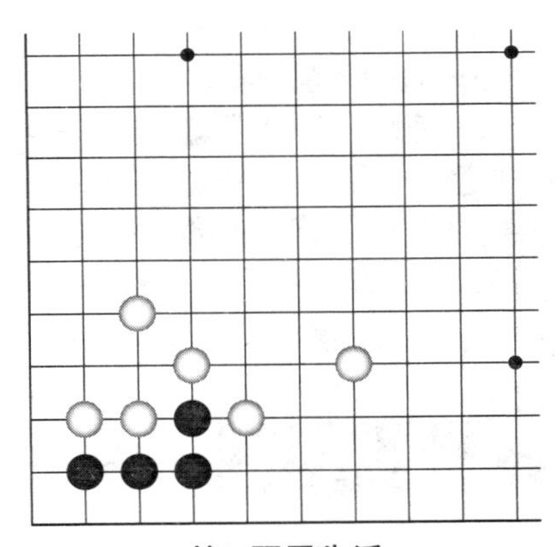

第4题黑先活

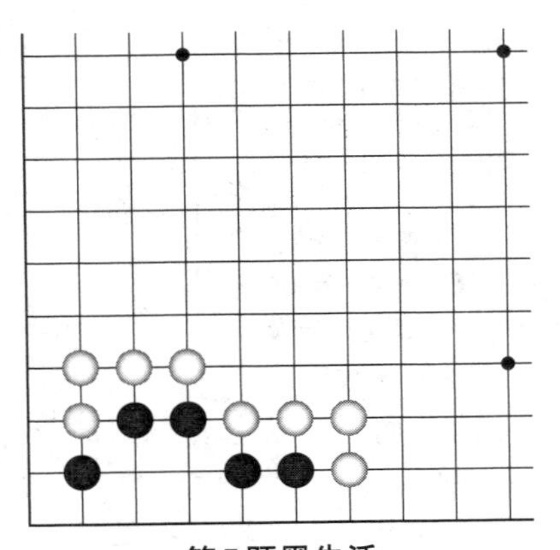

第5题黑先活

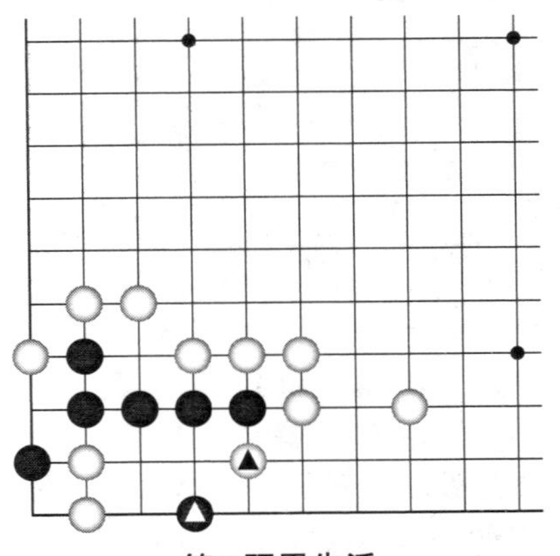

第6题黑先活

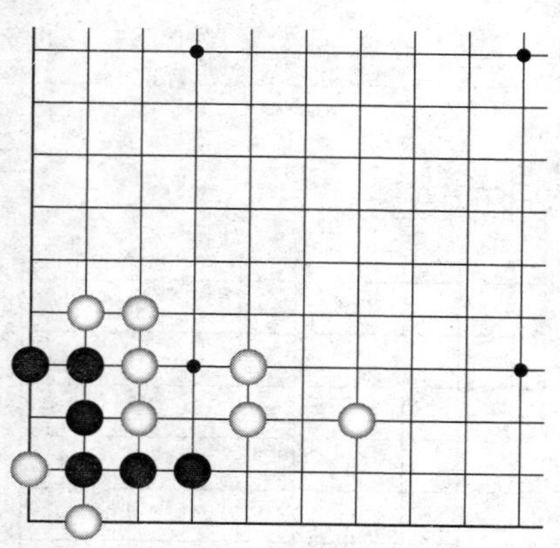

第7题黑先活

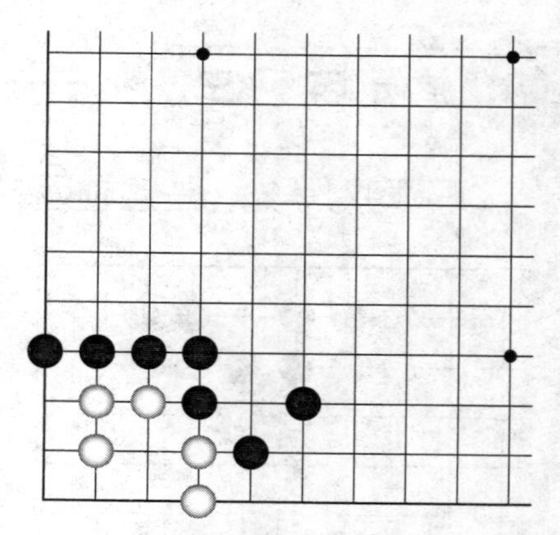

第8题黑先杀白

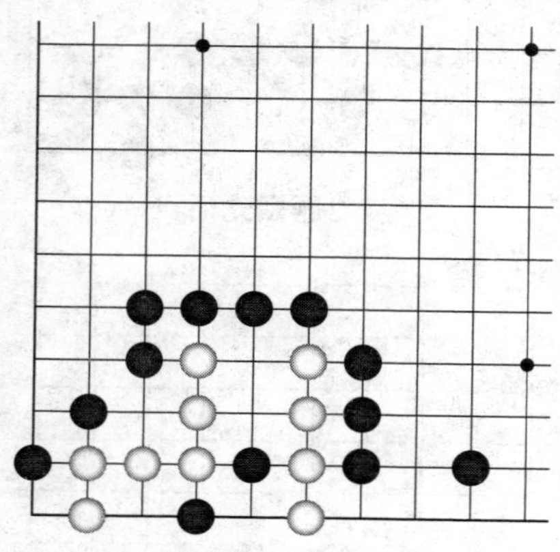

第9题黑先杀白

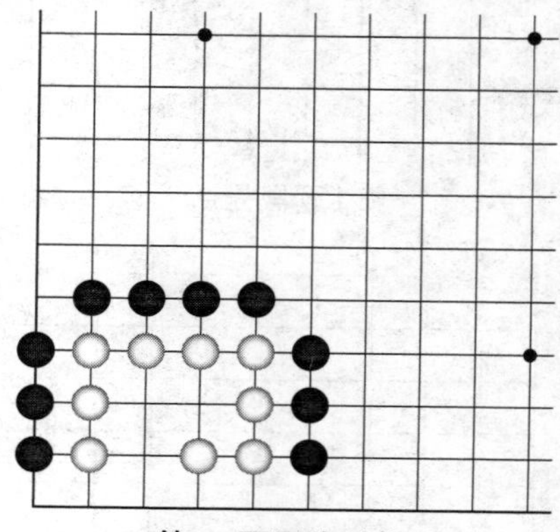

第10题黑先杀白

参考答案

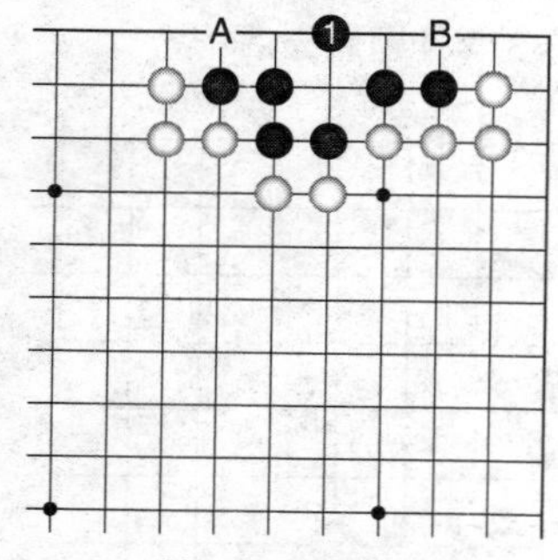

第1题正解图

第1题正解图：黑1先做一只眼，以后A、B两点必得其一，黑棋两眼活棋。

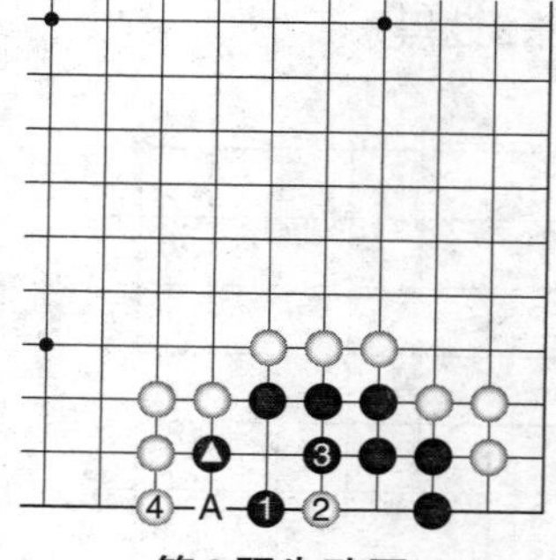

第2题失败图

第2题失败图：黑1虎，是很容易想到的，好像能活，黑棋形成曲四，但此为断头曲四，白2点，黑3做眼，白4立，由于A位黑棋不能连，而白棋可以在A位挤吃，黑棋不能做出两眼。

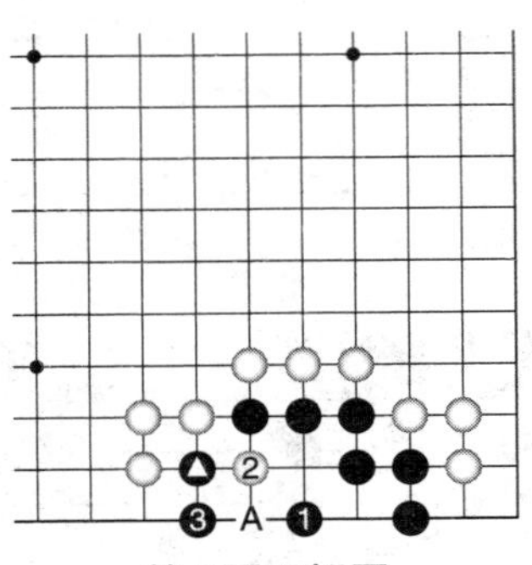

第2题正解图

第2题正解图：黑1做眼，要点！白2若打吃，黑3立，由于白棋A位不入气，黑棋活棋。

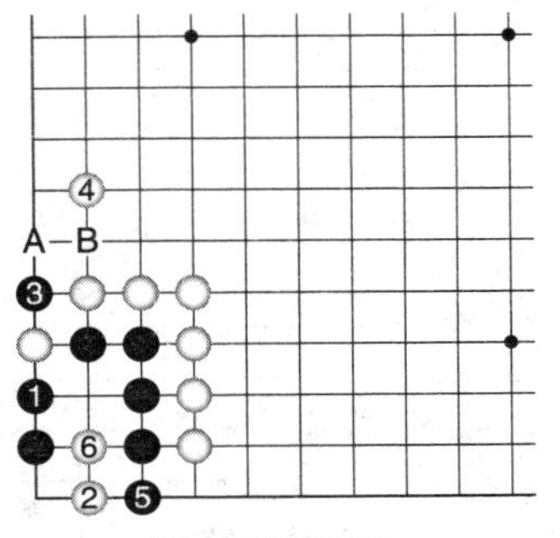

第3题失败图

第3题失败图：黑1打吃，坏棋！没有抢占眼形要点。白2点眼，黑3提是假眼，白4跳，好棋！黑5挡，白6长，黑棋无法做成两只眼，黑棋被杀。其中，白4不能在A位打吃，否则，黑5在B位打吃，形成打劫。

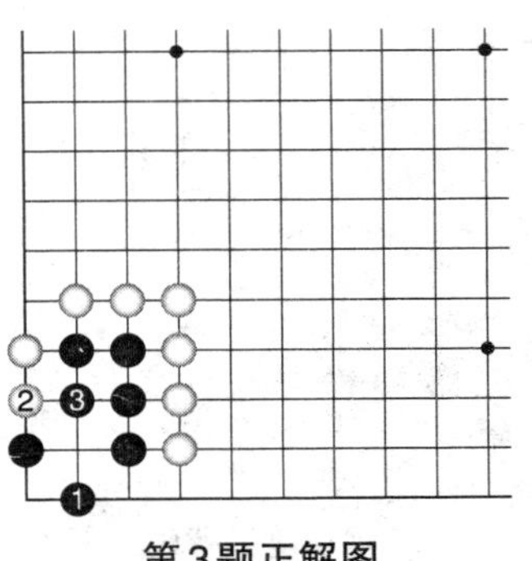

第3题正解图

第3题正解图：黑1做眼，好棋！抢占了眼形的要点！白2长，黑3打吃，黑棋两眼活棋。

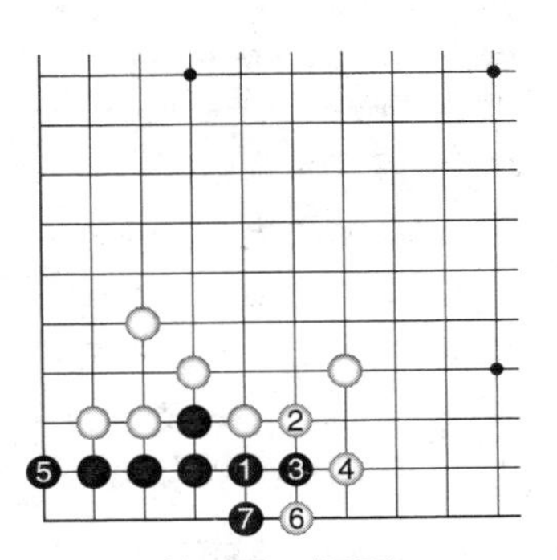

第4题正解图

第4题正解图：黑1长，白2只能退，黑3再长，白4扳，黑5立，好棋！“角上容易做眼”，白6扳，黑7挡，形成直四，黑棋活棋。

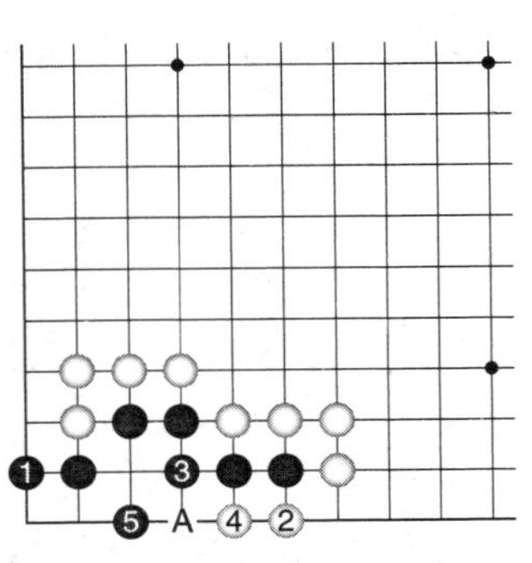

第5题正解图

第5题正解图：黑1立，正着！白2扳，黑3连，要点，白4长，缩小眼位，黑5做眼，由于A位不入气，黑棋已经两眼活棋。

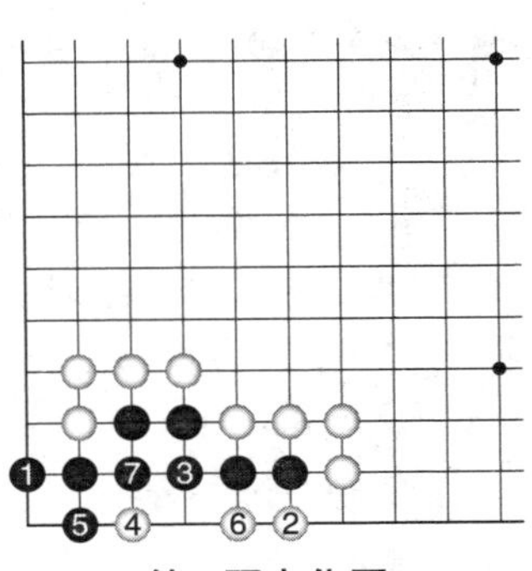

第5题变化图

第5题变化图：黑1立，“角上容易做眼”，白2扳，黑3连，白4点眼，黑5做眼，正确！白6长，黑7连，好棋！形成接不归，黑棋两眼活棋。

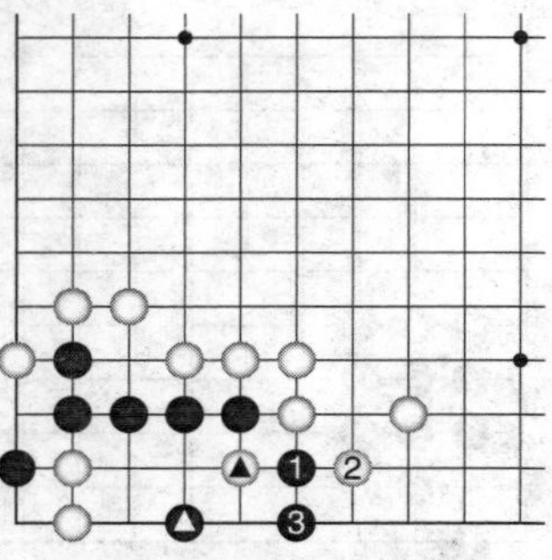

第6题正解图

第6题正解图：黑棋本身做眼空间不足，黑1断，好棋！白2打吃，黑3立，由于有黑△子，白▲子被吃，黑棋做眼成功。

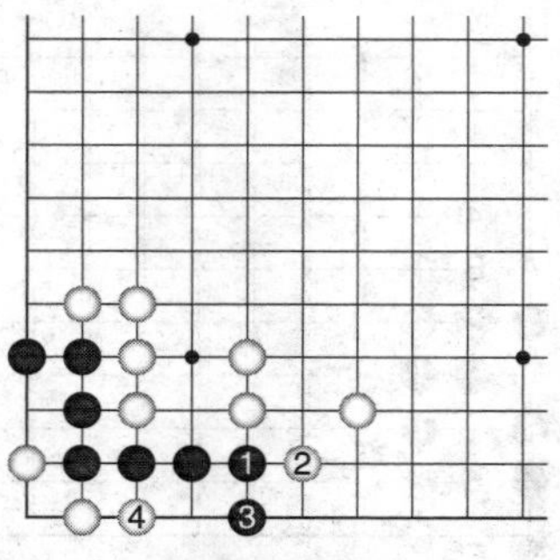

第7题正解图

第7题正解图：黑1长，扩大眼位，好棋！白2虎住，黑3立，扩大眼位，好棋！白4长破眼，形成双活。

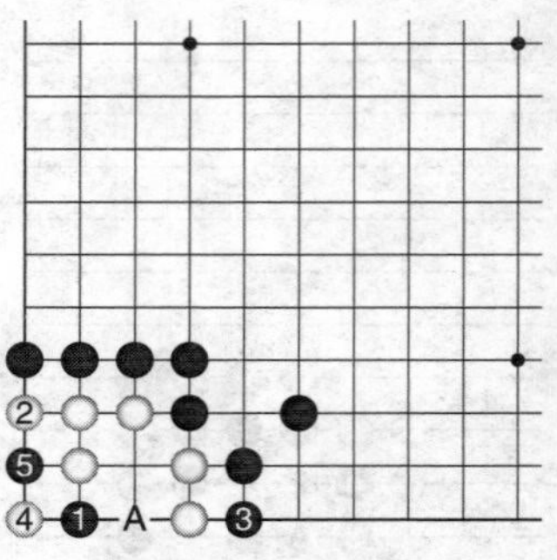

第8题正解图

第8题正解图：黑1托，白2挡，正着。黑3立，防止白棋在A位做眼，白4只能扑，黑5提，形成劫杀。这是双方的正确应法。

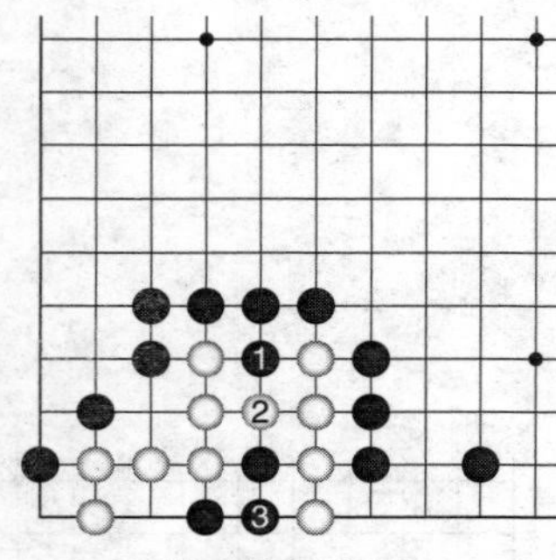

第9题正解图

第9题正解图：黑1冲，正确。白2挡，黑3接，好棋！形成曲三，白棋被杀。如黑1先在3位接，白2在1位接，形成双活，黑棋失败。

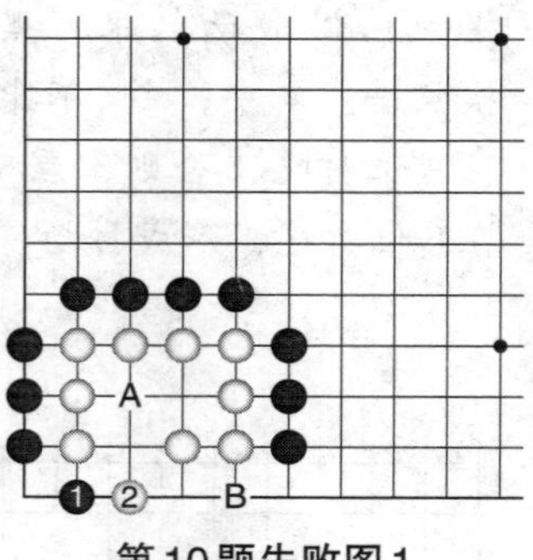

第10题失败图1

第10题失败图1：黑1扳，缩小眼位，方向错误！白2挡后，A、B两点白棋必得其一，白棋活棋。

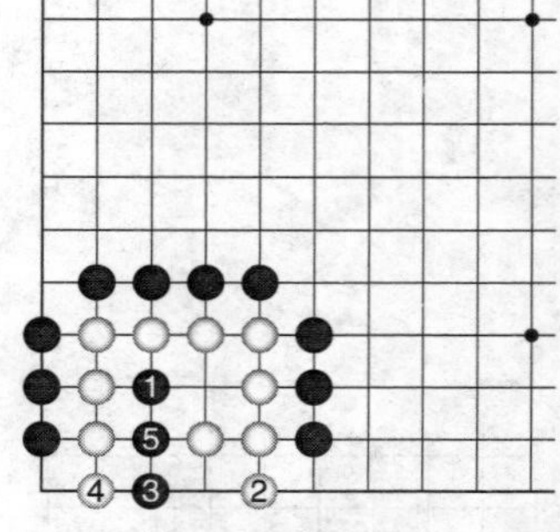

第10题失败图2

第10题失败图2：黑1点眼，错误！白2立，做眼的要点，黑3只能点眼，白4立，阻渡。黑5接，形成双活，黑棋失败。

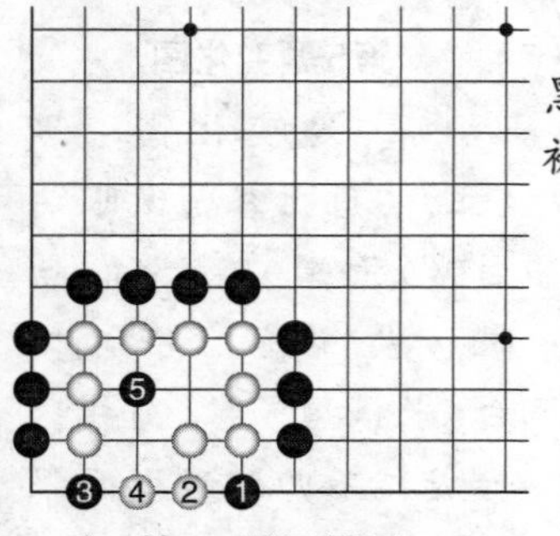

第10题正解图

第10题正解图：黑1扳在这边，方向正确！白2挡，黑3再从另一边扳，缩小眼位，白4挡，黑5点眼，白棋被杀。

第四章　基础对杀

第一节　对杀的类型和气数

一、对杀的对象和气数

所谓对杀，就是黑棋将白棋包围了，白棋同时也将黑棋包围了，被包围的棋都没有两只眼，这种现象称为对杀。

对杀时，首先要找准对杀的对象，也就是说谁跟谁对杀，一定要具体，哪几个黑子和哪几个白子对杀；其次，要数清与对杀有关的黑白双方棋子的气数。简单地讲，对杀时气数多的一方能够杀死气数少的一方，因此，数清对杀的气数十分重要。

【例1】如图4-1，黑▲二子被白棋包围了，白▲四子被黑棋包围了。因此，黑▲二子和白▲四子对杀。本图中，黑▲二子两口气，白▲四子三口气，因此，无论该谁走都是黑棋被杀。所谓“气长杀气短”。

【例2】如图4-2，黑先，黑▲三子和白▲三子对杀，结果如何呢？

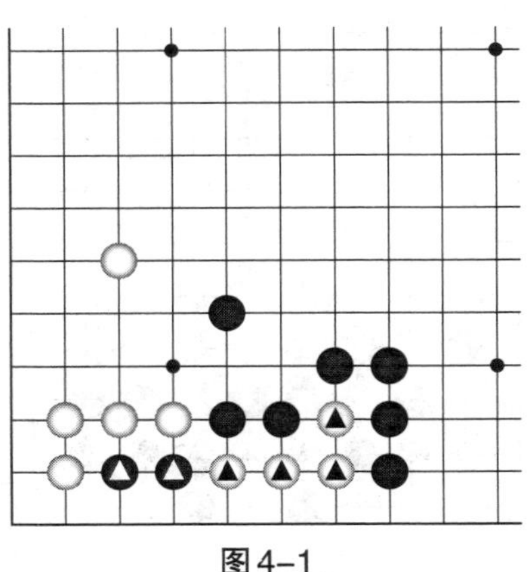

图4–1

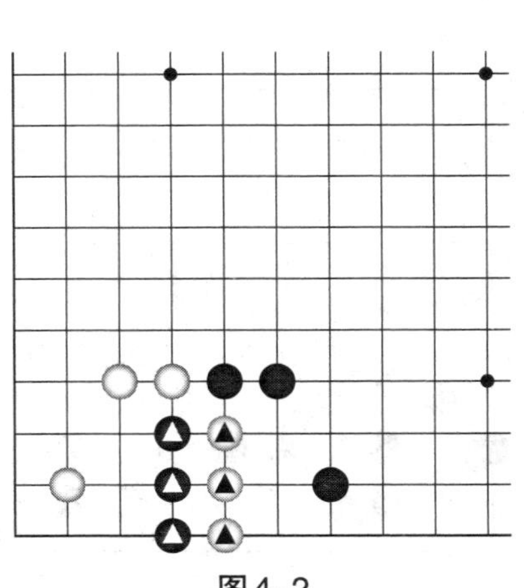

图4–2

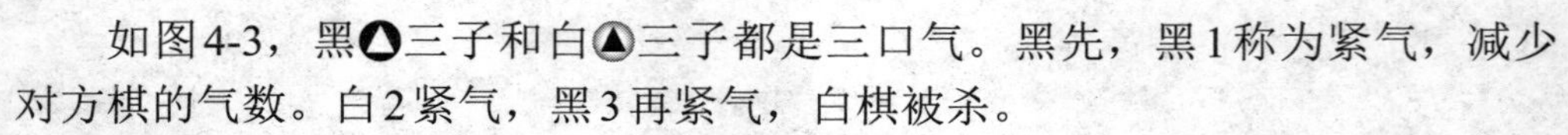

如图4-3，黑△三子和白△三子都是三口气。黑先，黑1称为紧气，减少对方棋的气数。白2紧气，黑3再紧气，白棋被杀。

如图4-4，如改为白先，白1紧气，黑2紧气，白3再紧气，黑棋被杀。正所谓“气数相同，先走方胜”。紧气一定要紧与对杀有关棋的气。

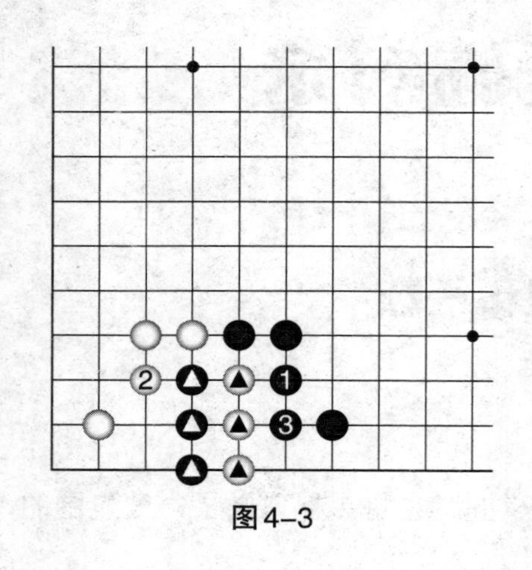

图4-3

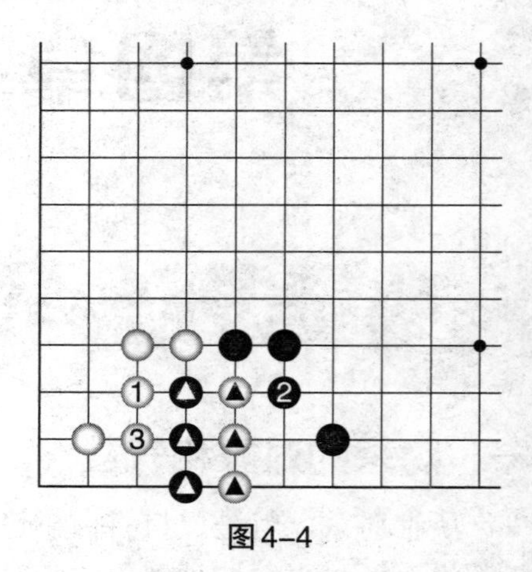

图4-4

二、对杀的类型

（一）只有外气的对杀

只有外气的对杀是对杀中最简单的一种，谁的外气多，谁就是获胜方。

【例3】如图4-5，黑先，好像有点复杂，哪两块棋在对杀呢？

正解：如图4-6，黑△三子和白△三子形成对杀，黑棋有三口气，白棋也有三口气。黑1紧气，白2紧气，黑3再紧气，白棋被杀。

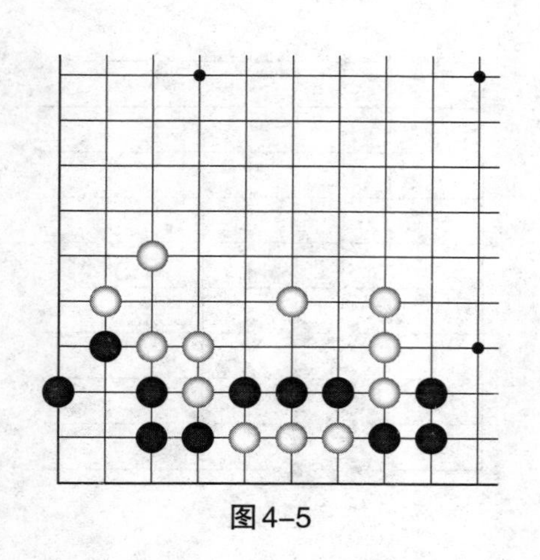

图4-5

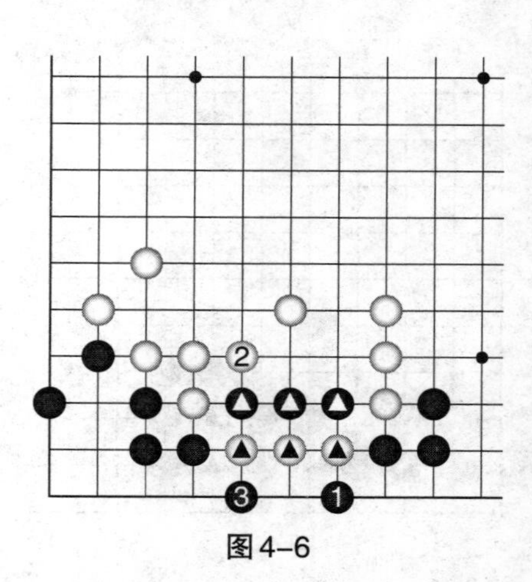

图4-6

【例4】如图4-7，黑先，对杀的结果如何呢？

正解：如图4-8，黑△六子和白▲四子对杀，黑棋两口外气、一口内气，白棋三口外气。黑1紧气，白2紧气，黑3打吃，白棋被杀。

只有外气的对杀，对杀的结果只与气有关，和眼没关系。气多的一方在对杀中获胜，若气数相同，先走的一方获胜。

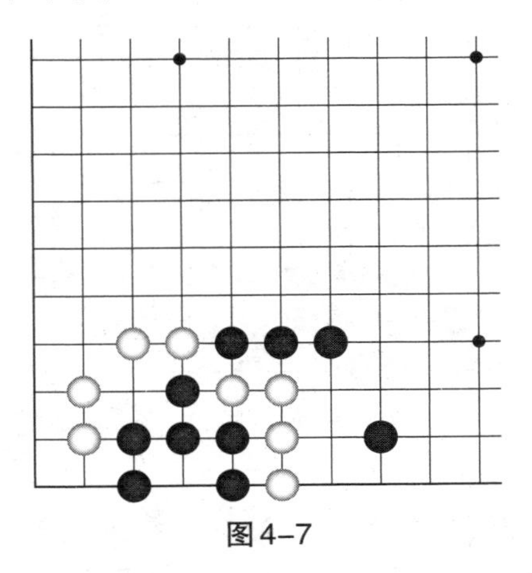

图4–7

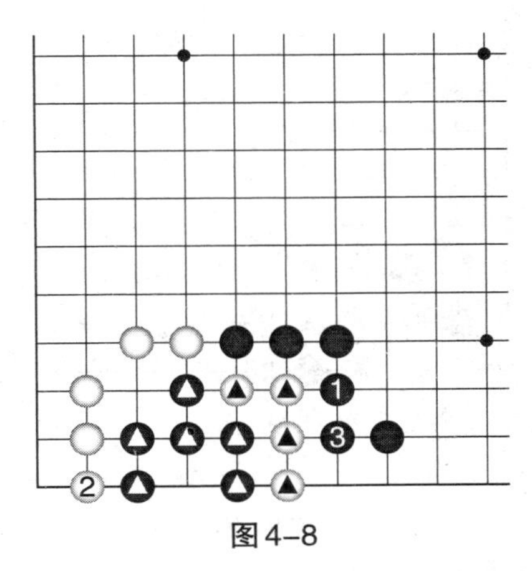

图4–8

（二）无眼有公气的对杀

有公气的对杀又分为有一口公气的对杀和有两口及以上公气的对杀。

1. 有一口公气的对杀

【例5】如图4-9，黑先，结果如何呢？

如图4-10，黑△二子和白▲三子对杀，黑棋三口气，白棋也三口气，其中，A位是公气。公气既是黑棋的气同时又是白棋的气。

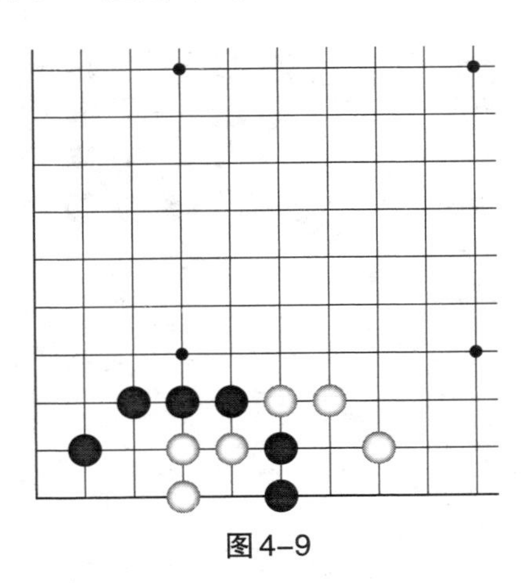

图4–9

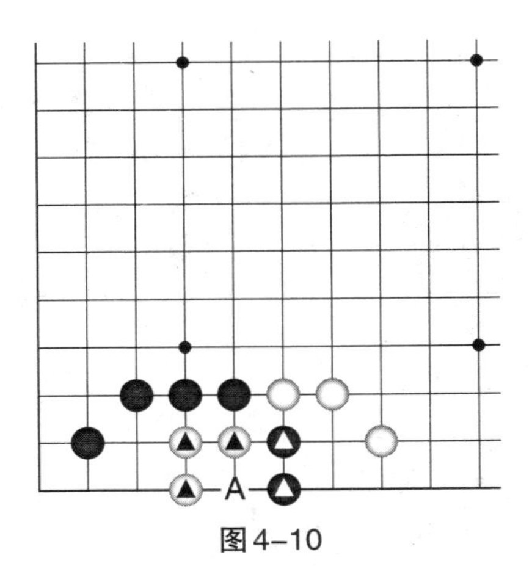

图4–10

失败：如图4-11，黑1先紧公气，错误！白2打吃，黑棋被杀。

正解：如图4-12，黑1、黑3先紧外气是正确的紧气次序，白棋气少被杀。

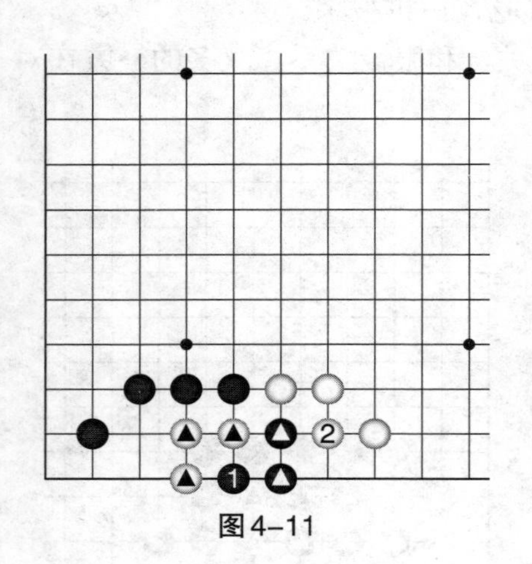

图4-11

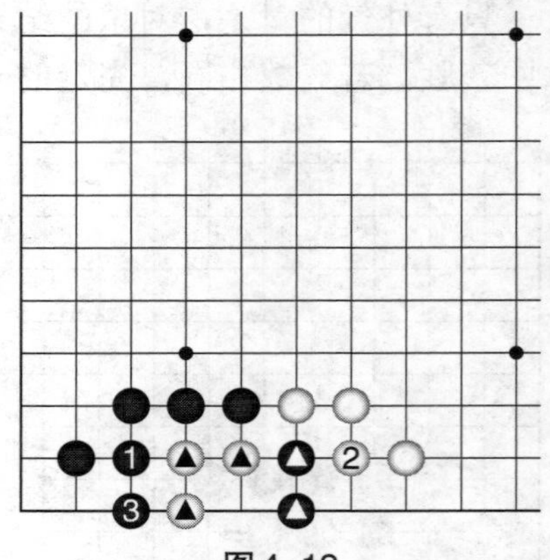

图4-12

结论：在双方都没有眼的情况下，有一口公气的对杀和没有公气的对杀，结果是一样的——气多的一方杀死气少的一方。一定要先紧外气，后紧公气。

2. 有两口公气的对杀

【例6】如图4-13，黑先，黑▲三子和白▲四子对杀，结果如何呢？注意数清气数。

正解：如图4-14，黑棋有两口外气、两口公气；白棋也有两口外气、两口公气。黑1紧气，白2紧气，至白4，黑▲三子和白▲四子都剩两口公气了，形成双活。假如白棋先走，会是什么结果呢？请大家验证。

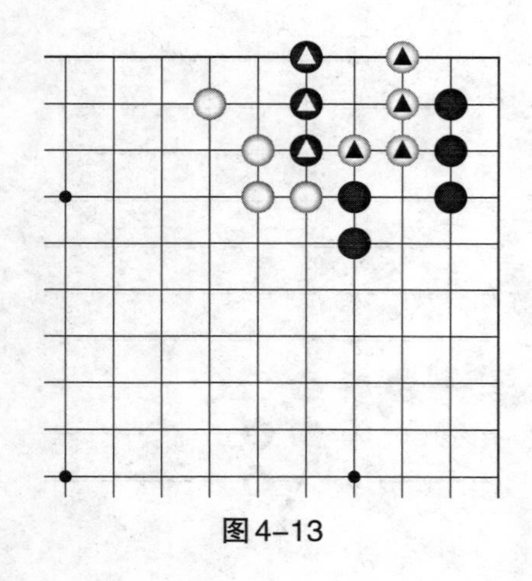

图4-13

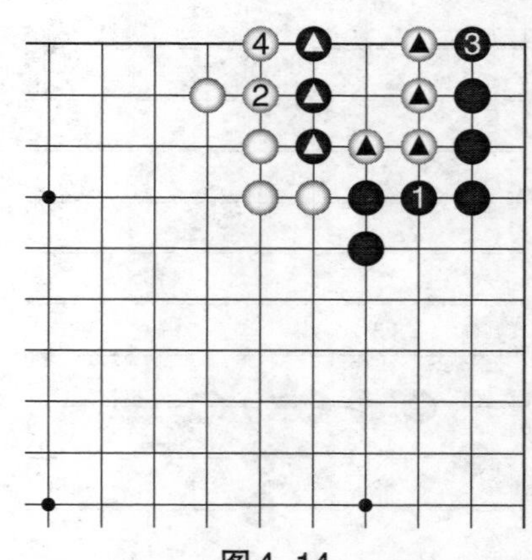

图4-14

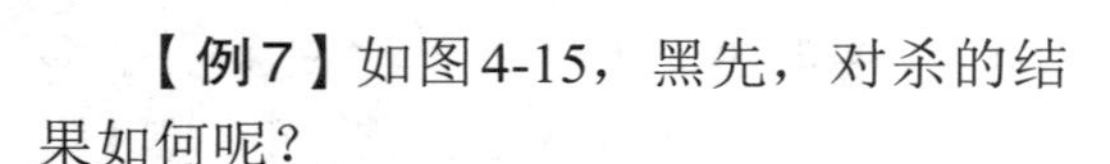

【例7】如图4-15，黑先，对杀的结果如何呢？

正解1：如图4-16，黑棋两口外气、两口公气，白棋一口外气、两口公气。黑1紧气，白2紧气，黑3打吃，白棋被杀。

正解2：如图4-17，假如白先，白1紧气，黑2紧气，白3再紧气，形成双活。

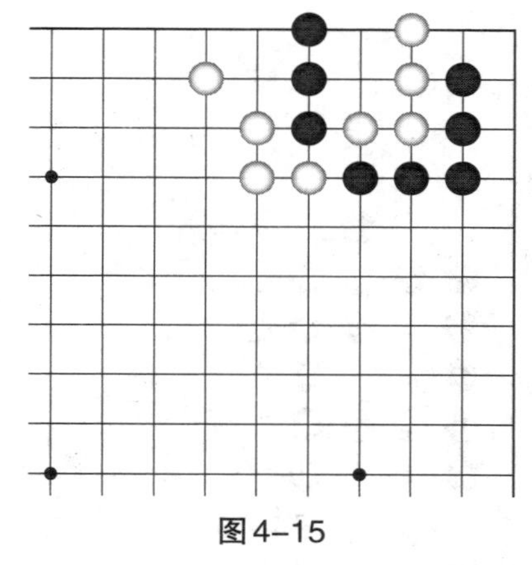

图4-15

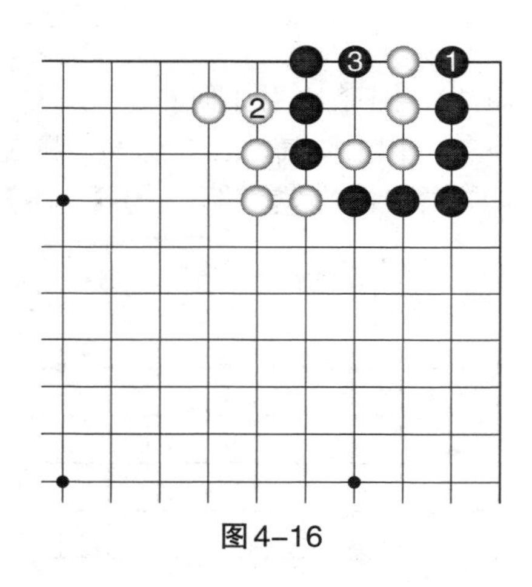

图4-16

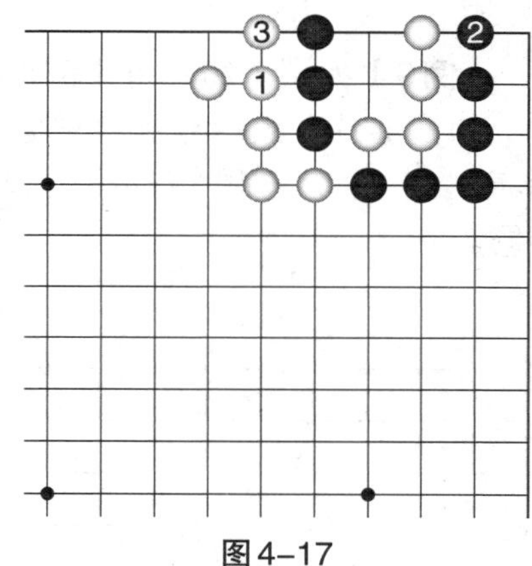

图4-17

结论：有两口公气的对杀，若是外气一样多，无论哪方走都是双活；若是比对方多一口外气并且还先走，能杀死对方，反之则双活。

3. 有三口以上公气的对杀

【例8】如图4-18，黑先，黑△五子和白△四子对杀的结果如何呢？

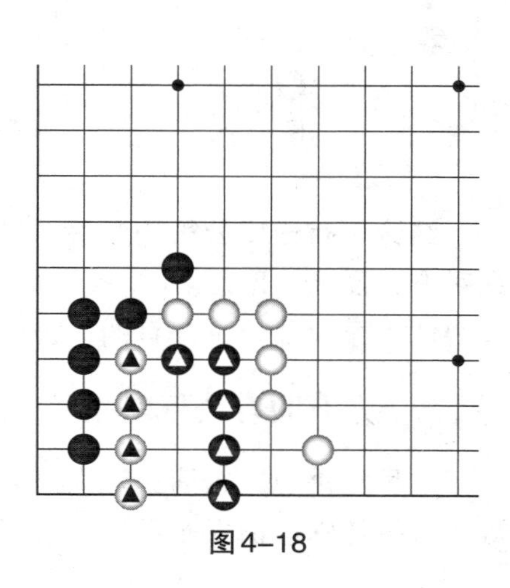

图4-18

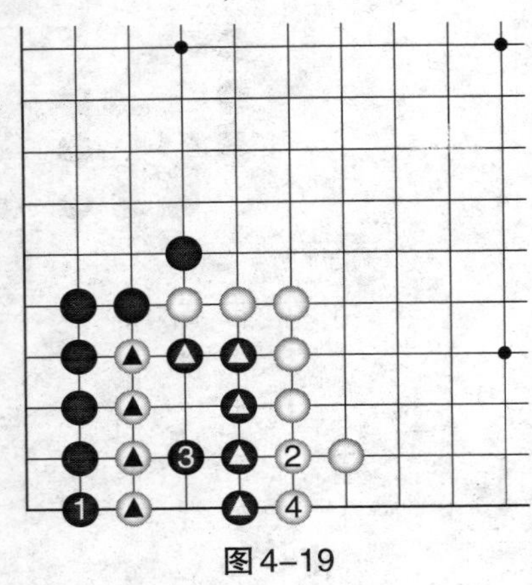
图4-19

如图4-19，黑△五子比白▲四子多一口外气，双方都有三口公气，黑1紧气，白2紧气，黑3再紧气，白4紧气，形成双活。假如白先，紧气后，变成双方外气一样多，仍是双活。

【例9】如图4-20，将【例8】稍加修改，黑先，对杀结果如何？

如图4-21，黑△五子比白▲四子多两口外气。黑1紧气，白2紧气，黑3紧气，白4紧气，黑5打吃，白棋被杀。假如白先，白棋紧气后，与【例8】相同。

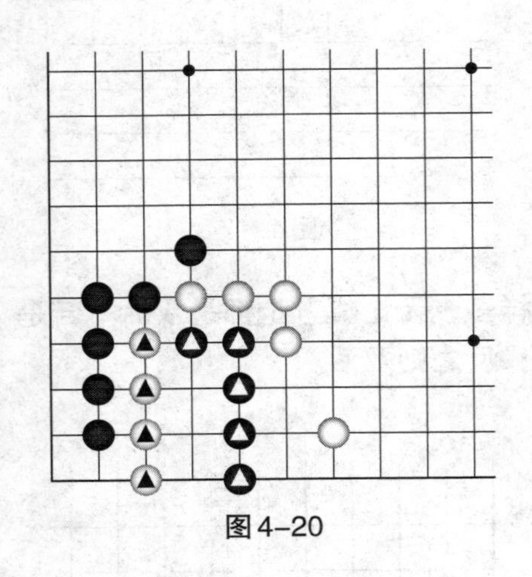
图4-20

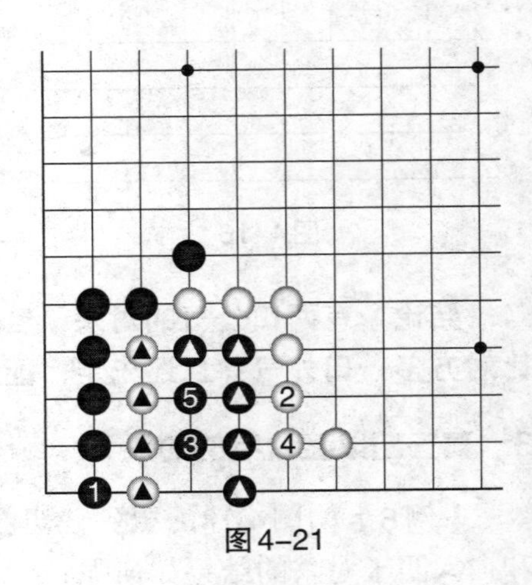
图4-21

结论：有三口公气的对杀，只有比对方多两口外气并且还先走时，才能杀死对方，反之则双活。

请大家验证一下，有四口公气的对杀，并总结出规律。

（三）一方有眼有公气对杀

这种对杀也比较简单，大家只要学会数气，就知道谁杀谁了。这里所说的数气有些特殊，请大家记住：公气属于有眼方。

【例10】如图4-22，白先，黑▲六子与白▲五子对杀，结果如何呢？

如图4-23，黑▲六子一口外气、一口内气、一口公气，白▲五子只有两口外气。黑棋比白棋多一口气，无论谁先紧气都是黑杀白，正所谓“有眼杀无眼”。

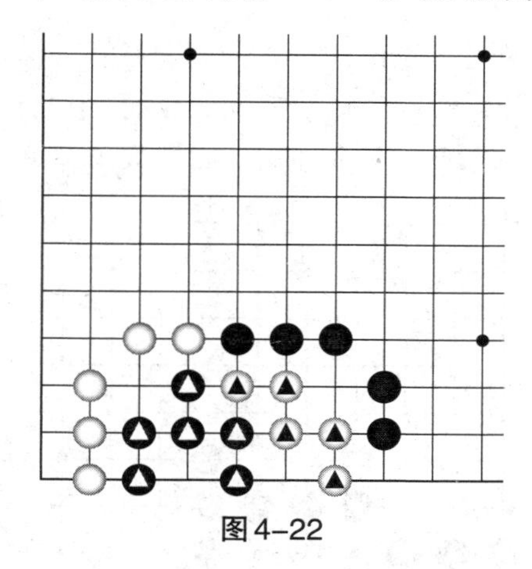

图4-22

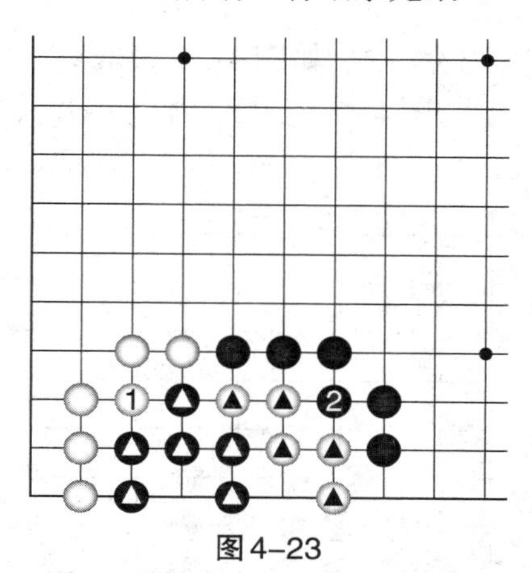

图4-23

【例11】如图4-24，白先，将【例10】稍加修改，现在对杀的结果如何呢？

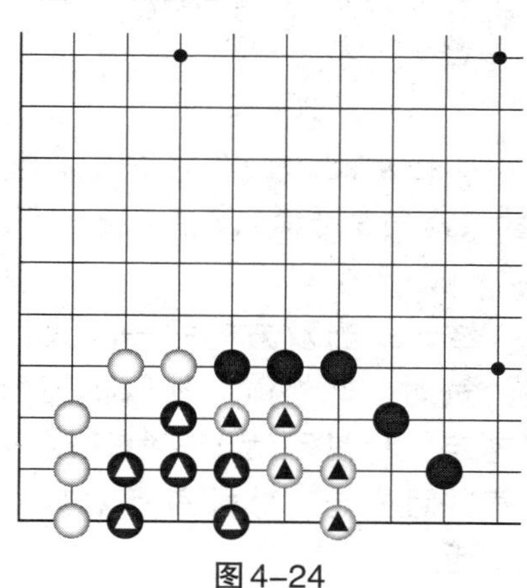

图4-24

如图4-25，黑▲六子三口气没变，白▲五子变成了三口外气。白1紧气，黑2紧气，白3打吃，黑棋被杀。

结论：一方有眼、一方无眼，有公气的对杀，公气全部属于有眼方，这种对杀对有眼方有利，也是气多的一方杀死气少的一方。

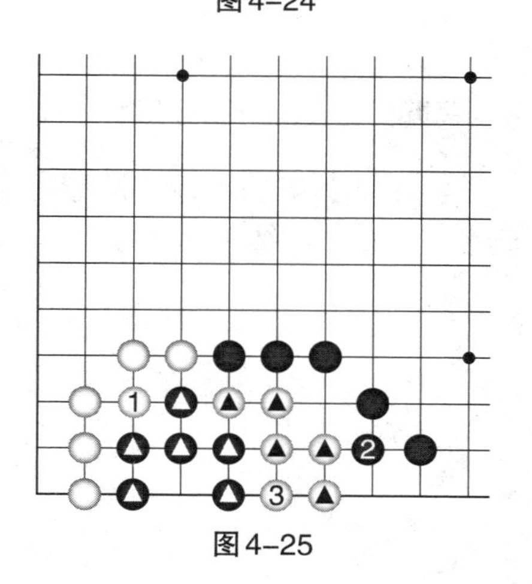

图4-25

（四）双方有眼有公气的对杀

1. 有一口公气的对杀

【例12】如图4-26，黑△四子和白▲五子对杀，结果如何呢？

如图4-27，黑△四子有两口外气、一口内气、一口公气；白▲五子有一口外气、一口内气、一口公气。黑先，黑1紧气，白2紧气，黑3打吃，白棋被杀。

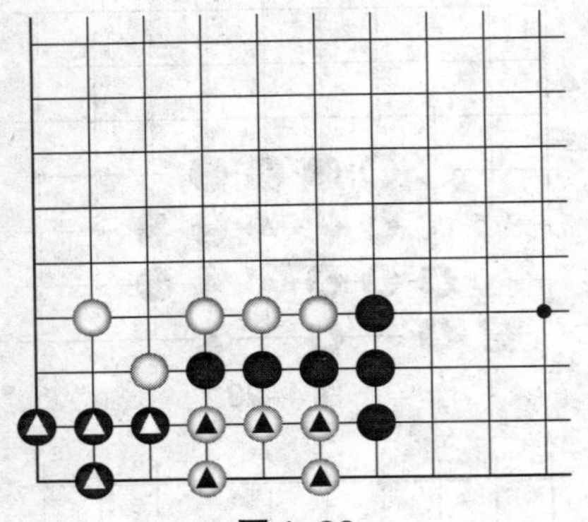

图4-26

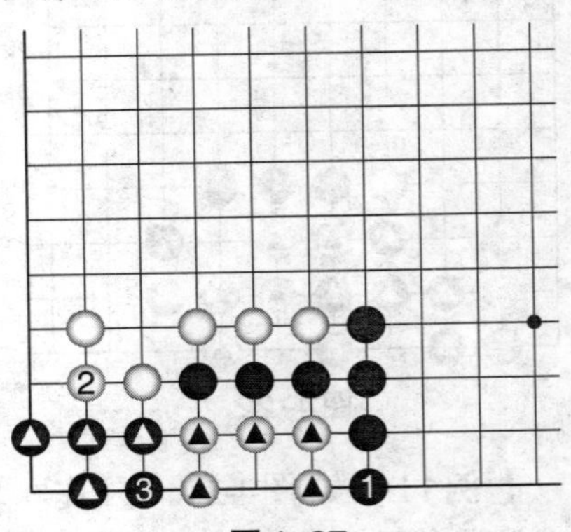

图4-27

如图4-28，白先，白1紧气，黑2紧气，白3再紧气，A位的公气双方不入气，形成双活。

结论：当双方的眼一样大、有一口公气时，比外气。外气相同，无论谁先走，都是双活；外气比对方多一口气并且先走，才能杀死对方，反之是双活。

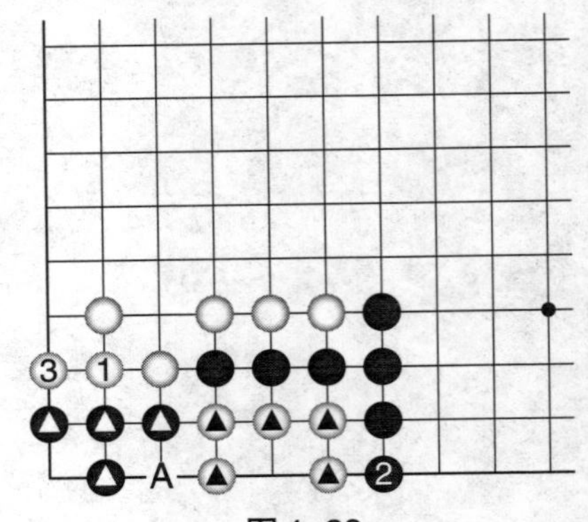

图4-28

2. 有两口以上公气的对杀

【例13】如图4-29，黑△六子和白▲七子对杀，结果如何呢？

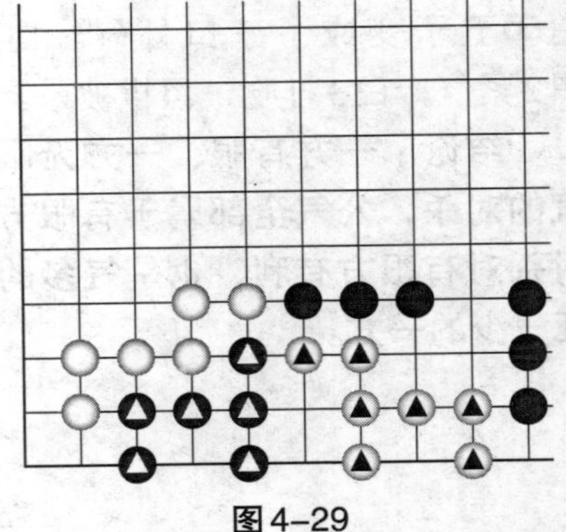

图4-29

如图4-30，黑▲六子有一口外气、一口内气、两口公气，白▲七子有三口外气、一口内气、两口公气。白先，白1紧外气，黑2紧外气，白3紧公气，黑4紧外气，白5打吃，黑棋被杀。

如图4-31，黑先，黑1紧外气，白2紧外气，黑3再紧外气，此时黑棋已经没有外气了，白4只能紧公气，黑5再紧外气，A位公气双方不入气，形成双活。

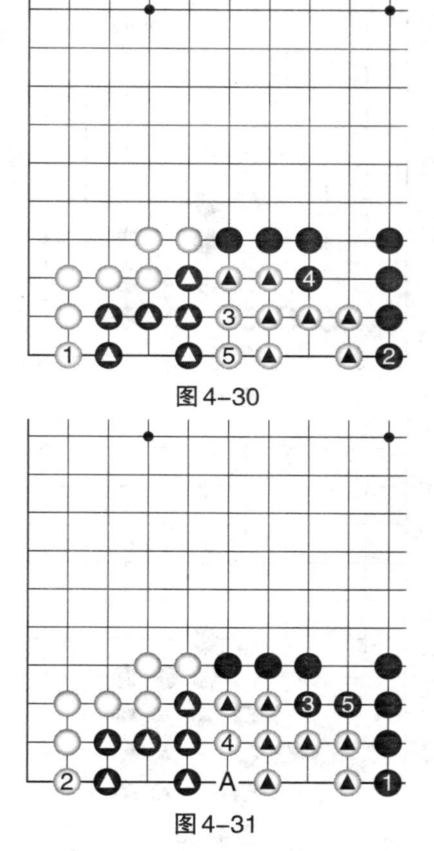

图4-30

图4-31

结论：当双方眼一样大、有两口公气时，比对方多两口以上外气并且先走，才能杀死对方，否则是双活。公气越多越容易出现双活。请大家验证有三口公气的对杀，能否也找出规律。

对杀的类型还有大眼和小眼的对杀，这里就不做介绍了，在下一册书中会详细介绍。在对杀发生后，首先一定要找准哪些黑子和哪些白子对杀；其次，要数清双方的气数；再次，要注意紧气的原则。另外，请大家熟记对杀中规律性的内容，如数气的方法，特别是公气的归属，这点对于初学者十分重要。

第二节　对杀中眼的重要性

在有公气的对杀中，眼十分重要。因为公气要算在有眼的一方，很容易出现“有眼杀无眼”。因此，对杀时，做眼十分必要，使己方处于有利的一面。

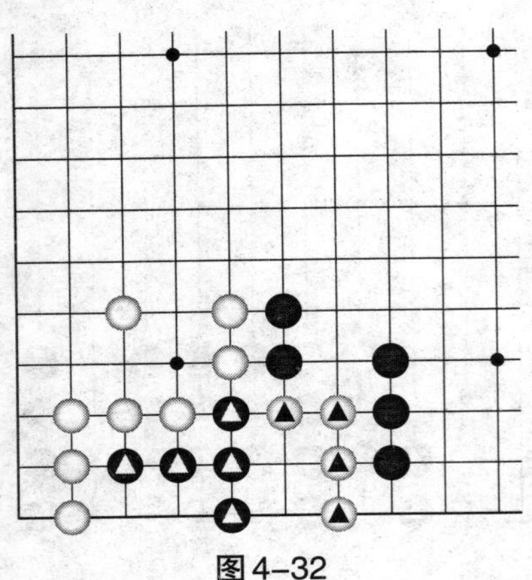

图4-32

【例14】如图4-32，黑先，黑▲五子和白▲四子对杀，结果如何呢？

失败：如图4-33，黑1紧气，白2紧气，黑3再紧气，白4紧气，黑白双方只剩两口公气，形成双活，黑棋失败。

正解：如图4-34，黑1做眼，好棋！由于有两口公气，黑棋有眼，黑棋的气数是内气加公气，就是三口气，白棋只计两口外气。白棋被杀。可见做眼的重要性。

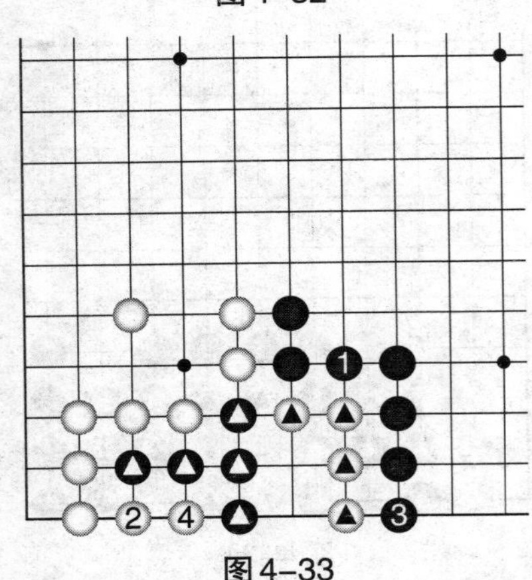

图4-33

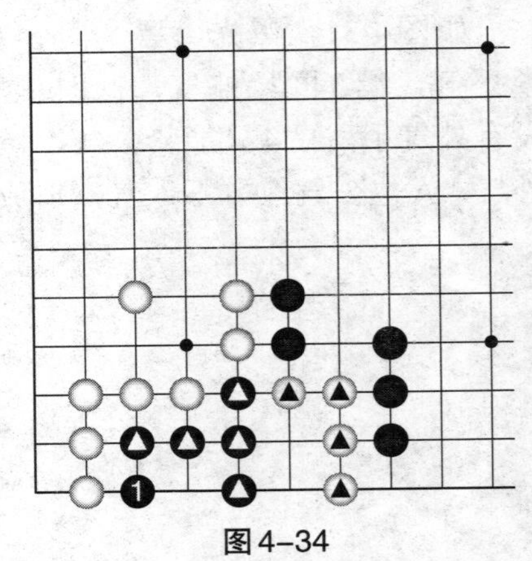

图4-34

【例15】如图4-35，黑先，黑▲五子和白▲四子对杀，结果如何呢？

失败1：如图4-36，黑1紧气，坏棋！白2打吃，黑3再紧气，白4提，黑5紧气，白6紧气，形成双活，黑棋失败。其中，黑1紧气，不做眼，违反了对杀的规律。

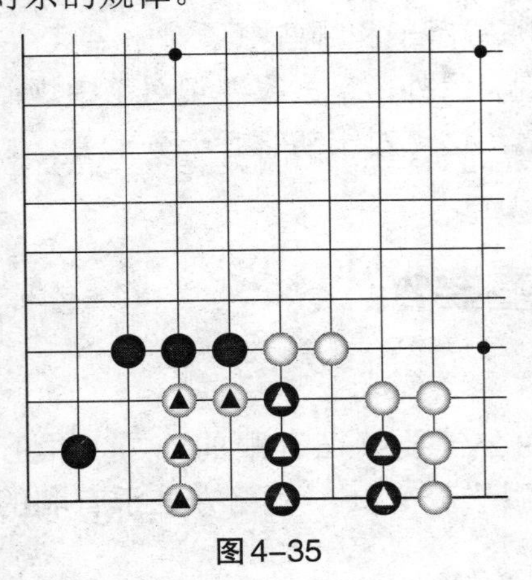

图4-35

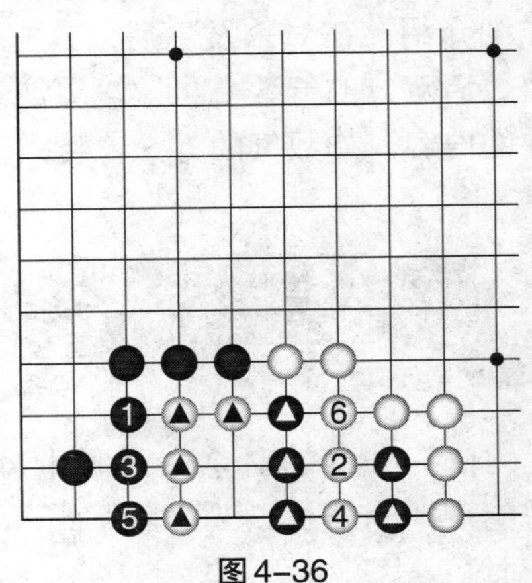

图4-36

失败2：如图4-37，黑1做眼，不好！虽然做眼了，但将气撞紧了。白2扑，黑3只能提。黑棋有眼，公气算黑棋的，黑棋三口气，白棋有三口外气。现在轮白棋走，黑棋被杀。

正解：如图4-38，黑1连，既做眼，又不撞气，好棋！这样黑棋四口气，白棋三口气，白棋被杀。

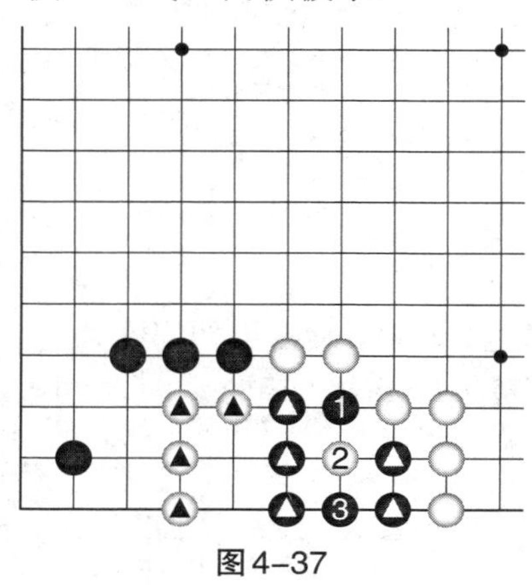

图4-37

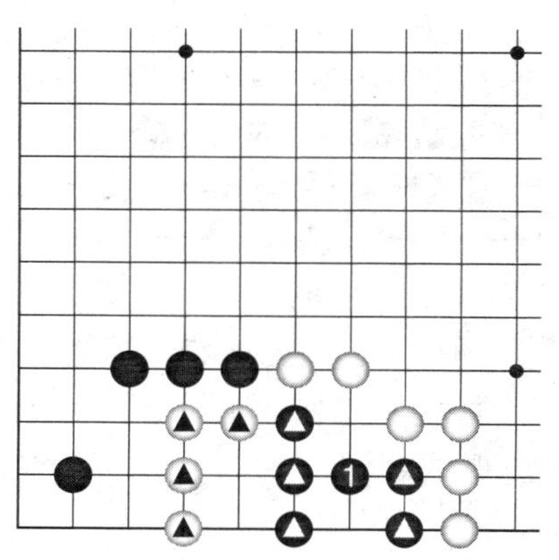

图4-38

【例16】如图4-39，黑先，黑▲六子和白▲五子对杀，结果如何呢？

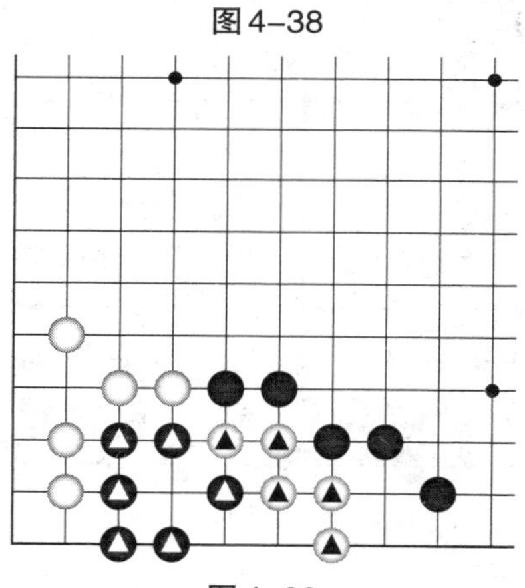

图4-39

失败：如图4-40，黑1紧气，坏棋！白2扑，好棋！形成打劫，黑棋失败。

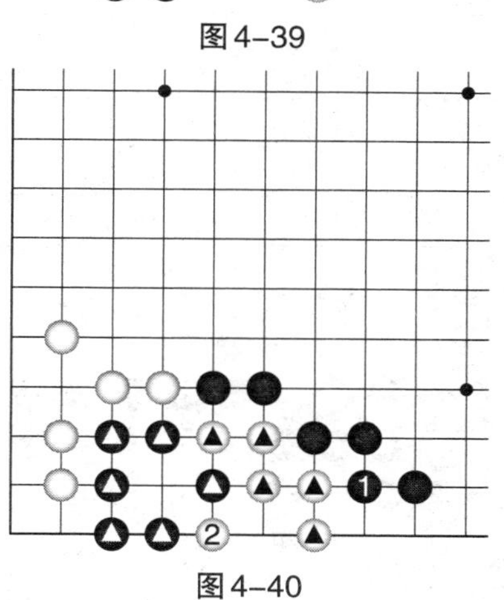

图4-40

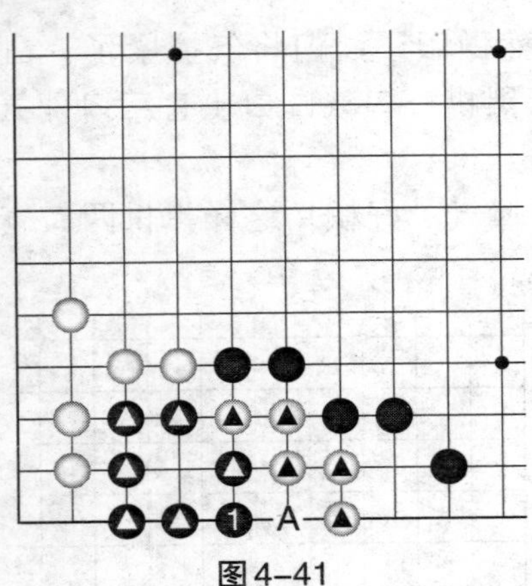

图4-41

正解：如图4-41，黑1连，正着，将自己的眼做完整了，这样，A位的公气算黑棋的，黑棋三口气，白棋两口气，白棋被杀。

【例17】如图4-42，黑先，黑△五子和白▲五子对杀，结果如何呢？

失败：如图4-43，黑1紧气，错误！白2做眼，好棋！黑3紧气，白4紧气，形成双活。

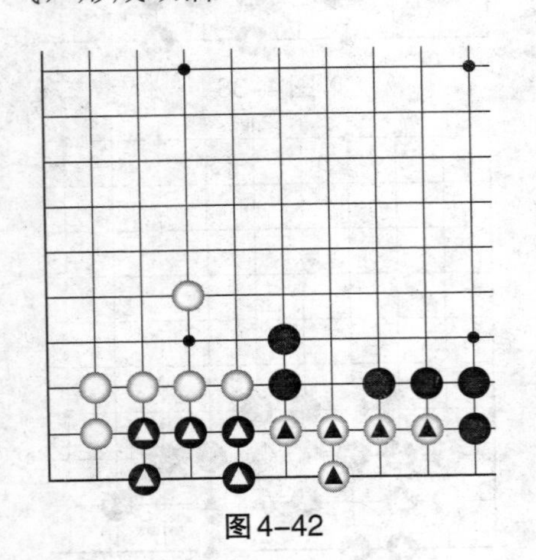
图4-42

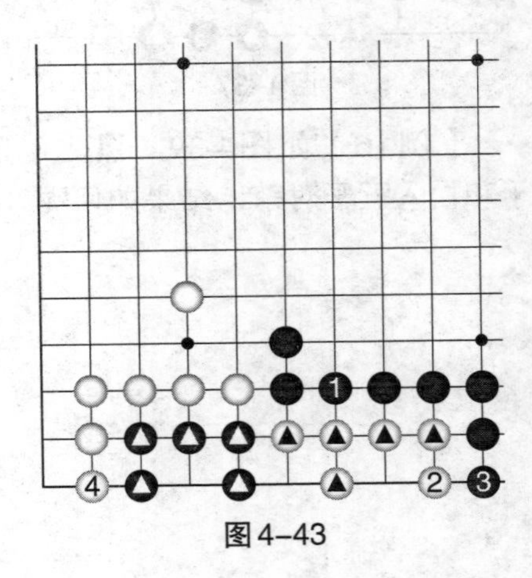

图4-43

正解：如图4-44，黑1扳，破眼，好棋！白2紧气，黑3再紧气，形成有眼杀无眼。在己方有眼并且有公气的情况下，应该破掉对方的眼。

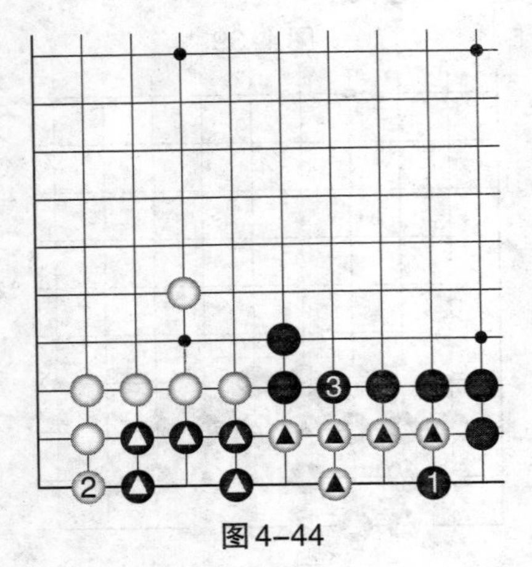

图4-44

【例18】如图4-45，黑先，黑△五子和白▲四子对杀，结果如何呢？注意黑⊖子的作用。

失败：如图4-46，黑1紧气，坏棋！白2提，形成双活，黑棋失败。没有利用到黑⊖子。

正解：如图4-47，黑1逃，好棋！破白棋的眼。白2只能提。黑3于1位提回，白棋眼位被破，白棋被杀。

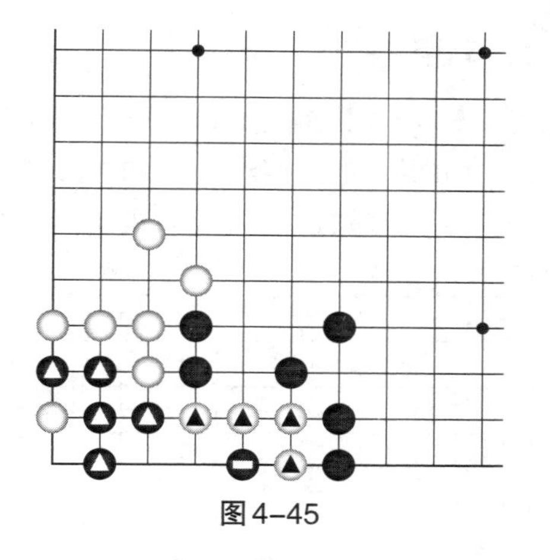

图4–45

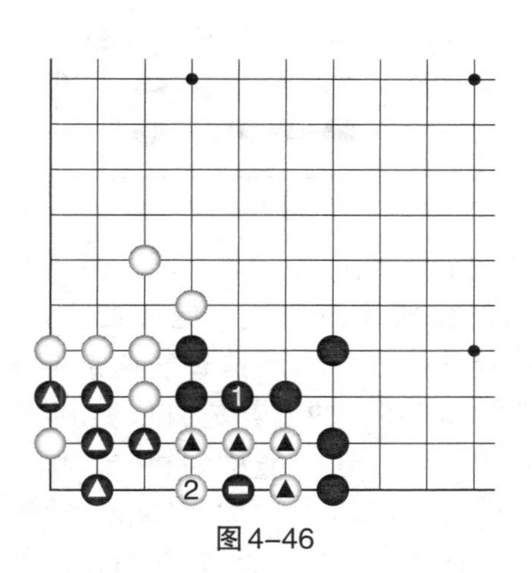

图4–46

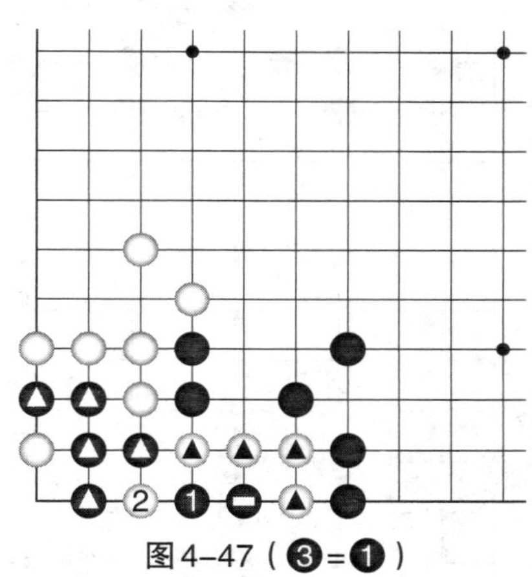

图4–47（❸=❶）

对杀发生后，己方既要做眼，又要破对方的眼，使对杀对己方有利。眼在对杀中非常重要，有时能够决定对杀的成败，关系到棋的生死，乃至关系到整盘棋的胜败。因此，对杀时能够做眼就要做眼，能够破眼就要破眼，最好是一步棋既做眼又破眼。

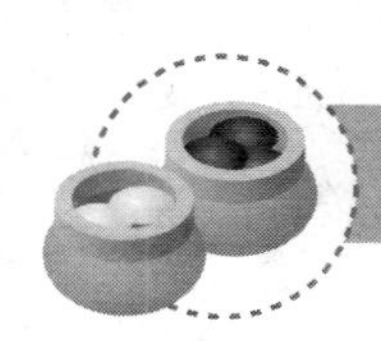

第三节　长气和紧气的方法

一、长气的方法

对杀发生后，如何增加己方棋子的气是取得胜利的有效手段。

1. 利用"打吃"长气

【例19】如图4-48，黑先，对杀的结果如何呢？要找准对杀的对象。

如图4-49，黑△二子和白▲四子对杀，黑△二子有两口气，白▲四子有三口气。大家知道两口气的棋不能杀死三口气的棋，因此，黑棋首先应该长气。

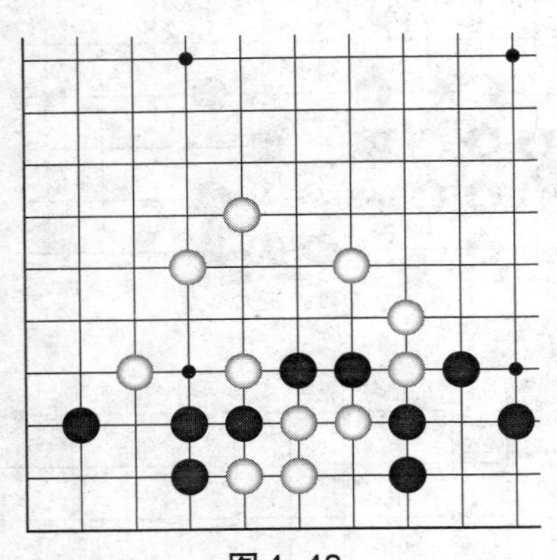

图4-48

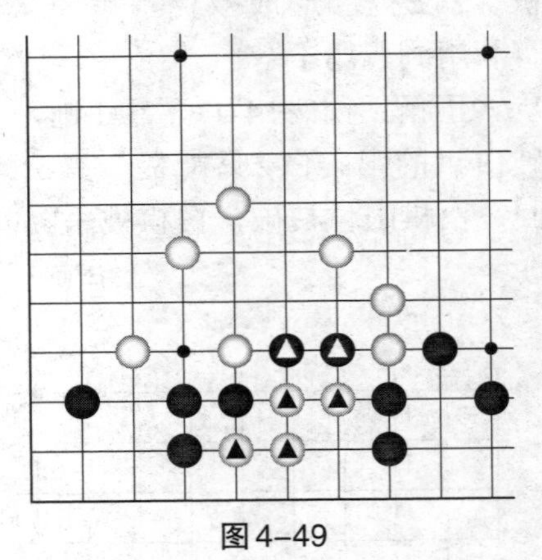

图4-49

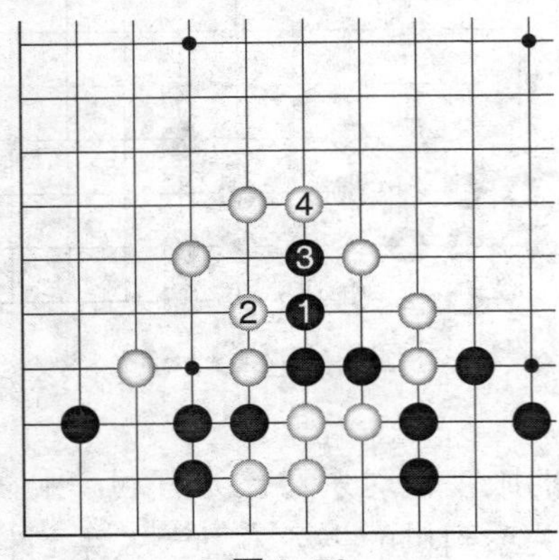

图4-50

失败：如图4-50，黑1长，错误！黑棋虽然变成了三口气，但该白棋走，黑棋不能称为长气。所谓长气通常是在原有气的基础上加2；若是加1，一定还要轮长气方走，这才能称为长气。接下来白2紧气，好棋！方向正确。黑3再长，白4紧气，正确。将黑棋围住，黑棋还是两口气，黑棋被杀。

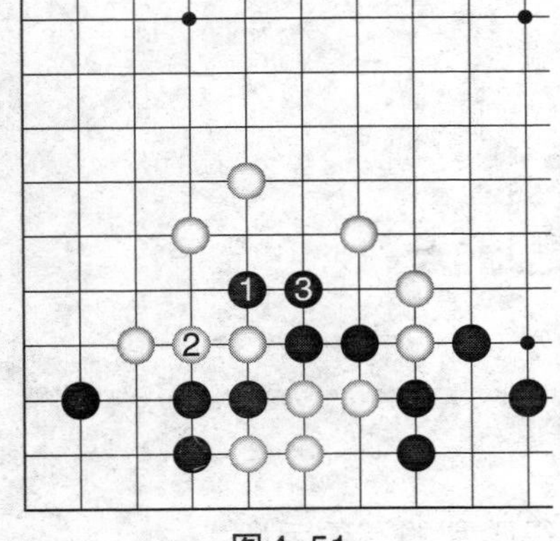

图4-51

正解：如图4-51，黑1打吃，好棋！白2只能逃，黑3连，正确。黑棋四子现在是四口气，达到了长气的目的。黑棋对杀获胜，气长杀气短，四气杀三气。

2. 利用“棒接”长气

【例20】如图4-52，黑△二子和白▲五子对杀，黑△二子有两口气，白▲五子有三口气，黑先，能将白棋杀死吗？角上的黑⊖子是黑△二子的援兵。

失败1：如图4-53，黑1做眼，错误！在没有公气的情况下，做眼不能长气。白2打吃，黑3连，白4再打吃，黑棋被杀。

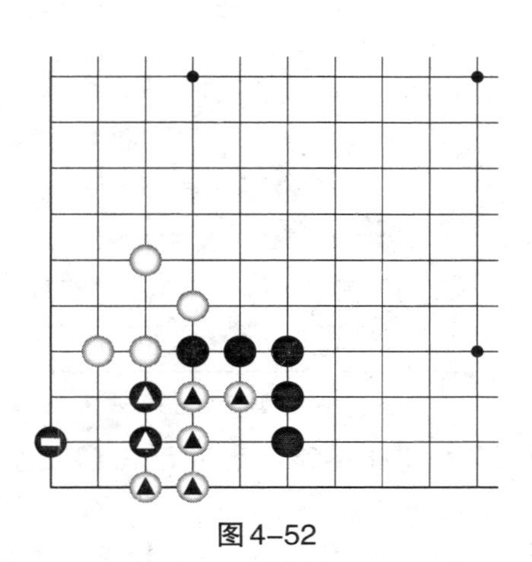

图4-52

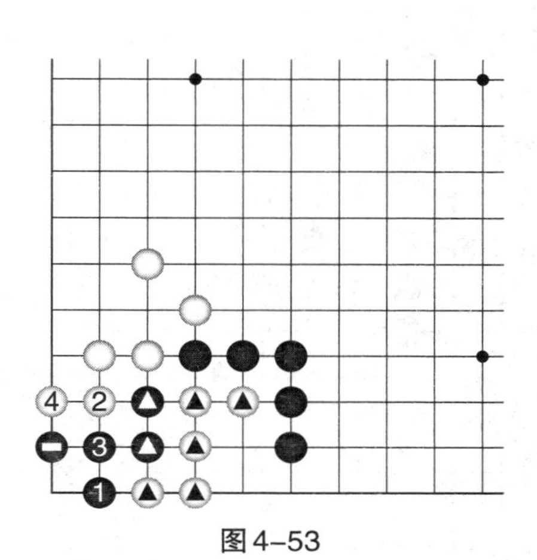

图4-53

失败2：如图4-54，黑1双，好像是棋形要点，但此时不适用。白2打吃，黑3连，白4紧气，黑5紧气，白6打吃，黑棋被杀。

正解：如图4-55，黑1棒接，好棋！黑棋变成了四口气，达到了长气的目的。白棋三口气，白棋被杀。对杀时，将棋接成棒子一样，气数最多。

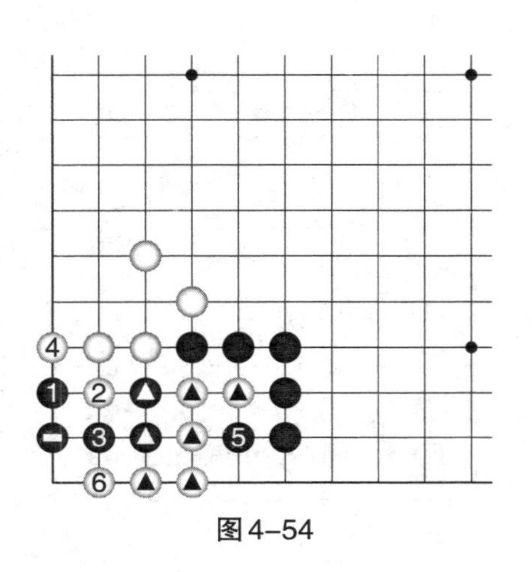

图4-54

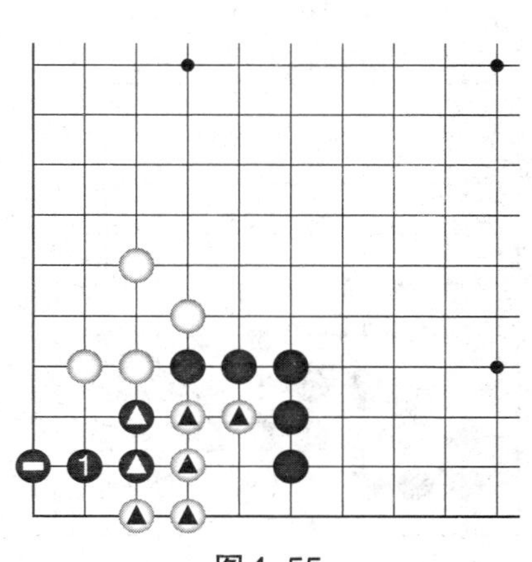

图4-55

3. 利用“立”“长”长气

【例21】如图4-56，黑先，能把黑△子救出，将白▲二子杀死吗？

正解：如图4-57，黑△子两口气，白▲二子三口气，黑棋应该长气。黑1立，好棋！黑棋变成四口气，黑棋杀白棋。

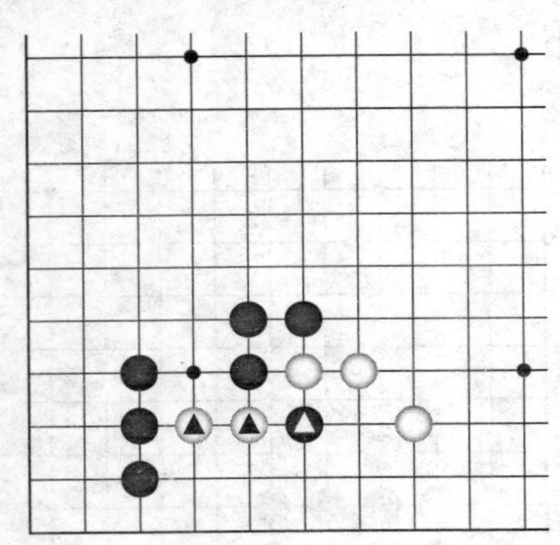

图4-56

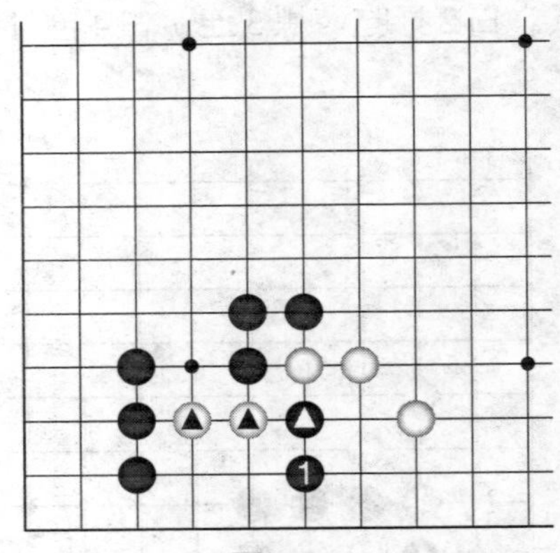

图4-57

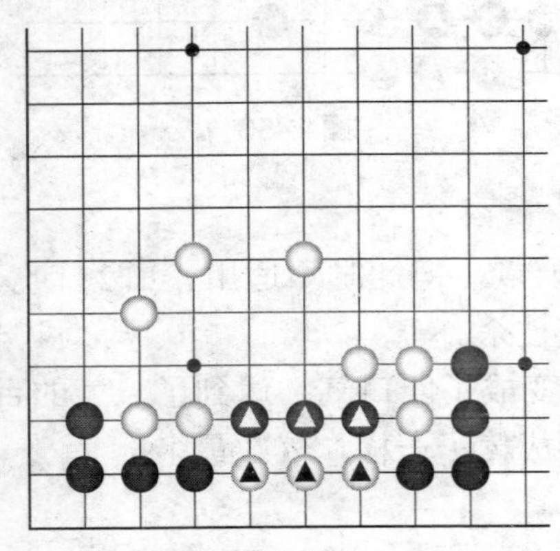

图4-58

【例22】如图4-58，黑先，黑△三子和白▲三子对杀，黑棋能胜吗？

失败：如图4-59，黑棋应该长气。黑1打吃，白2连，黑3再连。黑棋是三口气，白棋也是三口气，该白棋走，黑棋被杀。

正解：如图4-60，黑1长，好棋！白2既防止黑棋在A位门吃，又达到紧气的作用。黑3再长，好棋！黑棋变成了四口气，黑棋通过1、3两手棋，达到了长气的目的。黑棋成功将白棋杀死。

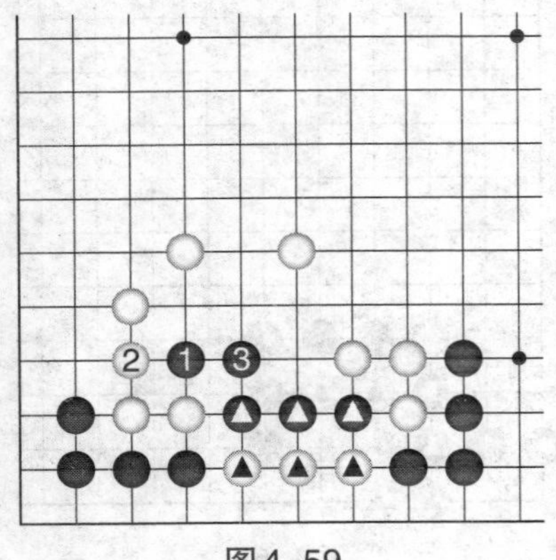

图4-59

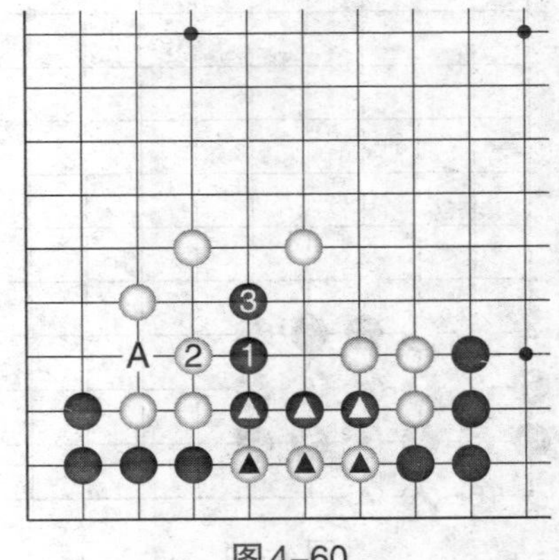

图4-60

4. 造成对方不入气

【例23】如图4-61，黑先，黑▲四子和白▲二子对杀，黑棋能胜吗？

正解：如图4-62，黑1断，好棋！造成A位白棋不入气，白2只能打吃，黑3紧气，白棋被杀。

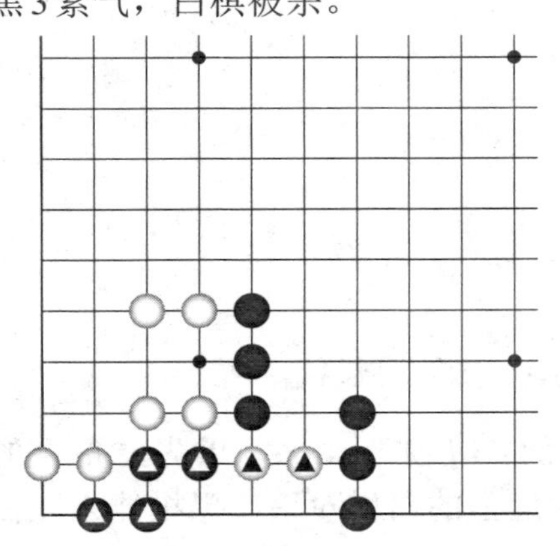

图4-61

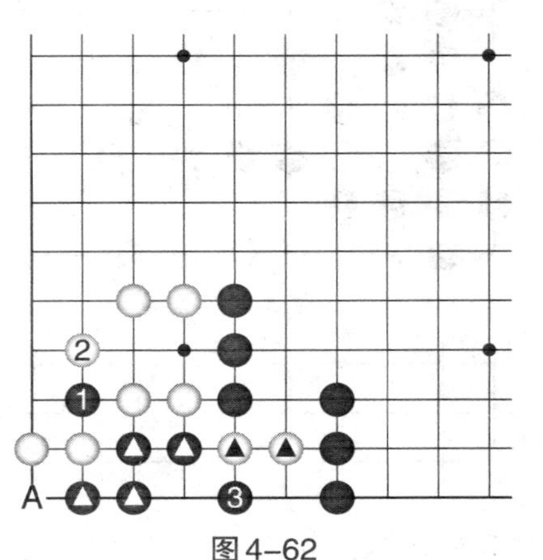

图4-62

【例24】如图4-63，黑先，这是学生的实战，角上的黑棋只有一只眼，气数也少，很危险，能救出来吗？

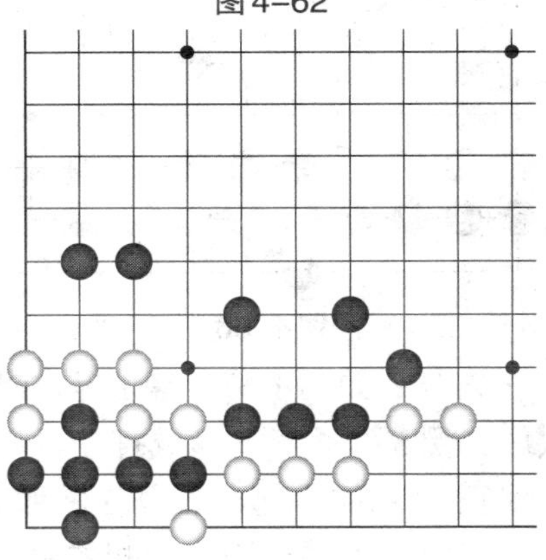

图4-63

正解1：如图4-64，要想将黑棋救出，就必须杀死边上的白▲六子。而白棋有四口气，黑棋只有两口气，黑棋需要长气。黑1扑，好棋！白2提，黑3再断，好棋！白4只能打吃。

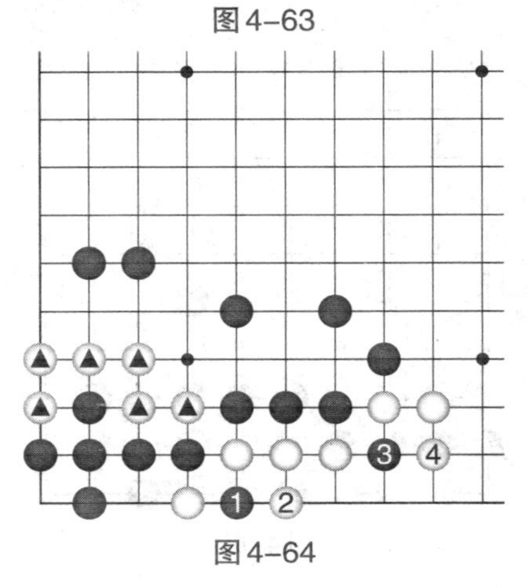

图4-64

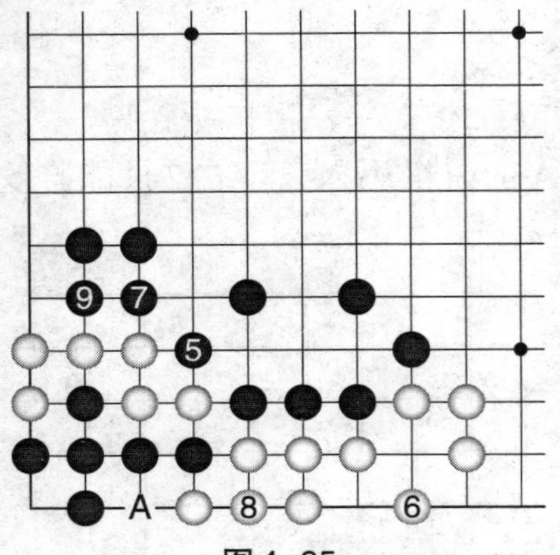

图4-65

如图4-65，接图4-64，黑5紧气，白6提，以下至黑9，白棋被杀。其中，黑1、3都是为了不让白棋在A位紧气。

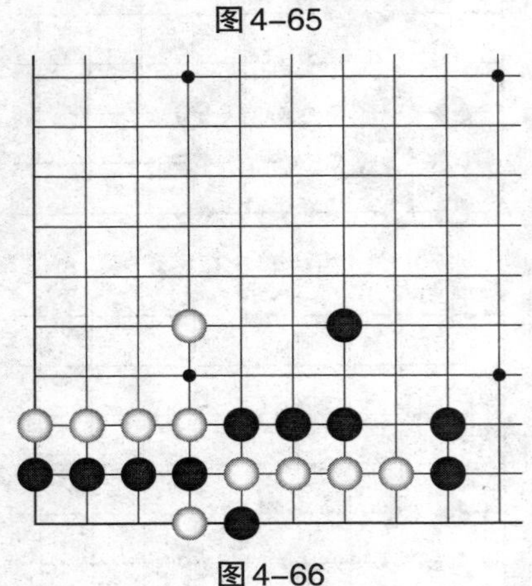
图4-66

5. 利用“做眼”长气

【例25】如图4-66，黑先，角上的黑棋和边上的白棋对杀，黑棋能杀死白棋吗？

失败：如图4-67，黑1提，错误！白2打吃，黑3扳紧气，白4紧气，正确次序。黑5再紧气，形成打劫，黑棋失败。

正解：如图4-68，黑1做眼，是长气的好手！白2提，黑3扳破眼，好棋！形成有眼杀无眼，白棋被杀。

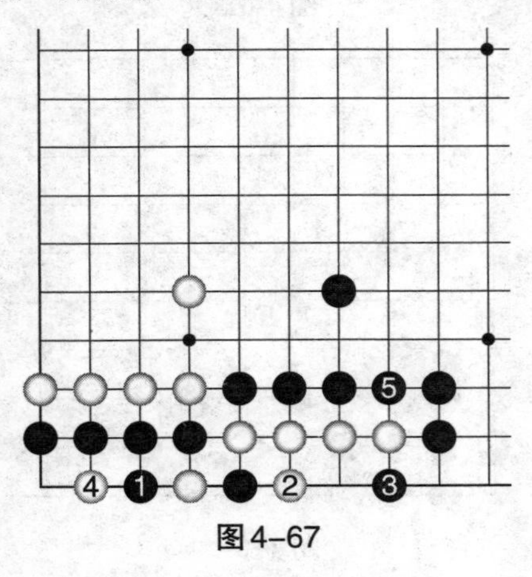

图4-67

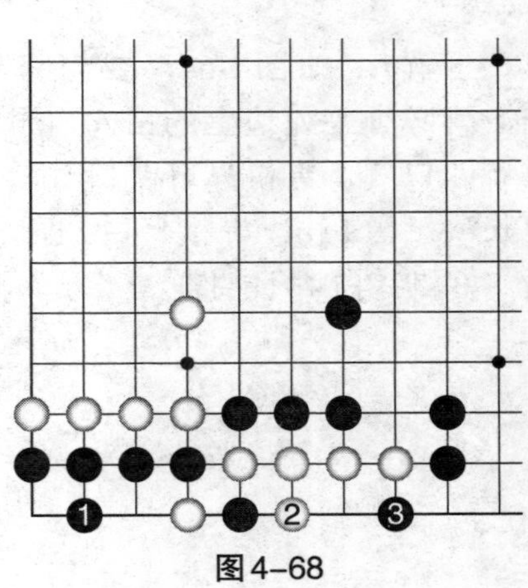

图4-68

6. 利用“滚打”长气

【例26】如图4-69，黑先，黑棋怎么才能杀死角上的白棋呢？

失败：如图4-70，由于黑▲二子只有两口气，黑棋应该长气。黑1打吃，没有达到长气的目的。白2逃，黑棋失败。

正解：如图4-71，黑1打吃，好棋！做假门吃，逼着白2只能提。黑3再打吃，先手长气，白4连，黑5夹，是紧气的好手！白棋被杀。

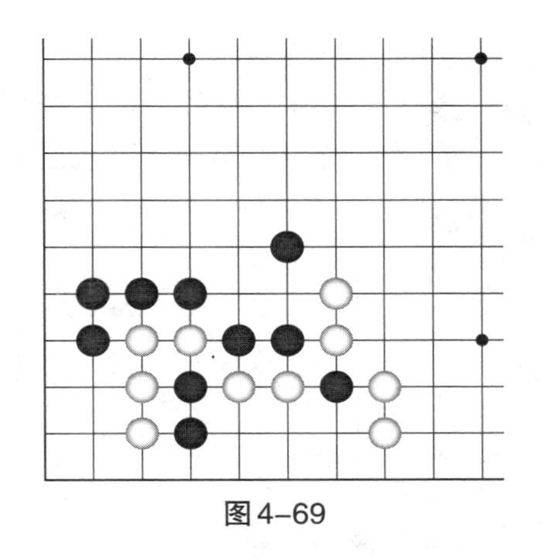

图4-69

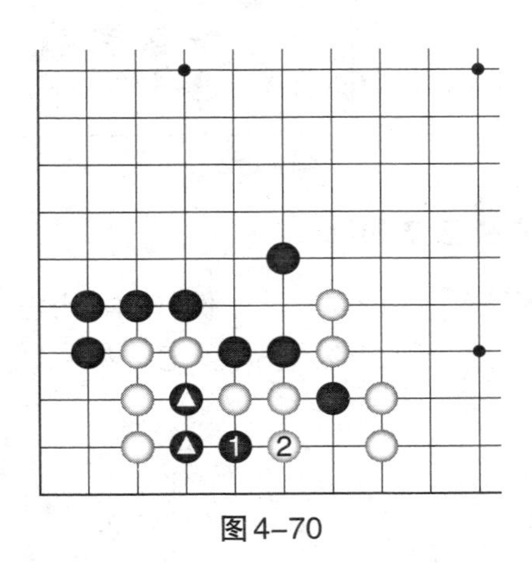

图4-70

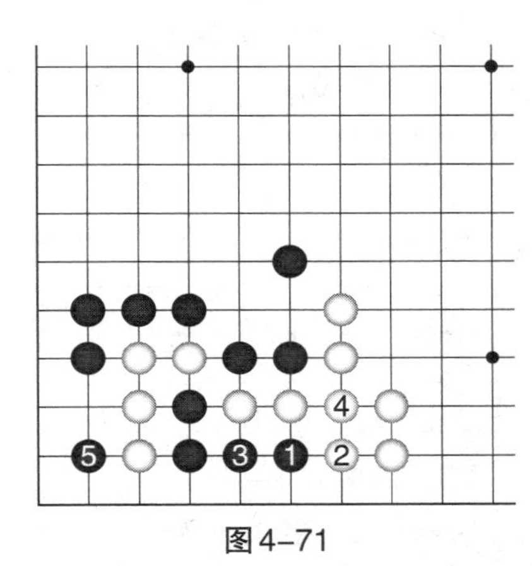

图4-71

这里只介绍了一些常用的长气方法，长气的方法还有很多，实战中各式各样的长气手段，希望大家逐步积累，加以总结，在《围棋速成：入门与提高（提高篇）》的书中还会介绍一些长气的方法。

二、紧气的方法

1. 紧对方气的同时，长己方气

【例27】如图4-72，本题选自学生对局，现在该黑走，该走哪儿呢？

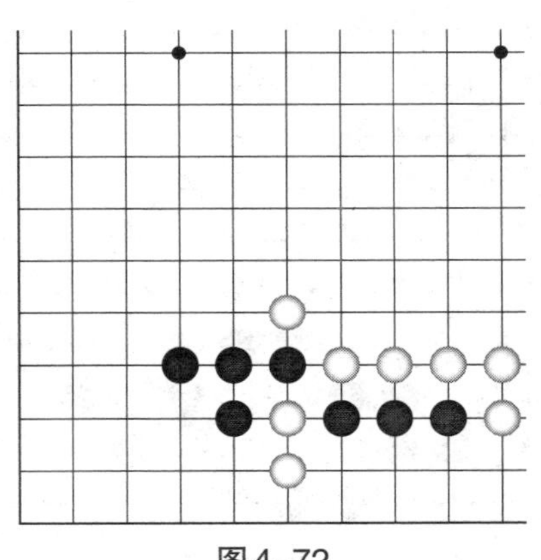

图4-72

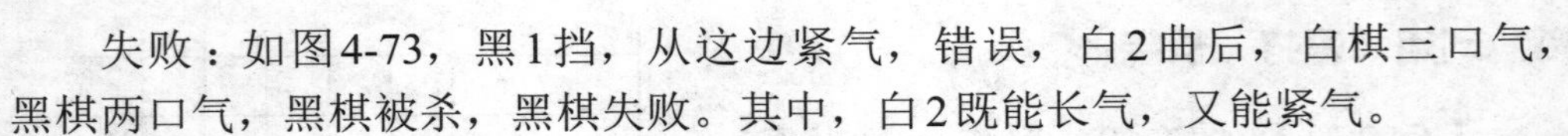

失败：如图4-73，黑1挡，从这边紧气，错误，白2曲后，白棋三口气，黑棋两口气，黑棋被杀，黑棋失败。其中，白2既能长气，又能紧气。

正解：如图4-74，黑1从己方弱的方向紧气，正着。白2逃，黑3扳住，白棋两口气，黑棋三口气，白棋被杀。

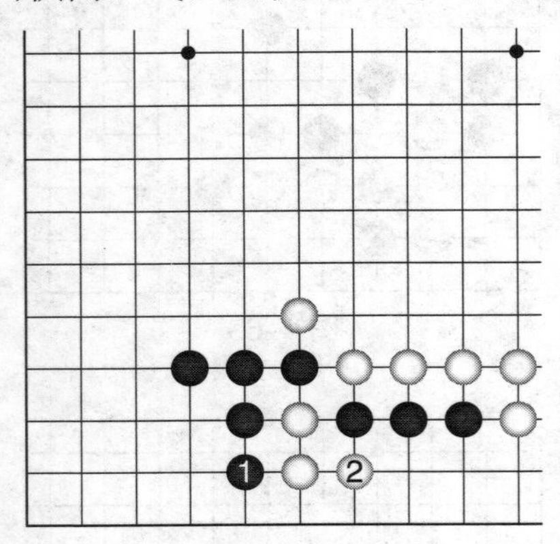

图4-73

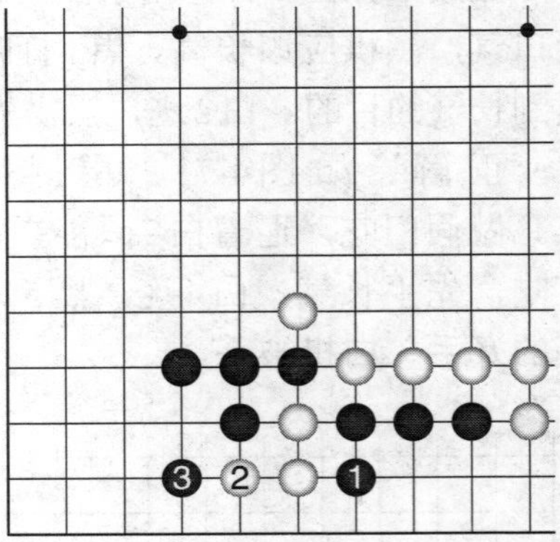

图4-74

2. 紧对杀主体的气

【例28】如图4-75，本例取材于学生的训练对局，现在该黑棋下，怎么办呢？

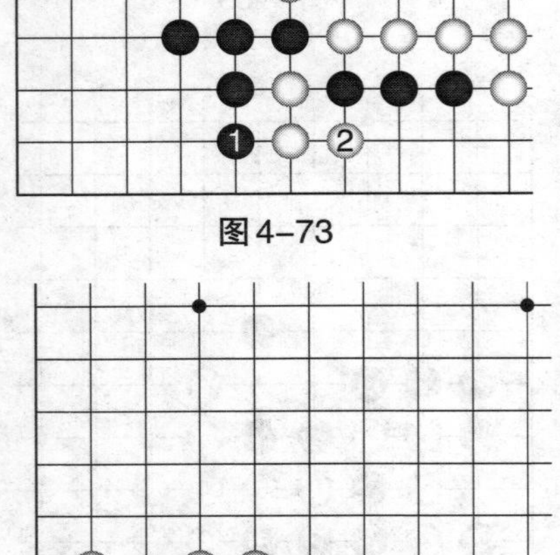

图4-75

正解：如图4-76，黑1打吃，好棋！紧对杀主体的气，同时防止白棋做眼。白2连，黑3再虎，白棋被杀。其中，黑1找准了对杀的主体。

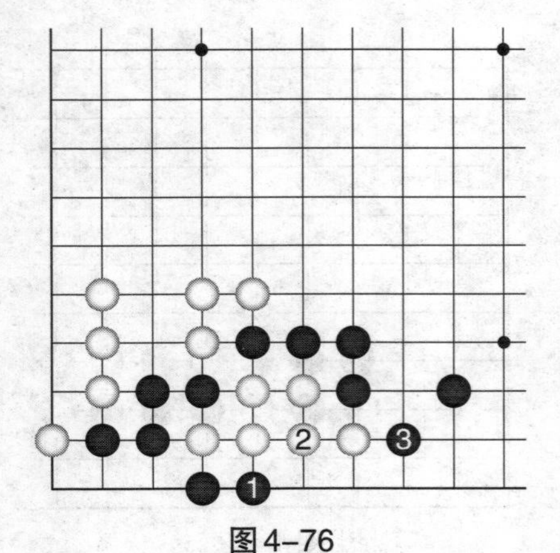

图4-76

3. 破眼

【例29】如图4-77，黑先，黑△数子与白▲数子对杀，结果如何？注意⊖一子的作用。

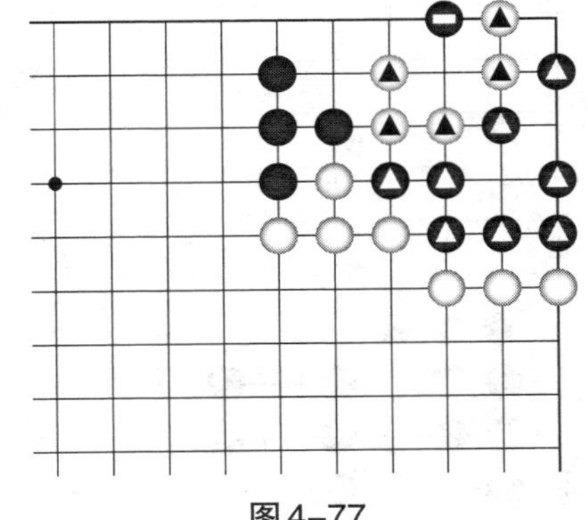
图4-77

失败：如图4-78，黑1紧气，错误！白2提，做成真眼，黑3再紧气，由于A位双方不入气，形成双活。

正解：如图4-79，黑1长，破眼，好棋！白2打吃，黑3断打，白4只能提，黑5扑，破眼，好棋！形成有眼杀无眼。

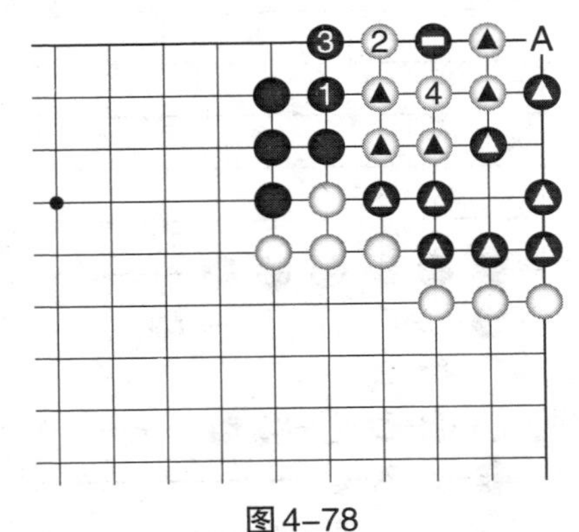

图4-78

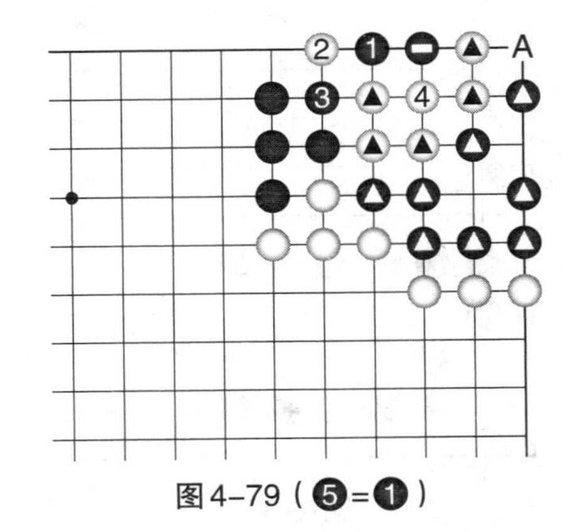

图4-79（❺=❶）

4. 利用对方棋形的弱点紧气

主要的紧气手段为扑、挖、断。

【例30】如图4-80，黑先，角上的对杀结果如何呢？

失败：如图4-81，黑1打吃，有勇无谋的一手，白2连，白棋三口气，黑棋两口气，黑棋被杀。

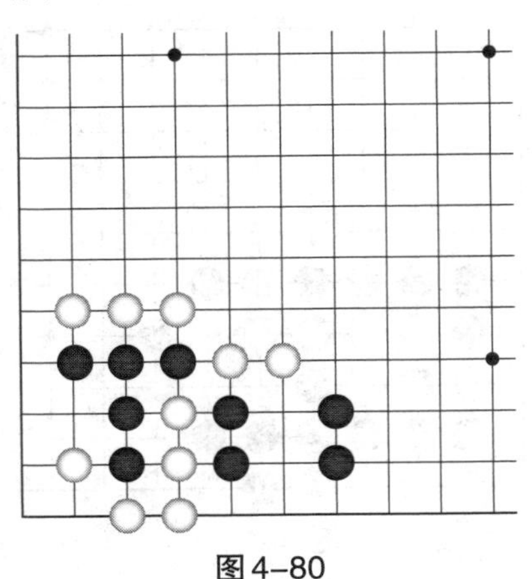
图4-80

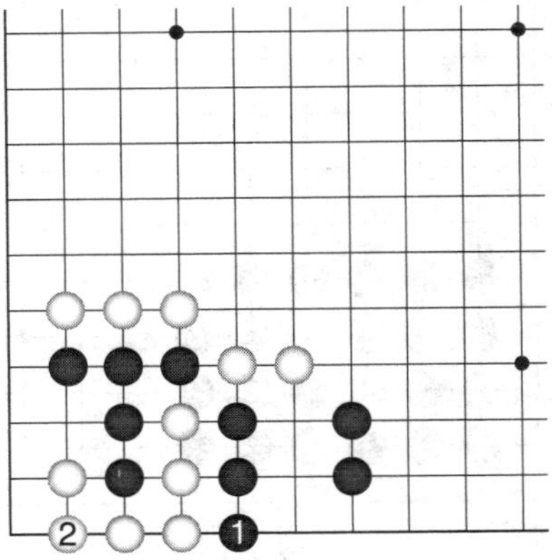

图4-81

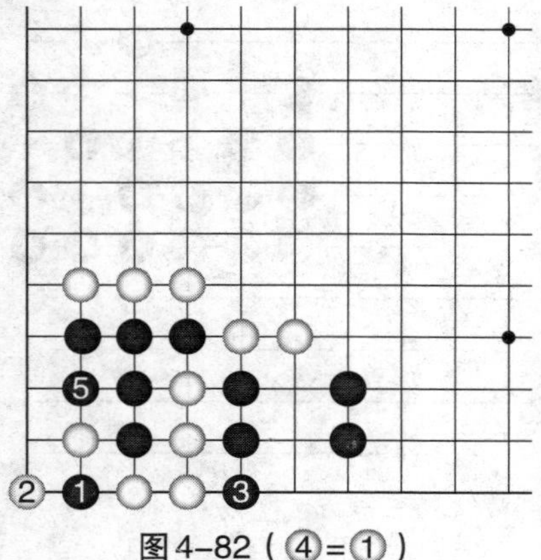

图4–82（④=①）

正解：如图4-82，黑1扑，是紧气的好手。白2提，黑3再打吃，至黑5，白棋被杀。

【例31】如图4-83，黑先，被围的黑棋三子能救出来吗？要找准对杀的对象。

失败：如图4-84，黑1扳，有点问题，找错了对杀的对象。白2扑，好棋！黑3打吃，强手，形成劫杀。其中，黑3若在A位提，白B打吃，黑棋被杀。

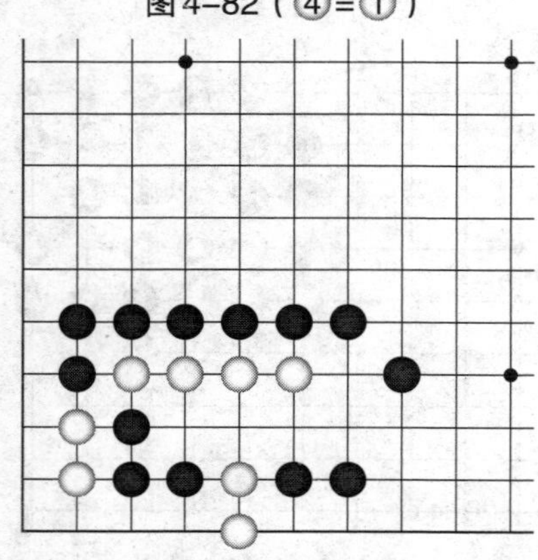
图4–83

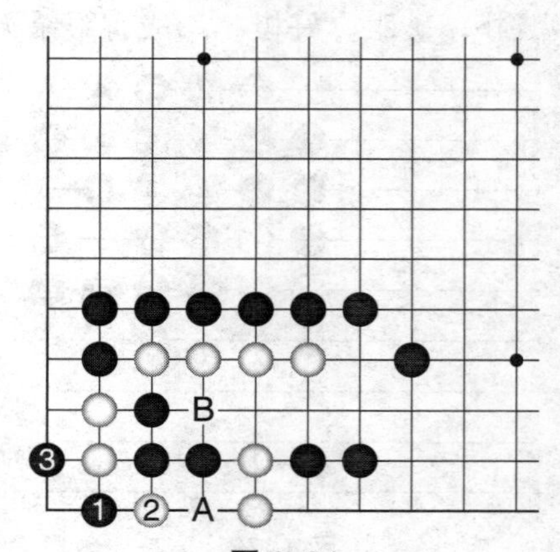

图4–84

正解1：如图4-85，黑棋应该和白▲四子对杀。黑1挖，好棋！白2打吃，黑3紧气，好棋！其中，黑3不能在4位连，否则，白棋打吃黑棋，黑棋被杀。白4提，黑5再打吃，形成滚打，白棋被杀。

正解2：如图4-86，黑1挖时，白2扳，黑3打吃，形成接不归，白▲二子被杀，黑▲三子获救。

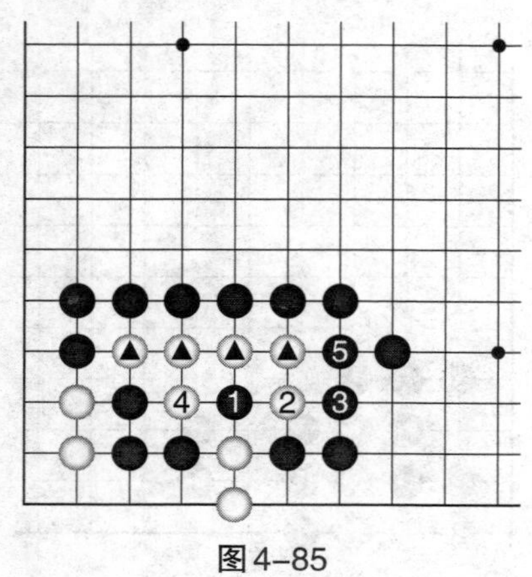

图4–85

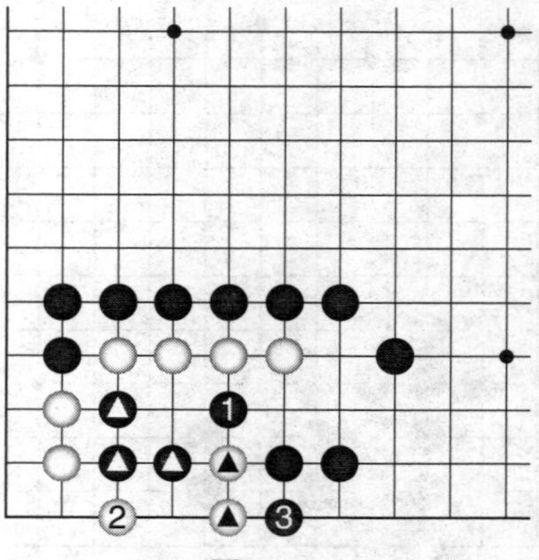

图4–86

【例32】如图4-87，黑先，对杀的结果如何呢？

失败：如图4-88，黑1顶，坏棋！白2连后，白棋五口气，黑棋四口气，黑棋被杀。

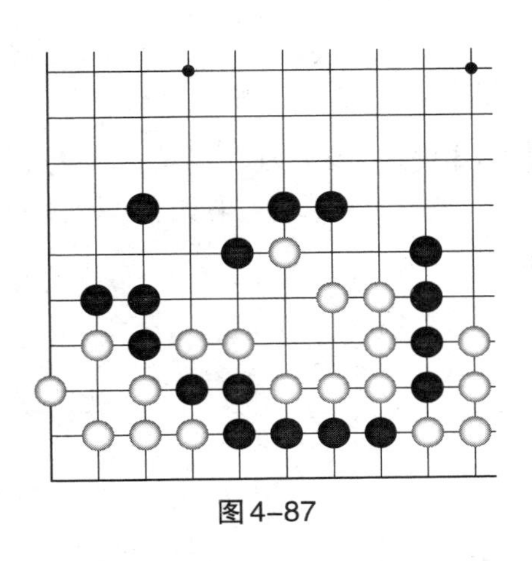
图4-87

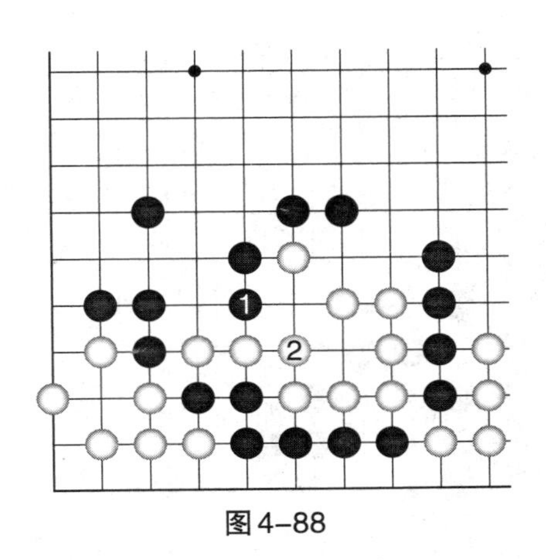

图4-88

正解1：如图4-89，黑1断，紧气的好手，抓住了白棋的弱点。白2顶，黑3打吃，白4连后，白棋三口气，黑棋四口气，白棋被杀。

正解2：如图4-90，黑1断，白2打吃，黑3断打，白棋也被杀。

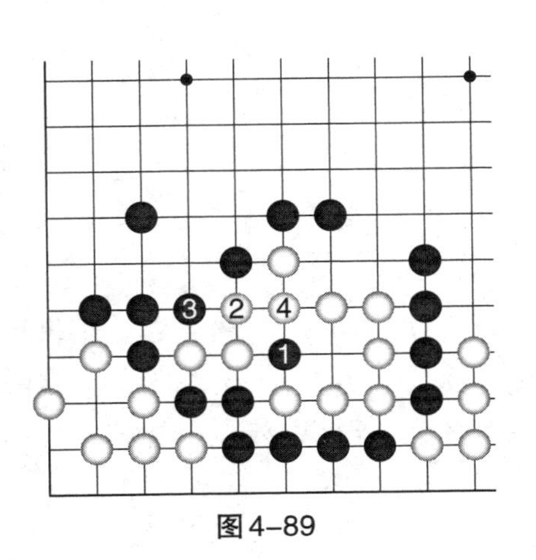

图4-89

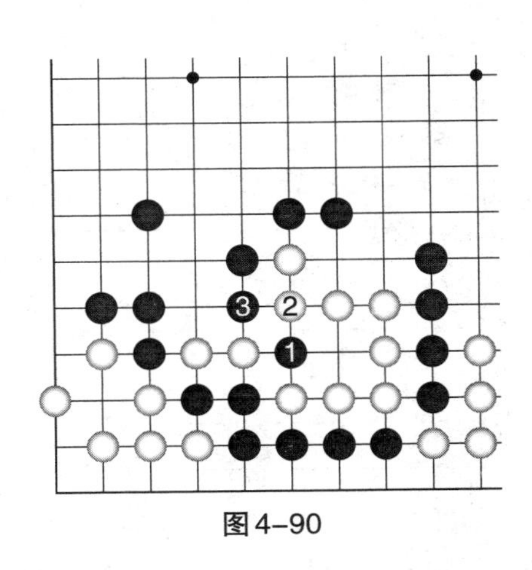

图4-90

当对杀发生后，紧气时需要注意的是一定要紧对杀主体的气。紧气时要注意断和扑的用法，通常断和扑都能达到紧气的目的。这里介绍了一些常用的紧气方法，围棋中还有很多紧气的技巧，在《围棋速成：入门与提高（提高篇）》书中还会介绍一些对杀中紧气的手筋。

第四节　对杀的技巧

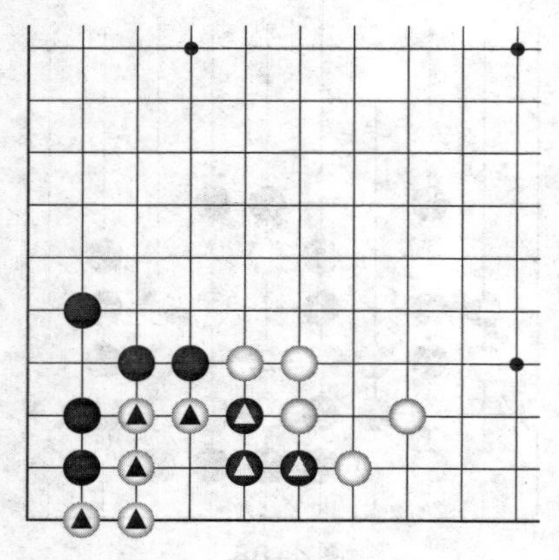

图4-91

一、尖

【例33】如图4-91，黑先，黑▲三子和白▲五子对杀，结果如何呢？注意角部的特殊性。

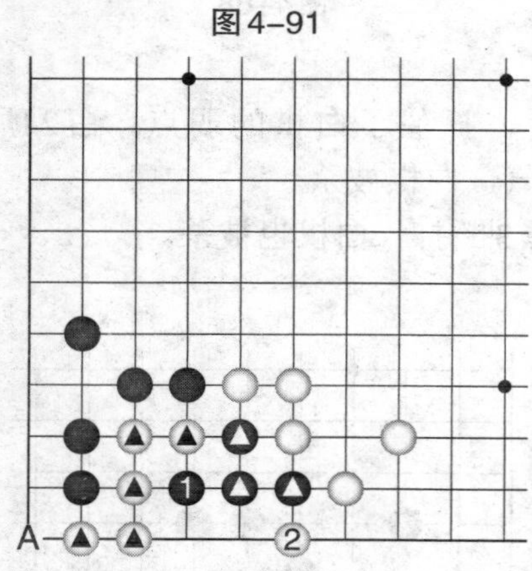

图4-92

失败：如图4-92，黑▲三子三口气，白▲五子也是三口气。黑1紧气，但紧气的位置错误！白2扳，紧气。由于A位黑棋不入气，黑棋被杀。

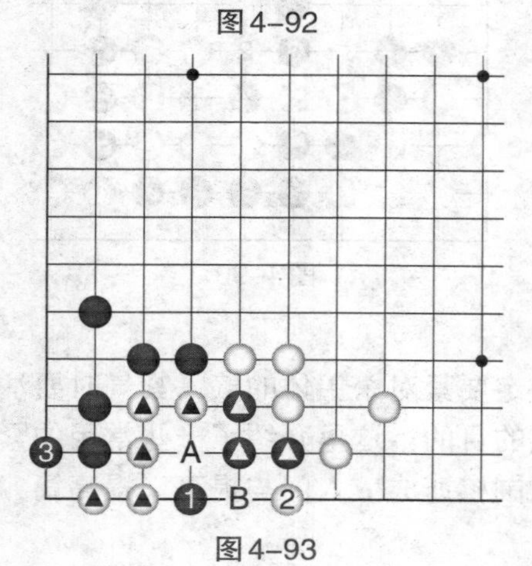

图4-93

正解：如图4-93，黑1尖，好棋！白2扳，紧气，黑3立后，由于A、B两点白棋不入气，白棋被杀。

【例34】如图4-94，黑先，能救出黑△二子吗？要将白▲四子都杀死。

失败：如图4-95，黑1扳，白2打吃，黑3断打，白4只能提，黑5打吃，白6渡过，黑7提，黑△二子虽然获救，但只吃掉白棋两个子，黑棋不满足。

正解：如图4-96，黑1尖，手筋。白2立，阻渡，黑3断，由于白棋A、B两点不入气，白棋被杀。

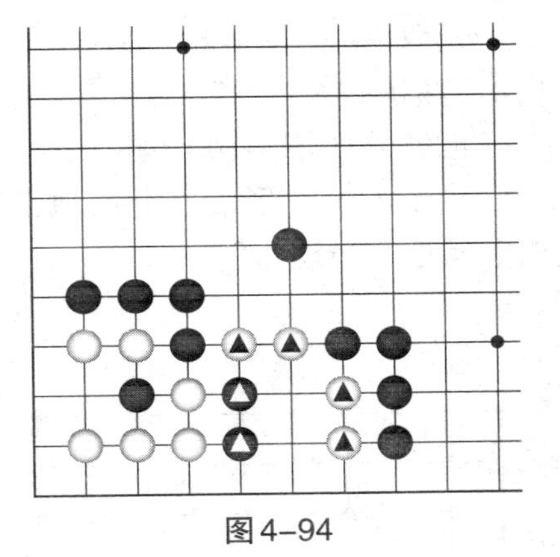
图4-94

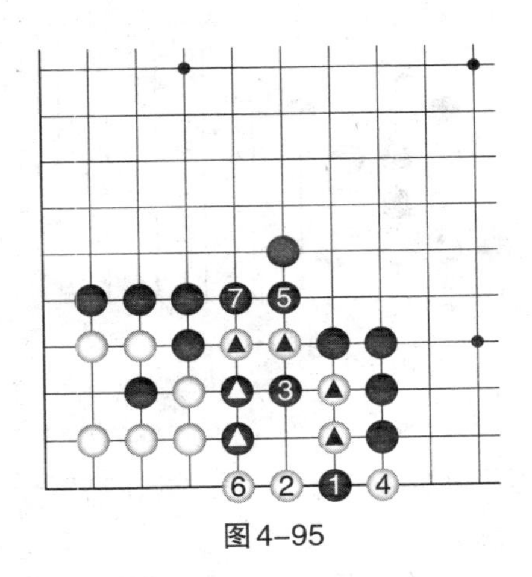

图4-95

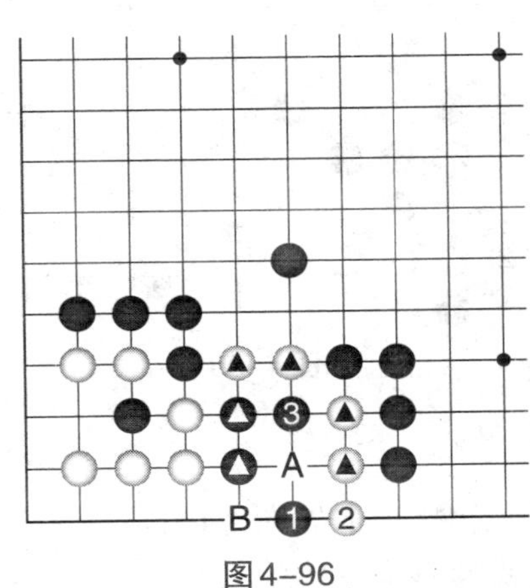

图4-96

二、立

【例35】如图4-97，黑先，能救出黑△子吗？

失败1：如图4-98，黑1紧气，白2打吃，黑3立，白4再打吃，黑棋被杀。

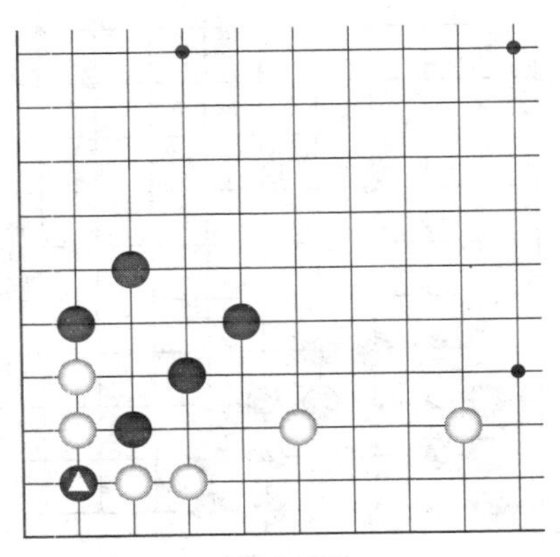
图4-97

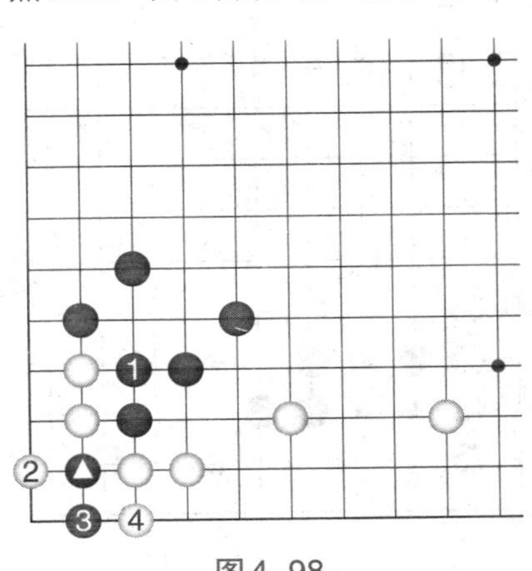

图4-98

失败2：如图4-99，黑1立，想长气，思路正确，但方向错误！经白2到白4，黑棋被杀。

正解：如图4-100，黑1立，方向正确。白2扳，黑3紧气，由于A、B两点白棋不入气，形成“金鸡独立”，白棋被杀。其中，黑1要立在和对杀相关棋子靠近的一边。

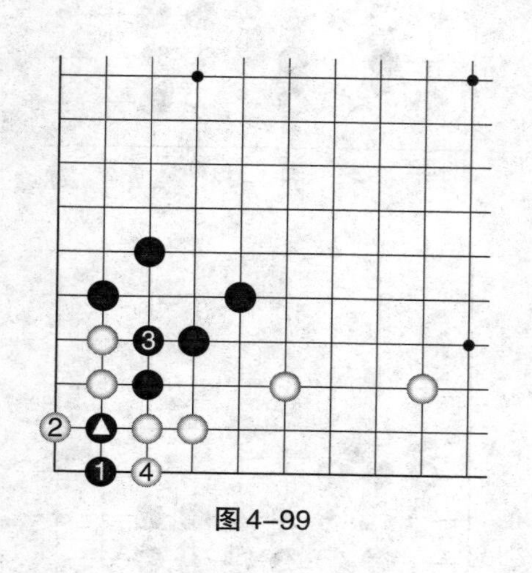

图4-99

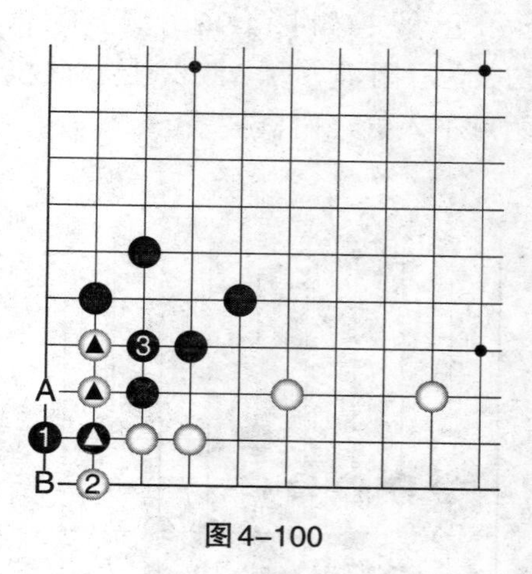

图4-100

【例36】如图4-101，黑先，黑△二子主要和白▲三子对杀，能胜吗？一定要紧对杀主体的气。

正解：如图4-102，黑1立，长气，正确。白2连，黑3尖，紧气的好手！准备在A位打吃白棋，白4挤，黑5连，白棋被杀。

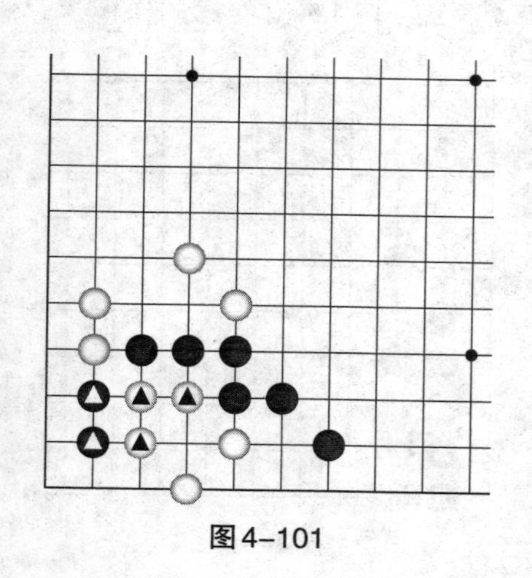

图4-101

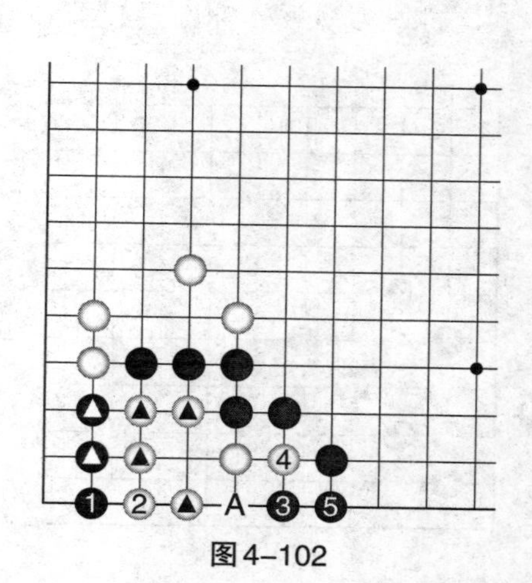

图4-102

三、扳

【例37】如图4-103，黑先，黑▲三子主要和白▲四子对杀，能胜吗？黑棋需要长气。

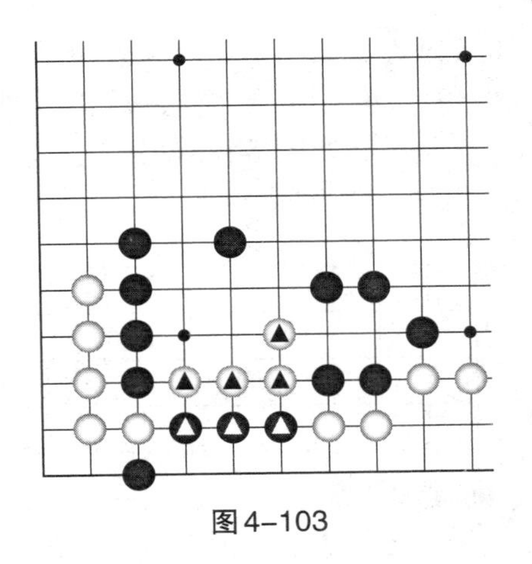
图4-103

失败：如图4-104，黑1断，好像是长气的手筋，其实错误！白2打吃，黑3紧气，白4紧气，黑棋被杀。其中，黑1断不能起到长气的作用。

正解：如图4-105，黑1扳，好棋！白2只能连。由于左边有黑⊖子扳，右边有黑1扳，正所谓“两扳长一气”，黑棋变成四口气。此时黑3先紧气，白棋被杀。

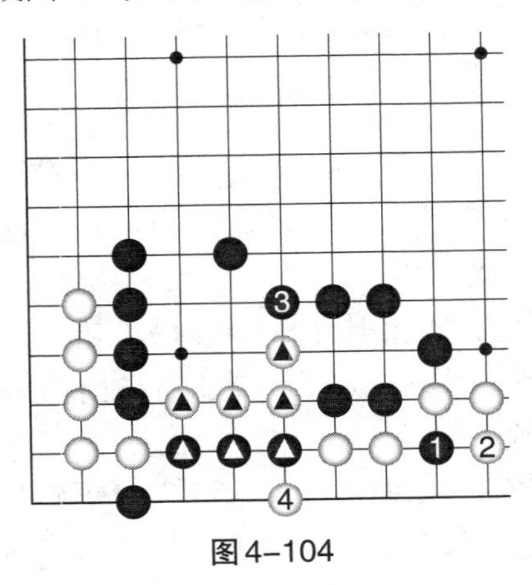
图4-104

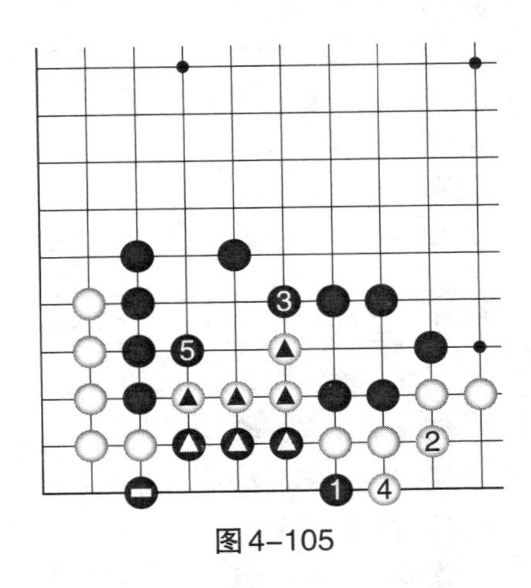
图4-105

四、其他

【例38】如图4-106，黑先，黑▲三子主要和白▲三子对杀，结果如何呢？注意紧白▲三子的气。

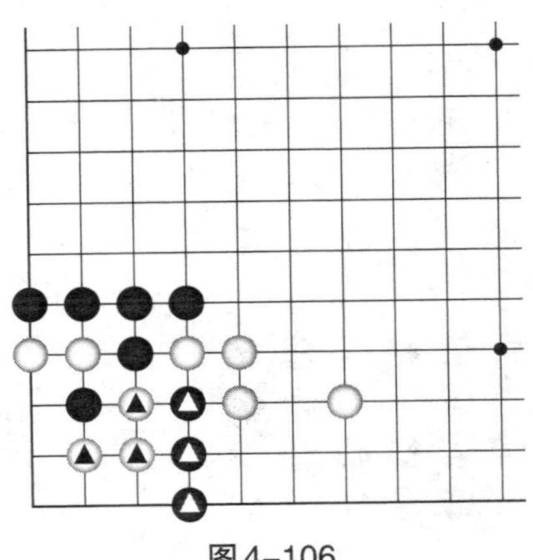
图4-106

失败：如图4-107，黑1虽然紧白▲三子的气，但被白2提，黑3紧气，白4紧气，黑5扑，形成劫杀，黑棋失败。

正解：如图4-108，黑1扳，好棋！既紧白▲三子的气，又给白棋制造了倒扑，白▲三子被杀。

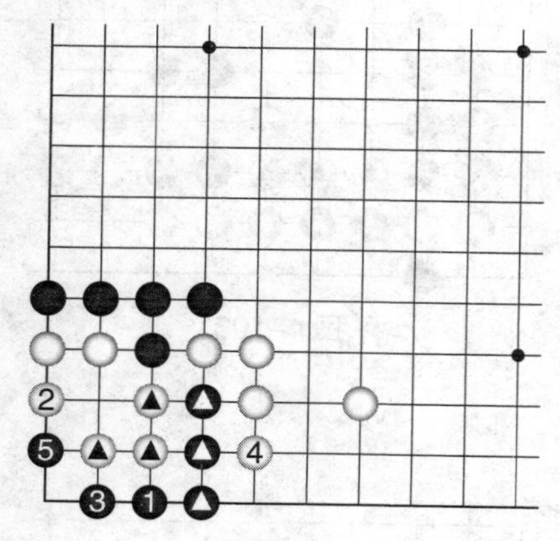

图4-107

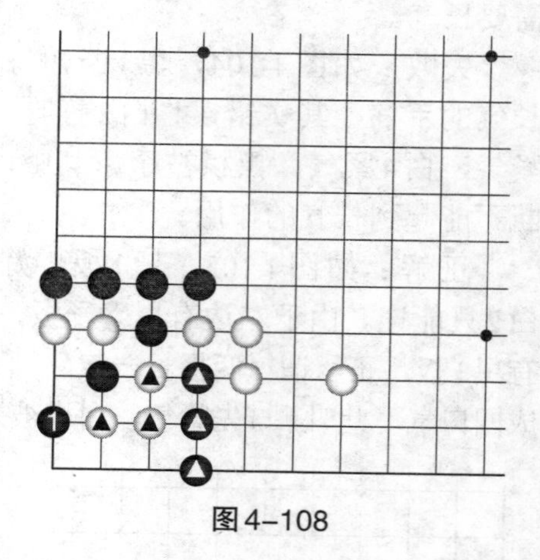

图4-108

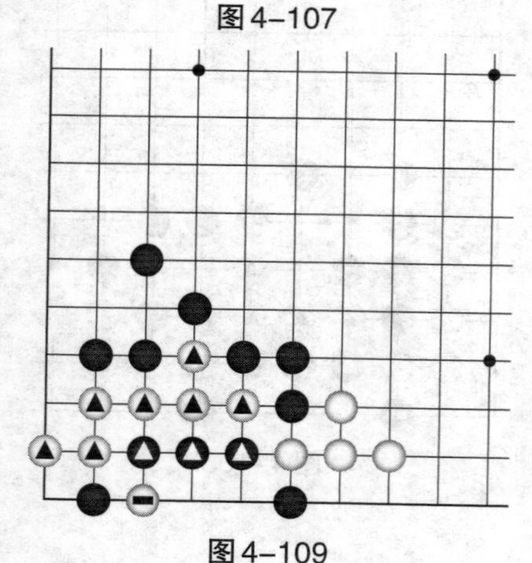

图4-109

【例39】如图4-109，黑先，黑▲三子主要和白▲七子对杀，结果如何？注意白⊖子的作用。

失败：如图4-110，黑1提，错误！白2打吃，黑3立，白4提，形成打劫，黑棋失败。

正解1：如图4-111，黑1立，正确！白2打吃，黑3提，黑棋三口气，白棋两口气，白棋被杀。

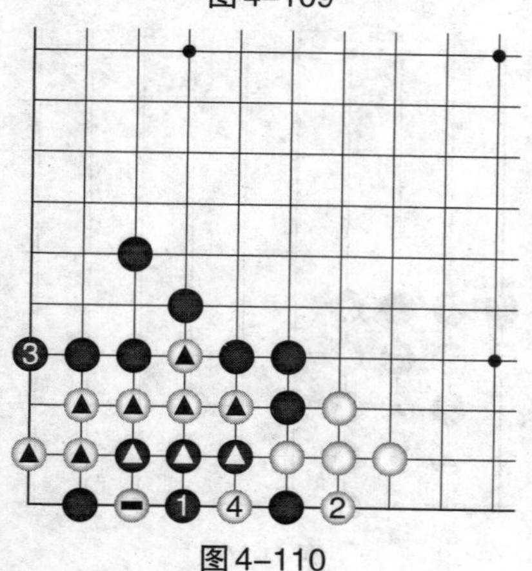

图4-110

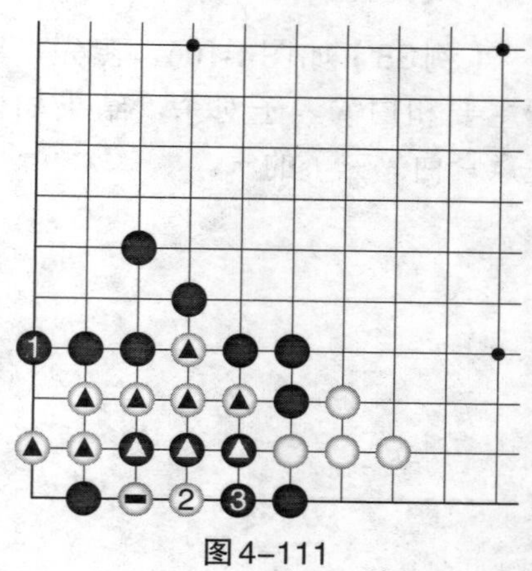

图4-111

正解2：如图4-112，黑1立，白2若提，黑3打吃，白棋也被杀。

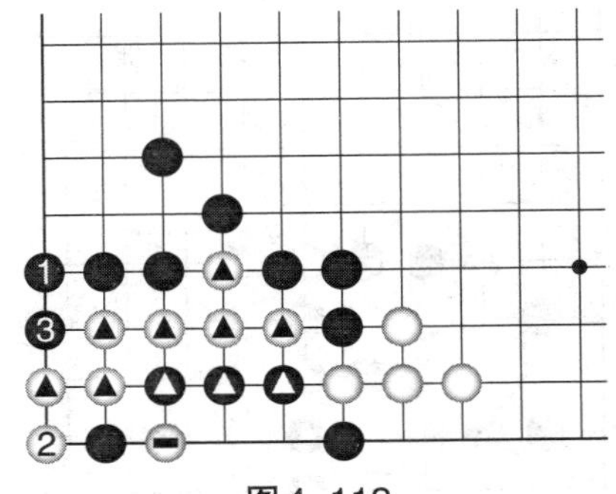

图4-112

【例40】如图4-113，黑先，能救出角上黑△四子吗？

失败：如图4-114，黑1连，是初学者最容易犯的错误！白2渡，黑3紧气，白4连，白棋成功联络，黑棋失败！其中，黑1连，是担心黑⊖子要死，是典型的恋子。

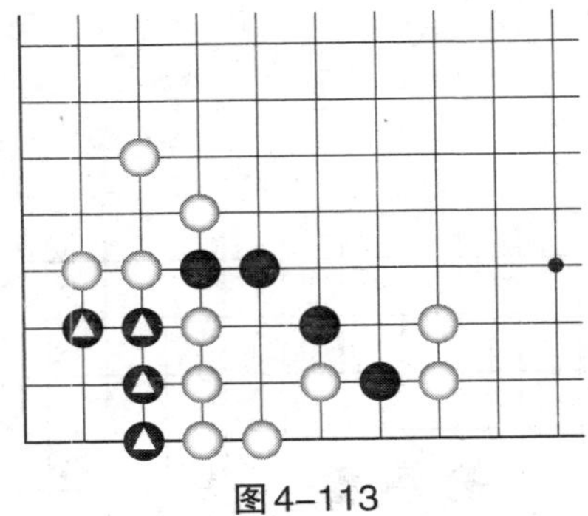

图4-113

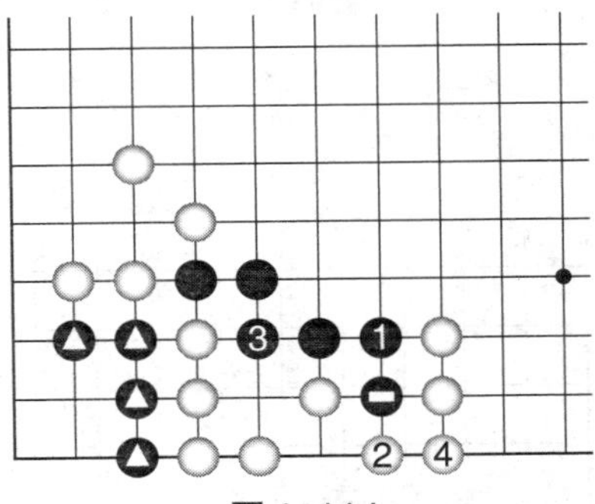

图4-114

正解：如图4-115，黑1置黑⊖子的死活而不顾，紧白△四子的气，重要。白2打吃，黑3打吃，形成接不归，白△四子被杀。

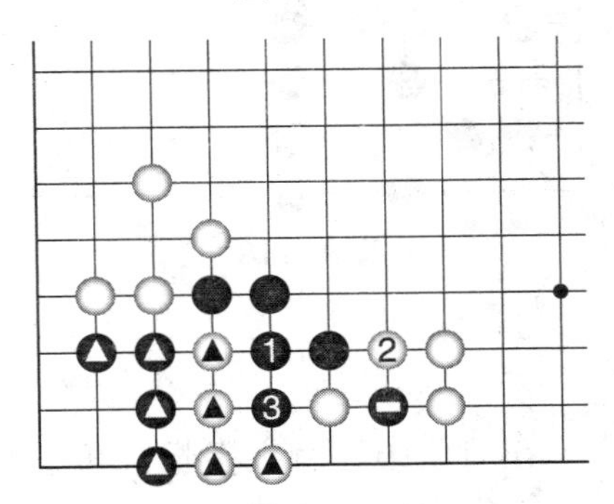

图4-115

【例41】如图4-116，黑先，能救出黑△四子吗？

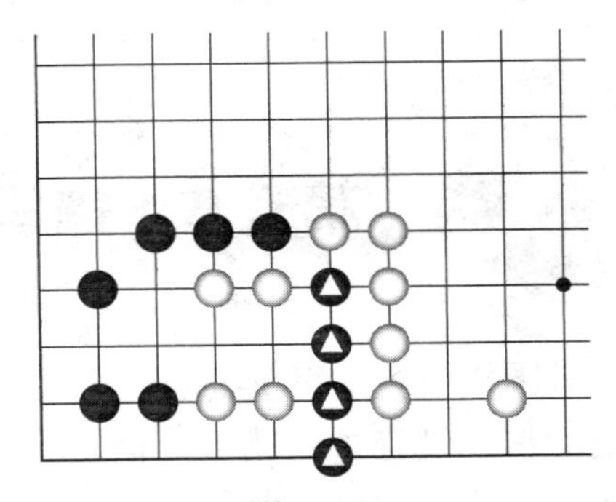

图4-116

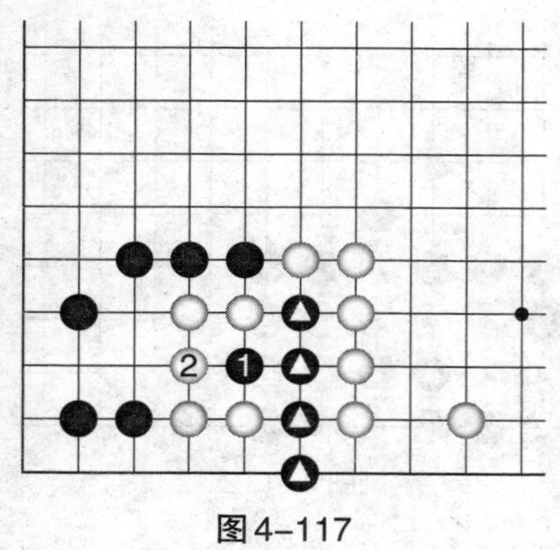

图4–117

失败1：如图4-117，黑1冲，错误！白2连，白棋四口气，黑棋两口气，黑棋被杀。

失败2：如图4-118，黑1挖，较图4-117有进步，但白2连，黑3扳，白4打吃，形成接不归，黑棋仍被杀。

正解：如图4-119，黑1扳，好棋！白2只能断，黑3打吃，白4只能提，黑5连后，白棋被杀。其中，黑1紧气时白2不得不自撞一气。

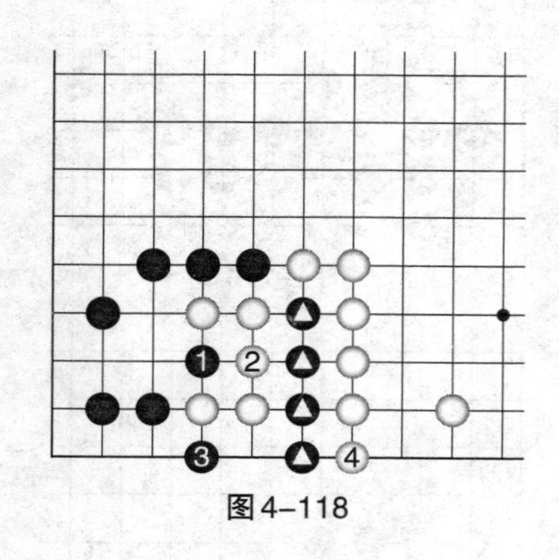

图4–118

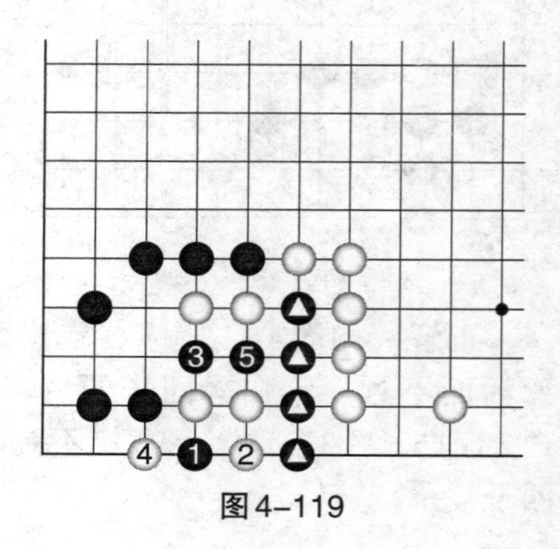

图4–119

在对杀中还有很多长气和紧气的手筋，希望大家反复练习，找出规律，一定能熟练掌握对杀的技巧，在对杀中取得胜利。

第五节　撞紧气的危害

围棋中气是很重要的，大家都知道棋子没有气就死了，有些棋形有外气就是活棋，没有外气就是死棋；有些棋有外气就是活棋，若没有外气就会出棋，像这样的例子在围棋中比比皆是。下面请大家看几个例子。

一、死活中的撞气

【例42】如图4-120，黑棋有A、B两口外气，现在是活棋，实战中经常看到黑棋在A位冲，将己方的气撞紧，结果如何呢？

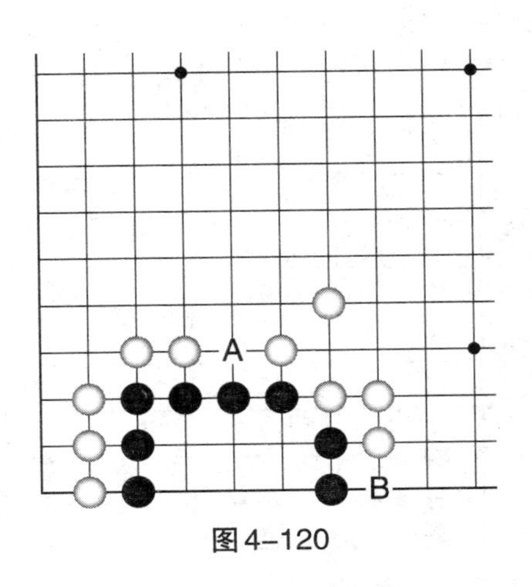

图4-120

如图4-121，当黑▲冲，白▲挡后，由于原A位的外气撞紧了，被围的黑棋有问题了。

如图4-122，若轮到白棋走，白1点，黑2夹，白3断，黑棋A位不入气，不能做眼，如在B位打吃，白棋在A位长，形成直三，黑棋被杀。

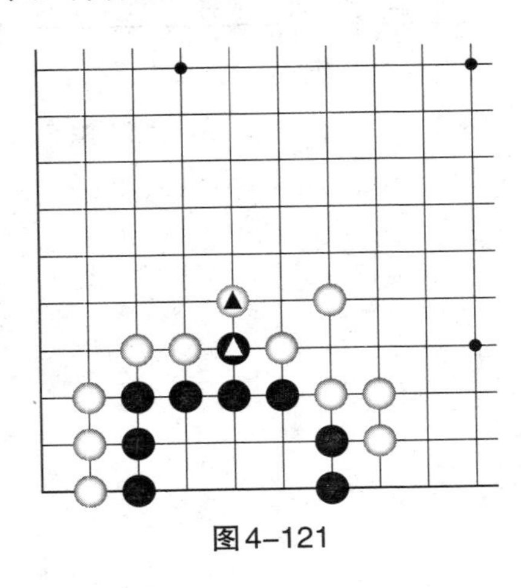
图4-121

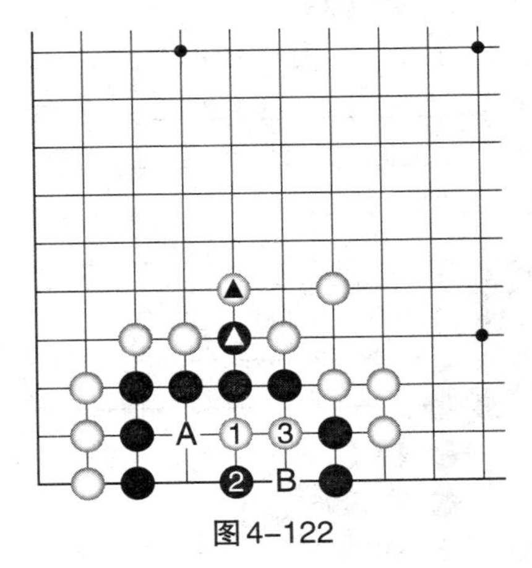

图4-122

如图4-123，当黑▲冲，白▲挡后，黑棋必须补棋（如黑1），黑棋落后手。

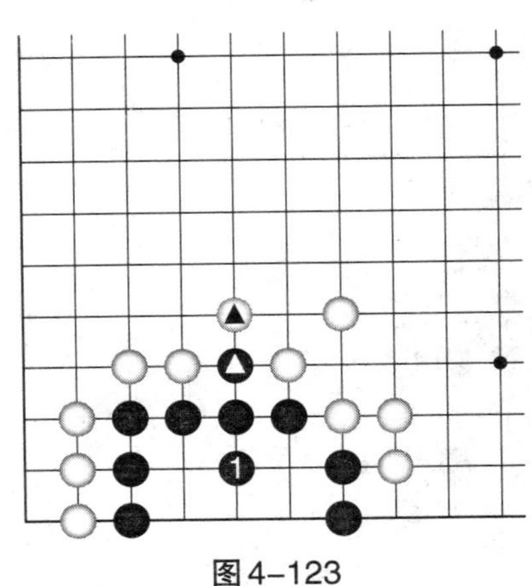

图4-123

【例43】如图4-124，角上的黑棋现在是活棋，白A打吃时，黑B连，黑棋是活棋。

如图4-125，经过黑1扳，白2打吃，黑3连，黑棋希望白棋在A位连，白棋有什么手段呢？

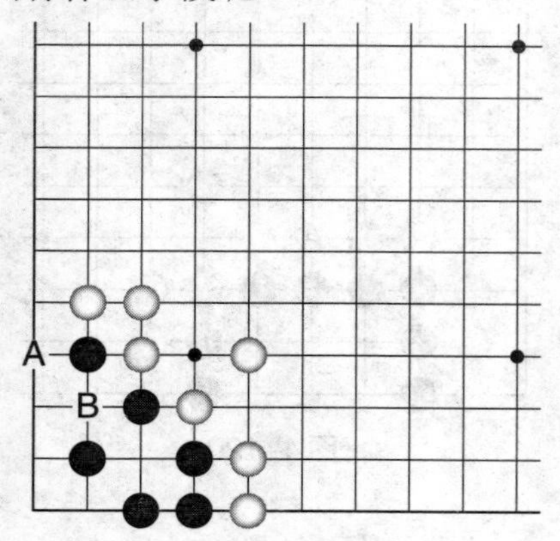

图4-124

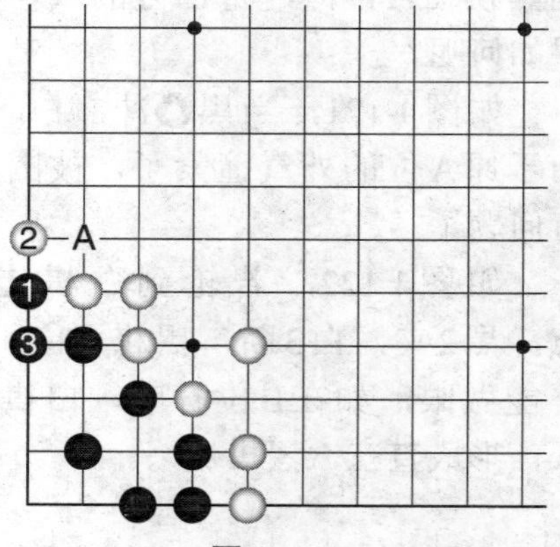

图4-125

如图4-126，白4托，妙手！黑5若连，白6扑，形成劫杀，黑棋失败。

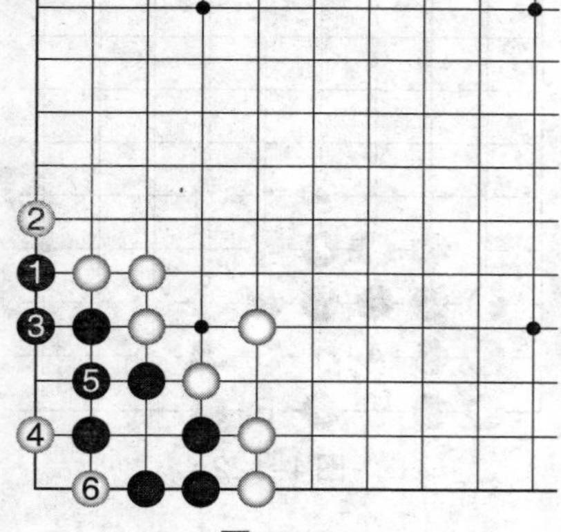

图4-126

如图4-127，当白4托时，黑5打吃，白6扑，黑7只能提，白8提，还是劫杀，黑棋失败。

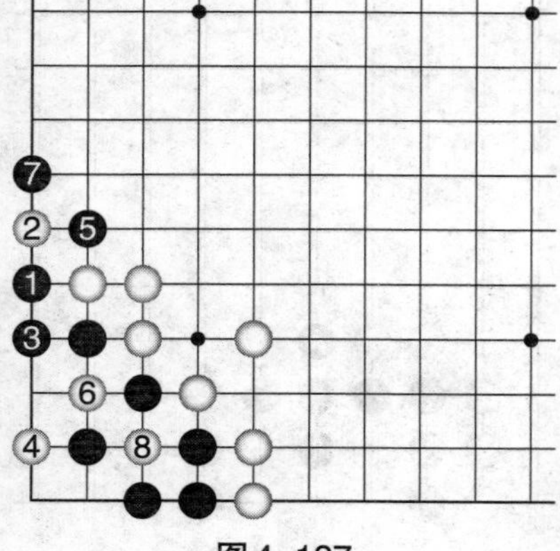

图4-127

二、吃子中的撞气

【例44】如图4-128，角上的白▲子被吃。

如图4-129，经常见到初学者这么下：黑1冲，白2挡，黑3脱先。

如图4-130，黑3脱先后，角上留有白4立的手段，黑棋A、B两点不入气，形成“金鸡独立”，白▲子居然获救。

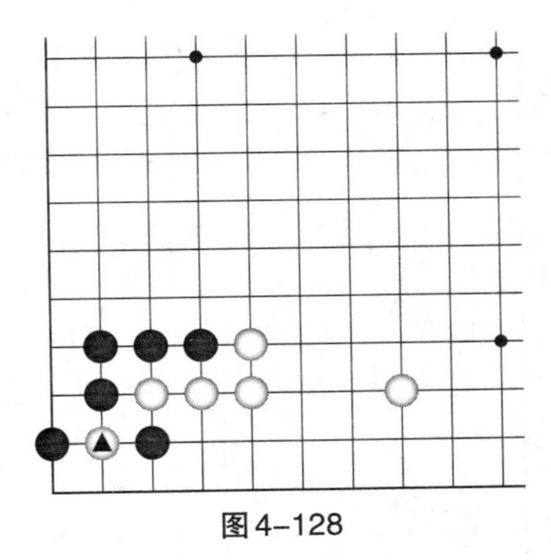

图4-128

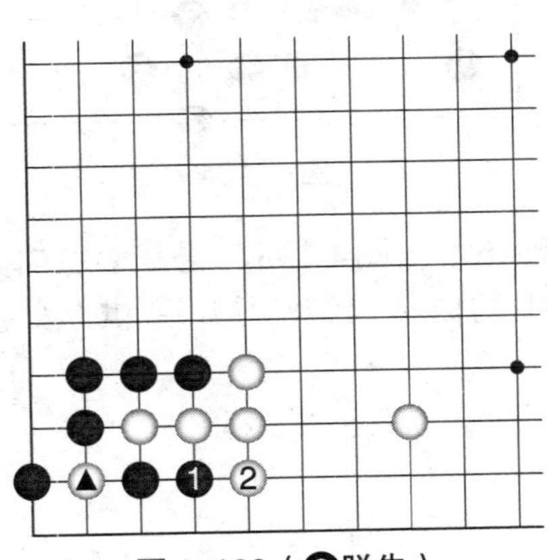

图4-129（❸脱先）

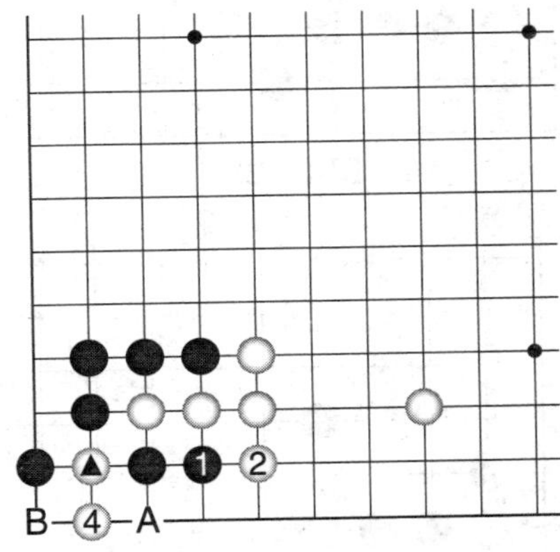

图4-130（❸脱先）

【例45】如图4-131，取材于学生的实战，黑先，该怎么下呢？

如图4-132，黑1冲，坏棋！撞气！白2挡，黑3扳，白4连扳，黑棋气紧，黑5只能连，白6连，黑7打吃，白8连，黑9连，这样黑棋虽然是活棋，但被白棋围住，黑棋失败。

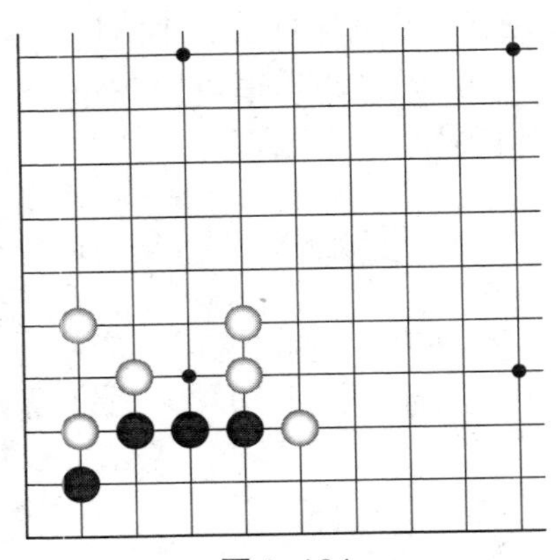

图4-131

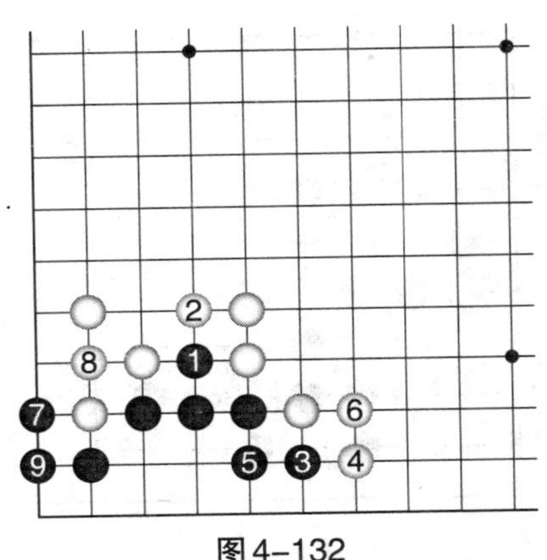

图4-132

如图4-133，黑1扳是正确的下法，白2只能退。

如图4-134，白2若连扳，黑3断吃，白4连，黑5再打，白6反打，黑棋气松，没棋！黑7提，白棋损失惨重！由此可见：气对棋子生存的重要。

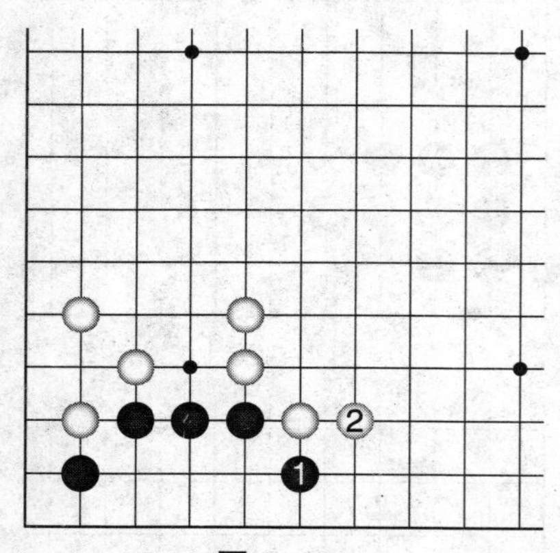

图4-133

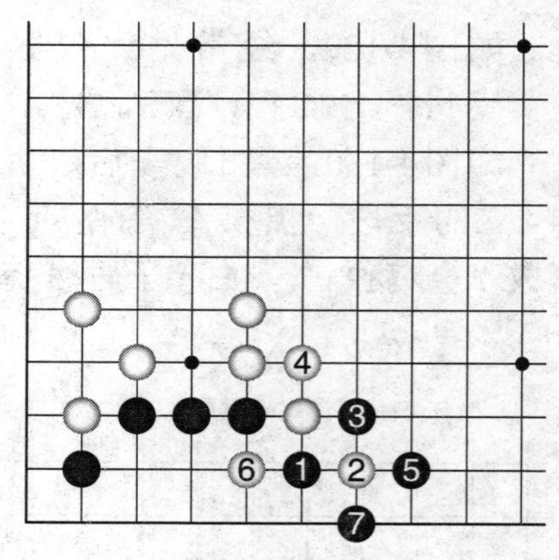

图4-134

【例46】如图4-135，这是学生的实战，角上的白棋已经活了，黑棋此处没必要再下子了。

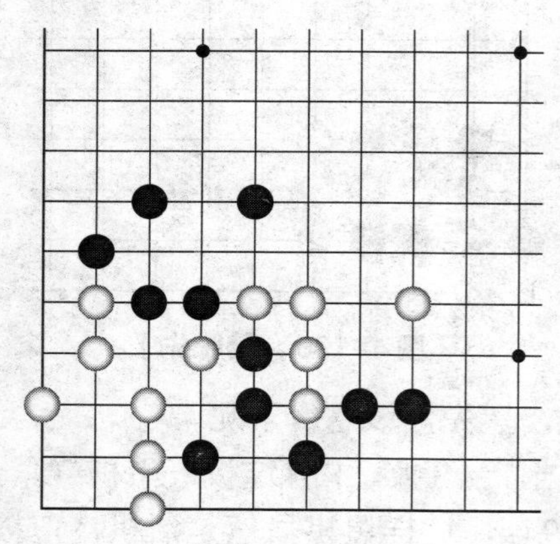

图4-135

如图4-136，黑1打吃，坏棋！白2连，此时黑棋必须补一手棋，否则白棋就要发动进攻了。

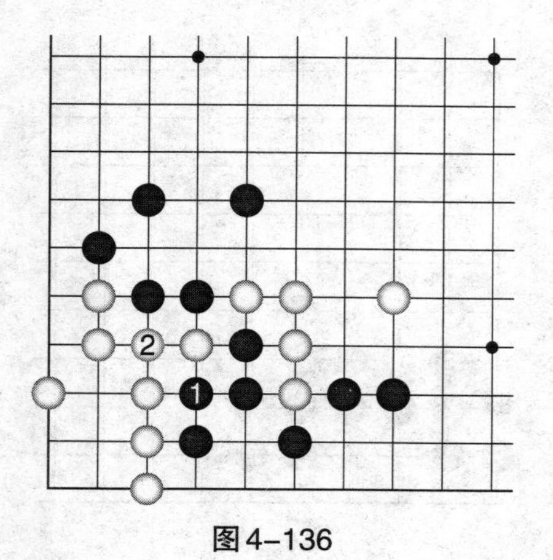

图4-136

如图4-137，黑3如果脱先，白4扑，妙手！黑5提，白6打吃，黑棋若在4位连，白棋在A位断打，黑棋被吃。对比图4-135我们发现，黑棋为了在1位打吃一下自撞一气，没有得到目数上的实惠不说，还要后手补一手棋，真是画蛇添足了。

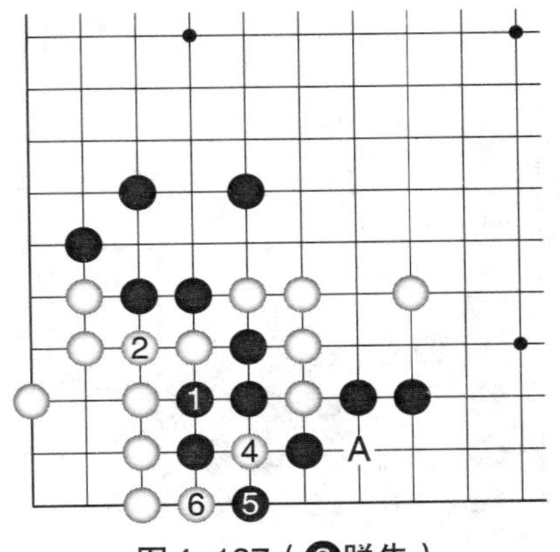

图4-137（❸脱先）

【例47】如图4-138，实战黑棋进行了黑△冲、白▲挡的交换，此时黑棋还有手段吗？

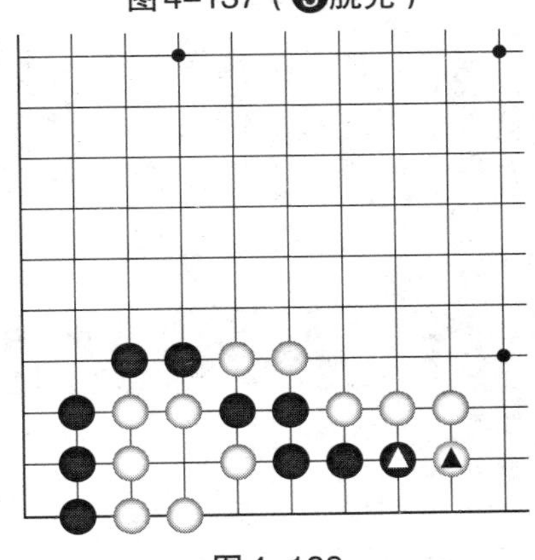
图4-138

如图4-139，黑1立，白2扳，黑棋被杀；黑棋若在2位立，白棋在1位扳，黑棋仍然被杀。

如图4-140，黑1立，企图在A位扑劫，有些想法，但白棋只要在A位连，黑棋仍然被杀。

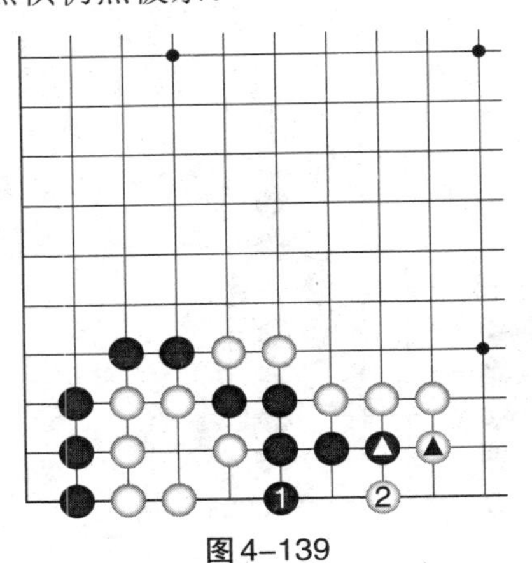
图4-139

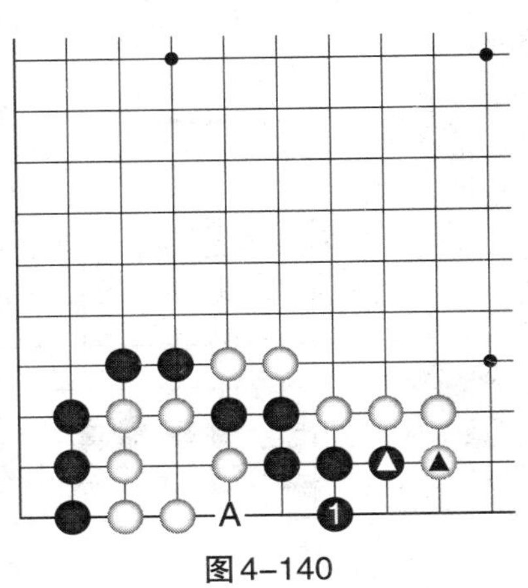

图4-140

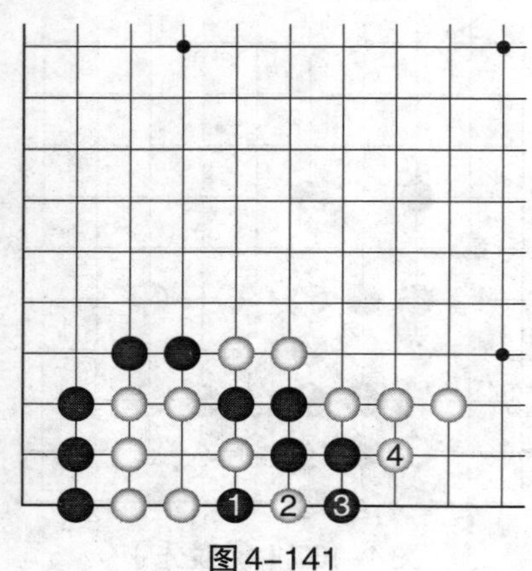

图4-141

如图4-141，如果没有黑▲、白▲的交换，黑1扑，好棋！抓住白棋棋形的缺陷。以下至白4，形成劫杀，且黑棋先手劫。

撞紧气的危害很多，这里就不一一列举了。总之，下棋时，能不撞的气就不要撞，不要走“假先手”。所谓假先手就是对方应后，己方还要补棋，否则，会有很大的损失。该补的棋要先补，要走“后中先”。

第六节　打劫的方法

劫是围棋中一种特殊现象，劫的种类很多，如：生死劫、先手劫、紧气劫和缓气劫等，不同类型的劫，打劫的方法也不同。打劫是一个比较复杂的问题，什么时候打劫、什么时候消劫，这个劫该不该打等一系列的问题。对于初学者来讲，大家只要知道劫的大小，会找相应的劫材就行了。下面请看几个实例。

【例48】如图4-142，本图取材于学生比赛中的对局，现在该黑棋下，走在哪儿呢？

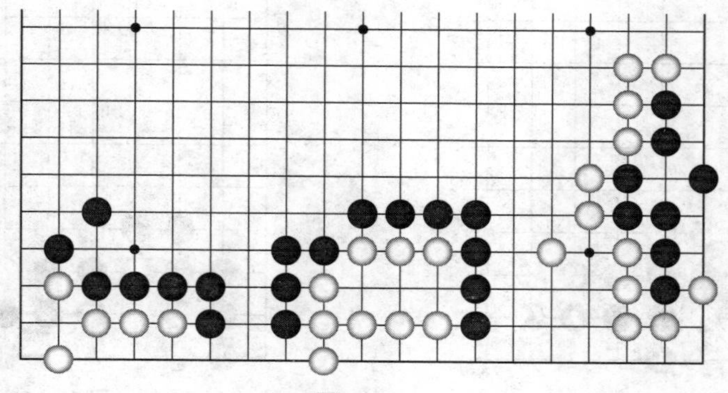
图4-142

如图4-143，黑1打吃，白2做劫，好棋！黑3提，形成打劫。白棋需要寻找劫材。其中，白2若在3位连，黑棋在2位长，白棋被杀。

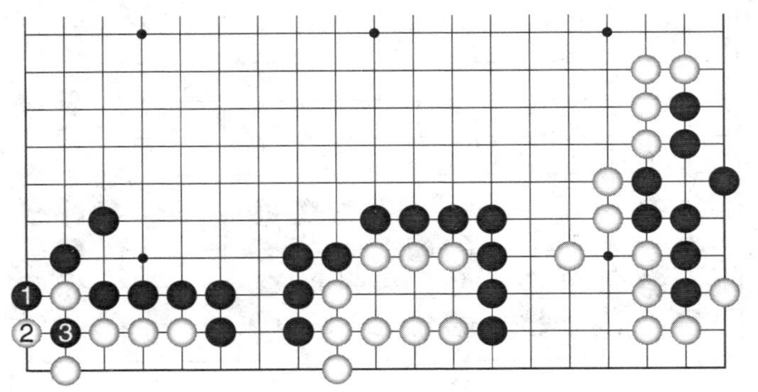

图4-143

如图4-144，白1长，破眼，黑2只能立，做眼，白3提劫。其中，白1称为“劫材”。所谓劫材就是对方必须应，若不应会带来很大的损失。图中，黑2若不应，白棋在2位扳，这块黑棋被杀。

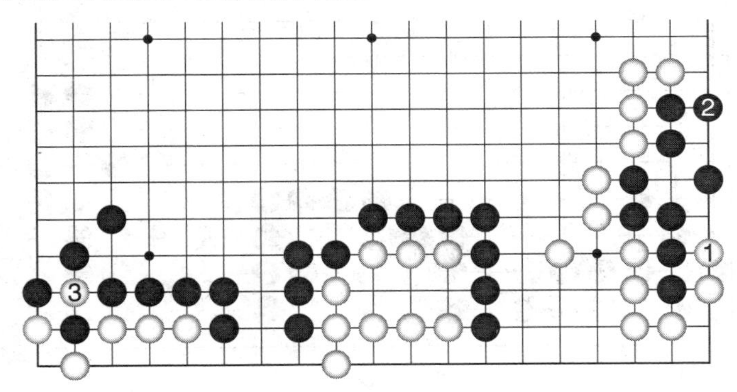

图4-144

如图4-145，接下来该黑棋找劫。黑1扳，白2只能挡，做眼，黑3提劫。其中，黑1是劫材，白2若不理，黑棋在2位长，这块白棋被杀。

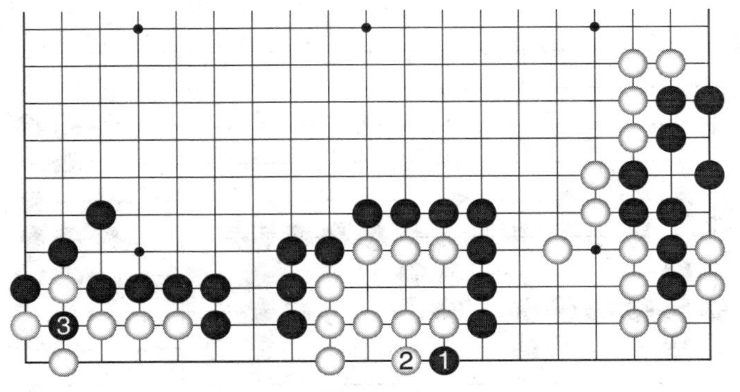

图4-145

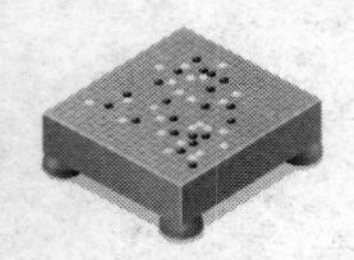

如图4-146，接下来该白棋找劫。白1连，黑2只能连，白3提劫。找劫—应劫—提劫是打劫的全过程。劫能不能打赢取决于劫材的多少。

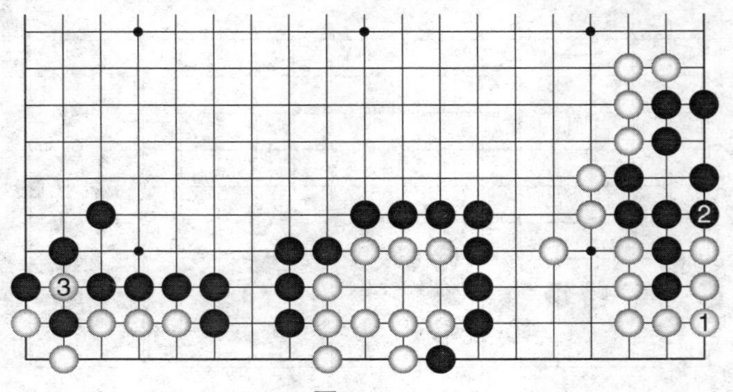

图4–146

如图4-147，黑1冲，白2只能挡，黑3提劫。其中，若白2不应，黑棋再冲，白棋将被杀。现在轮白棋找劫，图中白棋找不到能够威胁黑棋生死的地方，白棋因没有合适的劫材，打劫告负，白角被杀。

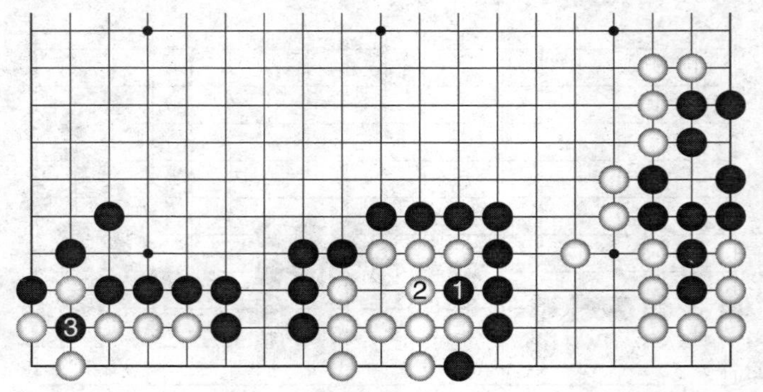

图4–147

如图4-148，就本图而言，白1提，黑2连，白3扳。左下角的白棋被杀，但右下角的白棋和边上的白棋连成片，得到了一些补偿。这个劫以黑棋的胜利而告结束。

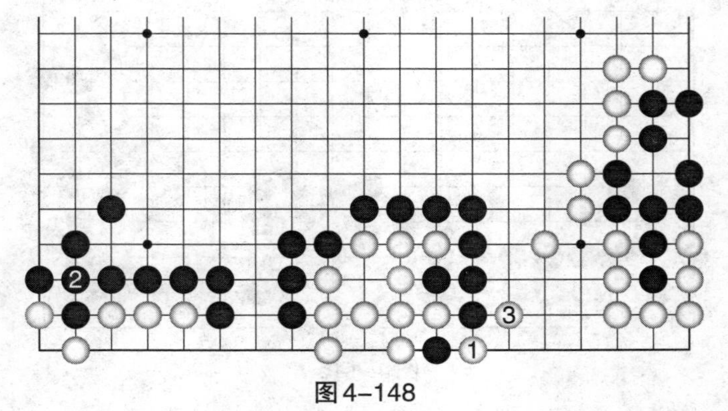

图4–148

打劫时，劫材的大小和劫材的数量十分重要，直接关系到劫的胜败，乃至关系到棋局的胜负。所以打劫时，要考虑清楚，要计算劫的大小、数清劫材的数量。找劫时，要找与劫大小相当的劫材，劫材过小，对方就会脱先不应，这样打劫就会失败。

【例49】如图4-149，左下角黑△子打吃，白▲子做劫，好棋！形成打劫，黑棋应该怎么处理呢？

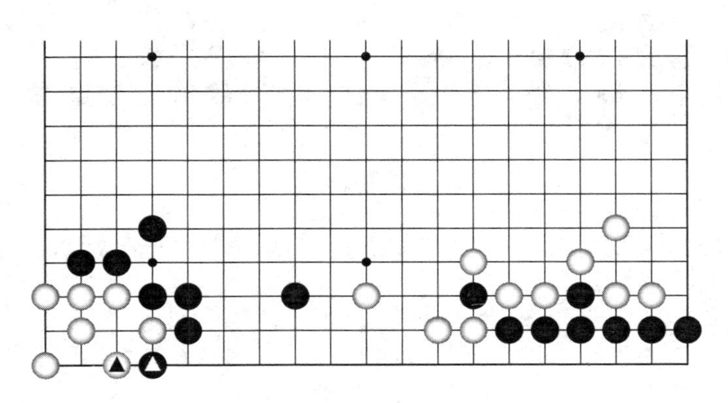

图4-149

如图4-150，黑1提劫，正着。所谓“遇劫先提”，就是下棋时碰见打劫先提劫，让对方去找劫。白2扳，找劫，黑3挡，白4提。其中黑3若不应，右下角黑棋将被杀死。

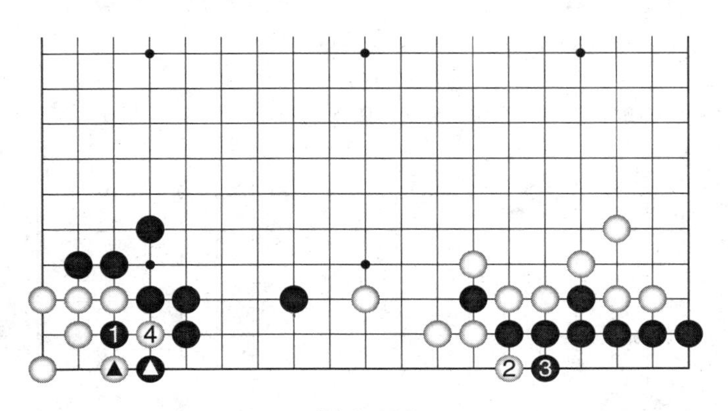

图4-150

如图4-151，黑1打吃，找劫，白2连，黑3提劫。现在轮白棋找劫。

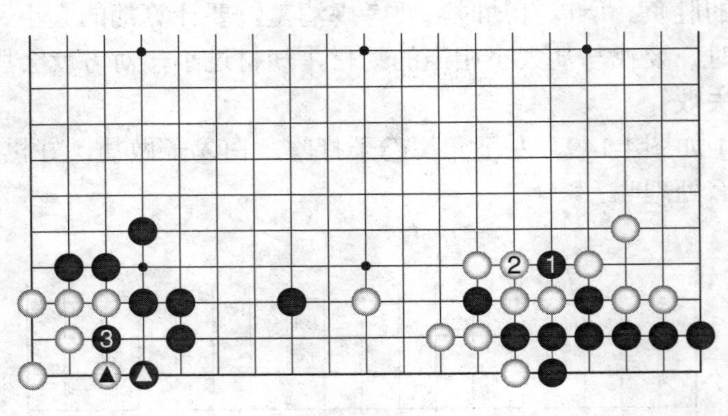

图4-151

如图4-152，白1点眼，继续在右下角找劫，黑2只能做眼，白3提劫。

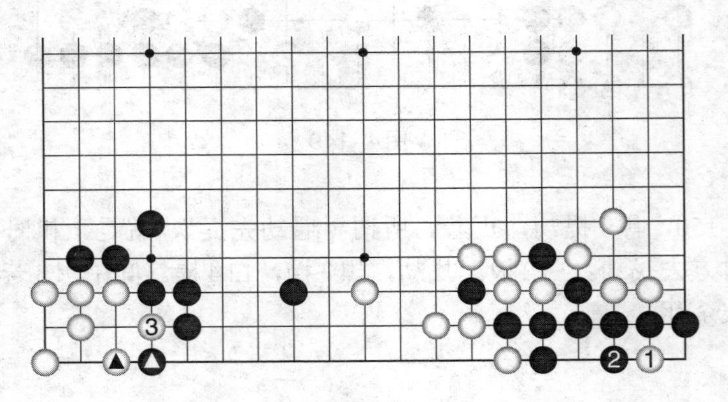

图4-152

如图4-153，接下来轮黑棋找劫。黑1扑吃，白2提，黑3提劫。

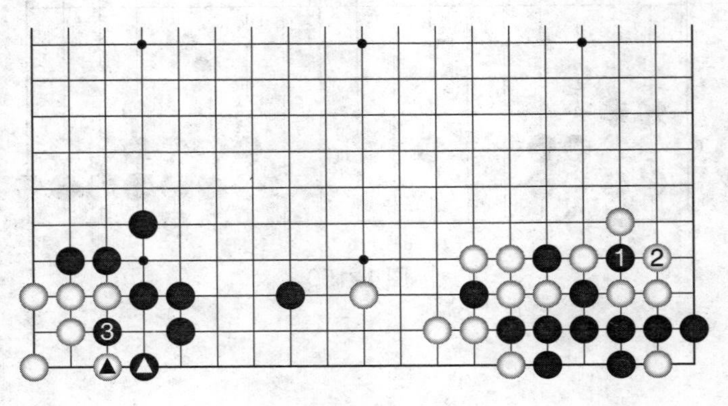

图4-153

如图4-154，现在该白棋找劫，白棋已经没有合适的劫材，但左下白角又不能白死，要得到些补偿。白1碰，黑2连，消劫，白3扳。黑棋打赢了劫，左下角的白棋被杀，白棋也得到了些补偿，黑⊖子被白棋分断了。

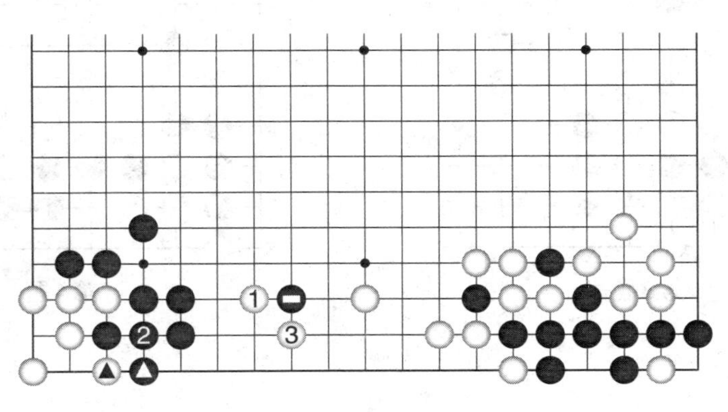

图4-154

以上介绍了两个打劫的全过程，当劫出现时，不要慌张，首先计算劫的大小，其次，要数清劫材的数量，根据这两点判断劫能不能打赢。

单元练习四

以下各题都是黑棋与白棋对杀，均为黑先。

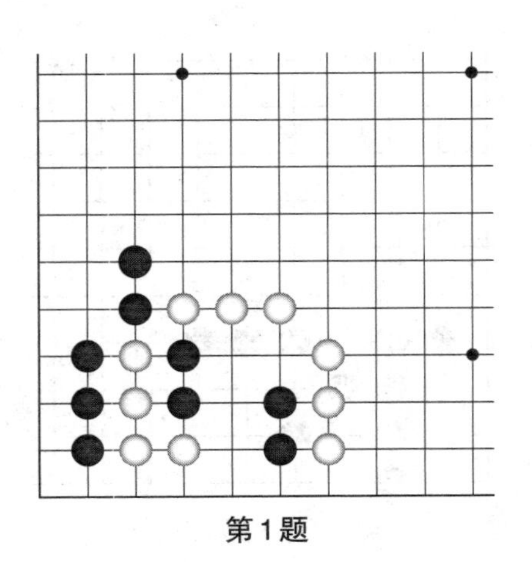

第1题

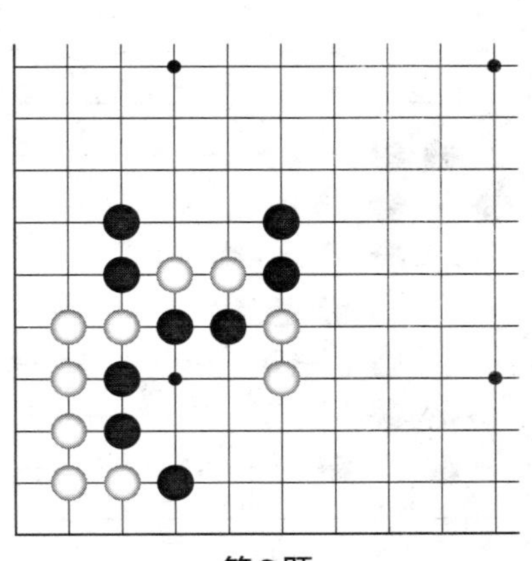

第2题

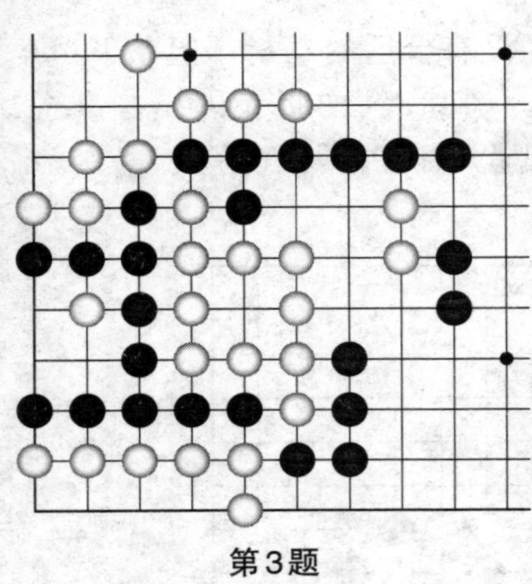

第3题

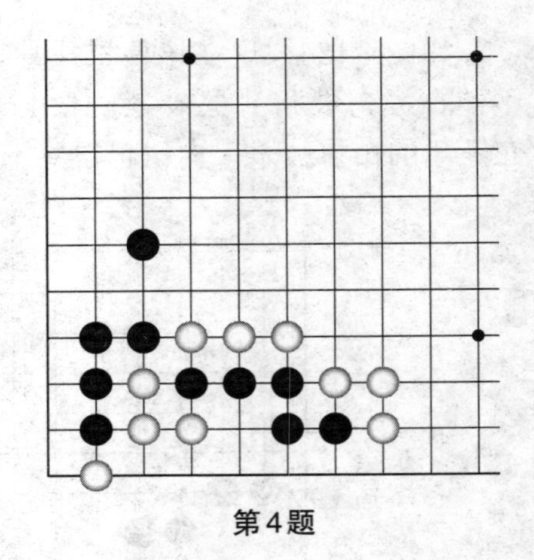

第4题

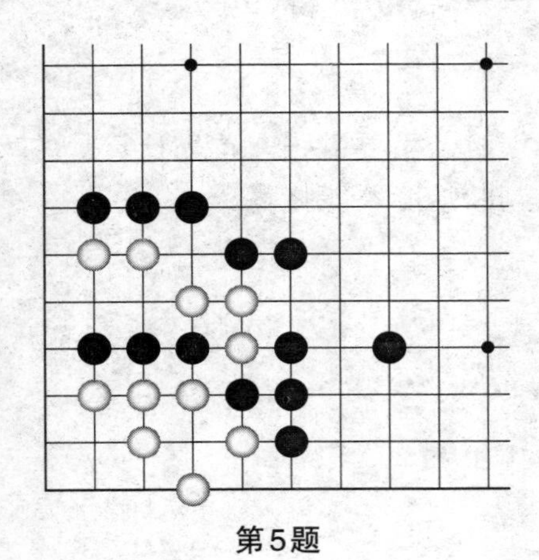

第5题

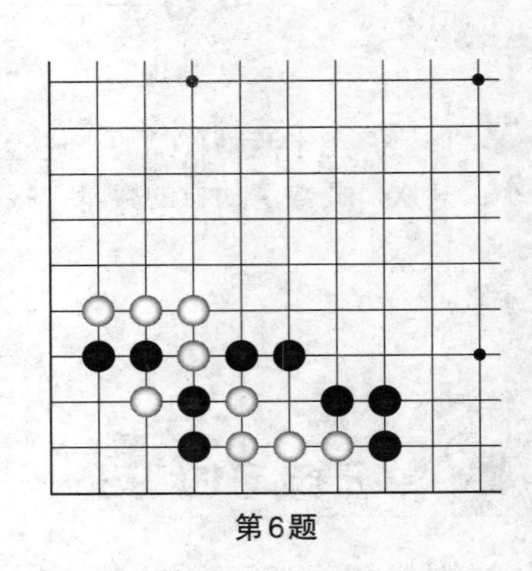

第6题

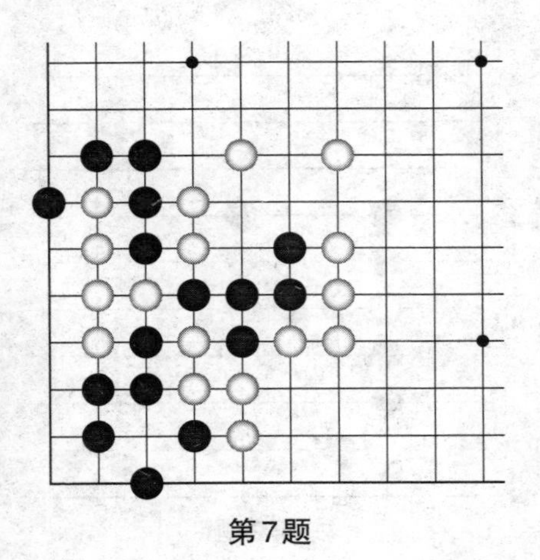

第7题

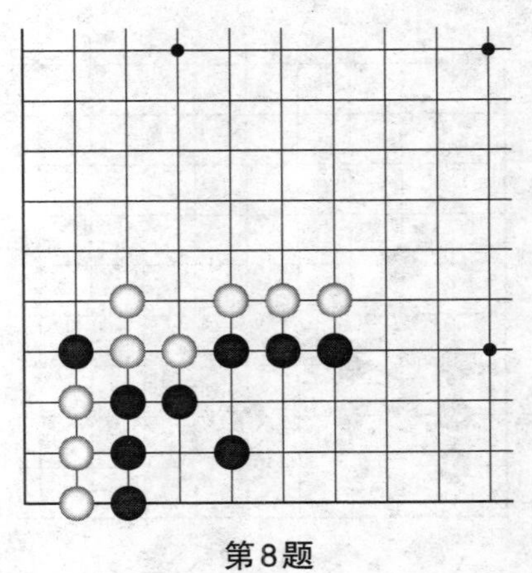

第8题

参考答案

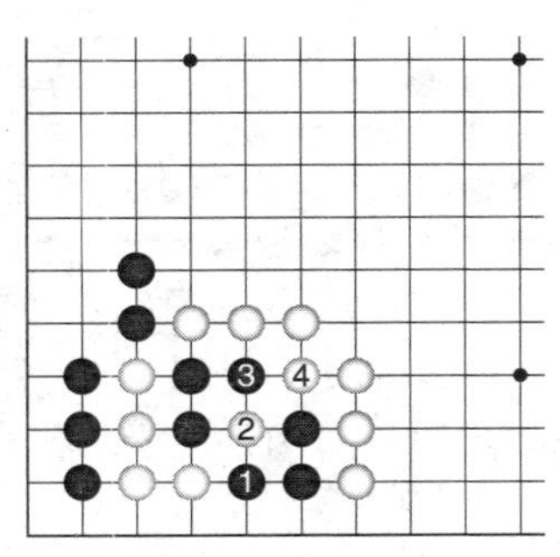

第1题失败图

第1题失败图：黑1紧气，错误！白2扑，好棋！黑3提，白4打吃，黑棋被杀。其中，白2扑是紧气的好手。

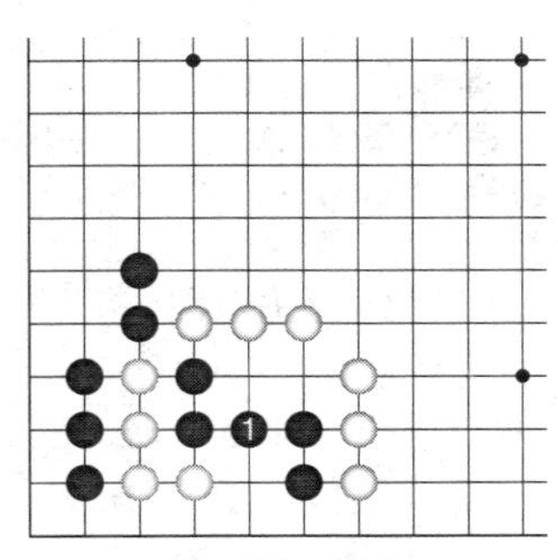

第1题正解图

第1题正解图：黑1连，正确！黑棋变成了四口气，白棋三口气，白棋被杀。

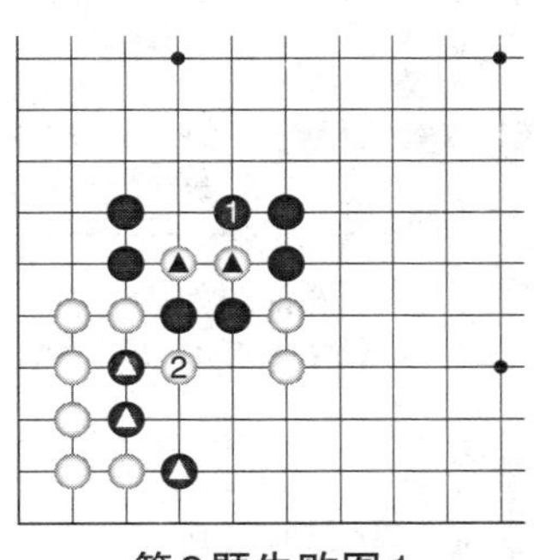

第2题失败图1

第2题失败图1：黑1门吃，这是初学者容易犯的错误！白2断打，黑棋虽然吃掉白▲二子，但黑△三子被吃，黑棋失败。

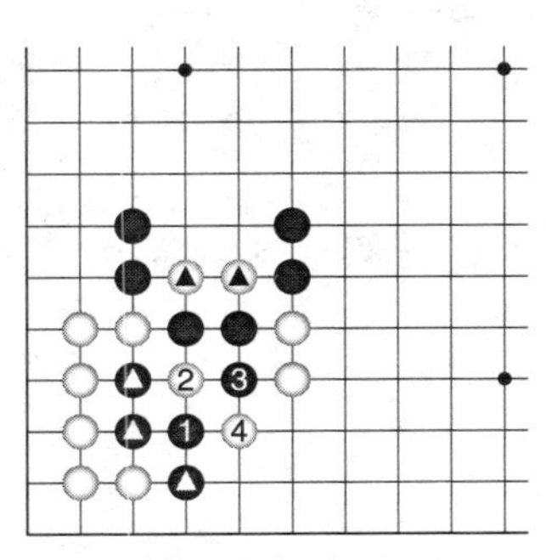

第2题失败图2

第2题失败图2：黑1连，思路较上图有点进步，但经白2扑，黑3提，白4打吃后，黑棋两口气，黑棋被杀。

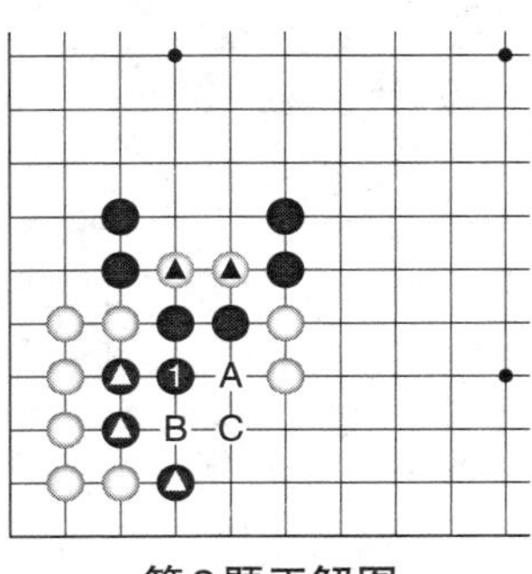

第2题正解图

第2题正解图：黑1连，正着。以后无论白棋下在A、B、C任一点，黑棋都是三口气，白棋被杀。

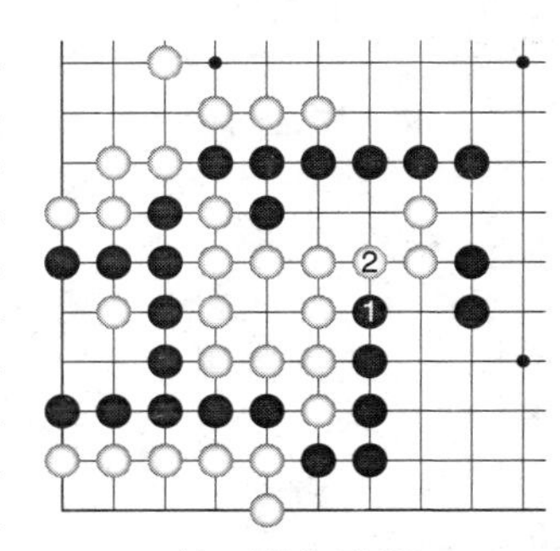

第3题失败图

分析：边上的黑棋和中间的白棋对杀，白棋有两部分，黑棋很难数清白棋的气。

第3题失败图：黑1冲，坏棋！白2连，白棋五口气，黑棋是四口气，黑棋被杀。请大家验证。

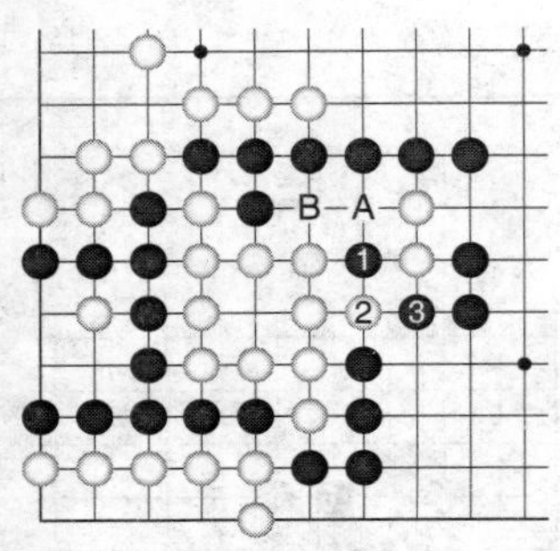

第3题正解图

第3题正解图：黑1挖，好棋！白2打吃，黑3断，好棋！以后，白A，黑B，白棋被杀。

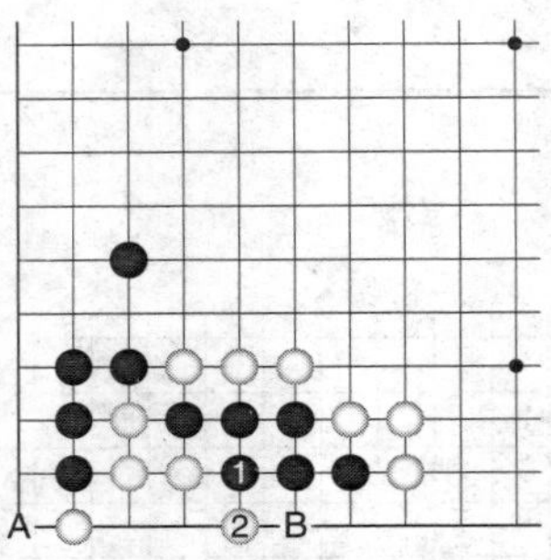

第4题失败图

第4题失败图：黑1紧气，错误！白2扳后，由于黑棋A、B两点不入气，白棋是三口气，黑棋被杀。

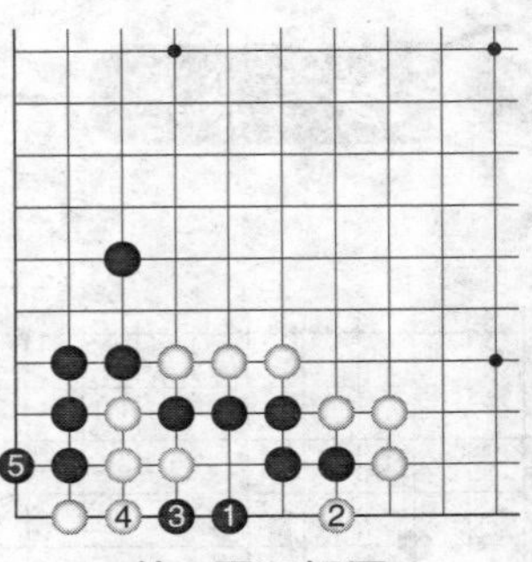

第4题正解图

第4题正解图：黑1尖，好棋！对杀的要点。白2扳，黑3紧气，白4连，黑5立，白棋被杀。

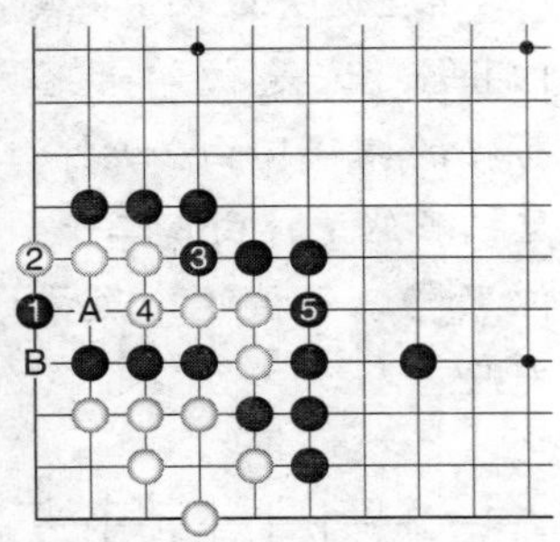

第5题正解图

第5题正解图：黑1尖，好棋！要求渡过，白2只能立，阻渡。黑3再挤，次序正确。白4若连，黑5紧气，由于A、B两点白棋不入气，白棋被杀。

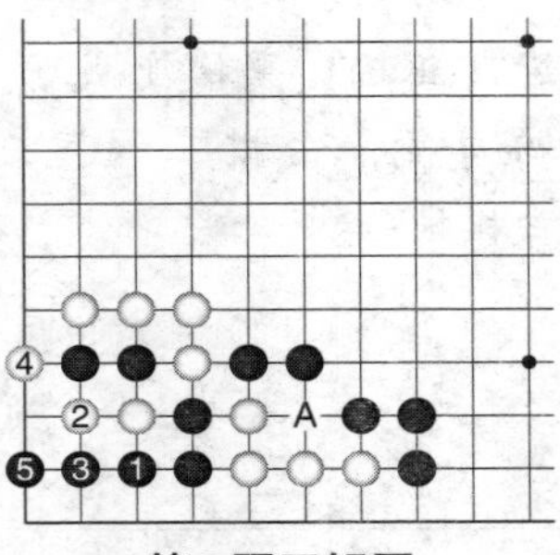

第6题正解图

第6题正解图：黑1打吃，白2逃，黑3再打吃，白4提，黑棋利用打吃达到了长气的目的，白棋被杀。其中，黑5也可在A位紧气，但不如在5位立。

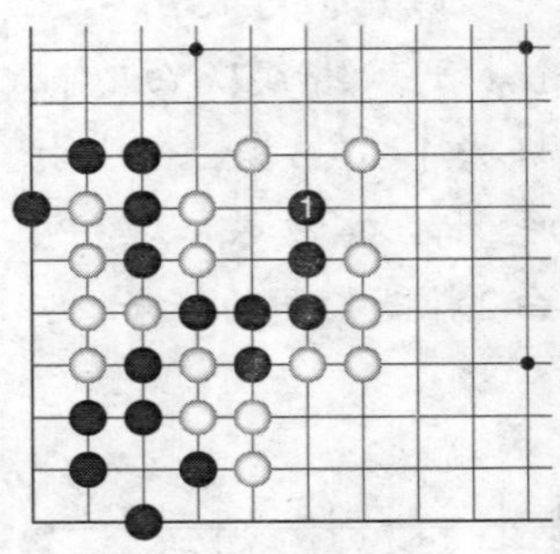

第7题正解图

第7题正解图：黑1长，好棋！这样黑棋是四口气，白棋三口气，白棋被杀。

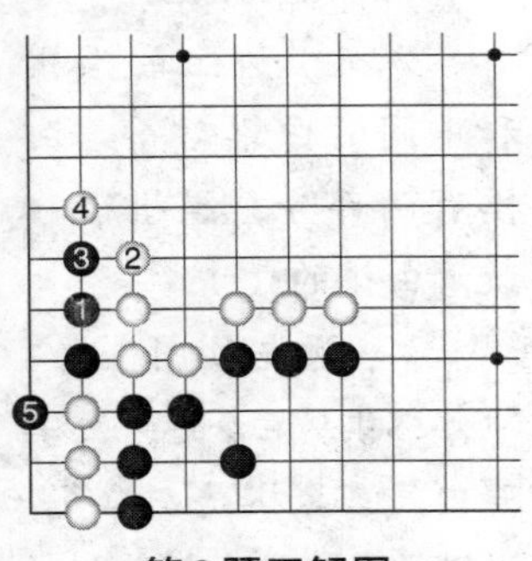

第8题正解图

第8题正解图：黑1爬，重要，白2只能退，黑3再爬，白4扳，黑棋已经三口气了，黑5紧气，白棋被杀。其中，白2若在3位扳，黑棋在2位断吃，白棋大损。

第五章　基本技术

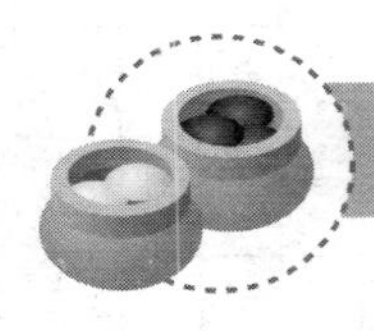

第一节　跳

“跳”是在与原有棋子隔一路的位置上行棋。一般出头时，特别是被对方攻击的孤子需要逃跑时，跳是常用的着法。

【例1】如图5-1，黑先，黑▲子没有根据地并且周围都是白棋，很危险，黑棋该怎么办呢？

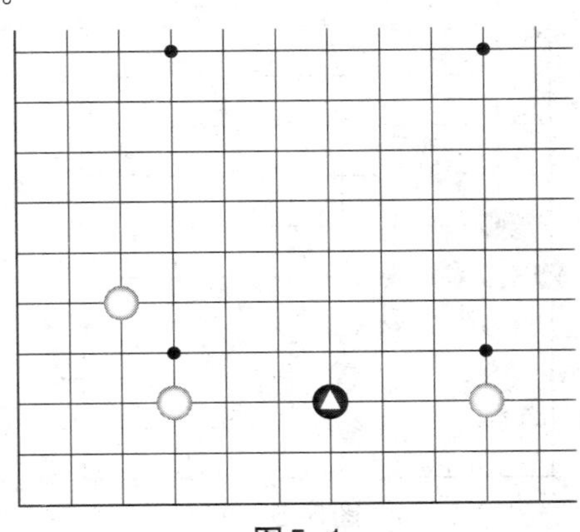

图5-1

如图5-2，黑1跳，出头，向中腹逃跑是常用的手段。其中，黑1也称为“关”，围棋有“凡关无恶手”之说。

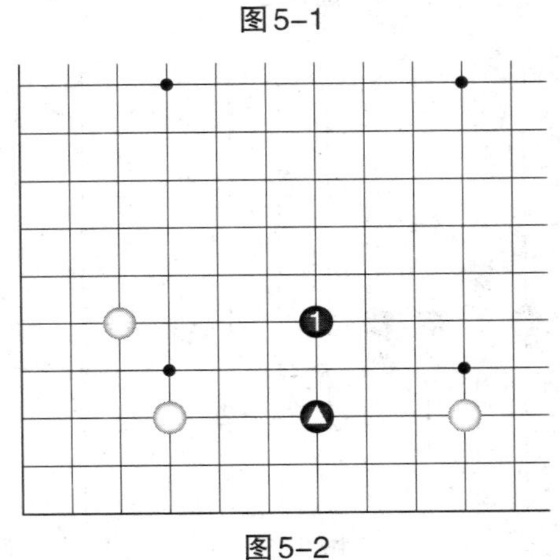

图5-2

【例2】如图5-3，黑先，该怎么下呢？

如图5-4，黑1跳，也称“拆一”。黑1有三个作用：①加强角部的黑棋；②出头；③攻击白▲子。实战中像黑1这样的着法切不可错过。

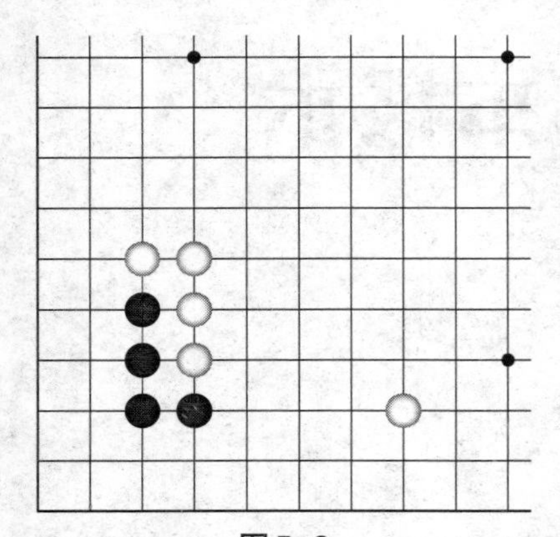

图5-3

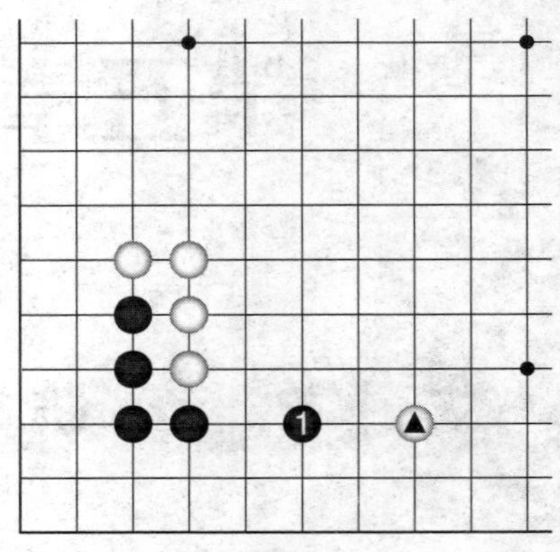

图5-4

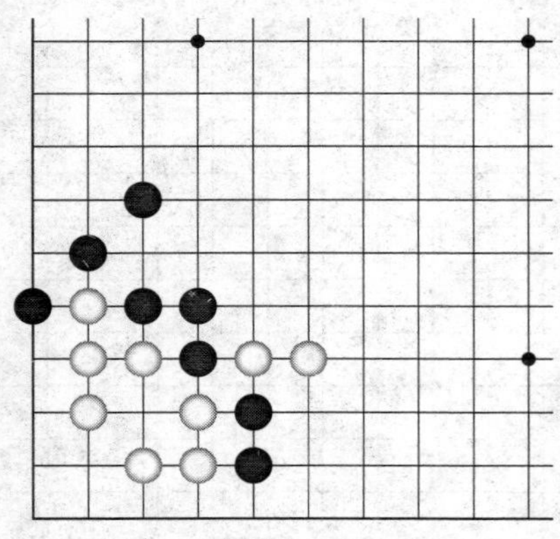

图5-5

【例3】如图5-5，本例取材于学生的实战对局，现在该黑棋下，该怎么下呢？

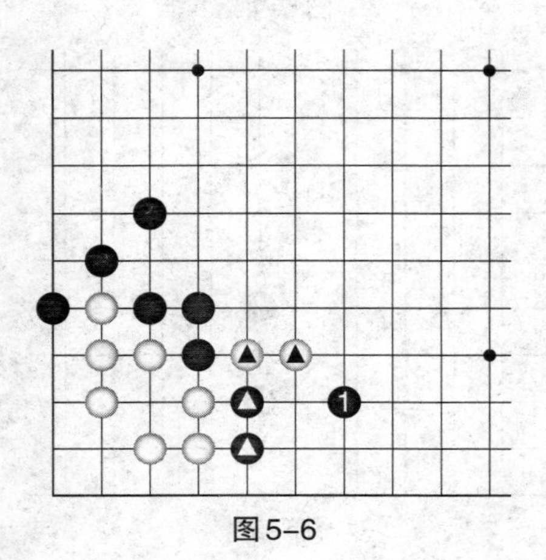

图5-6

如图5-6，黑1跳，正确。其主要作用有两点：①加强黑△二子；②威胁白▲二子。

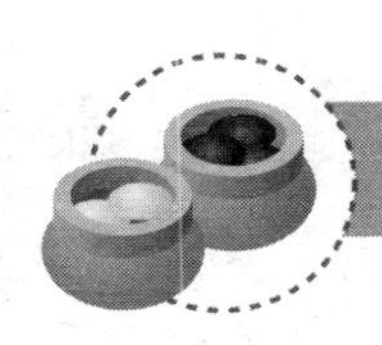

第二节 靠

“靠”一般是指黑白双方已各有一子，两子相隔几个交叉点，再下子时，下在对方棋子的上边或旁边。如基本图5-7至图5-10。

【例4】如图5-7，黑1称为“上靠”。

【例5】如图5-8，黑1称为“内靠”。

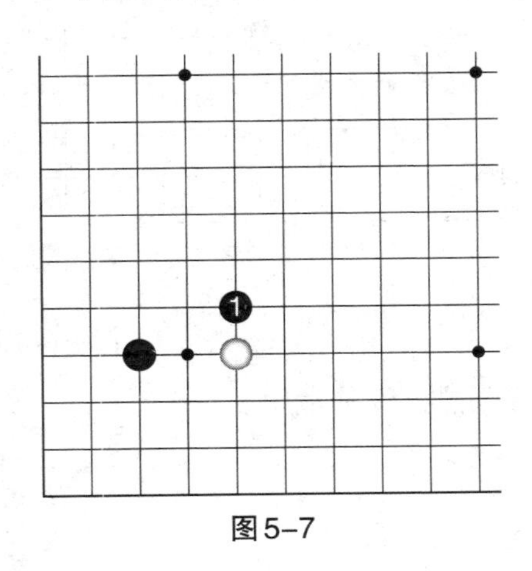

图5-7

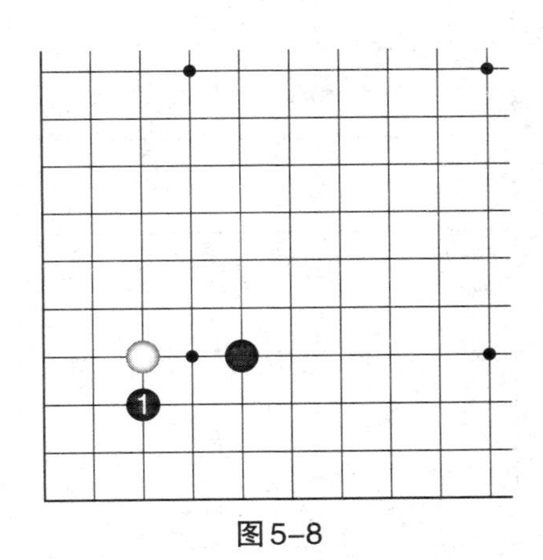

图5-8

【例6】如图5-9，黑1称为“外靠”。

【例7】如图5-10，黑1称为“靠压”。

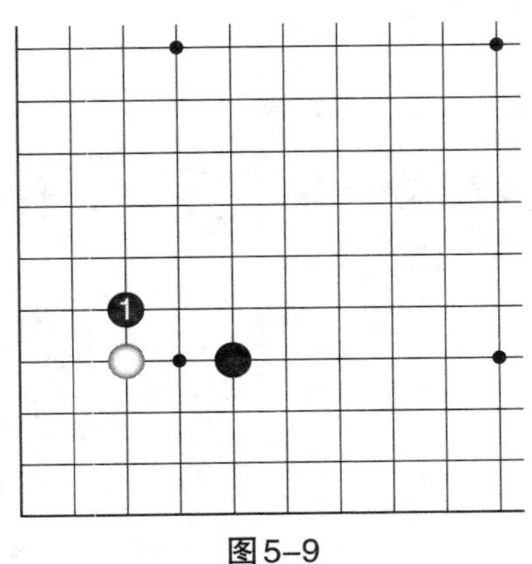

图5-9

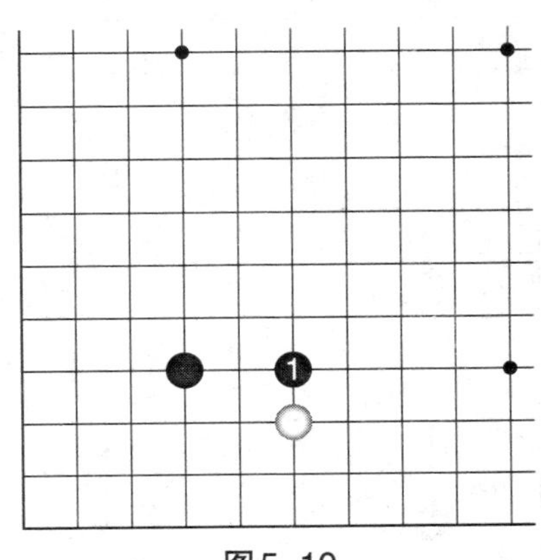

图5-10

靠是双方作战时常用的手段之一。通常来说“靠要扳”，而“扳要长”或“扳要退”。请大家记住，要从安全的地方扳。请大家看几个实例。

【例8】如图5-11，当白▲子上靠时，黑棋应该怎么下呢？

如图5-12，黑1扳，必然。白2退，即“扳要退”，保持联络，黑3虎，补断。以后白棋若要外势可以在A位扳，若要实地可以在B位托。

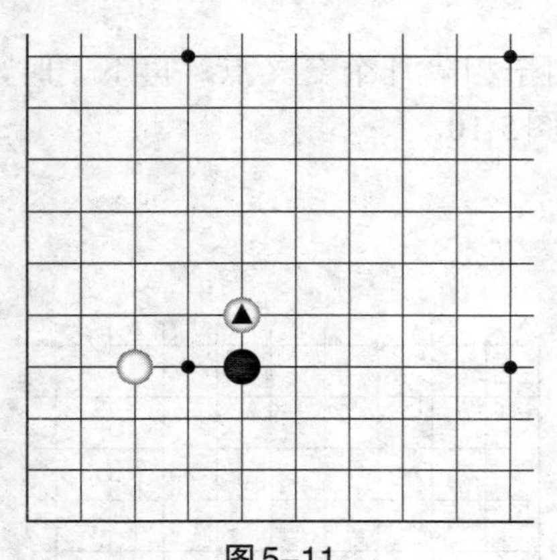

图5-11

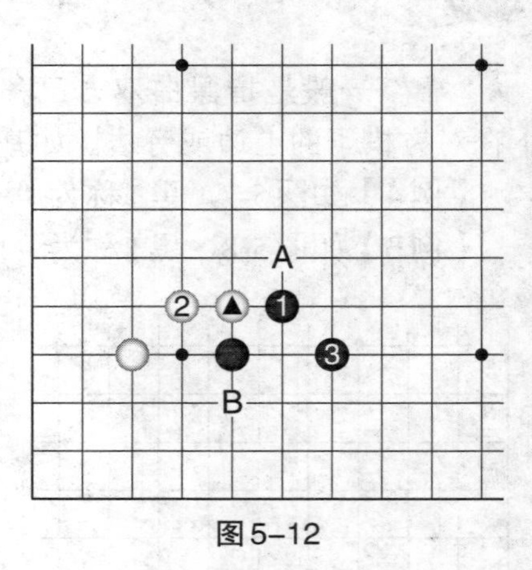

图5-12

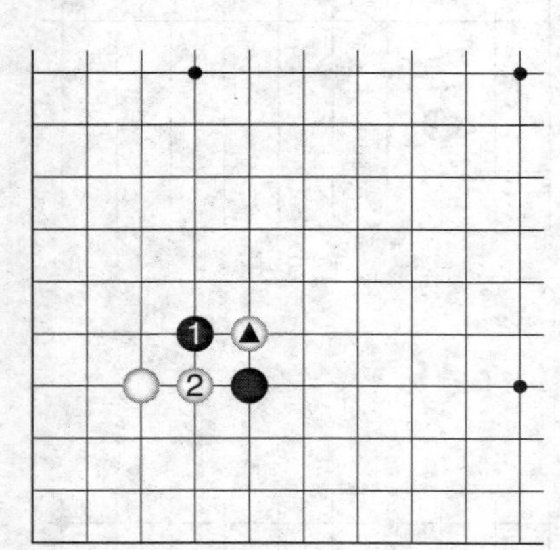

图5-13

如图5-13，黑1从这边扳，错误！白2断后，黑棋作战危险。

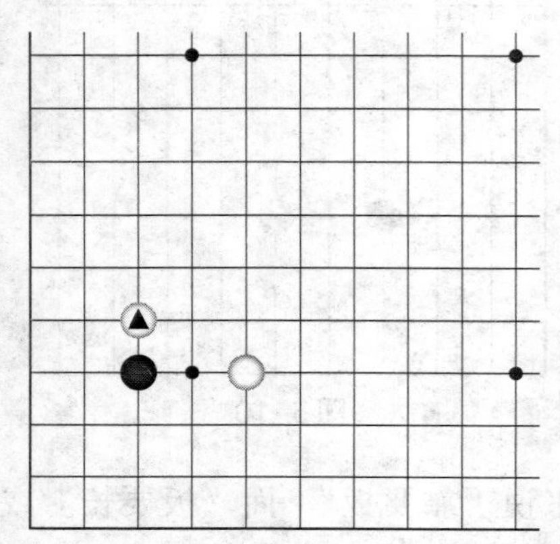

图5-14

【例9】如图5-14，当白▲子外靠时，黑棋应该怎么下呢？

如图5-15，黑1扳，正确。白2退，保持联络，黑3扳，留有A、B两个断点。

如图5-16，接上图，白1断，黑2打吃，白3反打，要着！黑4提，白5抱吃，这样黑棋得外边，白棋得角。

如图5-17，白1断在角上，黑2打吃，白3反打，黑4提，白5征子，这样黑棋得角，白棋得外势。其中黑棋要“断哪边吃哪边”。

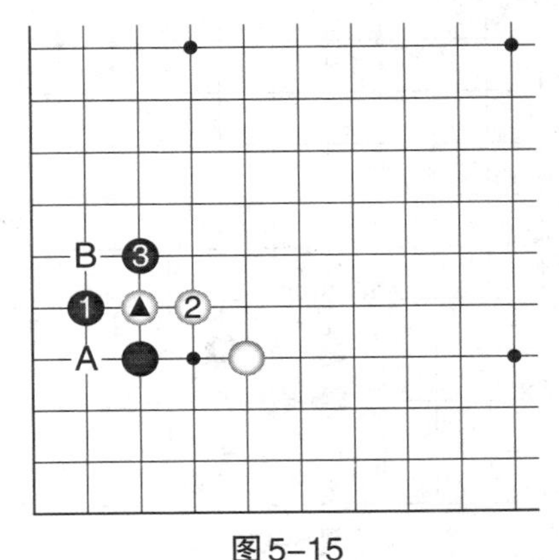

图5-15

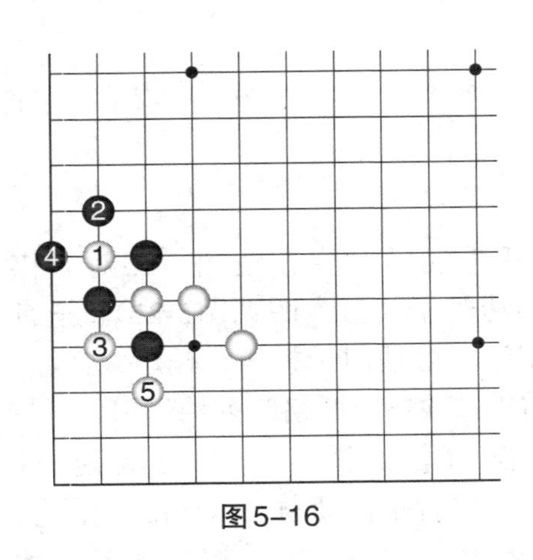

图5-16

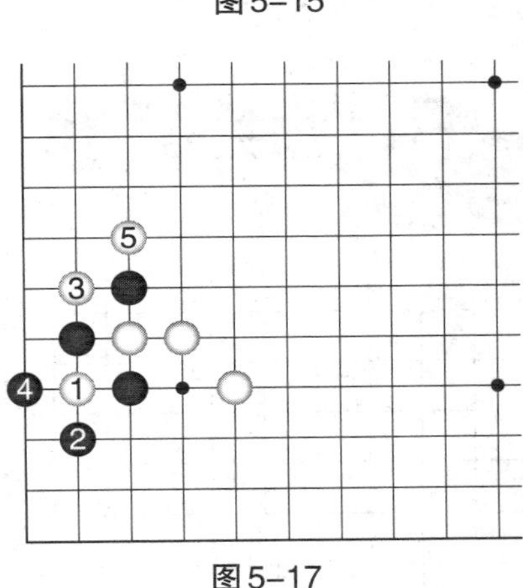

图5-17

【例10】如图5-18，当白▲子靠压时，黑棋应该怎么下呢？

如图5-19，黑1扳，正确。白2长，黑3长，进白角的同时，间接补A位的断。白4挡住，正确，黑5拆，围空，白6围空并补断，形成压长定式基本型。

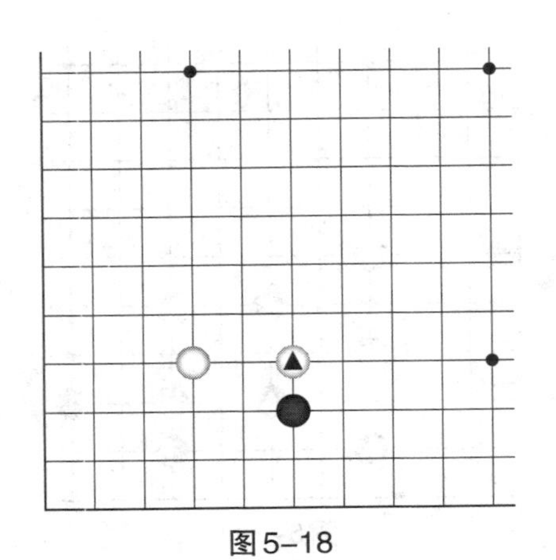

图5-18

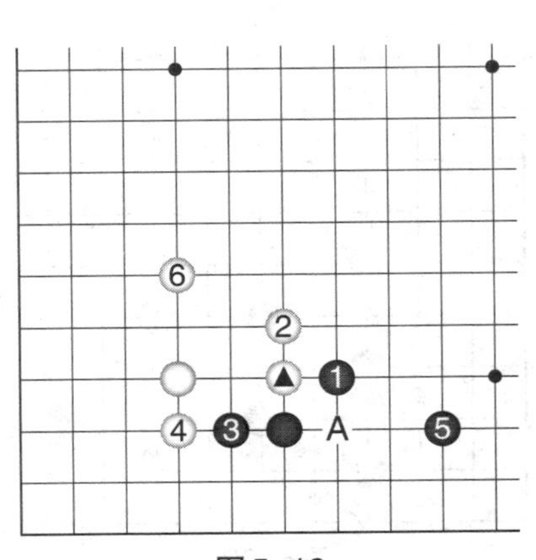

图5-19

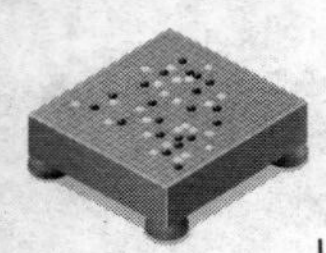

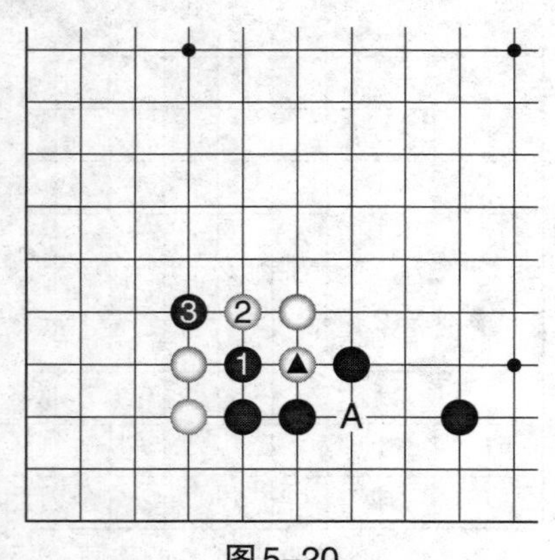

图5–20

如图5-20，图5-19中的白6脱先，黑棋可以在1位冲，白2挡，黑3断，由于黑棋A位没有断，白棋陷入苦战。故图5-19中，白6跳不可省。

第三节　托

“托”经常发生在边角，在对方棋子的下边落子（基本图见图5-21）。托有多种用途，可适用于托角、托边、托渡。具有占地、攻击、联络等多种作用。

【例11】如图5-21，黑1就是托，其主要作用就是借助与白棋作战来围地。

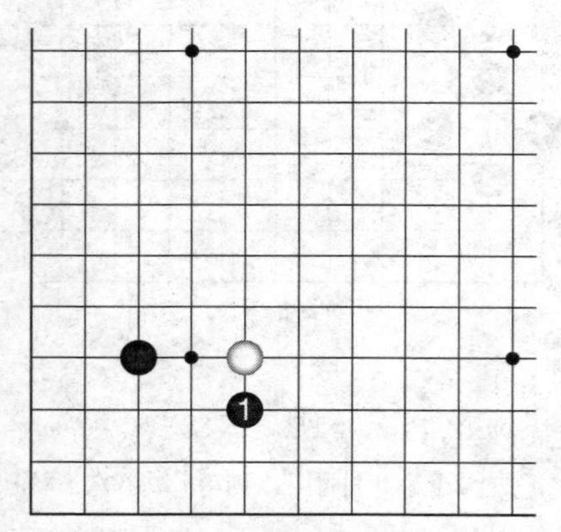

图5–21

【例12】如图5-22，黑先，怎么才能将黑△三子和边上的黑棋连上呢？

如图5-23，黑1托，正确。有了此着，两边的黑棋就能连上了。

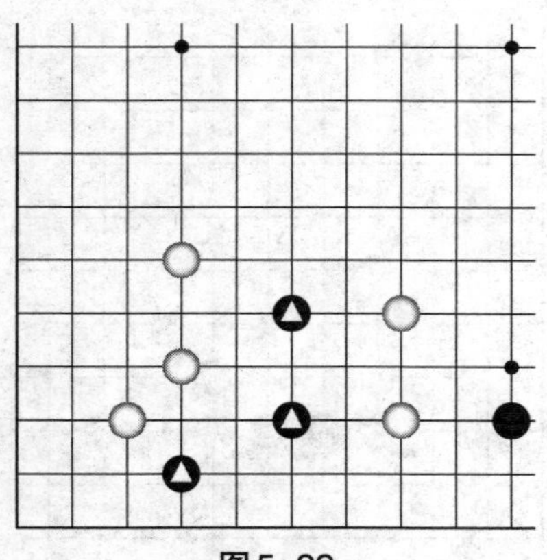

图5–22

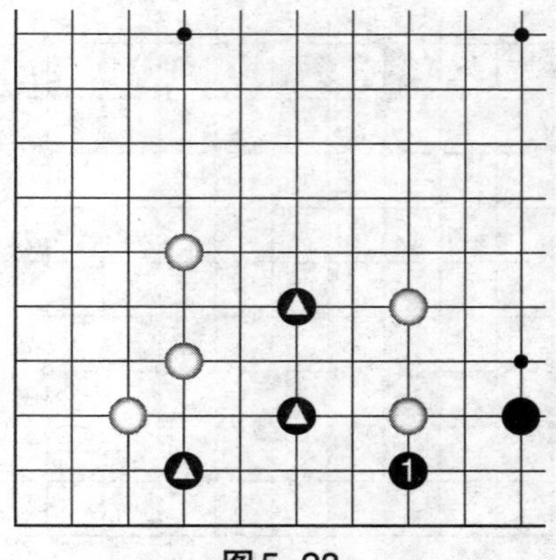

图5–23

如图5-24，白1扳，黑2断，必然，以下至黑12，黑棋联络成功。其中，白11提不能省，否则被黑棋在11位立，白棋被杀。黑12补A位的断并限制白▲子。

【例13】如图5-25，黑先，角上黑棋有什么手段呢？

如图5-26，黑1托，是侵入无忧角的一种常用的手段。根据白棋的应法，黑棋选择活角或侵入白棋的边。

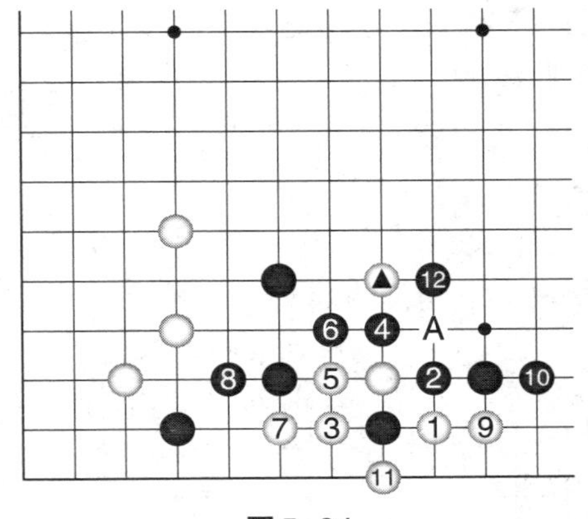

图5-24

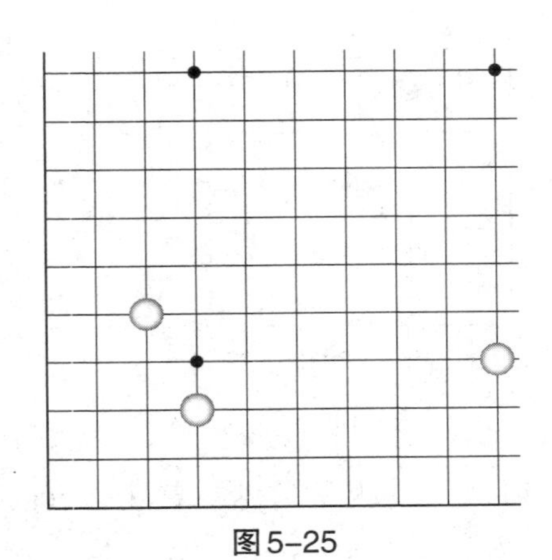
图5-25

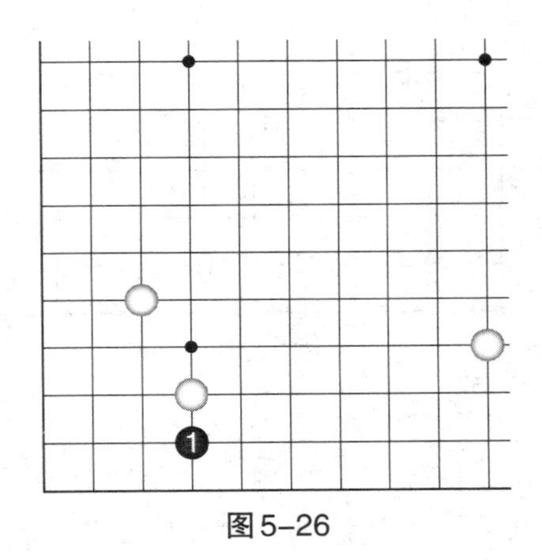

图5-26

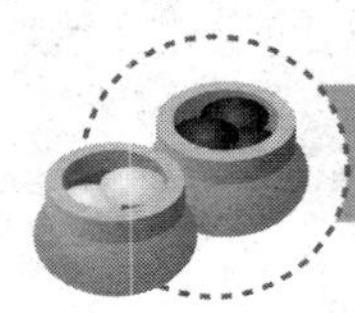

第四节　飞

“飞”一般也叫“小飞”，是指在原有棋子的呈“日”字形的对角交叉点处行棋。基本图见图5-27。

【例14】如图5-27，相对于图中原有的黑棋一子来说，无论黑棋在A、B、C、D、E、F、G、H这些字母代表的位置的任何一处行棋，都可以称其为“小飞”。

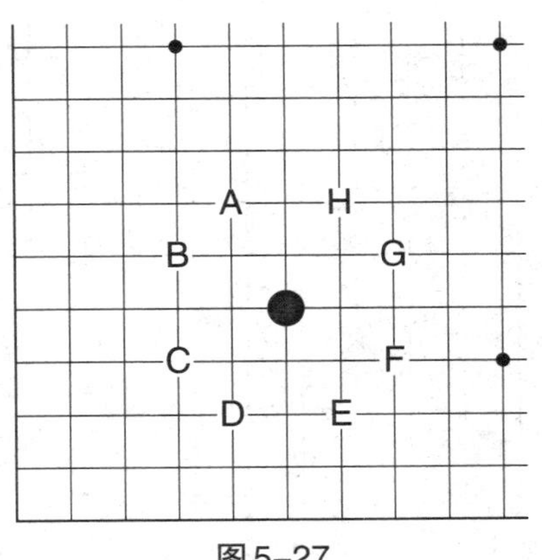

图5-27

【例15】如图5-28，假若黑棋在A、B、C、D、E、F、G、H任何一处行棋，在原有的黑子呈“目”字形对角交叉点上，就叫作“大飞”。

飞一般多用于攻击，所谓“攻击用飞”即飞攻。在角上防守时也比较常见。请看几个例题。

【例16】如图5-29，当白▲子挂角时，黑1小飞应是经常下的着法。黑1和星位上的黑棋又称为“小飞守角”。

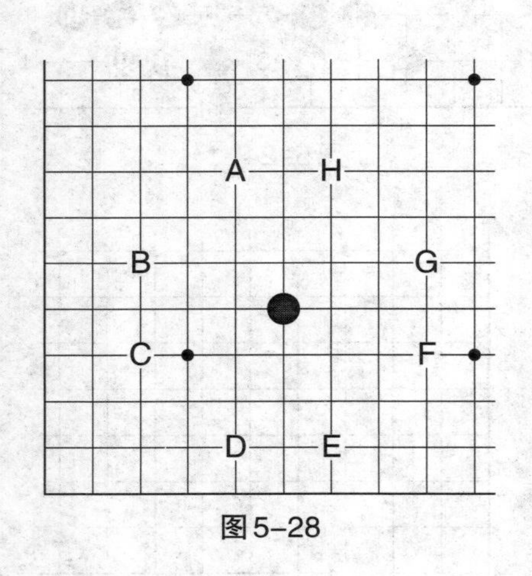

图5–28

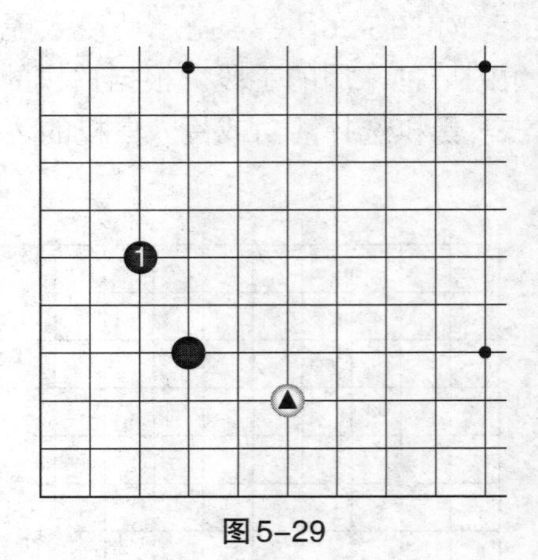

图5–29

【例17】如图5-30，当白▲子挂角时，黑1大飞，也是常见的着法。黑棋的两个子又称为“大飞守角”。

【例18】如图5-31，当黑△子占小目时，黑1小飞守角是常见的着法。黑棋两子也称为“无忧角”。

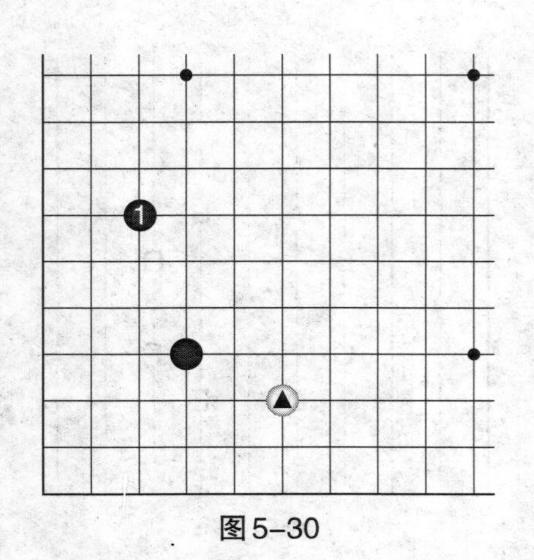

图5–30

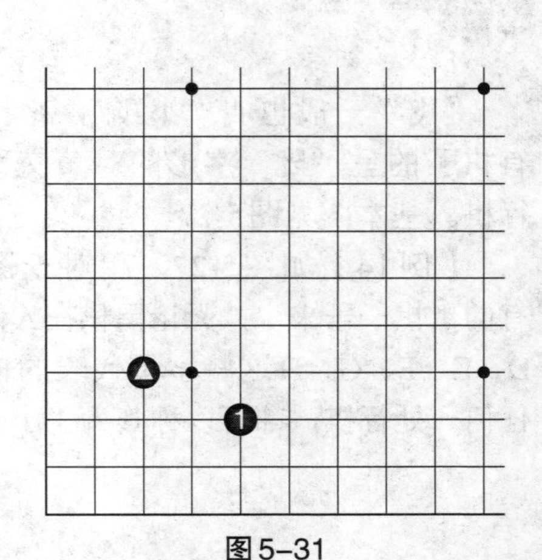

图5–31

【例19】如图5-32，黑先，该怎么攻击白▲子呢？

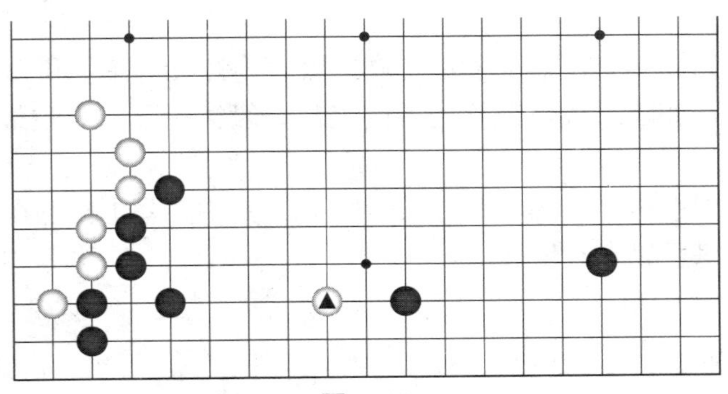

图5-32

如图5-33，黑1飞攻，好棋！往黑棋强大的地方赶白棋，白2靠，黑3扳，白4长，黑5长，白棋危险。

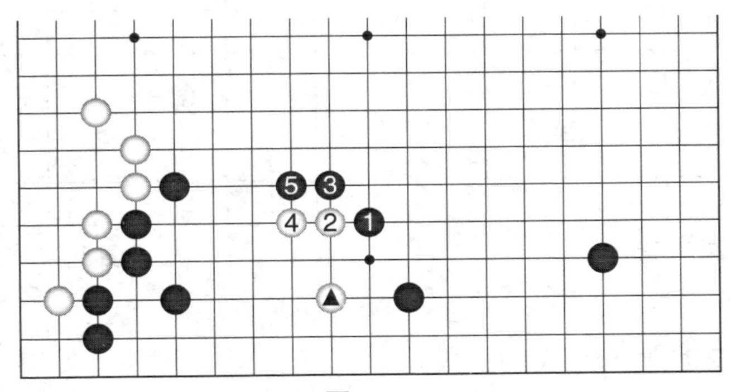

图5-33

第五节 夹和夹攻

“夹”是对局的一方用两子将另一方的棋子夹在中间的行棋方法。其基本图见图5-34。

【例20】如图5-34，黑1称为“夹”。两个黑棋将白棋夹在中间。

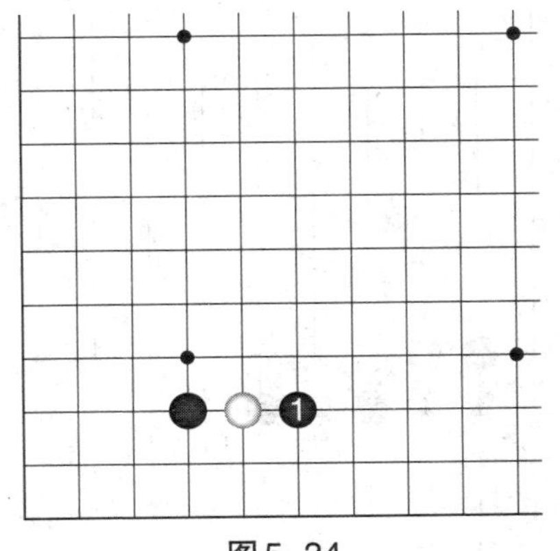

图5-34

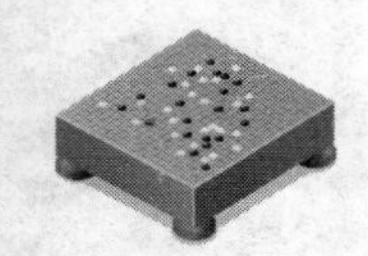

“夹攻”就是一方的棋子在另一方棋子的中间，并且有一定的距离。其基本图见图5-35。

【例21】如图5-35，黑1称为夹攻。黑1下在三线并且和白棋隔一线，故称为一间低夹，如隔二线，就称为二间夹。一般情况下，夹攻最多隔三线，三线为低、四线为高。

【例22】如图5-36，黑1称为三间高夹。其中，黑1若下在A位就不是夹攻了，因为白棋可以在B位拆二。

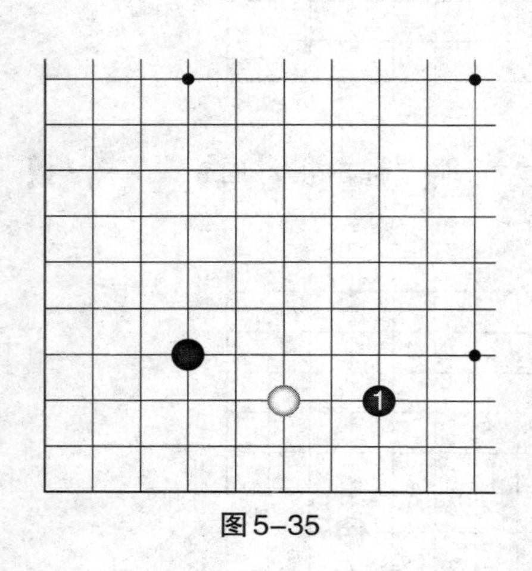

图5–35

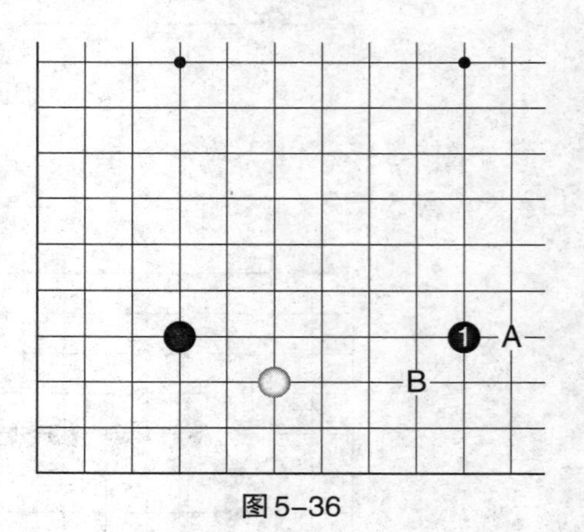

图5–36

下面举例来欣赏一下夹的手段。

【例23】如图5-37，黑先，黑▲二子和白▲二子对杀，结果如何呢？

如图5-38，黑1夹是紧气的手筋，是此形唯一的要点，白2拐，黑3渡过后，黑棋三口气，白棋两口气，白棋被杀。

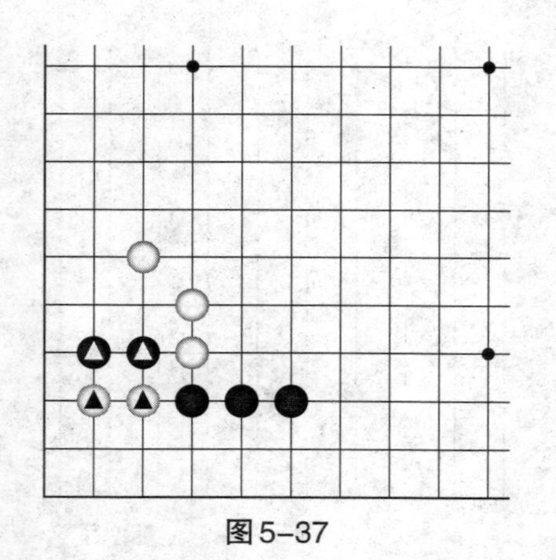
图5–37

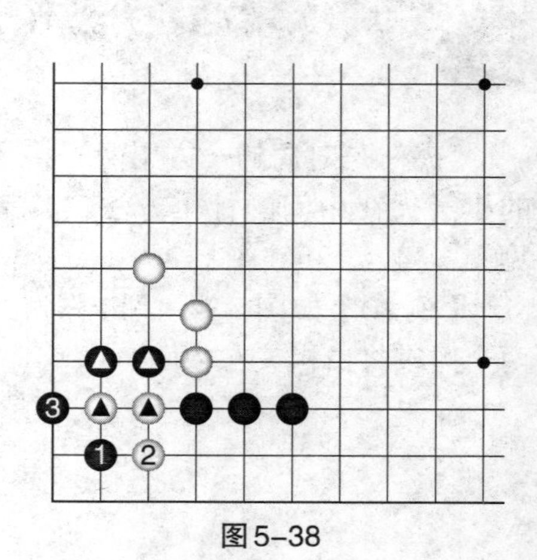

图5–38

【例24】如图5-39，黑先，能救出黑△三子吗？一定要吃掉白▲二子。

如图5-40，黑1夹是漂亮的一手。有了此着白▲二子怎么走都会被杀。其中，黑1又称为“竹节筋”，也称“靠单”。

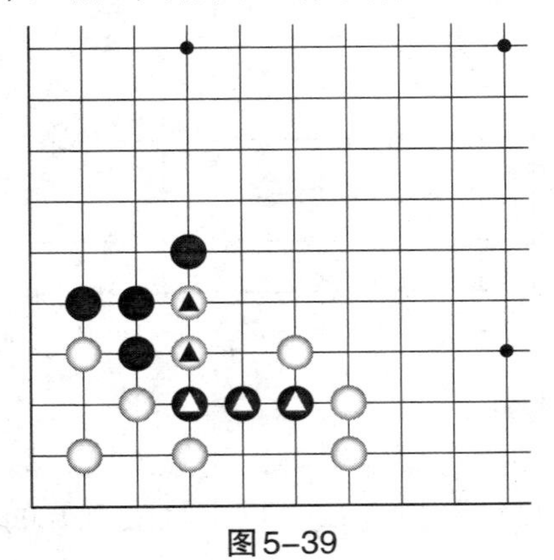

图5–39

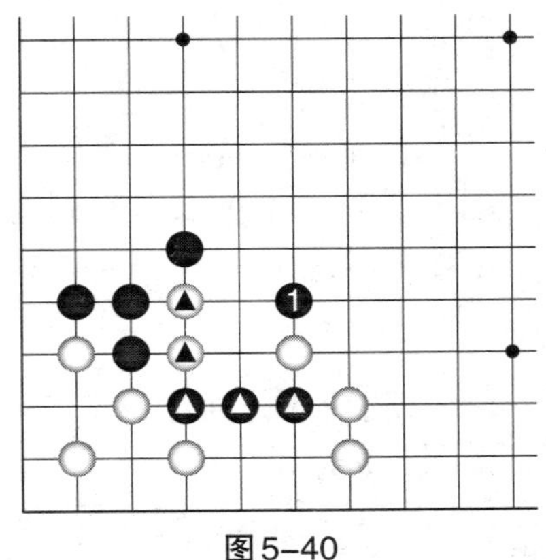

图5–40

夹的应用很广泛，在对杀、死活中都很常用。有关夹的应用会在《围棋速成：入门与提高（提高篇）》书中详细介绍。

第六节　拆

“拆”通常是指己方在三线或四线已经有一个子或数个子时，再向左边或右边间隔若干路跳一个子，隔一路为拆一，隔二路为拆二，通常不超过五路。其基本图为图5-41、图5-42，主要作用是：①建立根据地；②围空。

【例25】如图5-41，黑1即为拆二，其作用就是建立根据地。如黑1下在A位就是拆一，下在B位为拆三。

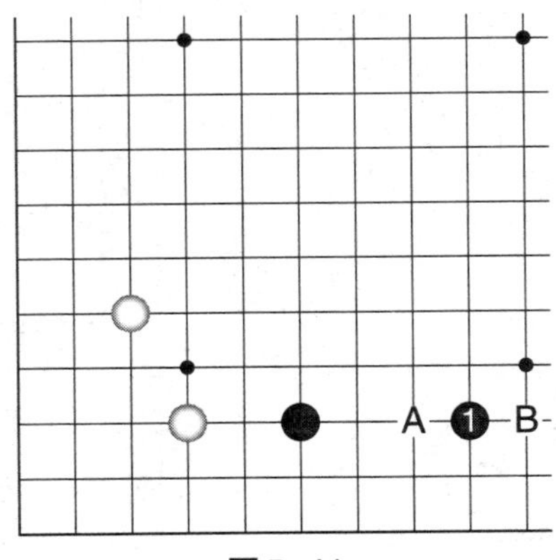

图5–41

【例26】如图5-42，黑1称为“斜拆三”。

拆二、拆三是开局时常用的方法，都是为了让己方的棋子有空，有空就不怕对方进攻了，有空就可以做眼了，就像军队的营地，军队可以从这里出发进攻，也可以退回到这里防守。下面请看几个实例。

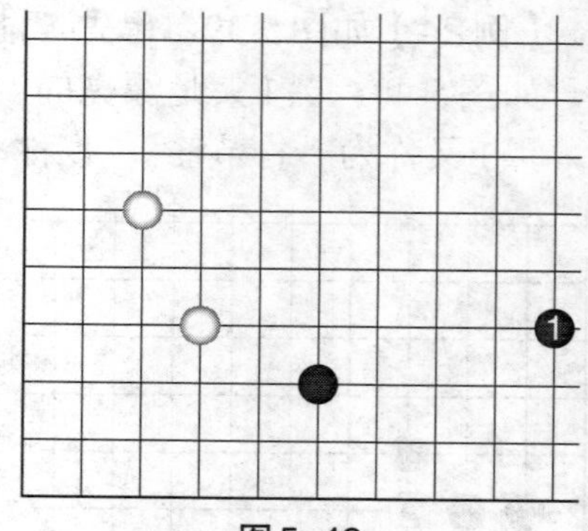

图5-42

【例27】如图5-43，黑先，黑棋该怎么下呢？

如图5-44，黑1拆二，正确。原来的黑棋二子，有些空，但不够做两只眼的，所以，黑1拆二，建立根据地非常重要。这样的拆，在下棋中是最重要的拆，是急所。

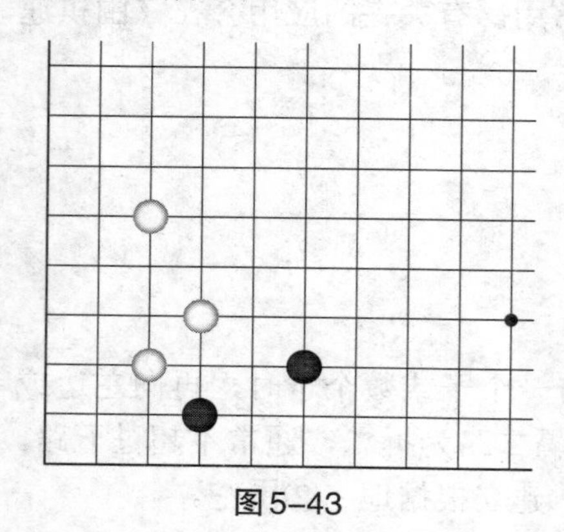

图5-43

图5-44

【例28】如图5-45，黑先，黑棋应该怎么下呢？

如图5-46，黑棋二子没有空，所以，黑1拆三是正确的下法。正是“立二

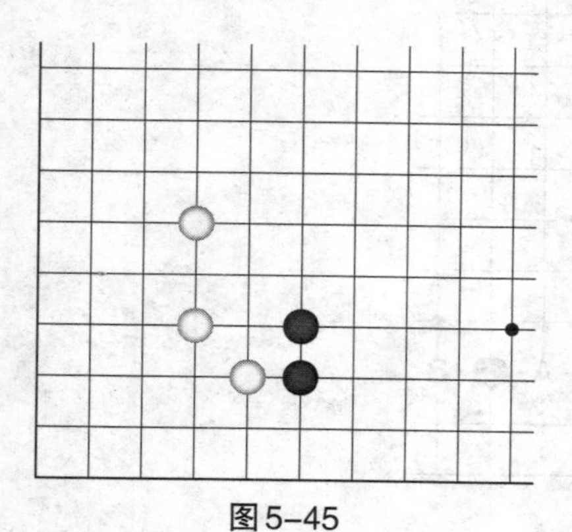

图5-45

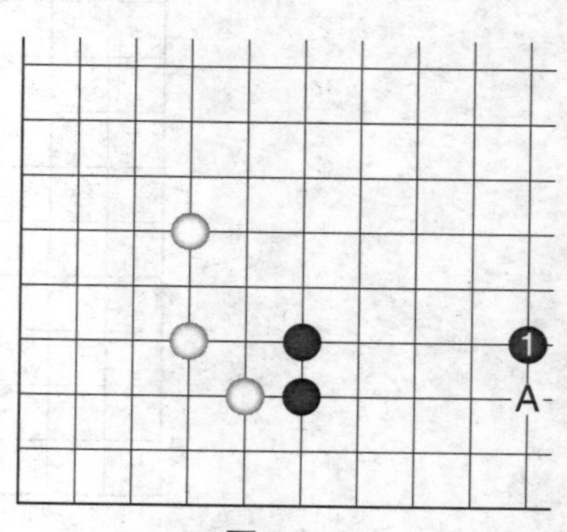

图5-46

拆三”。其中，黑1也可拆在A位。所谓“立二”主要指三线、四线各有一子并且两个子紧紧相连，形成一个整体。

【例29】如图5-47，黑先，黑棋应该怎么下呢？

如图5-48，黑1拆三，正确。黑1也可在A位拆三，这是一种变形的立二拆三。

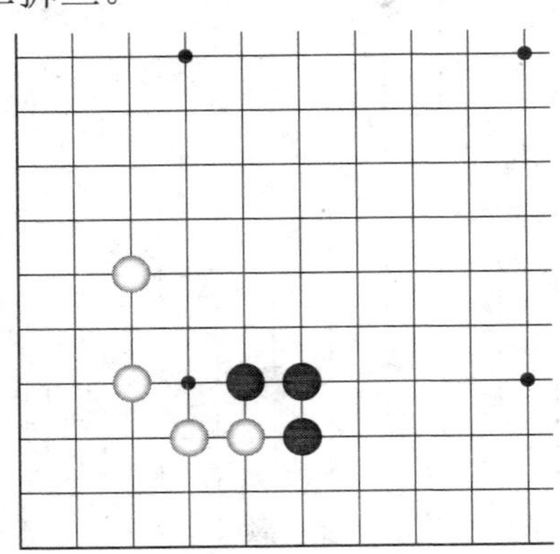

图5-47

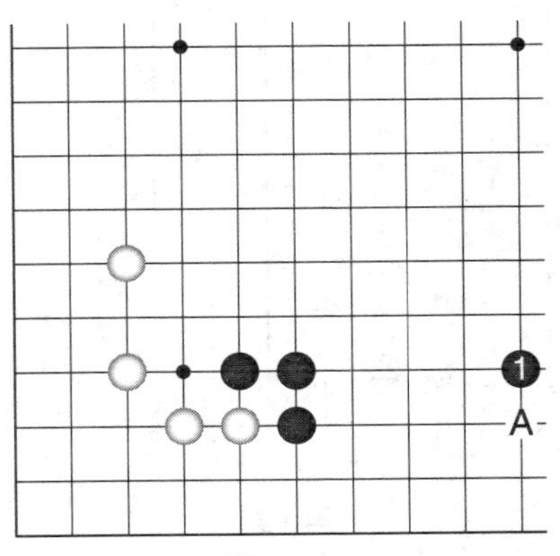

图5-48

【例30】如图5-49，黑先，当白▲子飞后，白棋已经安定，黑棋该怎么办呢？

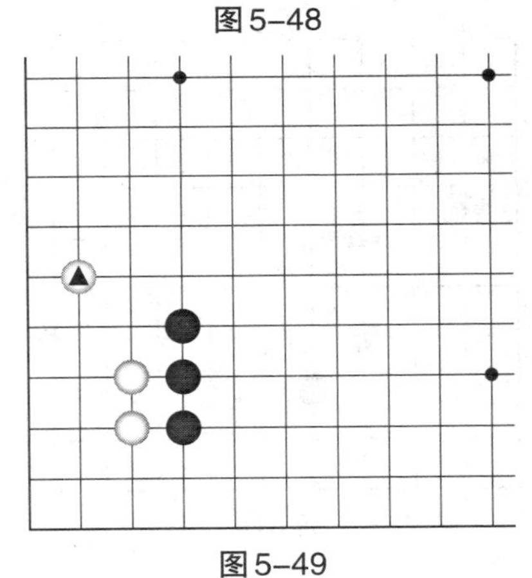

图5-49

如图5-50，黑1拆四，正确，“立三拆四”。黑棋拆在A位有些窄，拆在B位过宽。

拆边时要根据己方棋子的强弱，决定拆的远近。一般情况：一个子拆二、立二要拆三、立三要拆四，棋越强拆得越远。另外，还要看周围的情况、对方棋的强弱等。

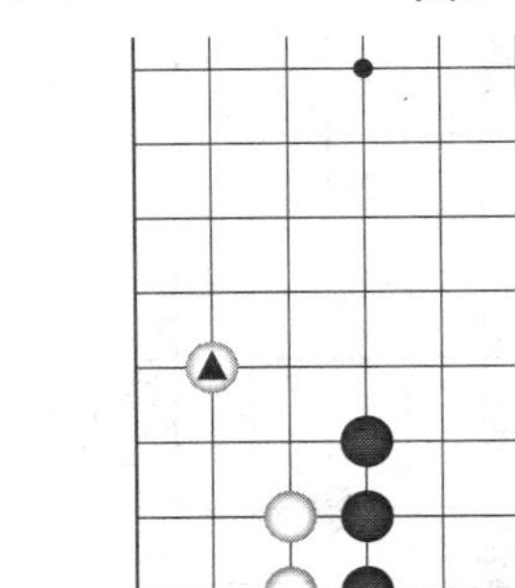

图5-50

单元练习五

以下均为黑先，观察双方棋形，黑棋怎么下好？

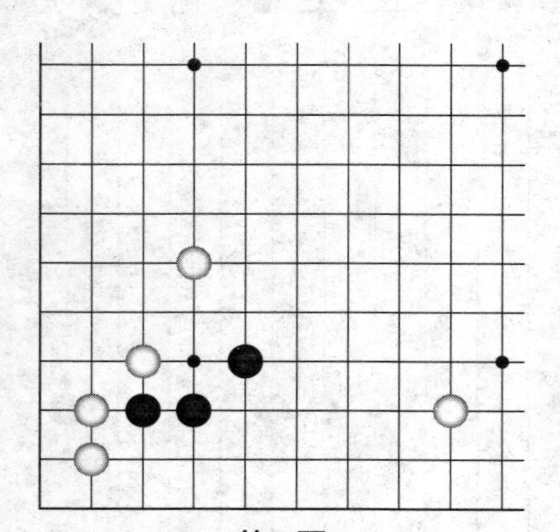

第1题

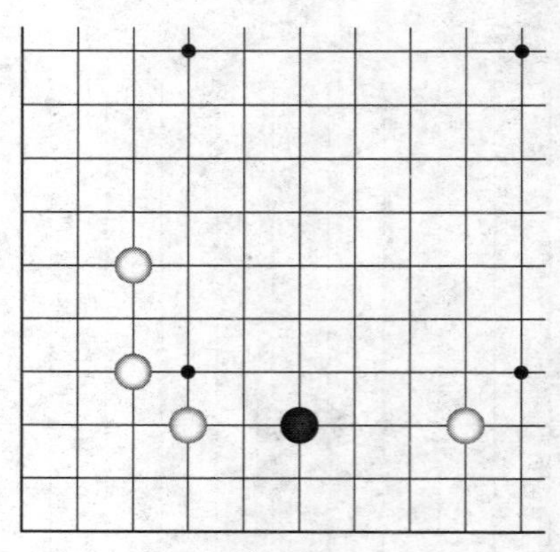

第2题

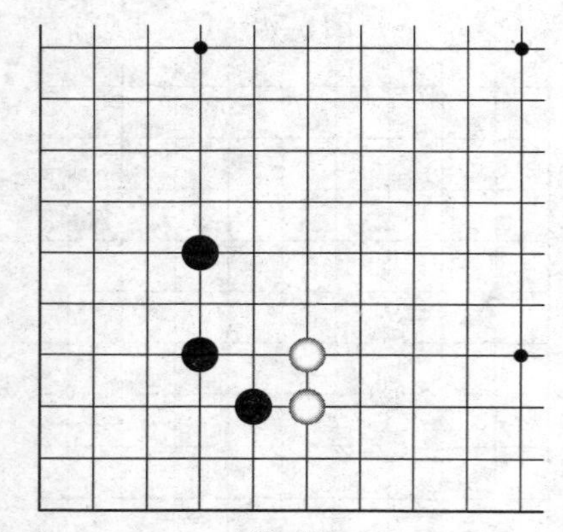

第3题

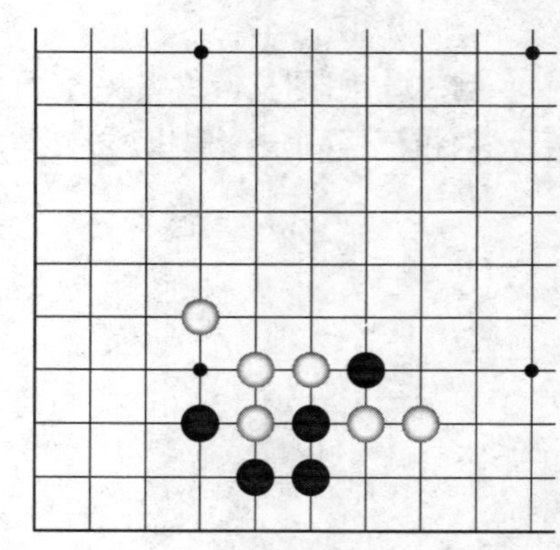

第4题

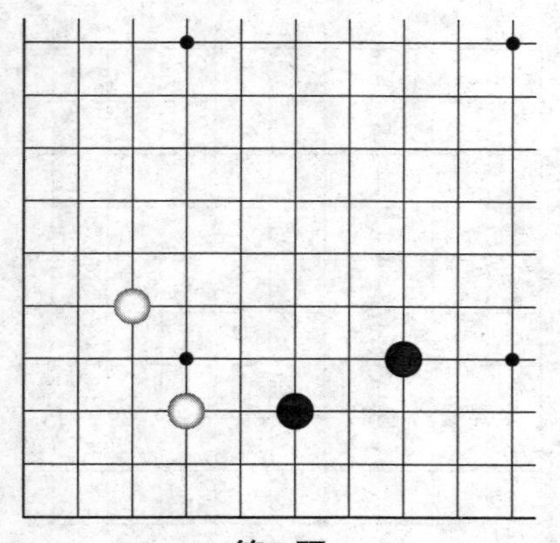

第5题

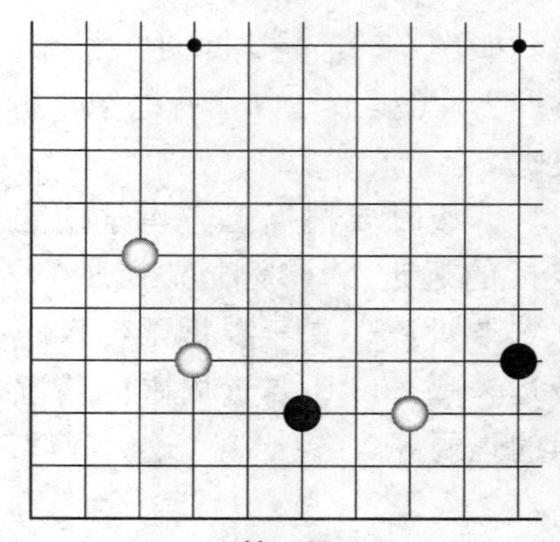

第6题

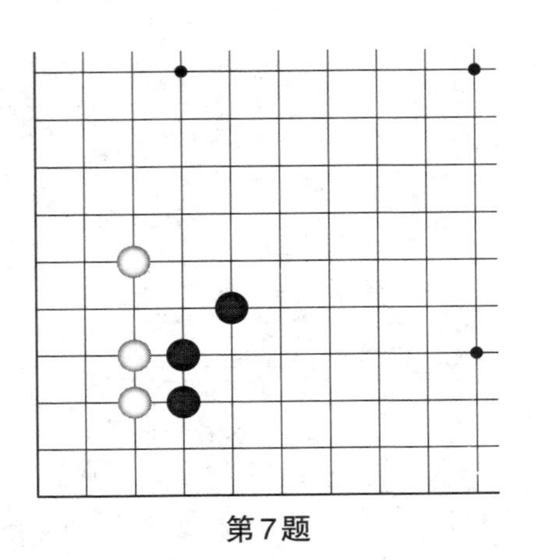
第7题

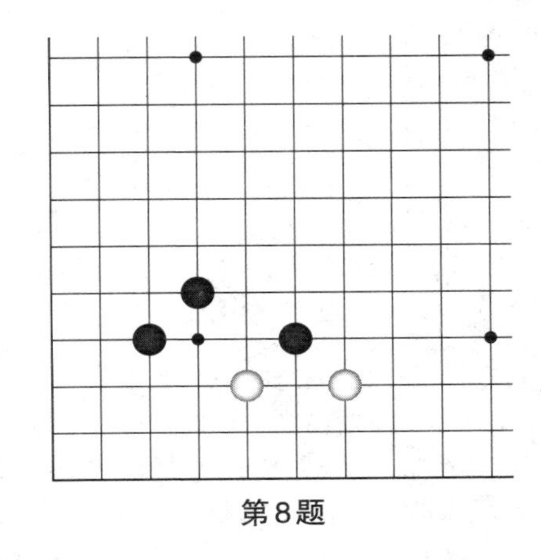
第8题

参考答案

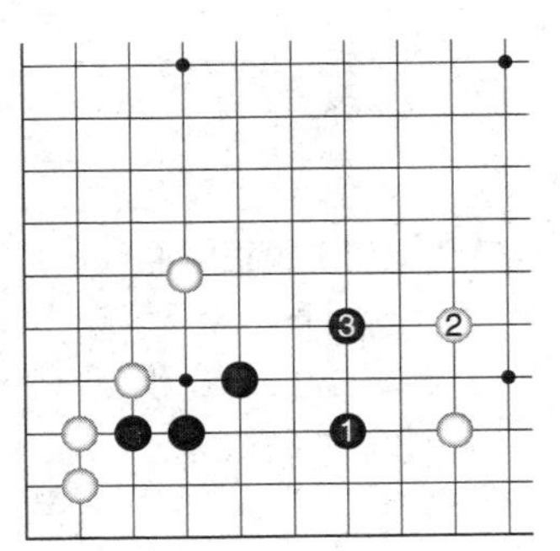
第1题正解图

分析：黑棋三子没有空，左边的白棋已经安定，右边还有白棋一子夹攻。

第1题正解图：黑1小飞，正确。虽然有些狭小，但总算能够安定，这是最佳的选择。白2跳，黑3跳，顺势出头。

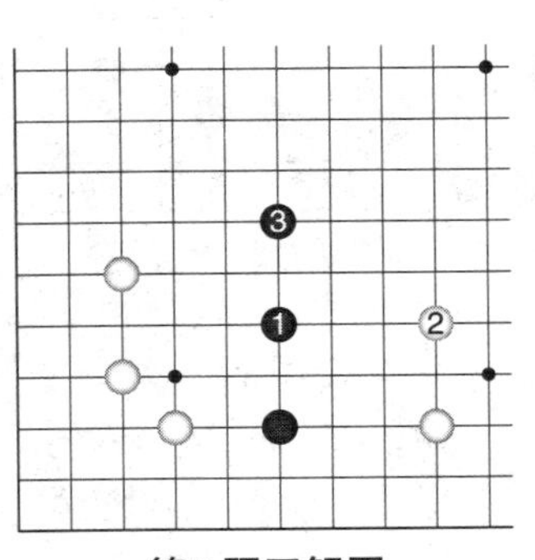
第2题正解图

分析：黑棋一子被白棋夹攻，有危险。

第2题正解图：黑1跳，出头，好棋！向中腹逃，白2跳，追击，黑3再跳，冲出白棋的夹击。

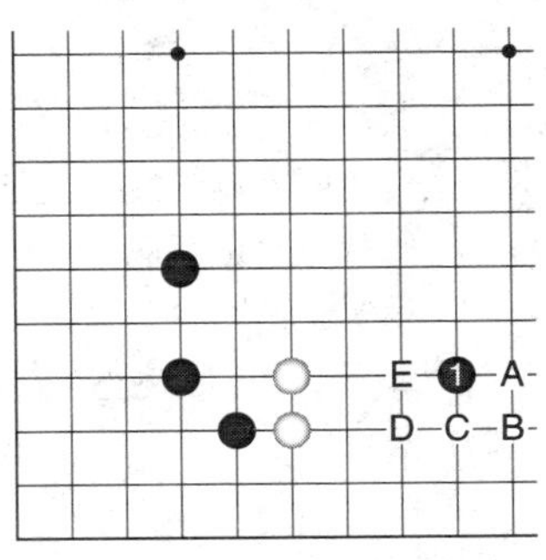

第3题正解图

分析：角上的黑棋比较强大，白棋二子没有根据地，黑棋应该攻击白棋。

第3题正解图：黑1夹攻，正确。也可在A、B、C处夹攻，E、D两点虽然也是夹攻，但离白棋太近，不好。

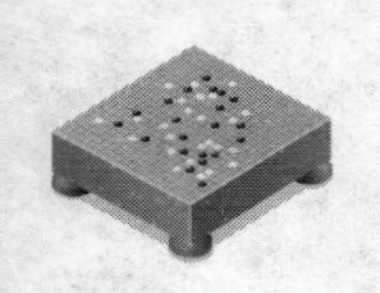

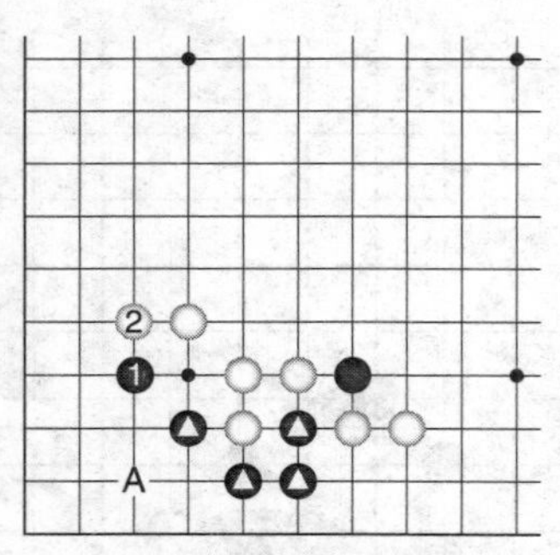

第4题失败图

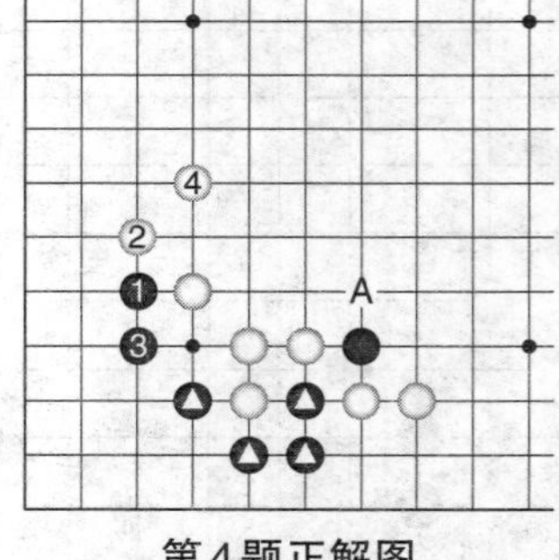

第4题正解图

分析：黑▲四子被白棋包围了，需要做眼，也就是黑棋需要围空。

第4题失败图：黑1尖，是初学者常下的坏棋。白2挡后，黑棋还有A位被白棋点的危险。其中，黑1加强了白棋。

第4题正解图：黑1托，好棋！白2扳，黑3退，保持联络，白4补断。将来黑棋可以在A位长，作战。其中，黑1托是棋形的要点，常见的活棋手段。黑棋托退后，角上棋形完整。

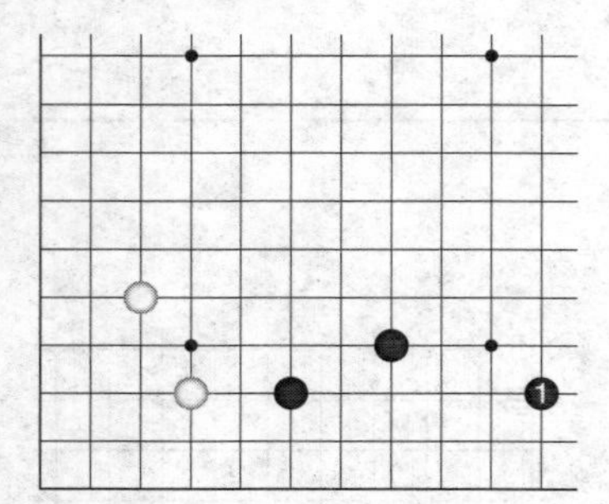

第5题正解图

第5题正解图：黑1拆二，正确，棋形完整并建立根据地。

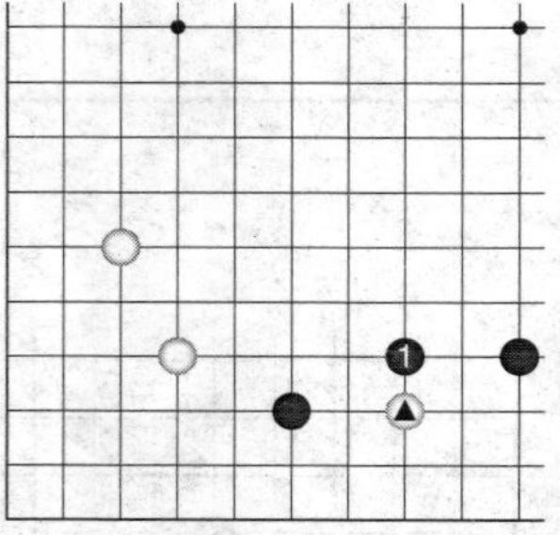

第6题正解图

第6题正解图：对付白▲子的打入，黑1靠，正确。将两个黑棋连上并围住白▲子。

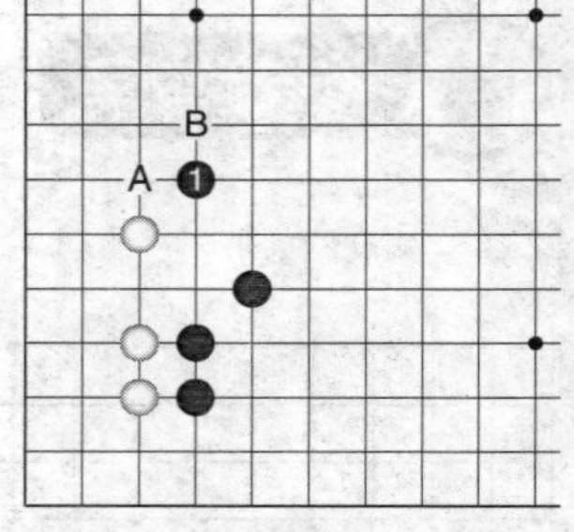

第7题正解图

分析：白棋角部已经安定，黑棋应该限制白棋的发展。

第7题正解图：黑1飞压，正确。将白棋压在三线上，有效地限制了白棋的发展。将来白A、黑B，黑棋充分可下。

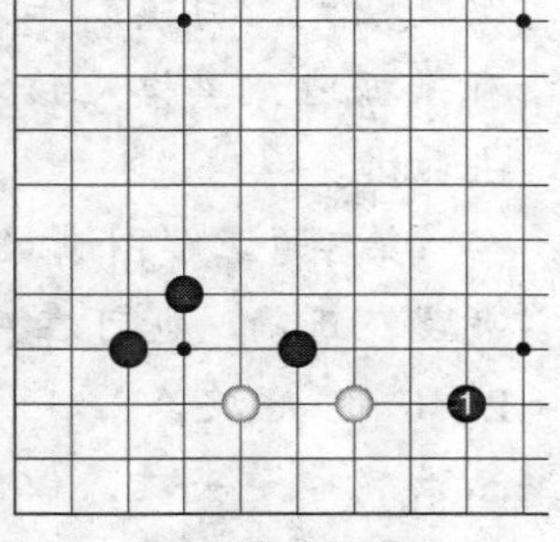

第8题正解图

分析：黑棋比较强大，白棋没有根据地，黑棋应该进攻白棋。

第8题正解图：黑1夹攻，好棋！对于弱棋就要夹攻，形成战斗后，由于黑棋强，黑棋会掌握进攻的主动权。

第六章　一局棋的组成

一局棋一般由布局、中盘、收官三个阶段组成。布局就是搭建一局棋的骨架，大致分割棋盘上的地域。“金角、银边、草肚皮”基本上就说清了下棋的顺序，也就是说，下棋要从角上开始，由角到边，再到中间。

第一节　开局

一、占角

所谓空角最大，也就是下棋时，应抢先占据空角。下面介绍占角的方法。基本图见图6-1至图6-6。

如图6-1，黑棋占星位，由于在四线上，故比较重视外势。所谓“三线是围地线，四线是取势线”。占据星位是初学者常用的方法。

如图6-2，黑棋占小目，A位也是小目。小目在三线、四线的交叉处，即它是地和势平衡的位置。现代占小目的对局比较多。

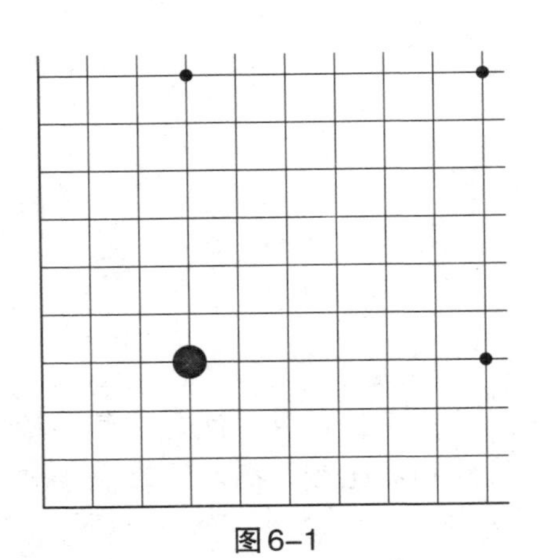

图6-1

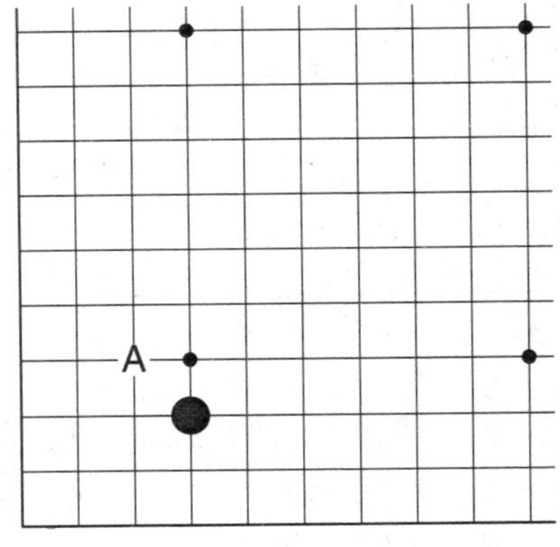

图6-2

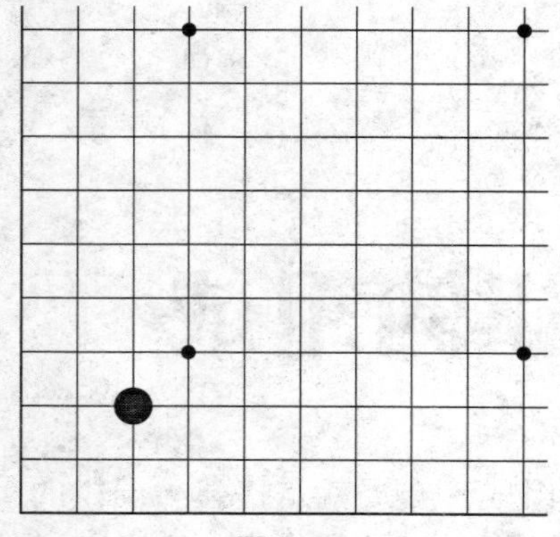
图6–3

如图6-3，黑棋占三·三，是重视实地的下法。一手棋占据角，也就是这个角可以认定是黑棋的。

如图6-4，黑棋占目外，A位也是目外，由于它比较靠近边上，是重视边的下法。

如图6-5，黑棋占高目，A位也是高目，由于它位置靠近中腹，故它更是重视外势的下法。

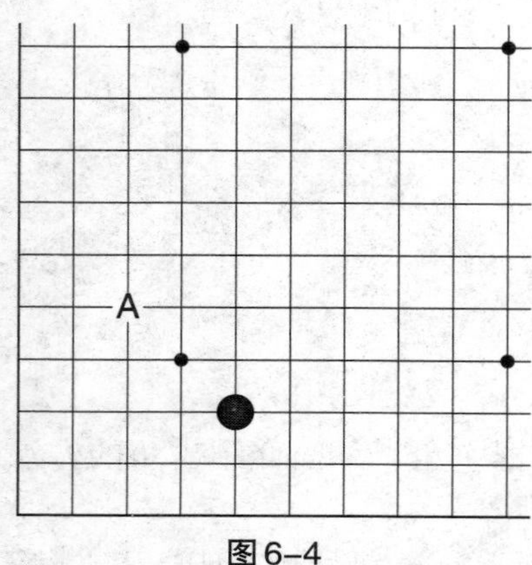

图6–4

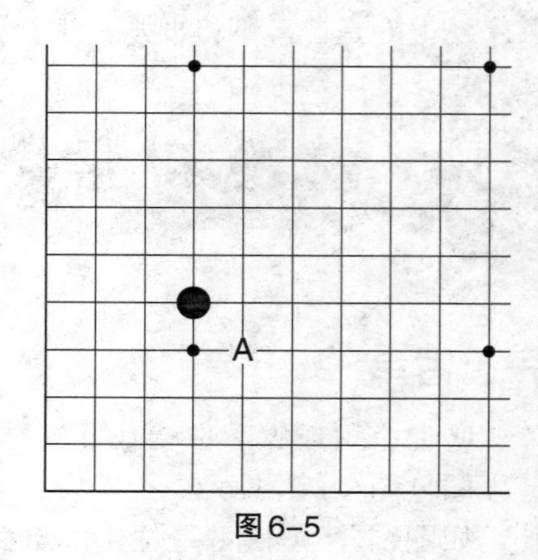

图6–5

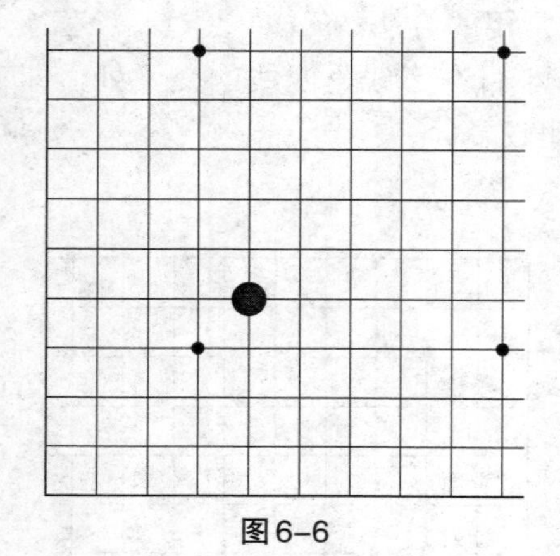
图6–6

如图6-6，黑棋占五·五，位置更高，极端重视外势的下法。虽然比较少见，但在网络上经常遇见。

以上几种占角的方法，以占星位、小目最多，三·三、目外次之，其他较少。其中，星位是一手棋占角，速度较快；小目地和势比较均衡，比较利于守角。围棋中有“星位占边、小目守角”之说。

二、守角和挂角

下棋时，守角和挂角具有同等地位，是仅次于占空角的大棋。

1. 守角

守角就是在己方占的角上再加上一个棋子，将角围起来。其基本图见图6-7至图6-9。

如图6-7，黑1称为“小飞守角”。由于黑棋是小目加上小飞，又称“无忧角”。有了黑1，此角就被黑棋占领了。

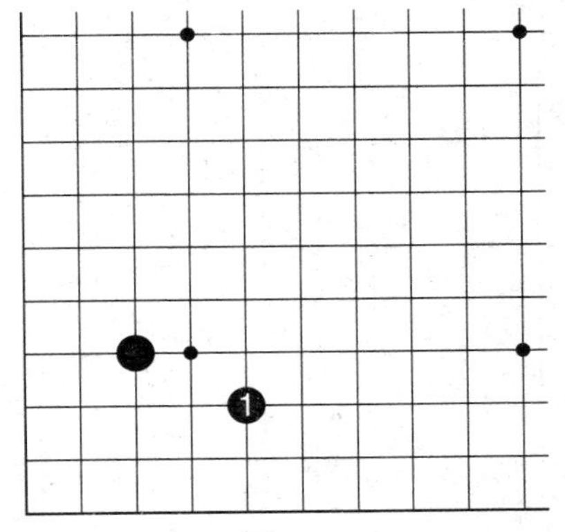

图6-7

如图6-8，黑1称为“大飞守角”，由于它比小飞大，相对就没有小飞牢固。

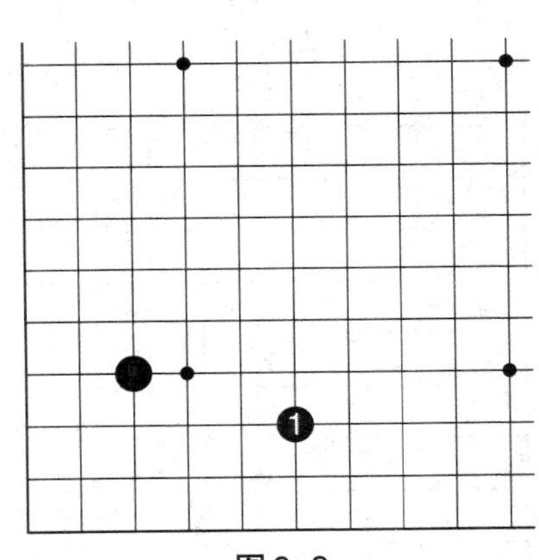

图6-8

如图6-9，黑1称为“单关守角”，由于它比小飞位置高，也没有小飞牢固，但它比小飞有利于向中腹发展。

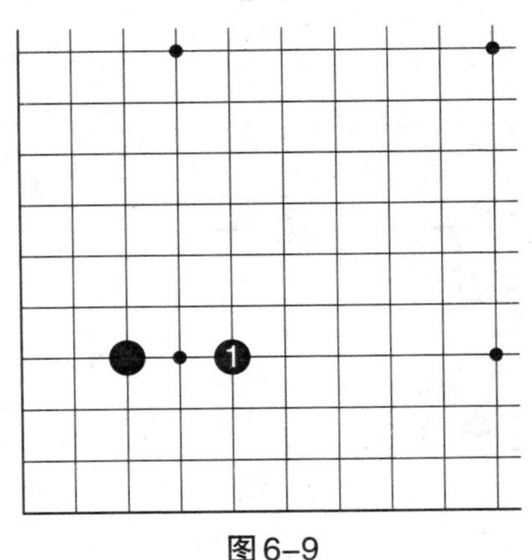

图6-9

三种常见的守角没有优劣，要根据个人的喜好、棋局的需要来选择。

2. 挂角

挂角就是进攻对方占空角的棋子，其主要目的就是跟对方争夺角部的空。其基本图见图6-10至图6-17。

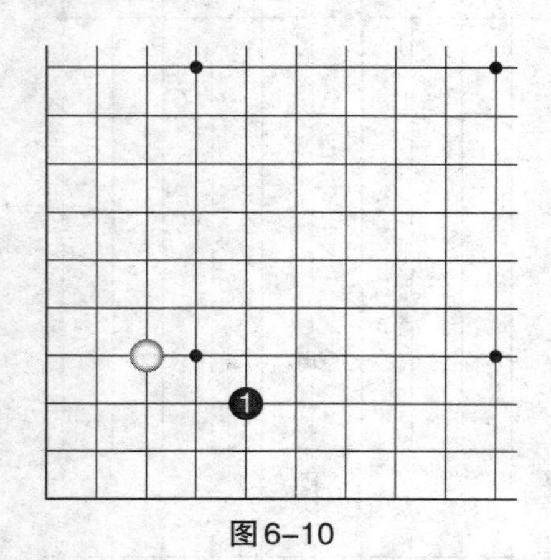

图6-10

如图6-10，黑1称为“小飞挂角”，对于小目，小飞挂角一定要下在三线。

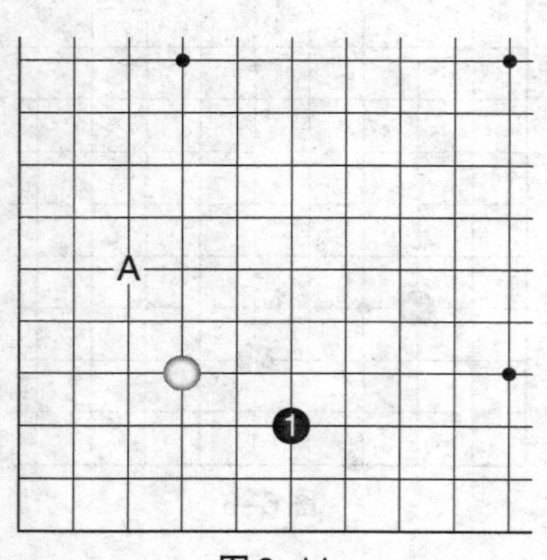

图6-11

如图6-11，黑1也称为“小飞挂角”，黑棋若下在A位也称为“小飞挂角”。小飞挂角是进攻星位占角最常见的方法。

如图6-12，黑1称为“大飞挂角”。

如图6-13，黑1称为“大飞挂角”，黑棋下在A位也称为“大飞挂角”。

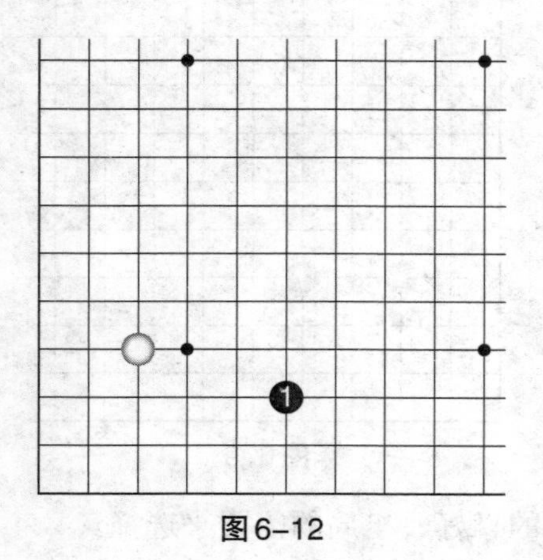

图6-12

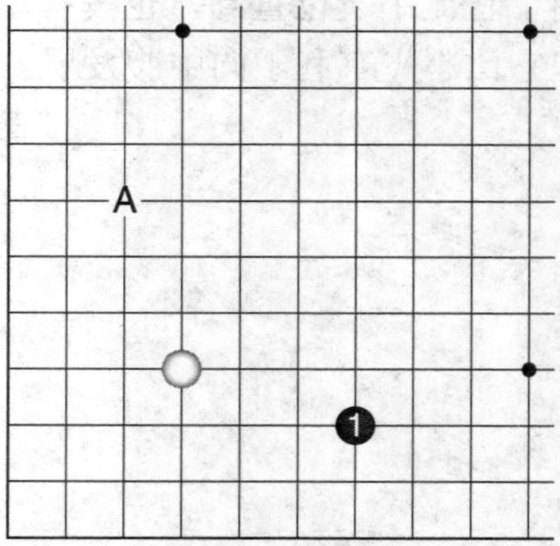

图6-13

如图6-14，黑1下在四线，故称为“高挂”。

如图6-15，黑1称为“高挂”，黑棋下在A位也称为“高挂”。

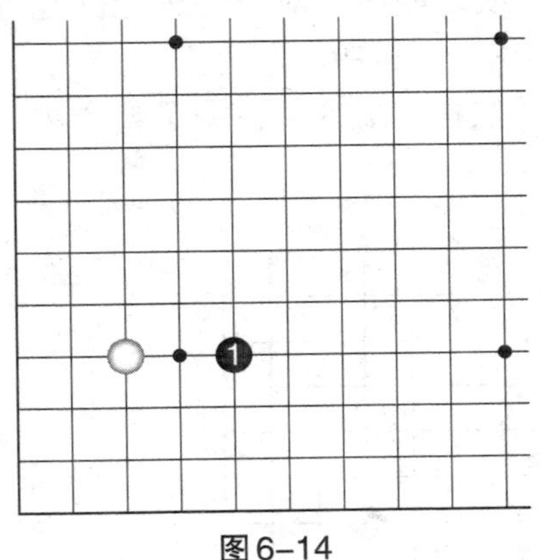

图6-14

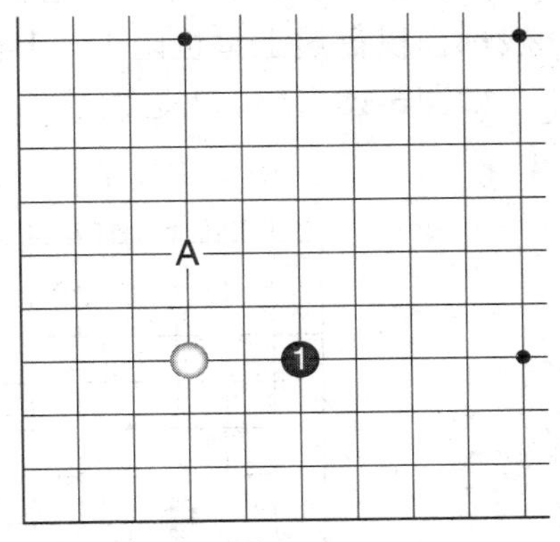

图6-15

如图6-16，黑1称为“二间高挂”。

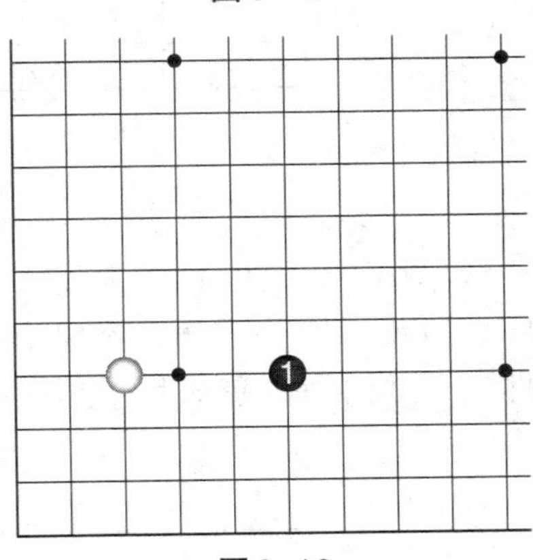

图6-16

如图6-17，黑1称为“二间高挂”，黑棋下在A位也称为“二间高挂”。

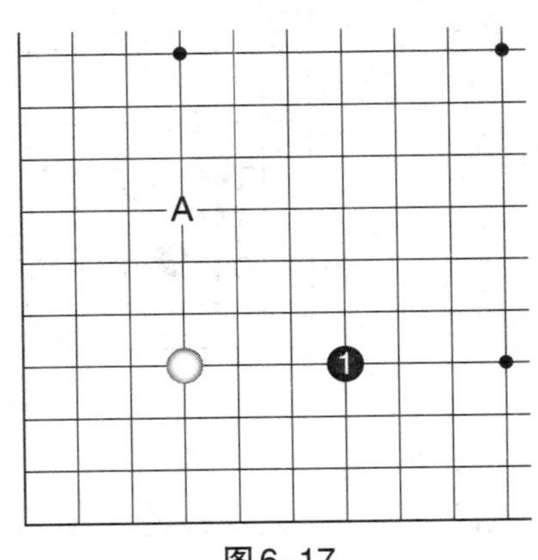

图6-17

进攻星位常见的挂角方法是小飞挂角，对于小目来讲，以高挂和小飞挂角居多，大飞挂角和二间高挂略少。

三、大场

所谓大场就是棋盘上能围空比较多的地方或是能破坏对方围大空的地方，一般都在棋盘边上星位附近。其基本图见图6-18、图6-19。

如图6-18，黑1就是大场，黑1将两个角的黑棋连成片，占据了整个边。

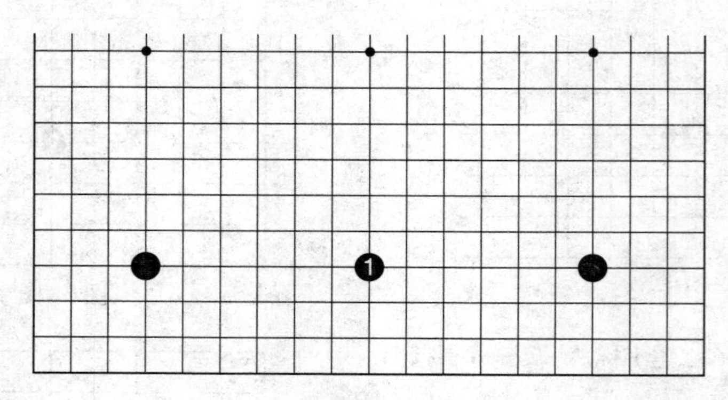

图6–18

如图6-19，黑1抢占大场。由于左下角是黑棋的小飞守角，这个边尤为重要，黑1配合小飞守角，不仅形状完美，地域也大，三个黑棋构成理想形。若白棋下在黑1处，就破坏了黑棋的理想形，同样是大场。

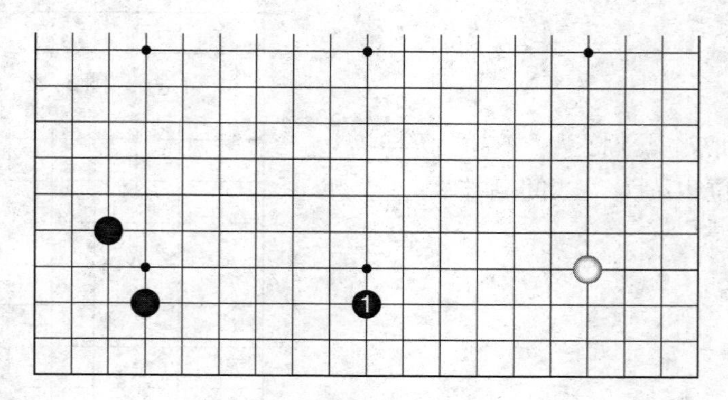

图6–19

简单地讲，大场就是开局时，边上星位附近，大块的没有被占领的区域，但由于棋子的配置不同，边的大小也不同，下面请看几个实例。

【例1】如图6-20，黑先，A、B两点都是大场，黑棋应该下在哪呢？

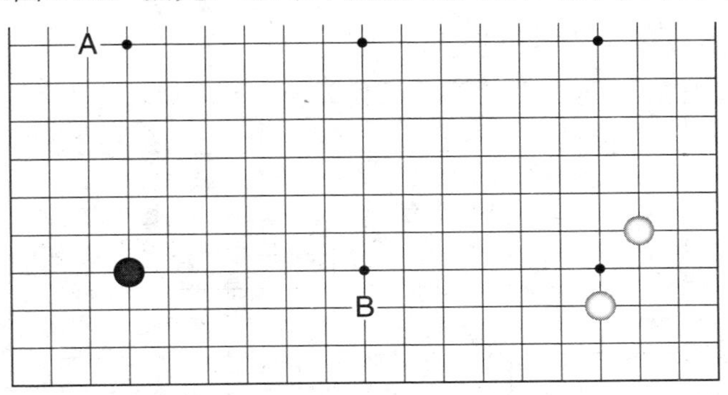

图6-20

如图6-21，黑1拆，错误！白2拆后，白棋构成理想形，黑棋不满意。

黑棋在1位拆还是在2位拆，对于黑棋本身来讲，没有什么区别，但对于白棋就不同了，被白棋拆在2位，白棋非常满意。对局是双方智力的比拼，白棋满意了，黑棋当然就不满意了，这一点请大家牢记。

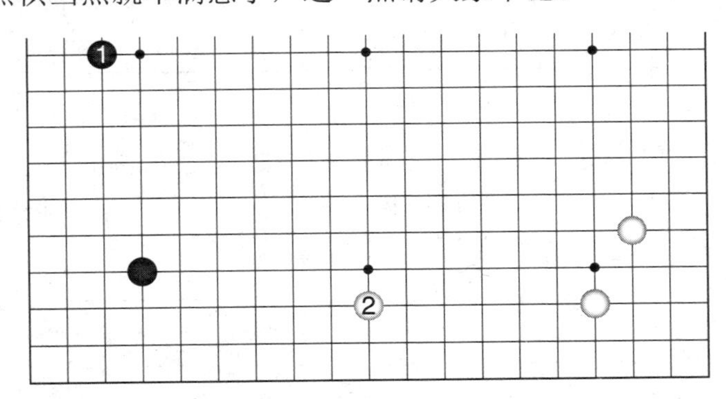

图6-21

如图6-22，黑1拆，当然的一手。黑棋拆边的同时限制了白棋的发展，一举两得的好棋。此局面黑1就比图6-21中的黑1大。

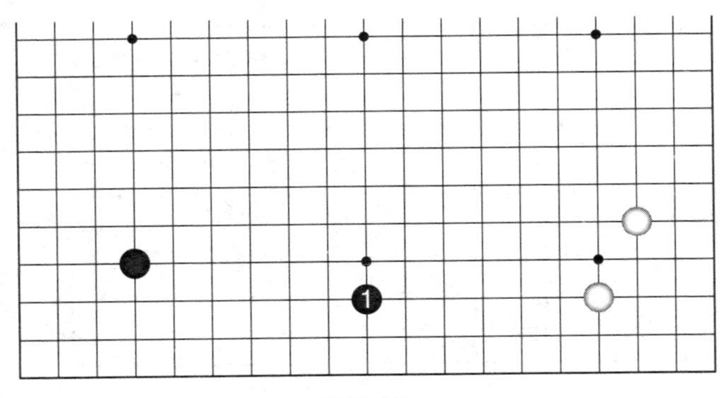

图6-22

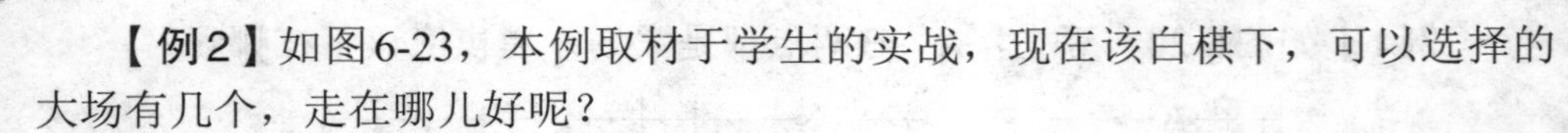

【例2】如图6-23，本例取材于学生的实战，现在该白棋下，可以选择的大场有几个，走在哪儿好呢？

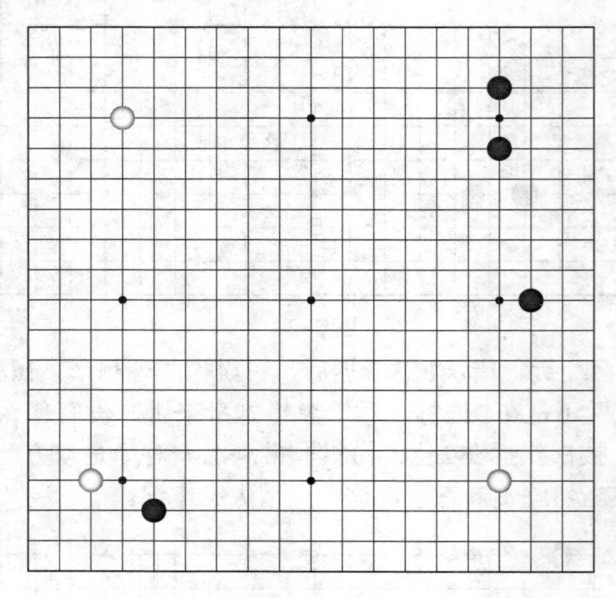

图6-23

如图6-24，白1拆边，正着。扩张的同时限制了黑棋的发展，白1最大；A位虽然可以夹攻黑棋，但被黑棋占据1位，形成以角为中心向两翼开拆的理想形，白棋不满；B位是最小的大场，只是扩展地域。

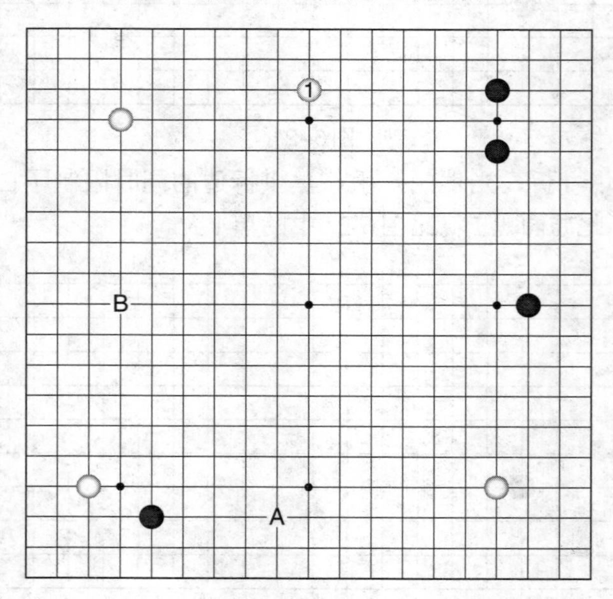

图6-24

四、分投

分投就是将棋子下在对方势力范围内，将对方的空打散。分投应具备两个条件：①通常下在三线上；②两边都能拆二。

如图6-25，此为基本图，黑1就是分投。以后黑棋可以在A位或B位拆二。

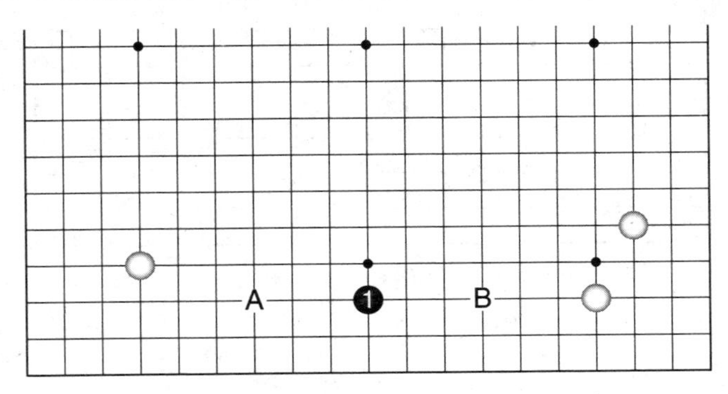

图6–25

分投就是防止对方的势力过大，阻止对方的空连成一片。下面请看几个实例。

【例3】如图6-26，黑先，黑棋该怎么下呢？

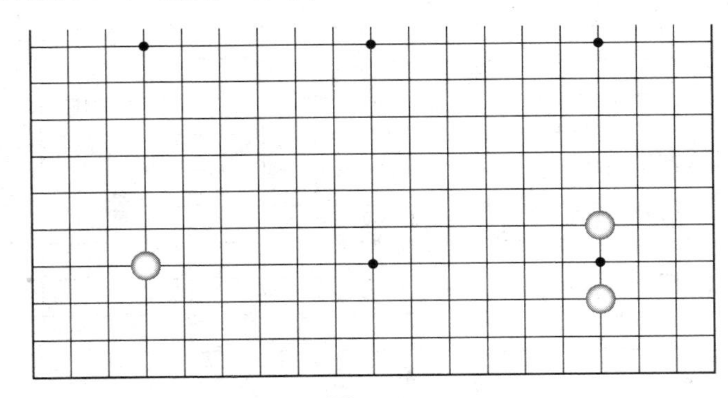

图6–26

如图6-27，黑1分投正确，白2从左边攻击，黑3拆二，建立根据地。

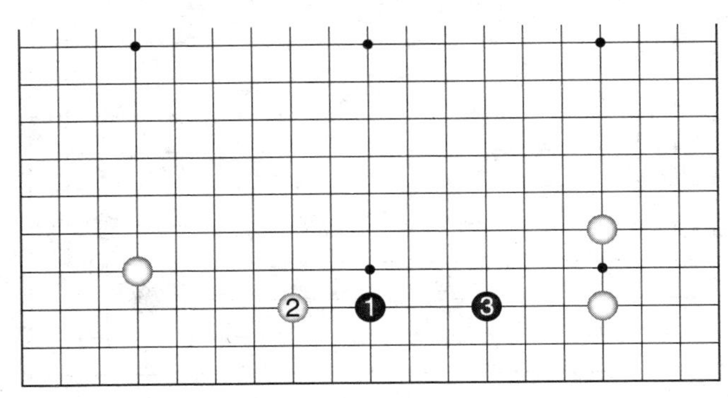

图6–27

如图6-28，白2若从右边攻击，黑3往左边拆二。这样黑棋可以将白棋的空打散，在白棋势力范围内活出一块棋。

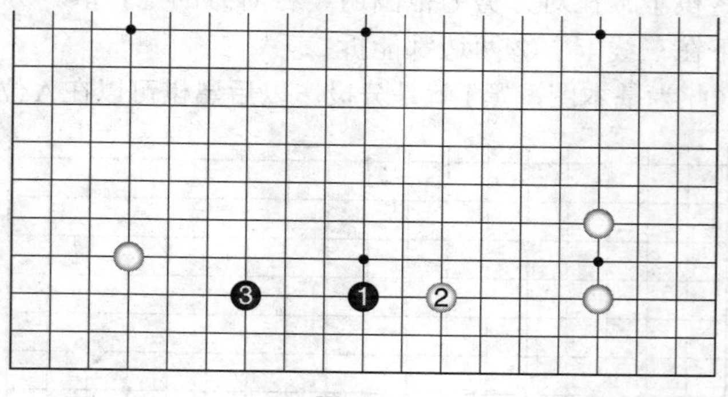

图6-28

五、夹攻

前面介绍过什么是夹攻，这里主要介绍什么时候用夹攻，夹攻有什么好处。请看几个实例。

【例4】如图6-29，黑先，黑▲子攻击白棋时，白棋脱先，黑棋该怎么下呢？

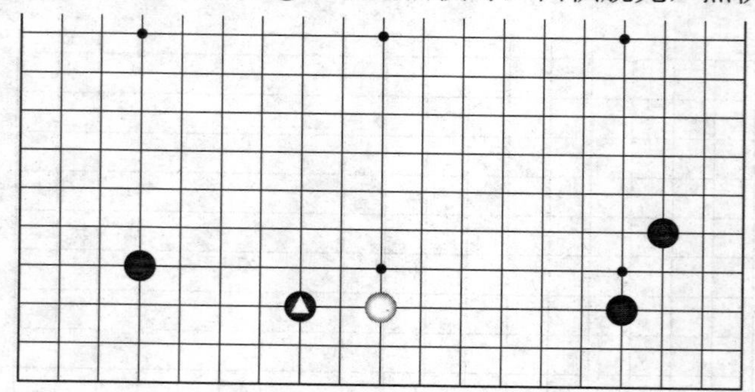

图6-29

如图6-30，黑1夹攻，正确。由于白棋没有空，比较弱，黑棋从左边攻时，白棋没应，黑棋再从右边进攻，对白棋形成夹击之势。白棋危险。

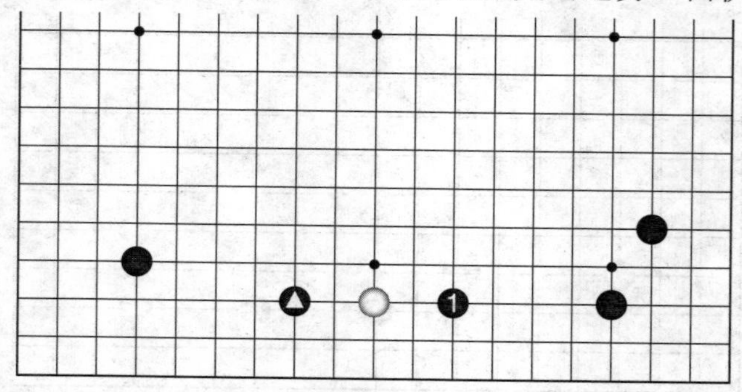

图6-30

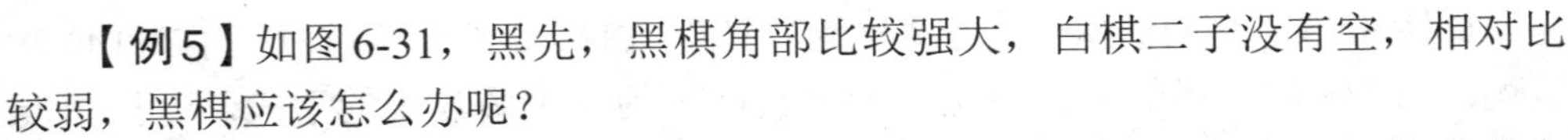
【例5】如图6-31，黑先，黑棋角部比较强大，白棋二子没有空，相对比较弱，黑棋应该怎么办呢？

如图6-32，黑1二间高夹，正确。A位的夹攻稍微有点远，B位的夹攻太近，而C位的夹攻位置有些低。故黑1夹攻最为常见。

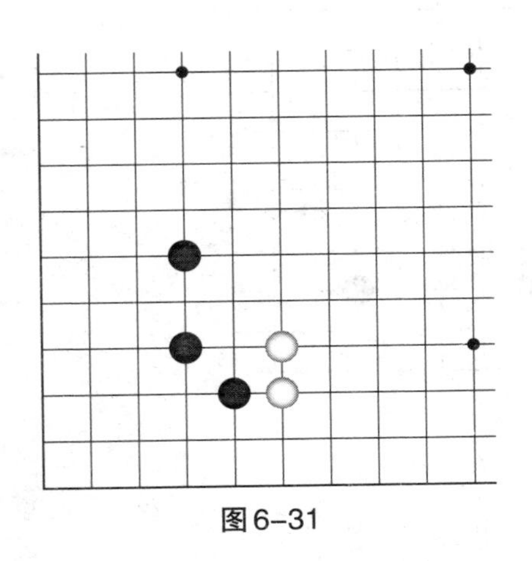
图6-31

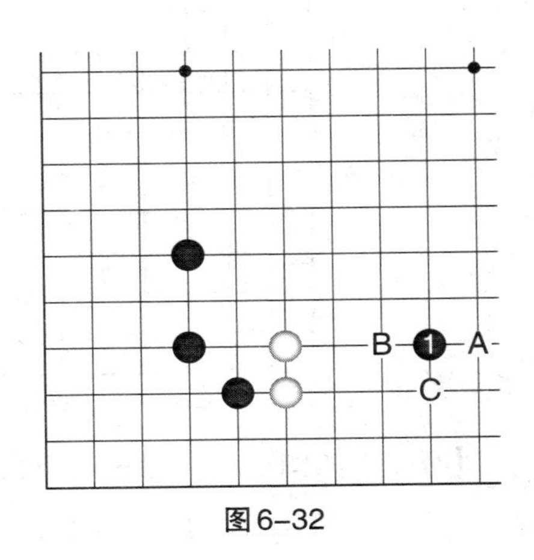

图6-32

【例6】如图6-33，黑先，白棋在A位拆二是本手，现在白棋脱先它投，黑棋应该怎么办呢？

如图6-34，黑1夹攻，严厉，白棋二子危险，大概只有在A位跳，逃出。白棋将成为黑棋攻击的目标。故白棋还应该在B位拆二。

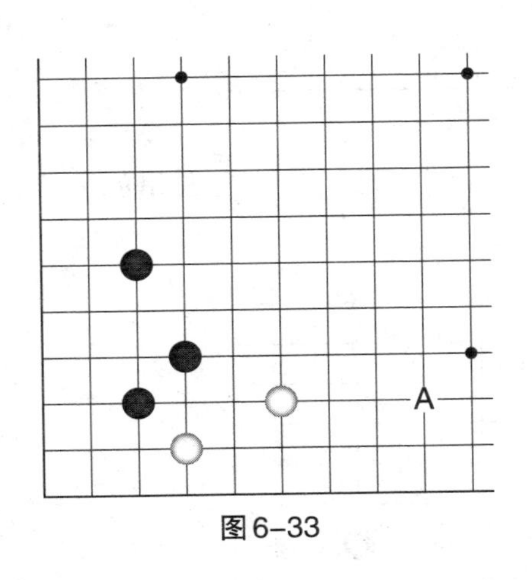

图6-33

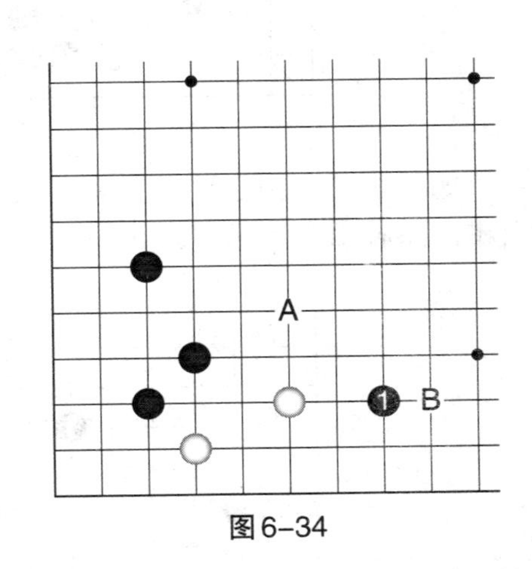

图6-34

六、镇

镇是攻击的手段之一，就是在对方向中腹跳的位置下子，镇住对方的头。

如图6-35，此为基本图，黑1称为“镇”，白棋一子危险。白棋下在1位就是跳，黑1镇住白棋的头，镇是一种比较严厉的从中腹攻击的手段。一般情况下，都是在夹攻后，才使用镇的手段继续攻击对方，形成三面合围。被镇后，棋非常危险，通常不要被对方镇。

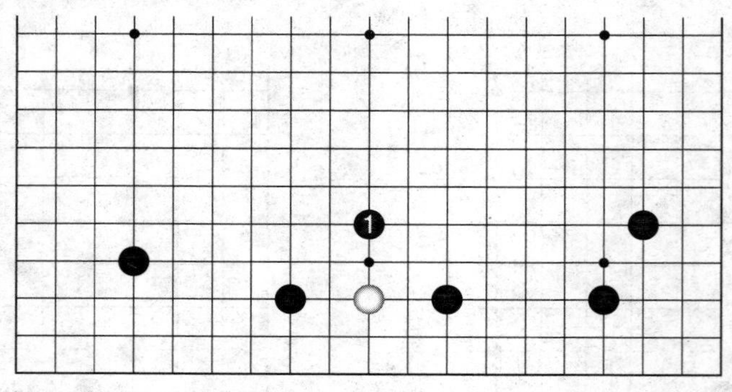

图6-35

【例7】如图6-36，黑先，怎么攻击白棋呢？

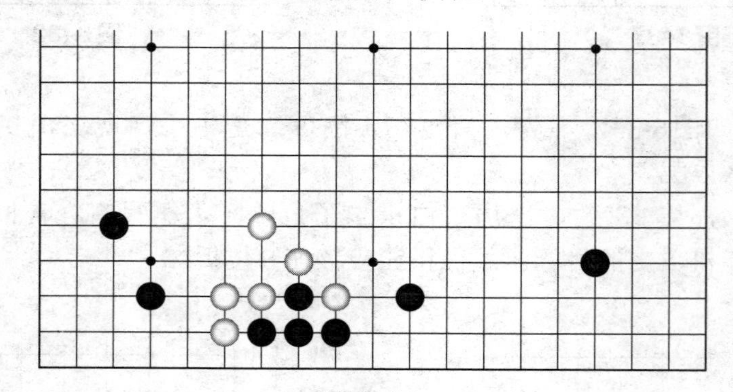

图6-36

如图6-37，由于两边的黑棋比较强大，黑1镇，好棋！攻击白棋的要点，白棋出路狭窄陷入困境。

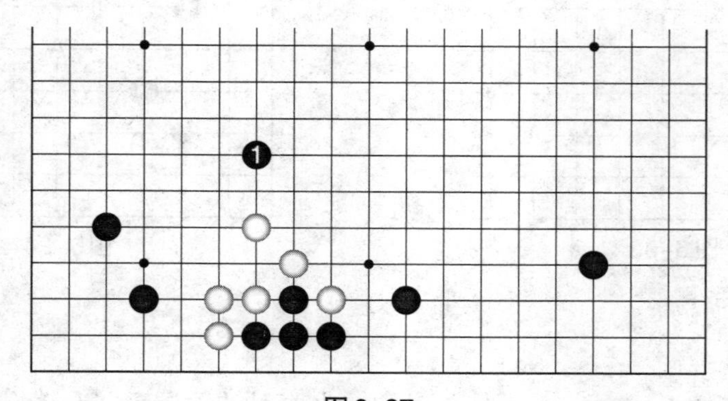

图6-37

【例8】如图6-38，黑先，怎么攻击白棋的拆二呢？

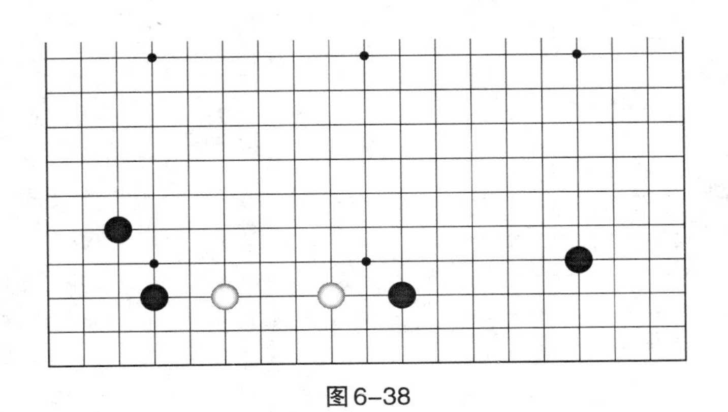

图6-38

如图6-39，黑1镇是重视中腹的下法，白2跳，出头，黑3刺，白4连，黑5飞下，分断白棋的拆二。黑1、3、5是常见的攻击拆二的手段。

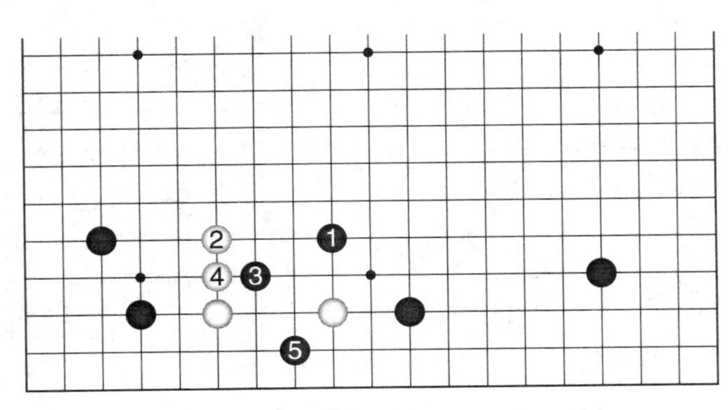

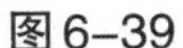

图6-39

第二节 中盘作战

一般情况下布局结束后，就开始进入中盘战斗。中盘作战通常是一局棋胜负的关键，进攻和防守是中盘作战面临的主要问题，进攻和防守又是一对矛盾，在己方的棋强大的时候要进攻，在己方的棋弱小的时候要防守，进攻要有序、有度，防守要守牢。能够攻击对方的时候一定要攻击，只有主动进攻，才能掌握战斗的主动权，才能掌控局面。

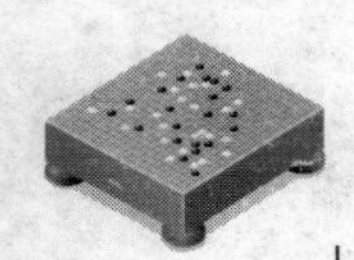

一、攻击

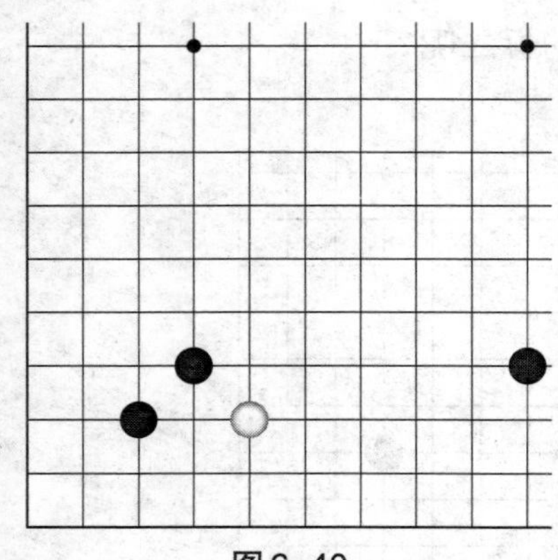

图6–40

【例9】如图6-40，黑先，这是一盘让子棋的对局，黑棋应该怎么攻击白棋呢？

如图6-41，黑1压，白2扳，黑3扳，白4长，黑5压，以后白A、黑B，黑棋充分可下。白棋若在B位扳，黑棋在A位断，严厉，白棋苦战。

如图6-42，黑1夹攻也可。以后白A位长，黑B位扳头，白棋危险。

实战中，黑1夹攻更为有力。

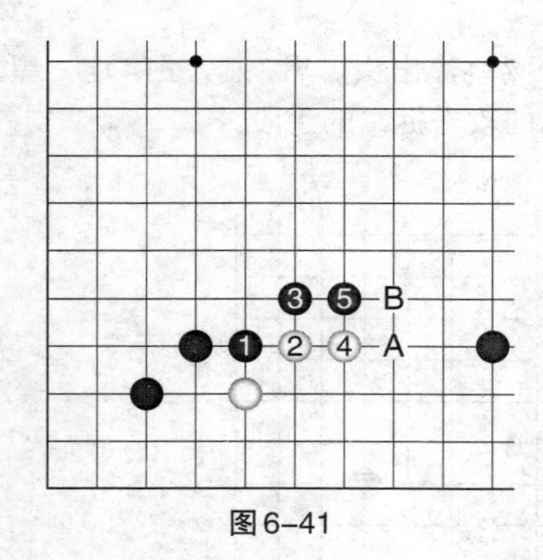

图6–41

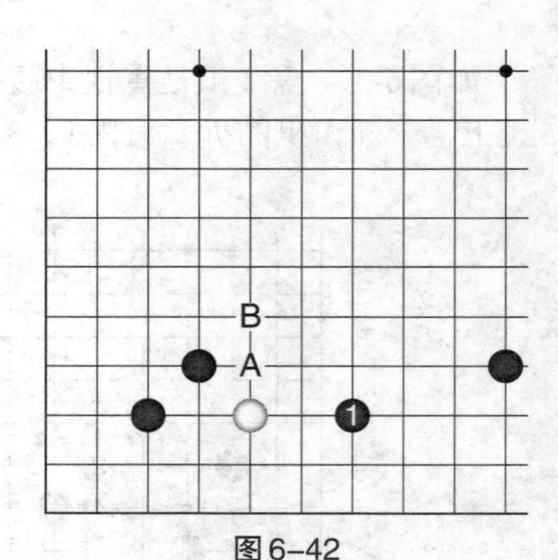

图6–42

【例10】如图6-43，本例取材于笔者对学生的让子棋，现在该黑棋下，下在哪里更主动呢？

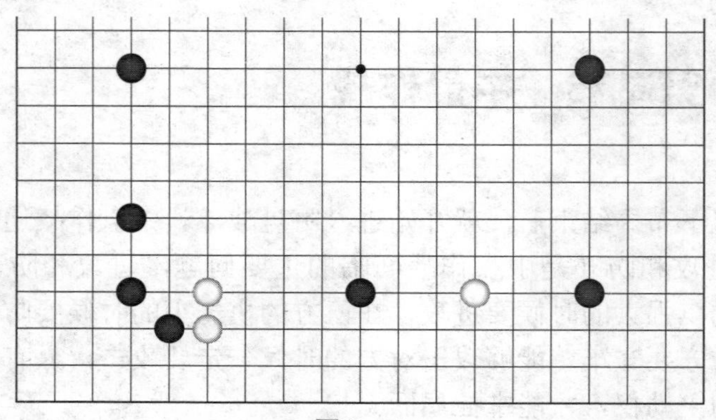

图6–43

如图6-44，黑1单关守角，不坏！但被白2镇，黑▲子危险，虽然可以在A位出头，但棋局不容易掌握。

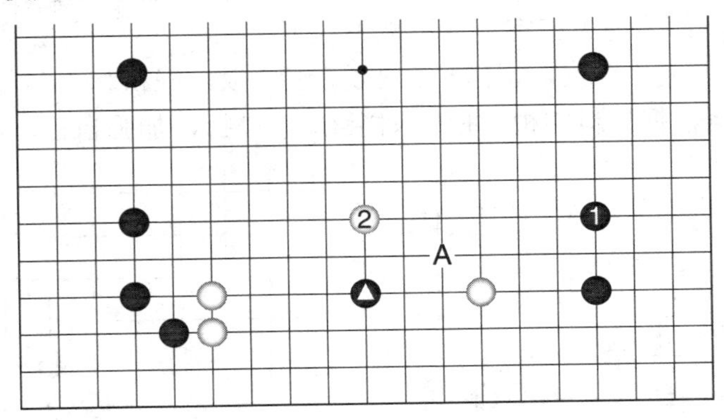

图6-44

如图6-45，黑1夹攻，好棋！白2跳，出头，黑3出头，白棋若在A位跳，黑棋在B位跳，这样黑棋左边已连上，中间的黑棋出头很畅，对白棋几子还有威胁，黑棋作战主动，右下角的黑棋不怕白棋攻击，白棋若夹攻，黑棋只要往中间走，出头就可以了。

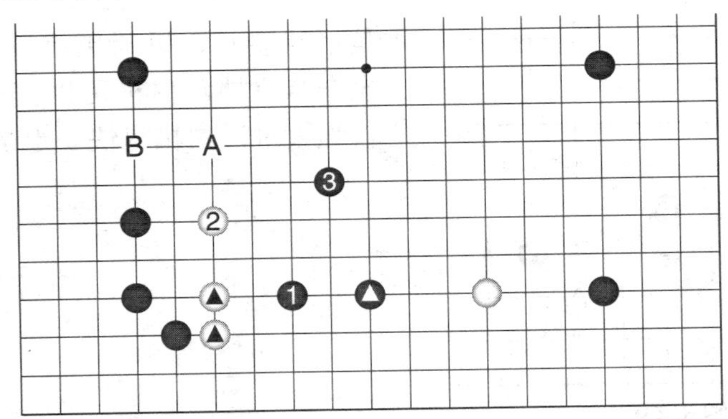

图6-45

【例11】如图6-46，黑先，白棋在A位拆边是定式，现在白棋脱先，黑棋应该怎么攻击白棋呢？

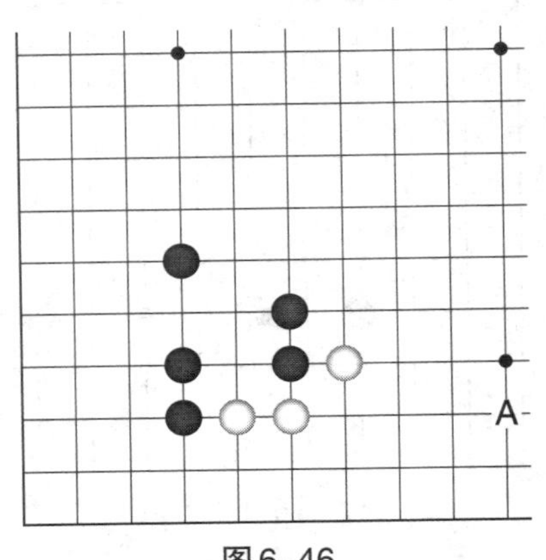

图6-46

如图6-47，经常看见初学者下出黑1刺的手段，以下至白8，白棋出头很畅，黑棋留有A位的断点，黑棋攻击失败。其中，黑1刺是坏棋，白2连后，黑棋成为“裂形”。请大家牢记：不能下裂形。

如图6-48，黑1夹攻，正确！白2长，黑3扳，好棋！“二子头必扳”。白4曲，黑5飞点，搜白棋的根，白6只能连，黑7拆，加强自己，威胁白棋。

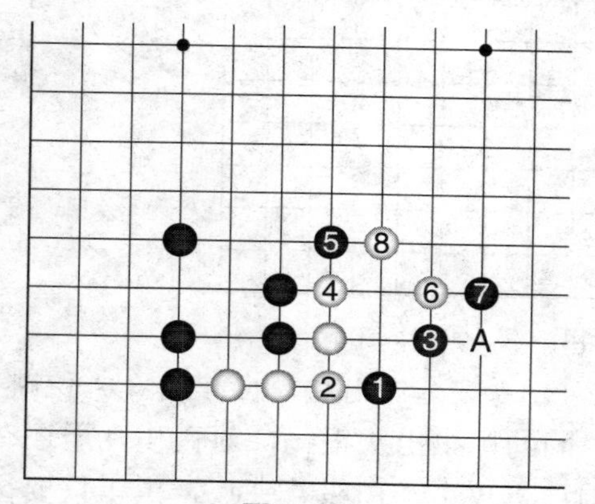

图6-47

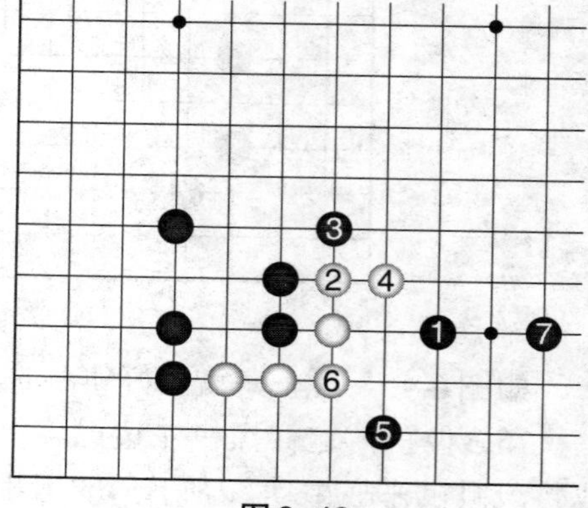

图6-48

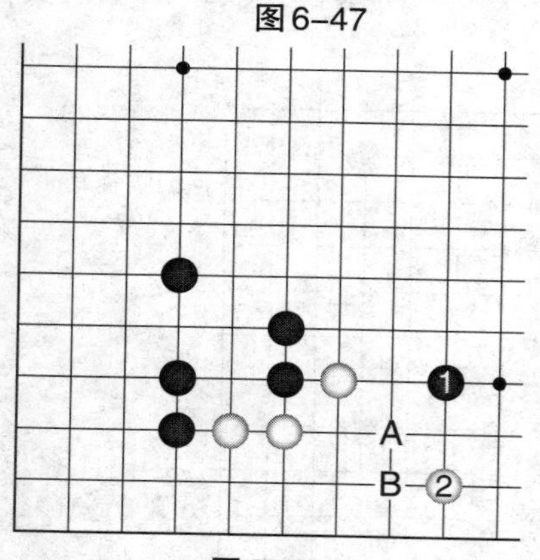

图6-49

如图6-49，黑1夹攻时，白2二线飞是形状要点，以后黑棋若在A位尖，白棋在B位挡，白棋可以安定。在黑棋比较强大时，白棋尽快安定是很好的想法。

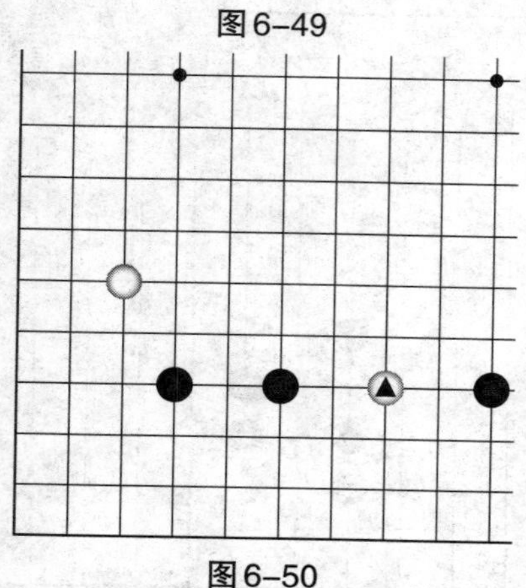

图6-50

【例12】如图6-50，黑先，怎么攻击白▲子呢？

如图6-51，黑1靠，典型坏棋！白2扳，黑3断，必然。白4打吃，黑5长，白6连后，黑▲子受伤并成为“裂形”，黑棋失败。

如图6-52，黑1托，典型坏棋！以下至白6，黑棋成为“裂形”，黑▲子受伤，黑棋攻击失败。

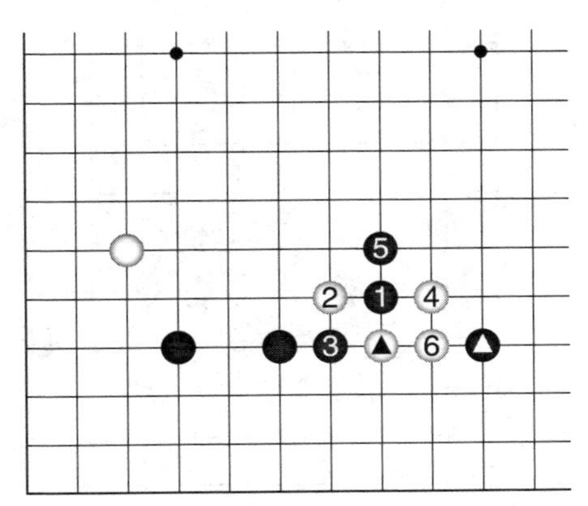

图6-51

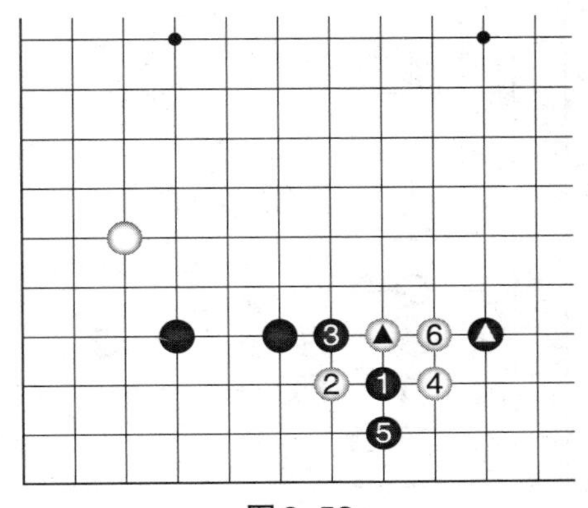

图6-52

如图6-53，黑1尖，好棋！白2长，黑3扳头，好棋！白4曲，黑5靠压，好棋！白6扳，黑7长，称为“缠绕攻击”，白8曲，出头，黑9断，白棋左边苦战。

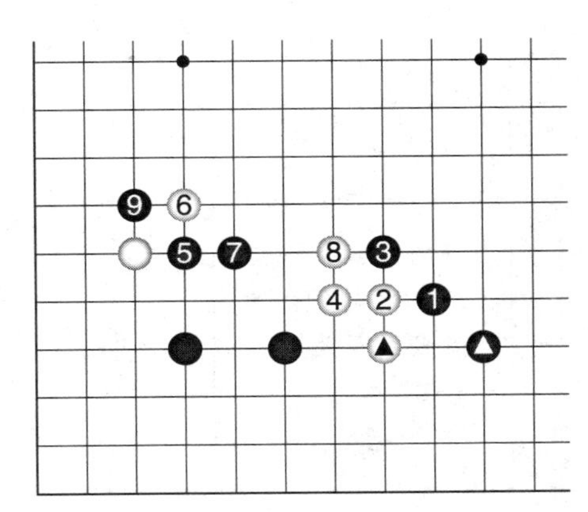

图6-53

如图6-54，攻击白▲子，有在A位下子、B位下子、C位下子三种方法，具体怎么攻击，要看周围的棋形，本图A位尖是正解。把白棋往自己强的地方赶，然后利用缠绕攻击，将白棋分而攻之。

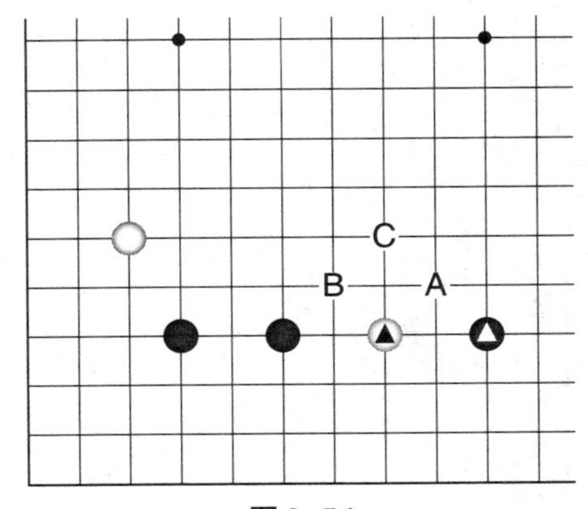

图6-54

【例13】如图6-56，这是让子棋经常遇到的问题，当白▲子打吃时，黑棋该怎么应呢？

如图6-56，黑1连，不好！黑棋形成凝形，白2打吃，黑3长，白4连，将来黑棋若在A位打吃，白棋在B位反打，黑棋的边空被破，黑棋失败。

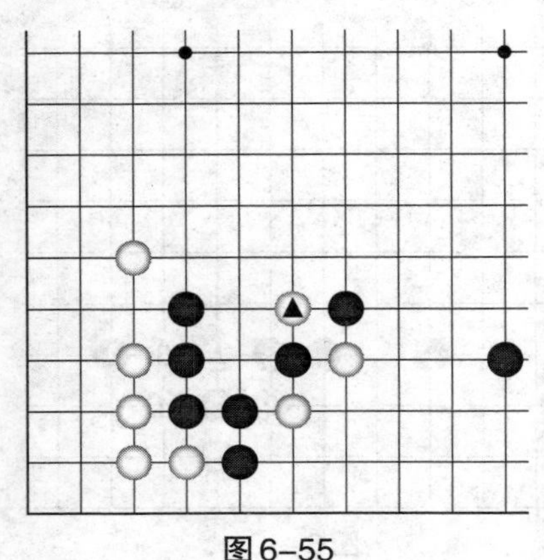

图6-55

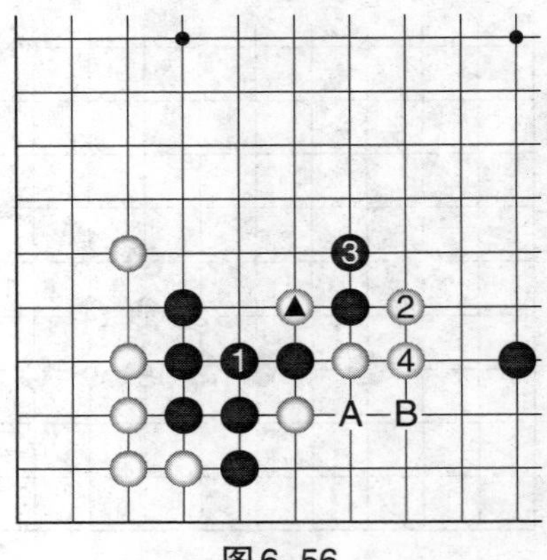

图6-56

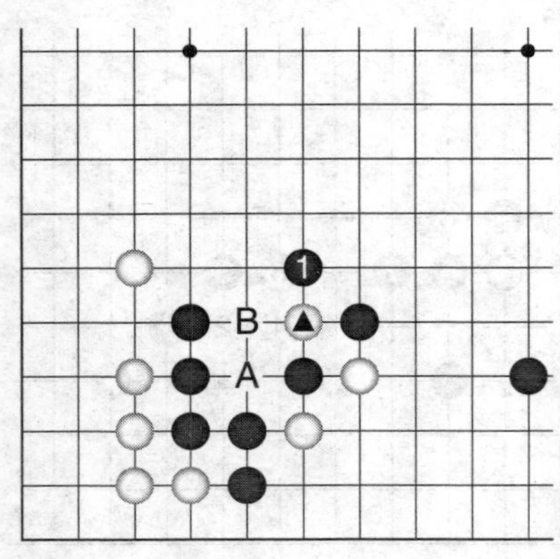

图6-57

如图6-57，黑1反打，棋形的要点！白棋若在A位提，黑棋在B位打吃，白棋若连，则形成笨重的愚形，棋形没有弹性，苦战。

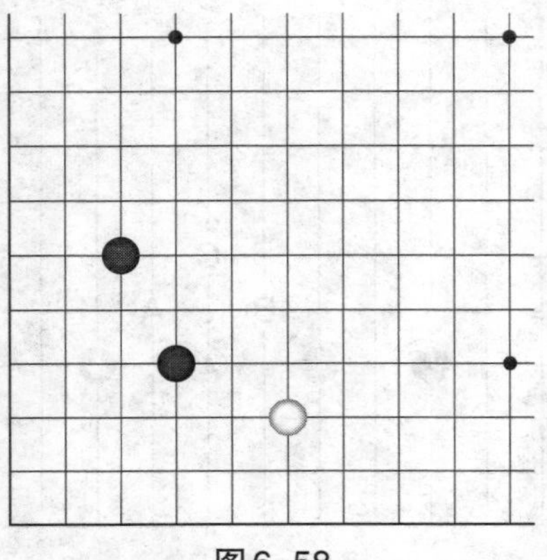

图6-58

【例14】如图6-58，黑先，白棋挂角后脱先，黑棋该怎么攻击白棋呢？

如图6-59，黑1靠压，不好！所谓“攻勿靠”，经过白2扳，以下至白6，白棋轻松地建立了根据地，黑棋没有达到攻击白棋的目的。

如图6-60，黑1夹攻，较图6-59有进步，但被白2托，经过黑A扳，白B连扳，白棋很容易处理。另外白棋也可在A位点三·三，寻求转换，黑棋失败。

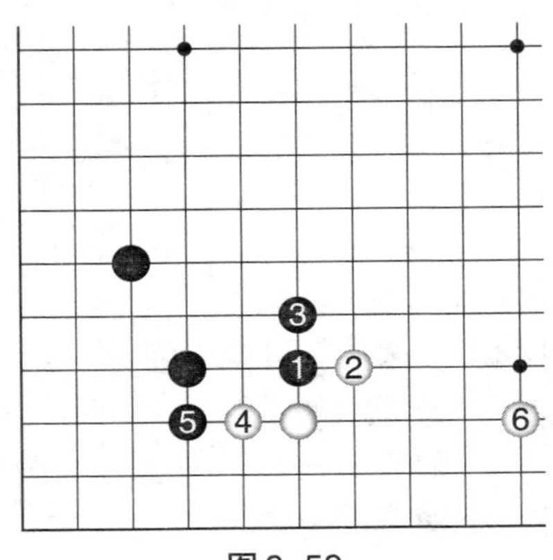

图6-59

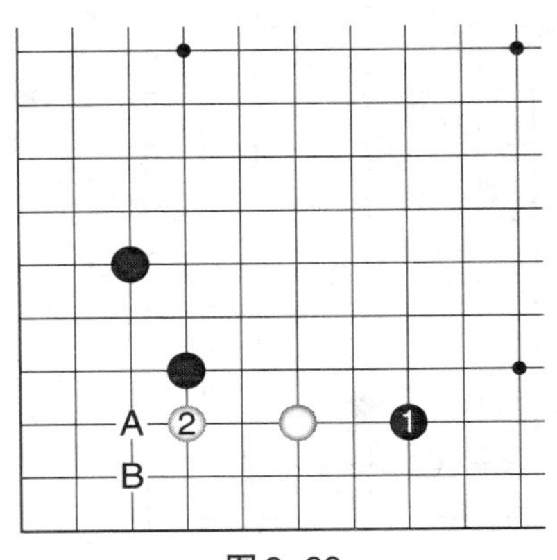

图6-60

如图6-61，黑1尖顶，好棋！白2长，黑3再夹攻，是正确的攻击次序。其中，黑1尖顶，限制了白棋的活动空间，白棋没有了图6-60中托、点角的手段，黑棋攻击有力，白棋苦战。

攻击对方棋时，一定要在己方强大的前提下，攻击对方没有根据地的棋，攻击的方法以夹攻最为常见。

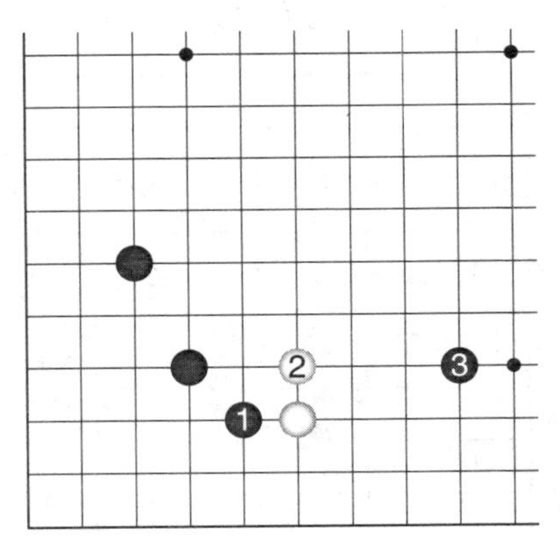

图6-61

二、防守

【例15】如图6-62，黑先，黑棋被白棋包围，哪里是防守的要点呢？

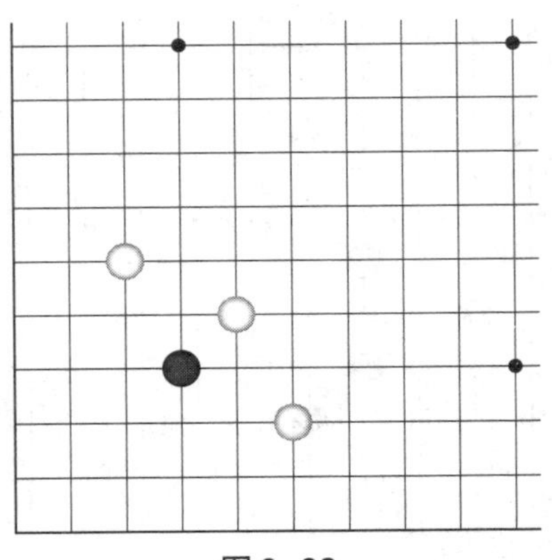

图6-62

如图6-63，白棋在角上连续走了三个子，俗称“三手拔”。黑1尖三·三是防守的要点。

如图6-64，接图6-63，白2飞，缩小眼位，黑3、5冲，再于7位先手挡，白8，否则黑棋在14位夹，白2被吃。黑9跳是形，白12时，黑13扳，次序重要，黑15虎，做眼后，黑棋已活。

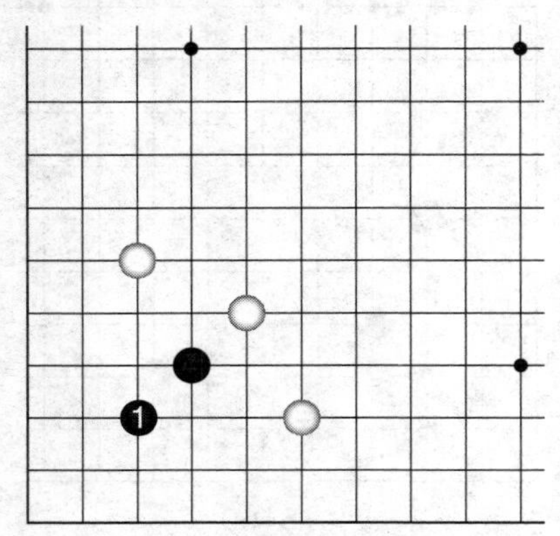

图6-63

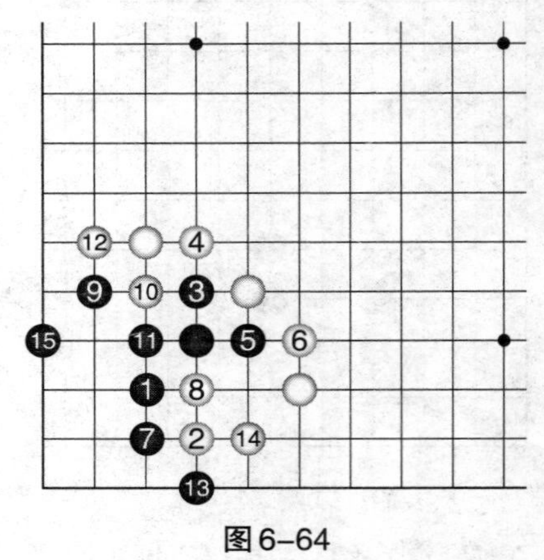

图6-64

【例16】如图6-65，黑先，角上的黑棋深陷白棋的势力范围，有危险，该怎么防守呢？

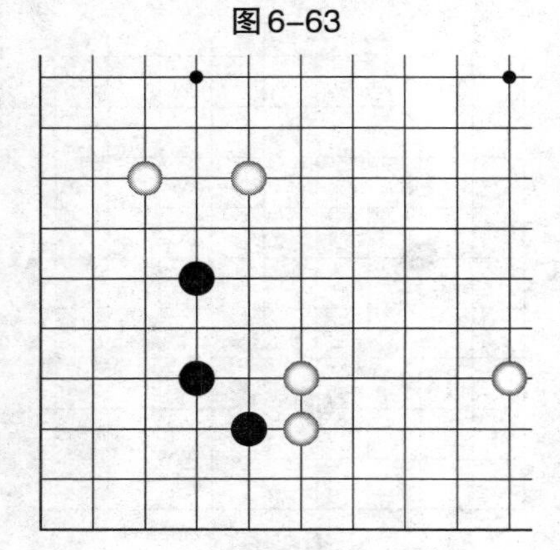

图6-65

如图6-66，黑1飞在二线是正确的防守方法，既能围住角部的空，又能防止白棋B位的点。初学者往往下在A位防守，这样白棋还有B位点角的手段，角部不干净。黑1若直接下在B位防守，角空太小。

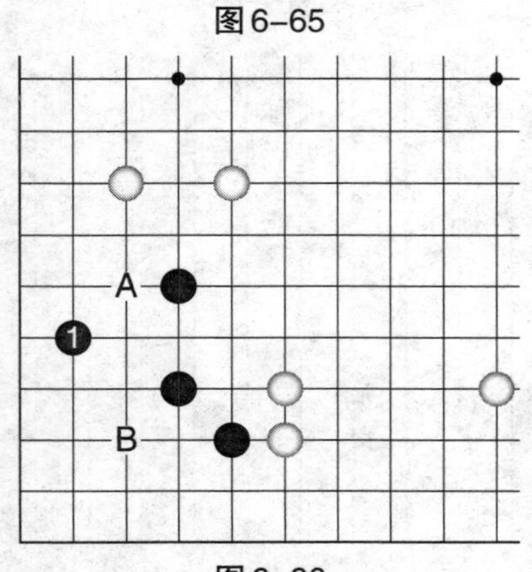

图6-66

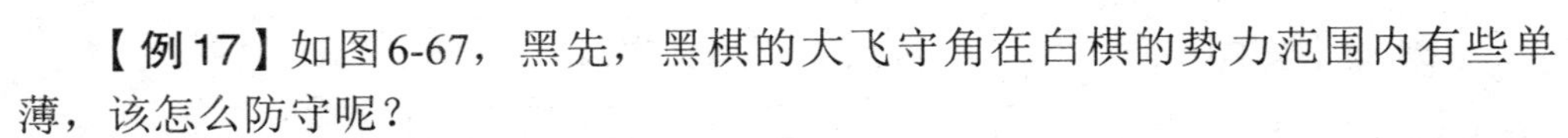

【例17】如图6-67，黑先，黑棋的大飞守角在白棋的势力范围内有些单薄，该怎么防守呢？

如图6-68，黑1尖顶，白2长，黑3小尖，好棋！其中，黑1、3和星位的黑棋组成的形状俗称“三翼鸟”，是此形防守的要点。

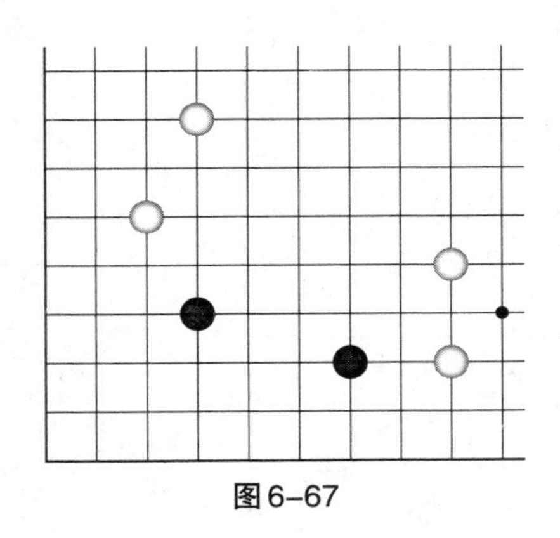

图6-67

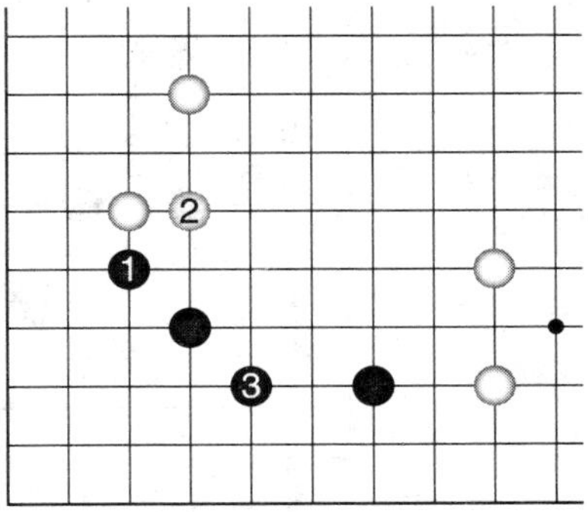

图6-68

【例18】如图6-69，白▲子跳出，黑棋该怎么办呢？

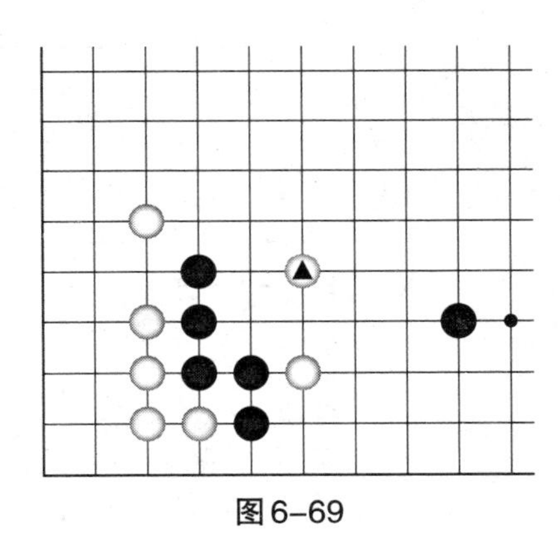

图6-69

如图6-70，黑1压，将白棋分断，黑3刺，使白棋变重，黑5跳连，将黑棋左右连成一体，黑棋就没有危险了。

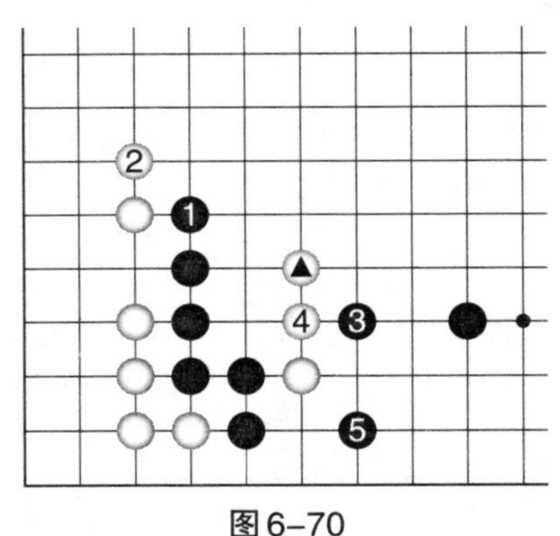

图6-70

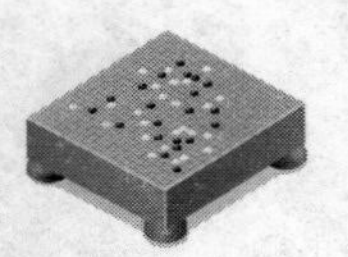

【例19】如图6-71，白先，白棋如何选点呢？

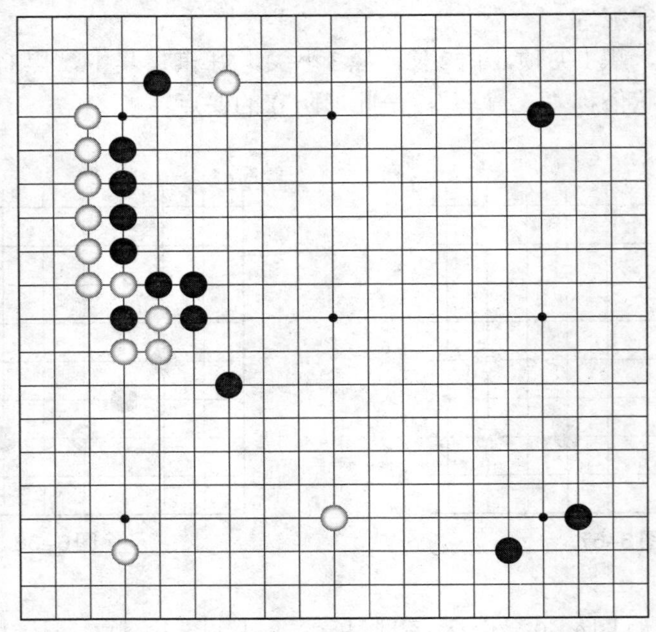

图6-71

如图6-72，白1分投，有些着急，黑2夹攻，严厉。由于左边黑棋很厚，白▲子几乎无路可逃，以下至黑8，白棋明显处于劣势。因此，白1分投不好！

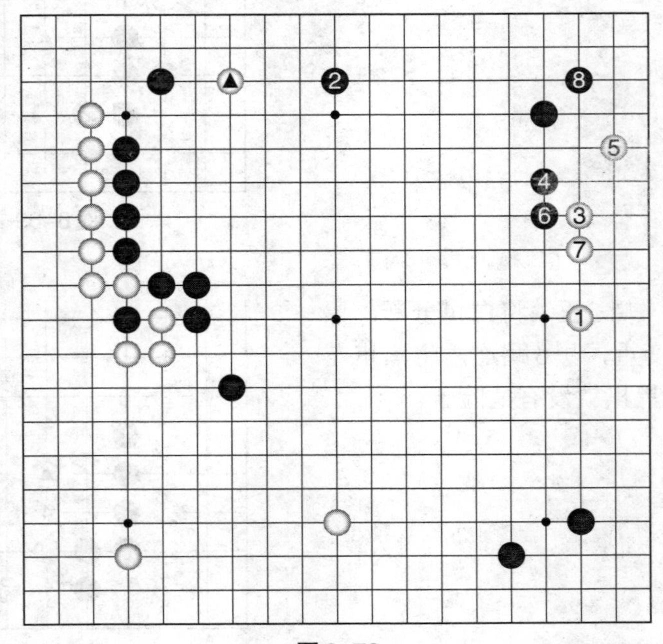

图6-72

如图6-73，白1拆二是防守的要点，关系到白▲子的安危，好棋！黑2逼，白3跳，出头并削弱了黑棋的厚势，黑4拆边，白5曲镇，黑6连回，白7尖角，白棋无弱棋，充分可下。

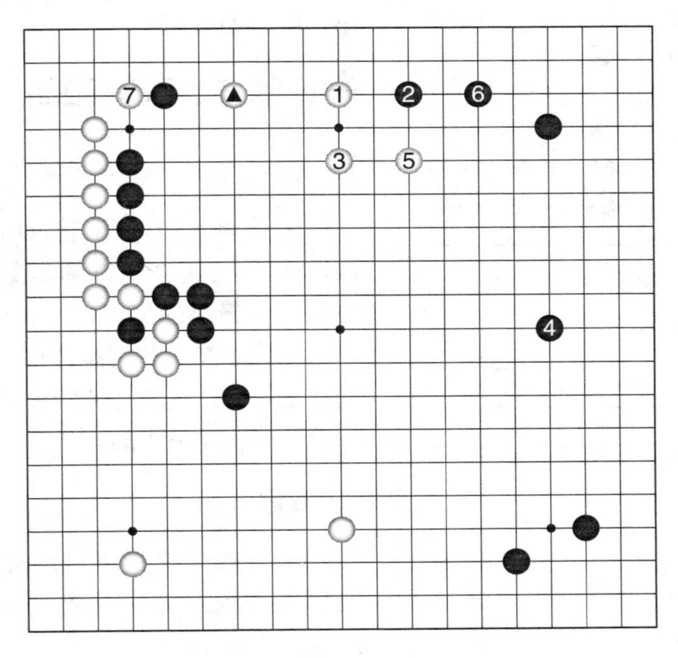

图6-73

第三节 收官

收官是一盘棋的最后阶段，收完官子，双方的地域就完全确定了，没有可争之点了。简单地讲，收官就是将双方活棋之间空的交叉点下完。

【例20】如图6-74，此为基本图，假如外边是黑棋的空，角上是白棋的空，那么黑白之间都哪里没下完呢？

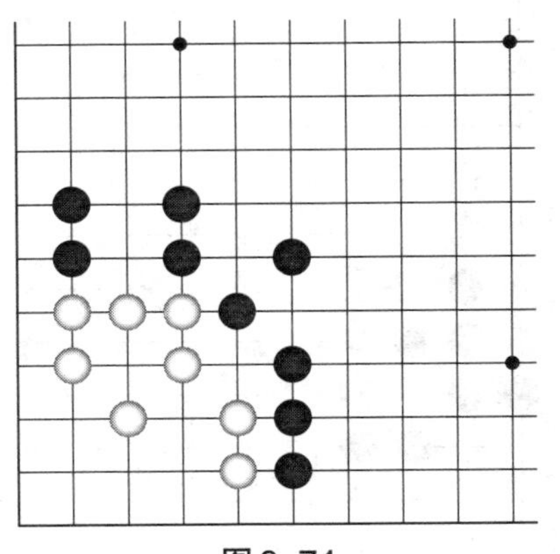

图6-74

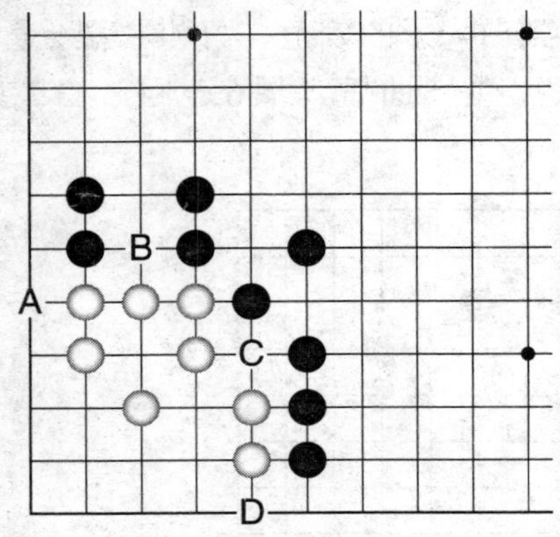

图6–75

如图6-75，A、B、C、D处还没有下完，这些地方就是官子。本节主要介绍占这些点的先后次序，也就是说：官子有大小，收官有先后。

一、单官、双官和劫

1. 单官

所谓单官就是既不能增加己方的目数，也不能减少对方的目数，是黑棋和白棋之间最小的缝隙。

如图6-76，此为基本图，A、B、C三处都是单官，这三个点都不能增减双方的目数。单官是最小的官子，应该最后收。

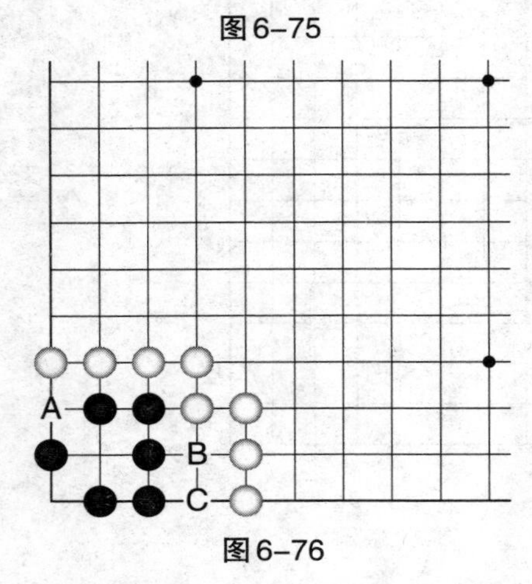

图6–76

2. 双官

所谓双官就是可以增加己方的目数或可以减少对方的目数。其基本图见图6-77、图6-78。

如图6-77，A、B两处就是双官，黑棋下可以增加目数，白棋下可以减少黑棋的目数；而C处就是单官。双官比单官大，应该先收。

如图6-78，A、B、C三处都是双官，其中，C处白棋下可以提黑△子。提一子计算为2目，提两子计算为4目，以此类推。

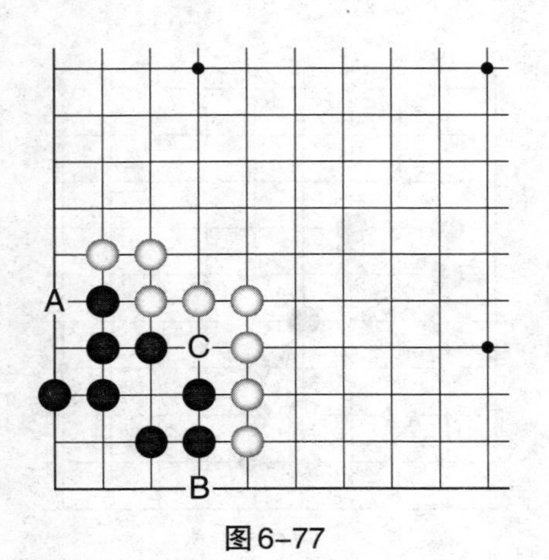

图6–77

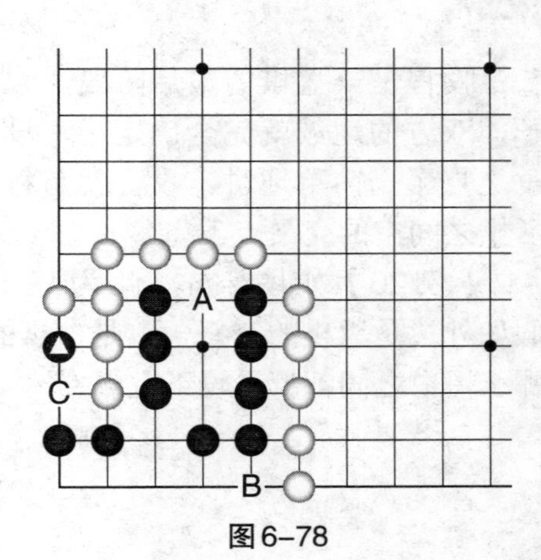

图6–78

3. 劫

劫就是棋盘上双方互提对方一个子的现象，也就是说，棋盘上还有“劫争”。其基本图见图6-79、图6-80。

如图6-79，黑棋下在A位可以提白▲子，白棋通过找劫材。还可以提回来，双方只是争夺这个劫，对棋没有任何影响，这个劫称为“单劫”。单劫是劫争中最小的劫，其官子大小仅排在单官之前。

如图6-80，黑棋在A位提劫后，还可以在B位提吃白▲三子，故这个劫要比图6-81中的劫大多了。若此劫白棋打赢连在A位，B位就成了1目棋，白棋的目数得到了增加。

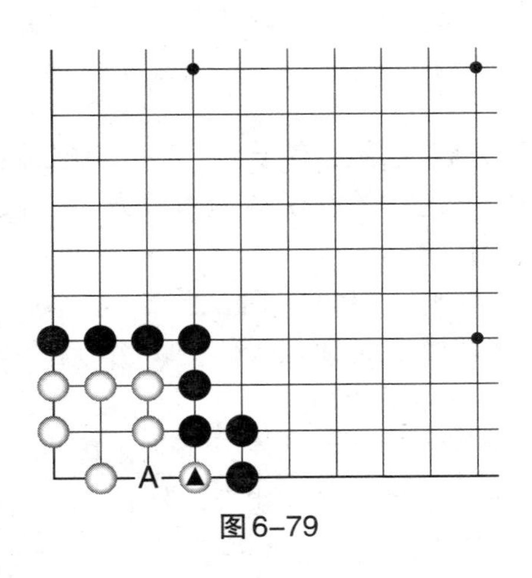

图6–79

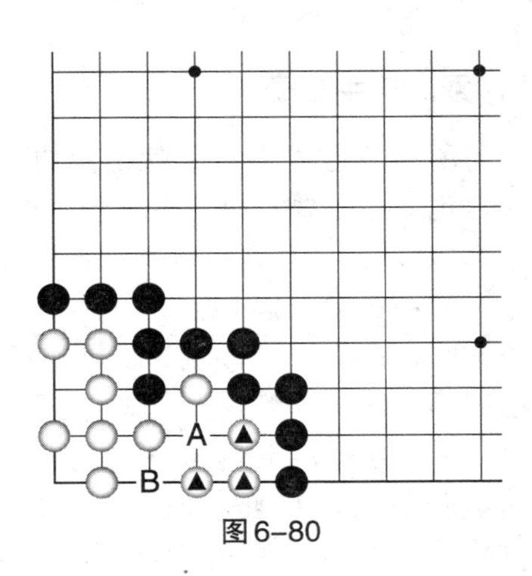

图6–80

二、先手官子

1. 单方先手官子

所谓先手官子就是一方收完官子后，另一方必须要应，也就是要补一手，若脱先不应，就会遭受很大的损失，这样的官子称为单方先手官子，其基本图见图6-81、图6-82。

如图6-81，黑1挤，白棋必须要在A位连，否则，黑棋在A位断，白▲三子被吃；而白棋若下在黑1处，对黑棋没有任何影响，故称黑1为单方先手官子。

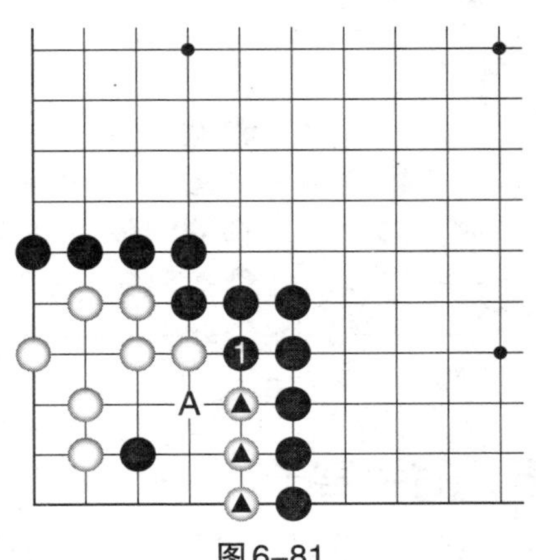

图6–81

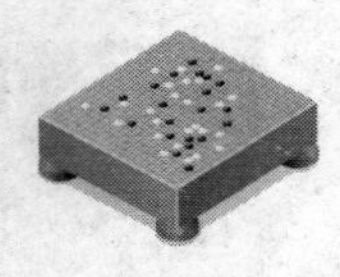

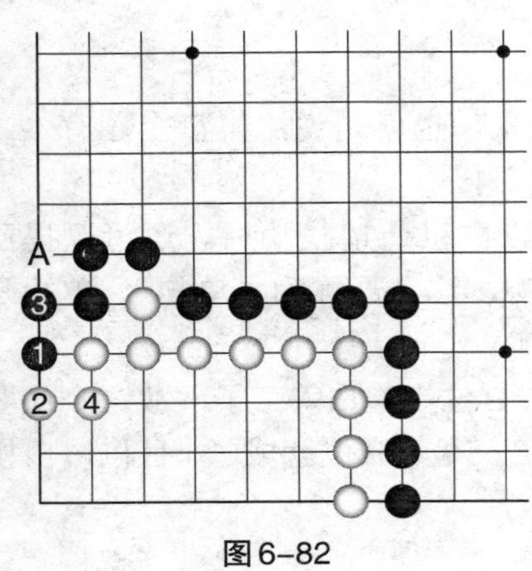

图6-82

如图6-82，黑1扳，白2打吃，黑3连，先手收官，白4必须补棋，否则，黑棋在白4处断，白2被吃，白棋损失惨重；而白棋在黑3处扳，黑棋在A位打吃，白棋连后，黑棋可以脱先不应，故黑1是单方先手官子。

2. 双方先手官子

所谓双方先手官子就是黑白双方任何一方收完该处官子后，对方都必须应，也就是需要补棋，否则会出现很大的损失，这样的官子称为“双方先手官子”，是双方必争之点。其基本图见图6-83、图6-84。

如图6-83，黑1连，先手，白2必须连，否则，黑棋在白2处断，白▲二子被吃，白棋损失惨重。若被白棋下在黑1处，黑棋必须在A位提，否则，黑△三子被吃，故黑1处是双方先手官子。

如图6-84，黑1扳，白2打吃，黑3连，先手，白4必须连，否则，黑棋在白4处断吃，白2将被吃，白棋损失惨重。若白棋先在黑3处扳，经过黑A位打吃，白棋连，黑B位必须连，否则，白B位断吃，黑棋损失惨重。

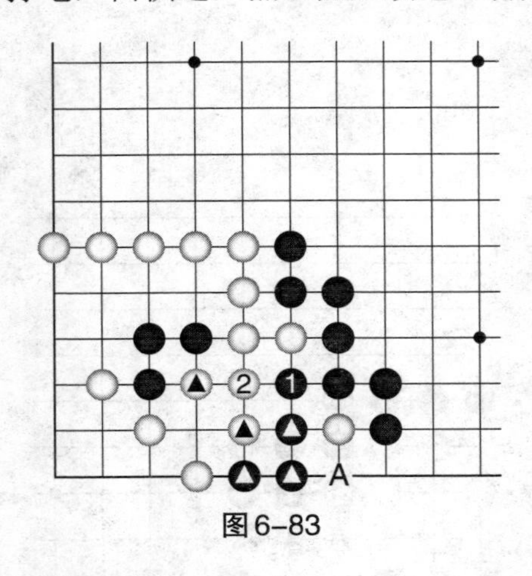

图6-83

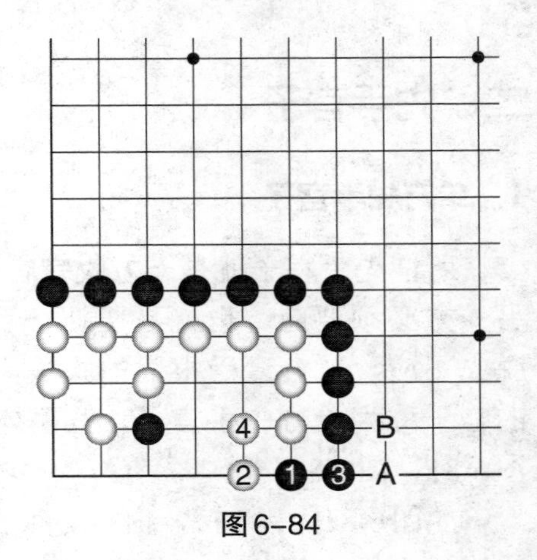

图6-84

三、后手官子

所谓后手官子就是一方收完该官子后，对方即使脱先不应，也不会遭受任何损失，这样的官子就称为“后手官子”。其基本图见图6-85、图6-86。

如图6-85，黑1自围1目，对白棋没有任何影响，称为“后手1目”；反之，白棋下在黑1处，自己的目数没有增加，只是破了黑棋1目。

如图6-86，黑1提白▲子，对白棋没有任何影响，故黑1是后手2目，相反，白棋若在黑1处连，只是救回白▲子，对黑棋没有任何影响，也是后手2目。

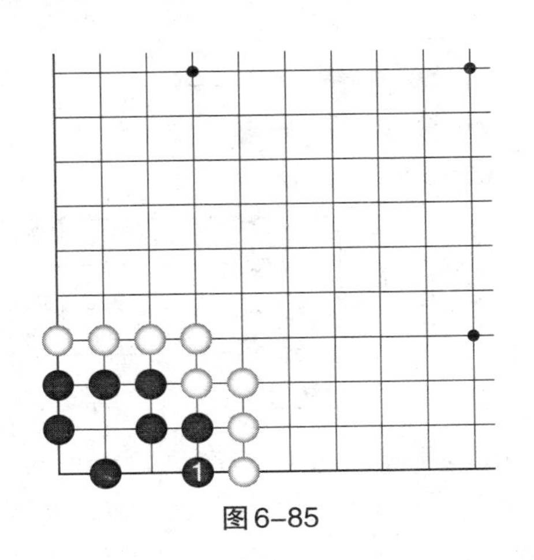
图6–85

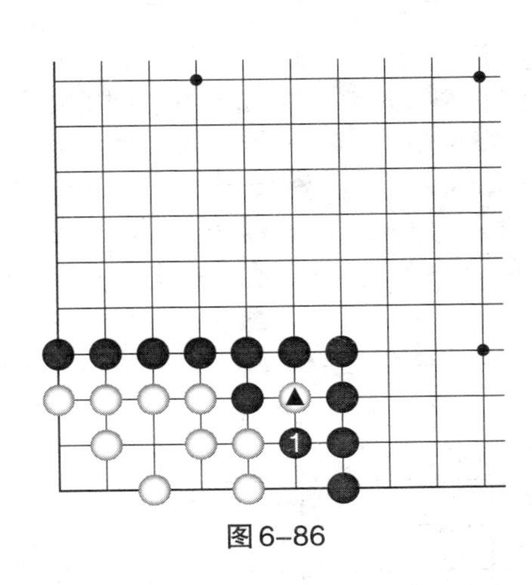
图6–86

四、收官的顺序

一般情况下，收官时首先收先手官子，其次收后手官子，最后收单劫、单官。下面请看几个实例。

【例21】如图6-87，黑先，应该怎么收官呢？请走出先后次序。

如图6-88，黑1扳，先走先手官子。白2打吃，黑3连，白4连。

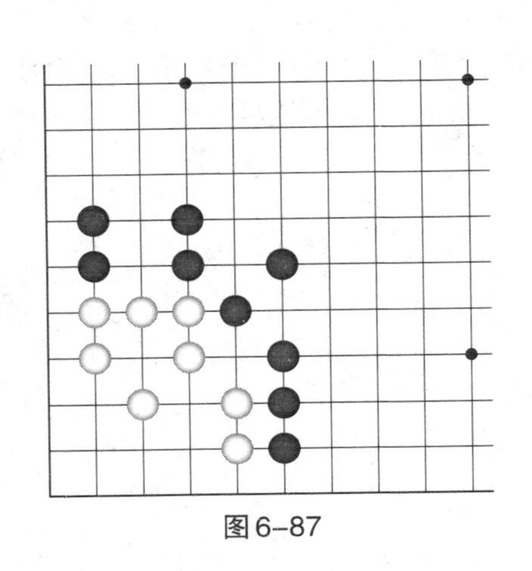
图6–87

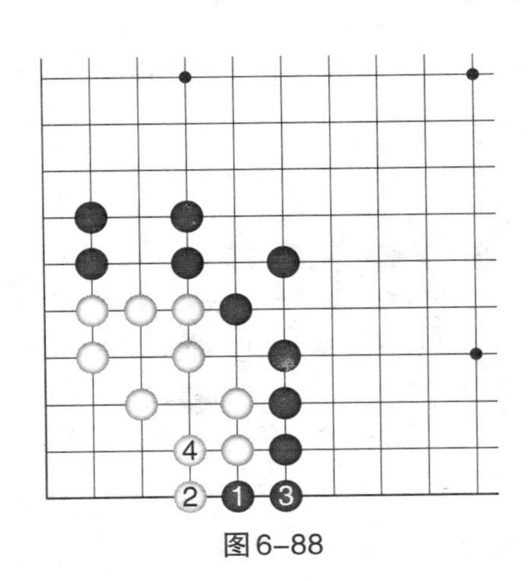
图6–88

如图6-89，接图6-88，黑5扳，白6打吃，黑7连。

如图6-90，接图6-89，白8冲是先手，黑9挡，白10是单官，所以要最后收。本图是黑棋正确的收官顺序。

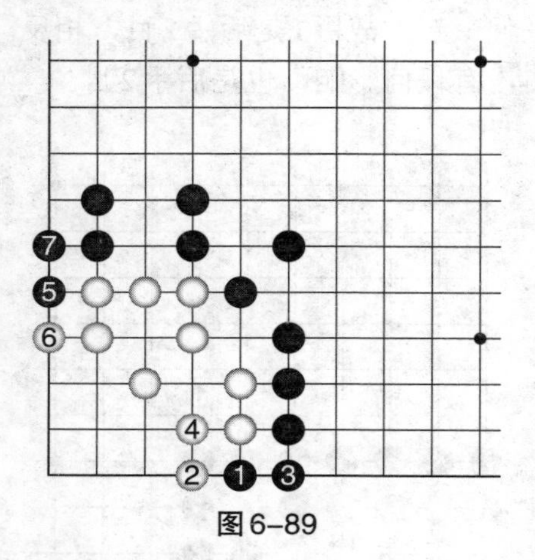

图6-89

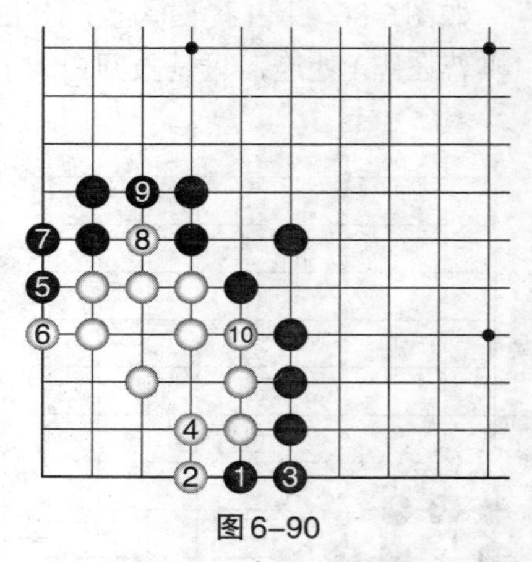

图6-90

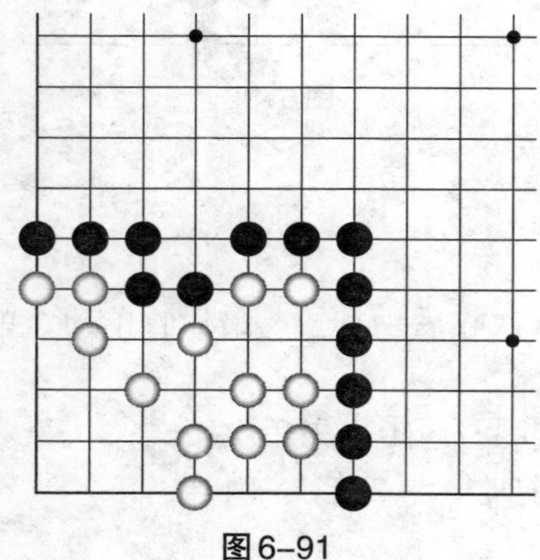

图6-91

【例22】如图6-91，黑先，请大家找一找图中都哪里没有下完？请走出正确的收官顺序。

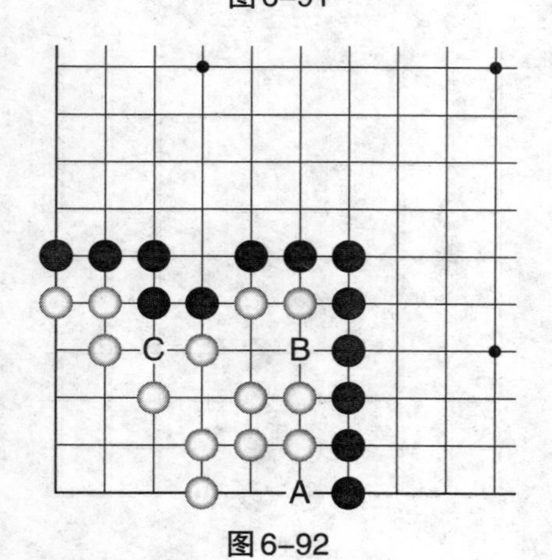

图6-92

如图6-92，图中A、B、C三处没有下完，正确的收官顺序如下图。

如图6-93，黑1挤，白2只能连，否则，黑棋下在白2处，白棋三子被吃，黑1是先手；黑3冲吃，白4连，其中，黑3也是先手；黑5冲，白6单官，黑棋收官顺序正确。

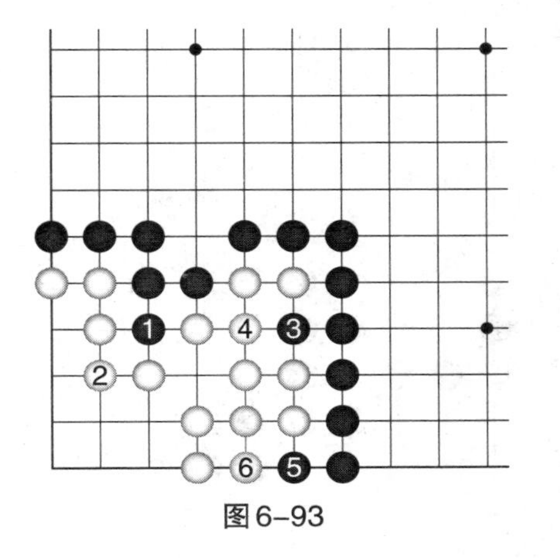
图6-93

【例23】如图6-94，黑先，图中A、B、C、D四处官子，收官顺序如何？

如图6-95，图6-94中D位是双先官子，应先走。黑1扳，白2只能退，黑3再长，白4打吃，黑5连，白6连。

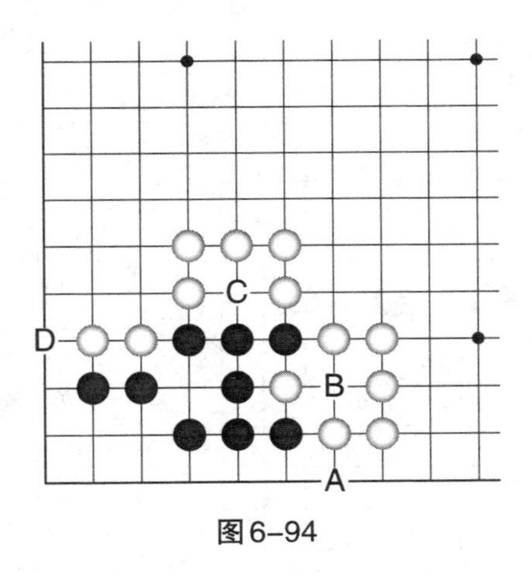

图6-94

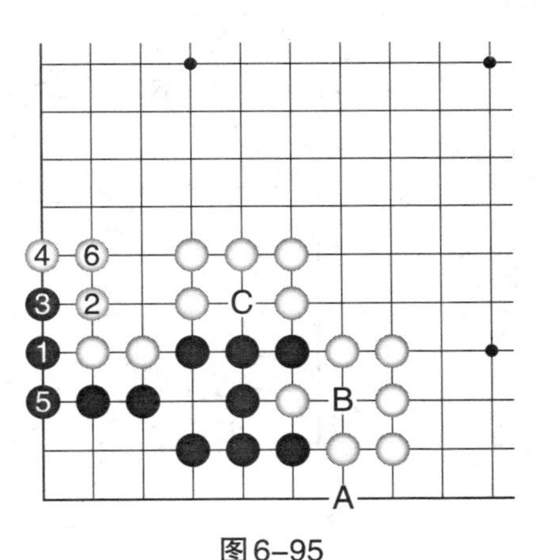

图6-95

如图6-96，当黑1扳时，白2扳，黑3断吃，好棋！白4只能提，黑5断吃，白6连，黑7打吃，白棋数子被吃。

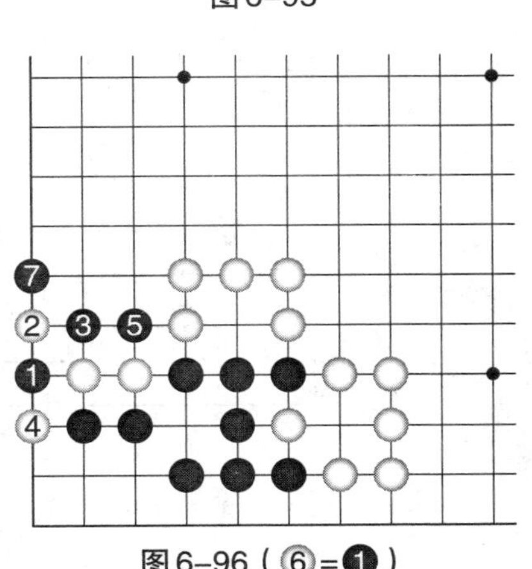
图6-96（⑥=❶）

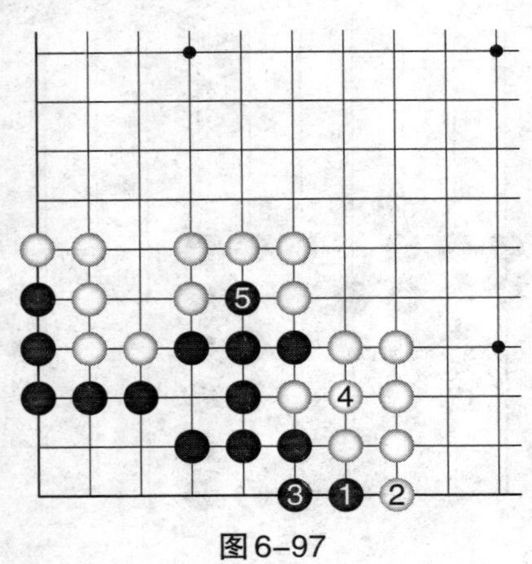

图6-97

如图6-97，接图6-95，黑1扳，白2打吃，黑3连，次序正确。白4粘劫，黑5单官。

关于收官除了要考虑先手官子和后手官子以外，还要考虑官子的大小，有关这一问题，我们会在《围棋速成：入门与提高（提高篇）》书中详细的介绍。

单元练习六

黑先，以下棋形怎么下最好？

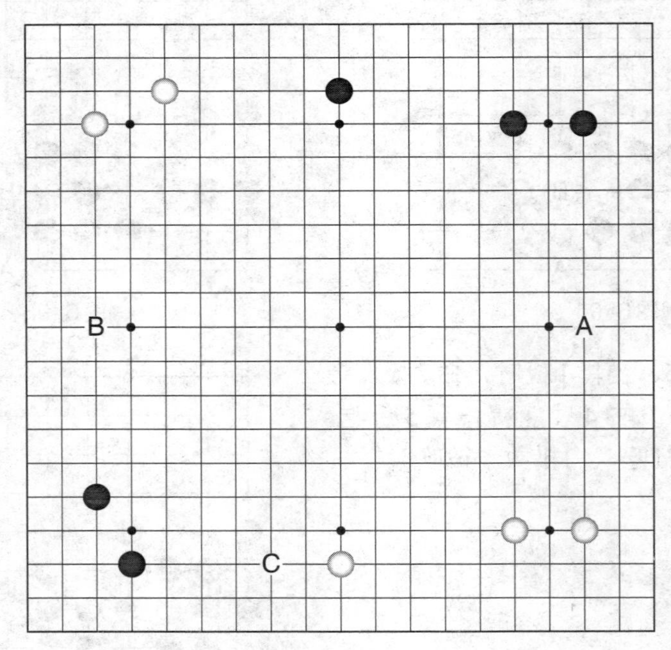

第1题

第1题：黑先，图中A、B、C三处都是大场，哪点最大呢？请下出双方正确的行棋次序。

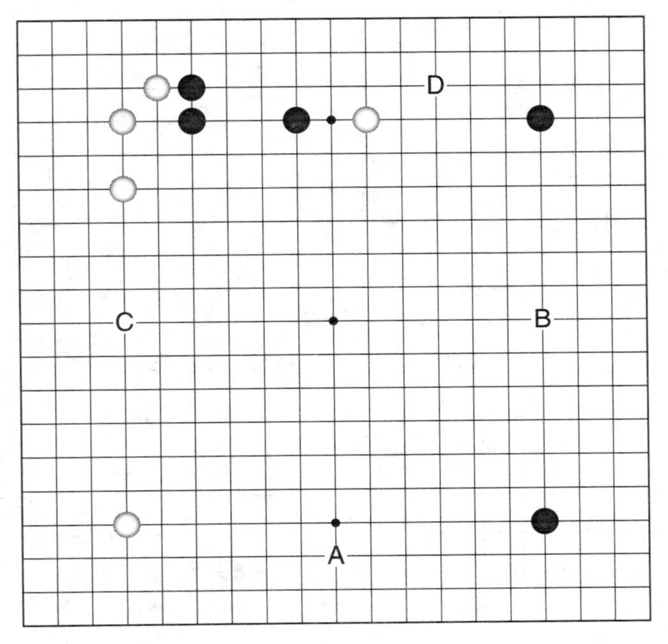

第2题

第2题：黑先，可下的地方很多，请从A、B、C、D中选择，黑棋下在哪里最好呢？

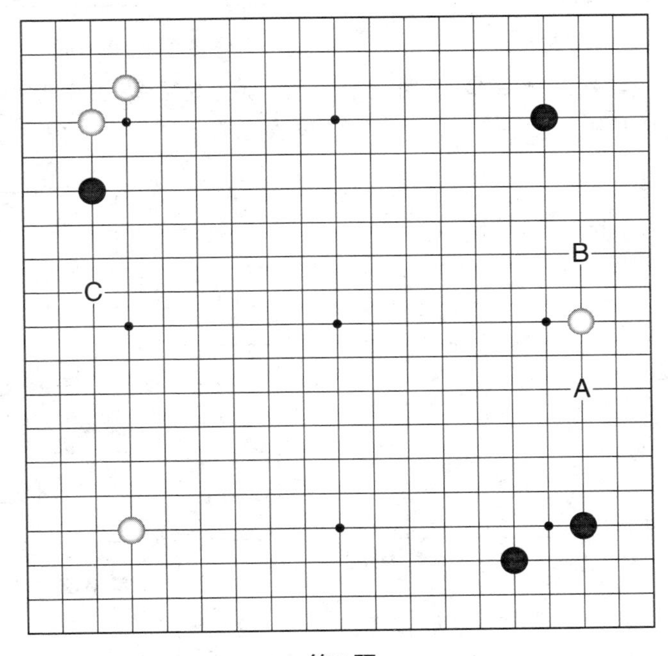

第3题

第3题：黑先，请从A、B、C中选择，下在哪里好呢？

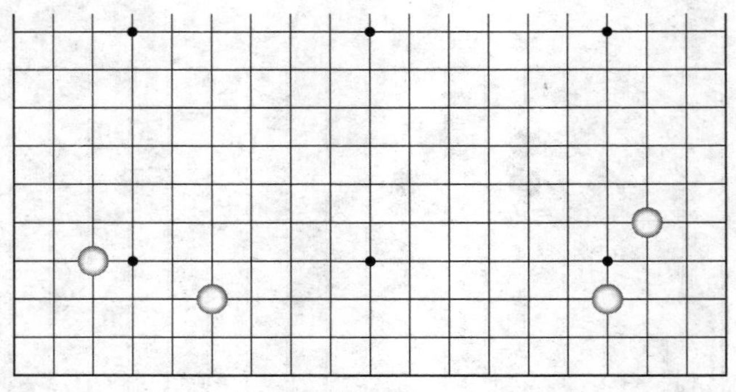

第4题

第4题：黑先，怎么破坏白棋的空呢？

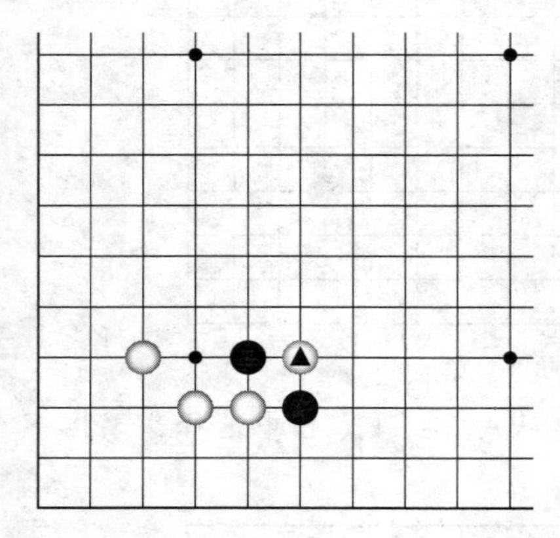

第5题

第5题：黑先，当白▲子断时，黑棋怎么处理好呢？

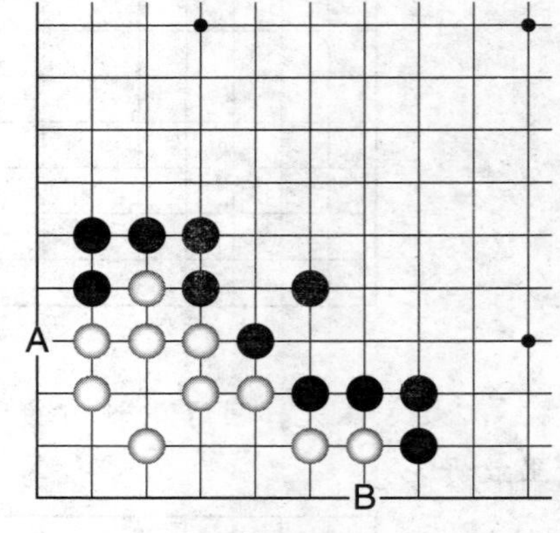

第6题

第6题：A、B两处的官子，黑棋该怎么收呢？

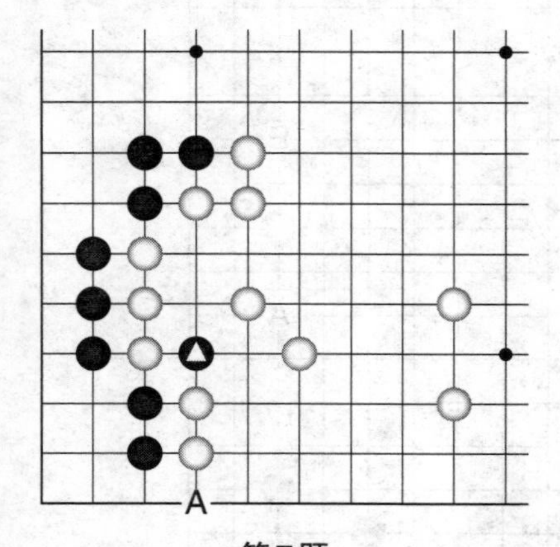

第7题

第7题：黑先，如何利用黑△子，收A位的官子呢？此题好像有点难，要将以前学的知识联系起来。

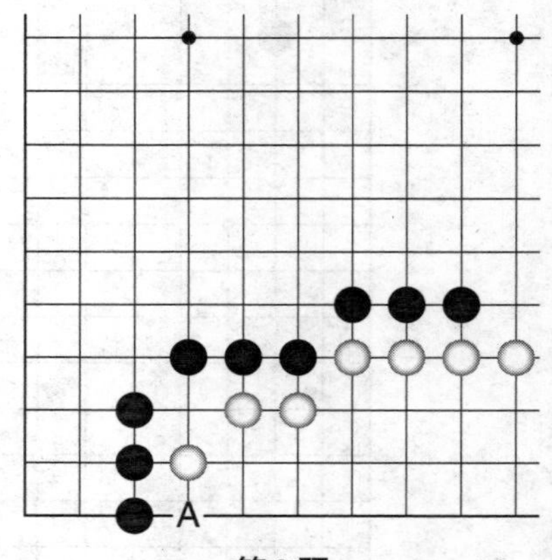

第8题

第8题：黑先，A位的官子该怎么收呢？

参考答案

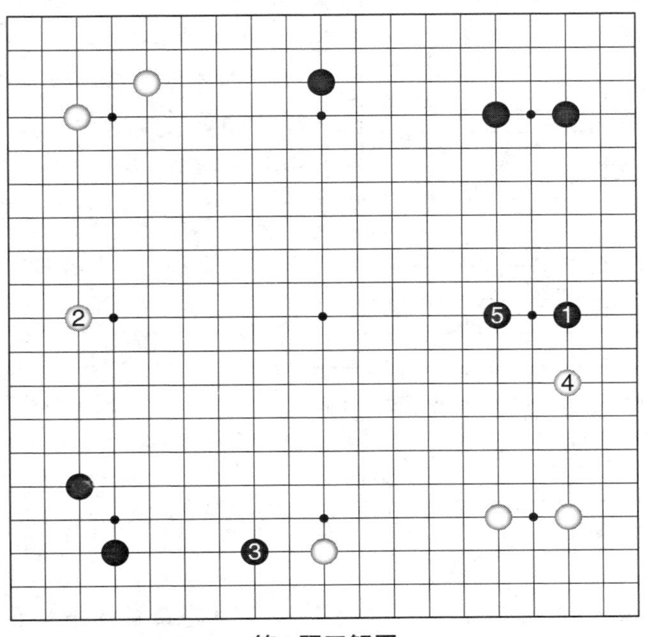

第1题正解图

第1题正解图：A是对双方都有利的大场，故A最大。B是除A以外对白棋最有利的大场，故白2应下在B处，C处大场最小，白4继续扩张，黑5形成“立体空”，黑棋优势。

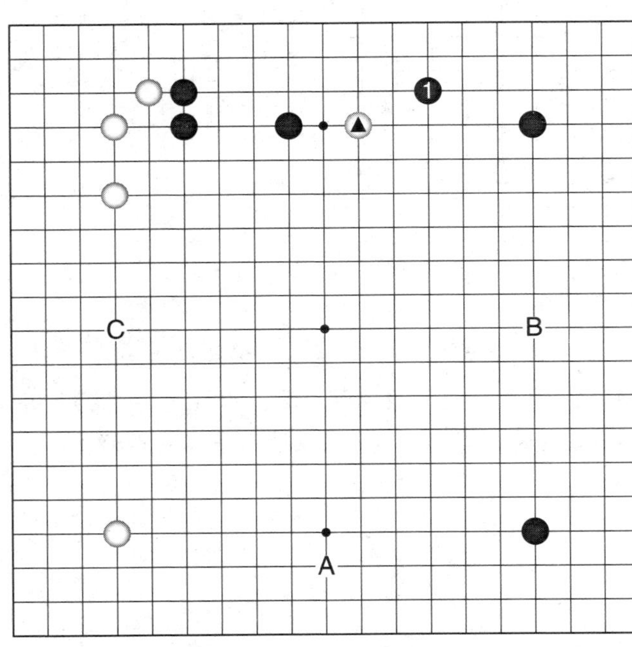

第2题正解图

第2题正解图：A位的拆边最大，发展黑棋的同时限制了白棋的发展；B位的拆边次之，C位最小；D位虽然围空不多，但可以攻击白▲子，所以最为紧迫。因此，黑1夹攻是首选。

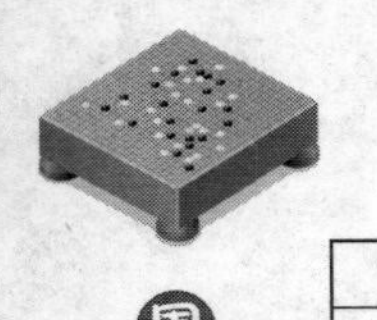
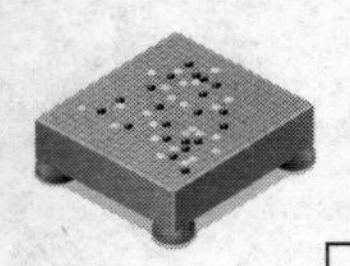

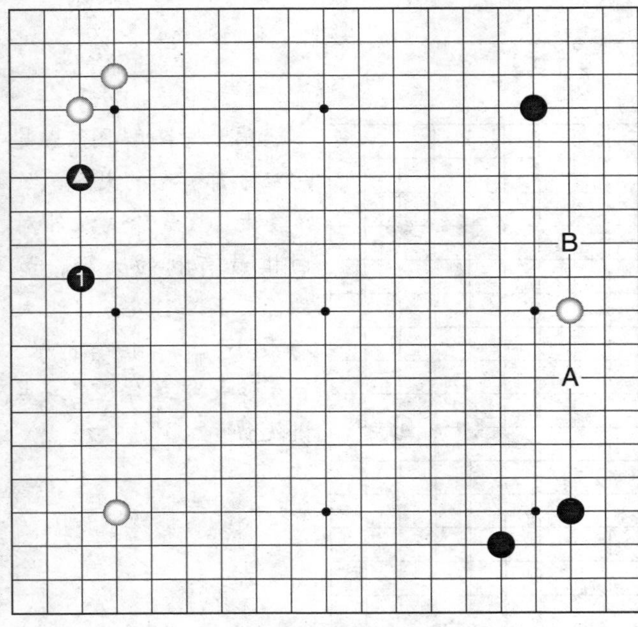

第3题正解图

第3题正解图：A、B两点虽然可以攻击白棋，但白棋不怕黑棋进攻，可以拆二，故A、B两点都不急，C位关系到黑▲子的根据地。因此，黑1拆二正确。

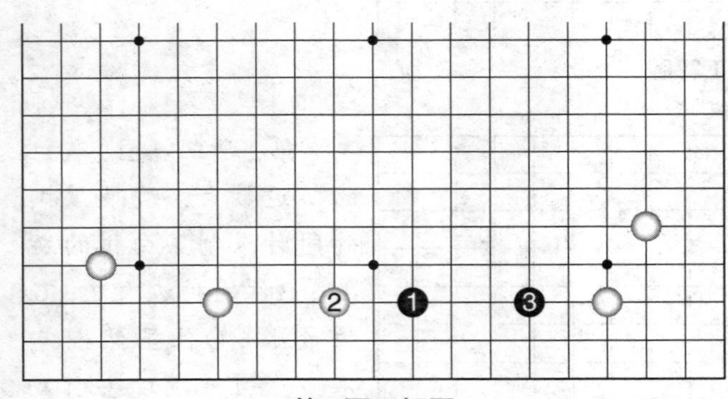

第4题正解图

第4题正解图：黑1分投，位置正确，左右两边都能拆二，建立根据地，这样可以有效地破坏白空。

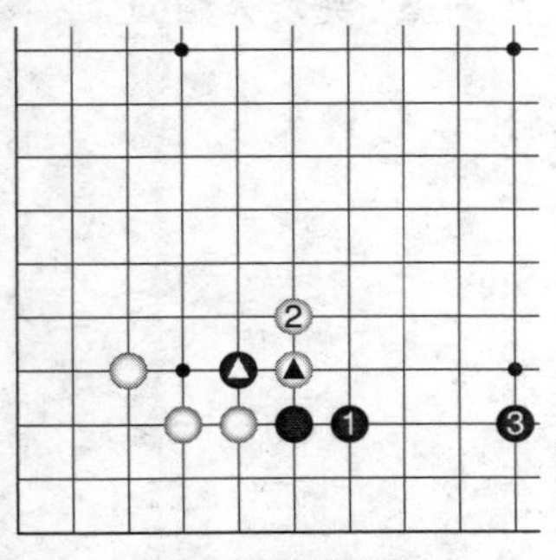

第5题正解图

第5题正解图：黑棋被断，很难两边都处理好，但边上的黑棋更重要。黑1退，正确。将黑▲子弃掉，白2长，黑3拆二，黑棋边上基本处理好了。

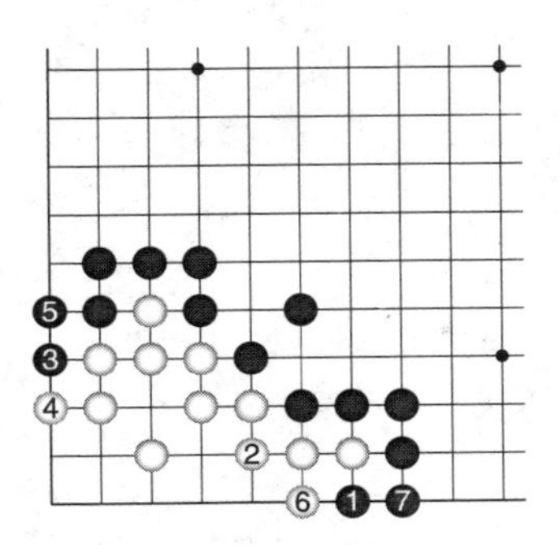

第6题正解图

第6题正解图：B位是双先官子应先收，以下至黑7是双方的正确收官次序。

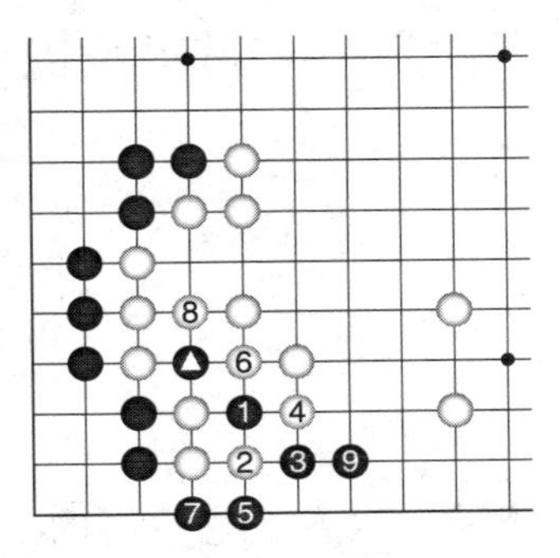

第7题正解图

第7题正解图：黑1扳，白2曲，黑3连扳，好棋！以下至黑9是双方必然，黑棋成功利用滚打战术，破坏了白棋的空。

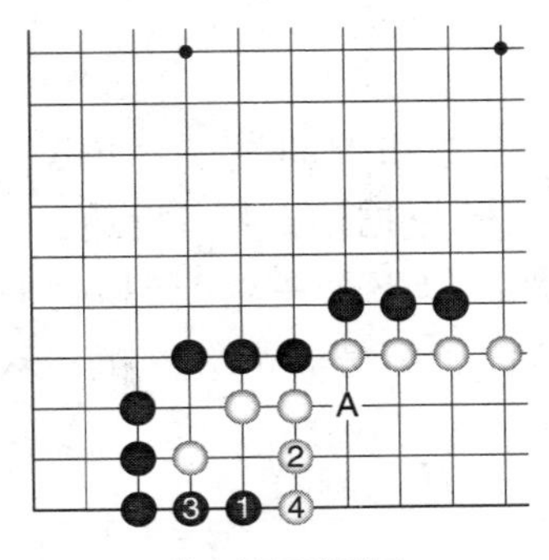

第8题正解图

第8题正解图：黑1跳，好棋！抓住了白棋的弱点，白2不得已，黑3接，白4挡，是双方正确收官次序。其中，由于白棋A位有断点，白2不能在3位断，否则，白棋被吃。请大家自己验证。

第七章　定式

定式就是布局时双方在角上进行争夺，形成双方可以接受的变化，双方的得失大致相当。定式有很多，大家要熟记一些基本定式，要理解定式中每步棋的含义。

第一节　定式的分类

角上的下法经过很长时间的验证，双方都可以接受（双方不吃亏）的下法，就称为“定式”，从结果上看，大致可以分为三类。

一、双方各围各的空

【例1】如图7-1，白1小飞挂角，黑2单关，向边上和中间发展，白3小飞，黑4小尖守角，白5拆二，至关重要，关系到白棋的根据地，黑6拆边。

【例2】如图7-2，白1飞，黑2冲，黑4断，连贯，以下至白9，黑棋得右边的空，白棋得左下的空。将来黑棋A位跳或白棋B位飞都是非常大的棋。双方各有所得。

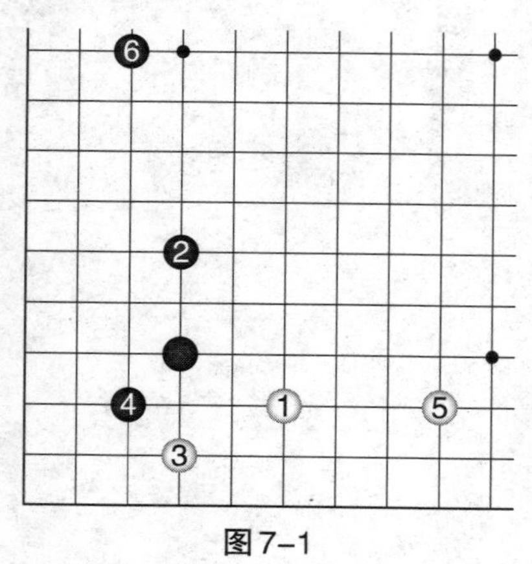

图7-1

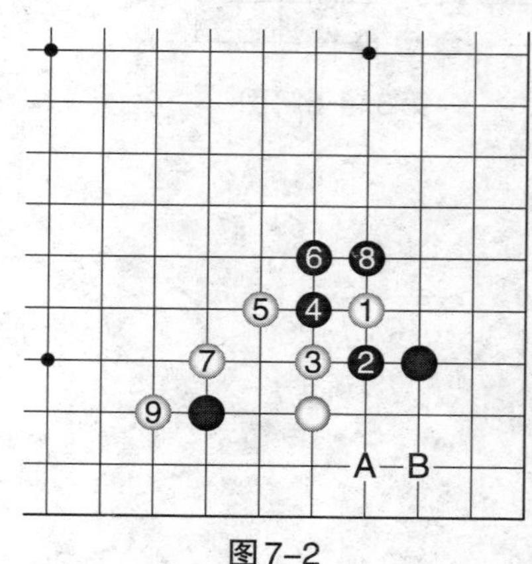

图7-2

二、实地和外势的对抗

【例3】如图7-3，白先，白▲子被夹攻，白棋该怎么办呢？

如图7-4，白1点三·三，黑2挡，白3退，联络，黑4长很重要，以后有A位的冲断的手段。

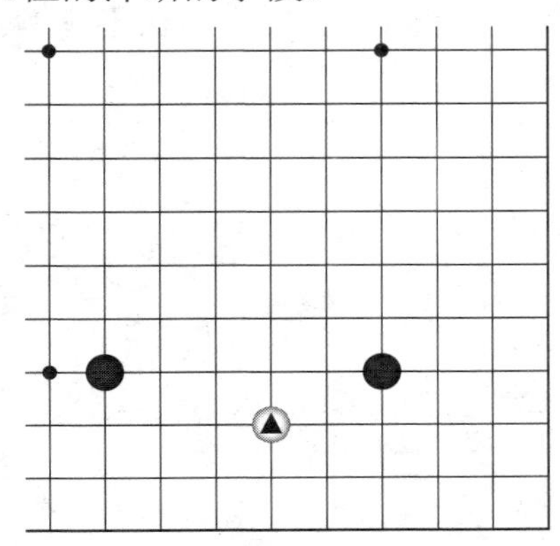

图7–3

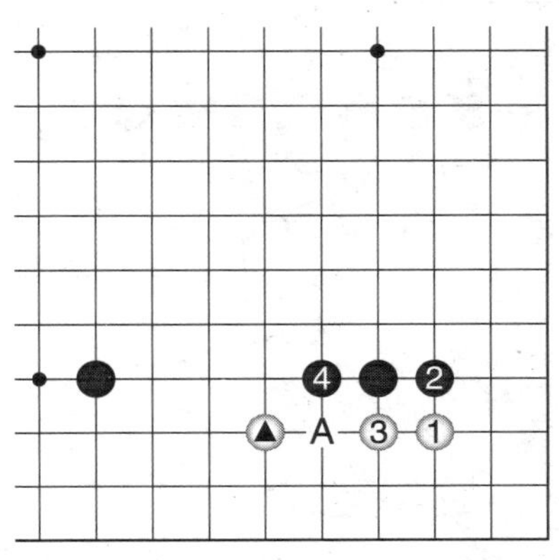

图7–4

如图7-5，接图7-4，白1长，将角上的黑棋和边上的黑棋断开，黑2冲、黑4断，好棋！白5打吃，黑6反打，好棋！白7提，黑8扳，白9扳，不让黑棋连上，黑10断打，白11长，黑12打吃，要点。

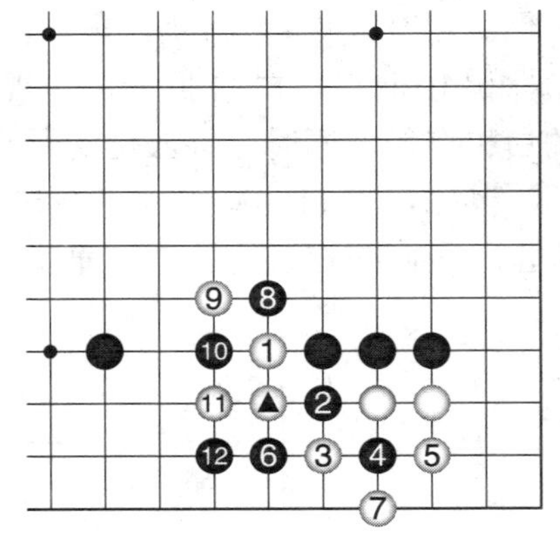

图7–5

如图7-6，接图7-5，白1提，坏棋！黑2打吃，形成征子，白棋被吃。

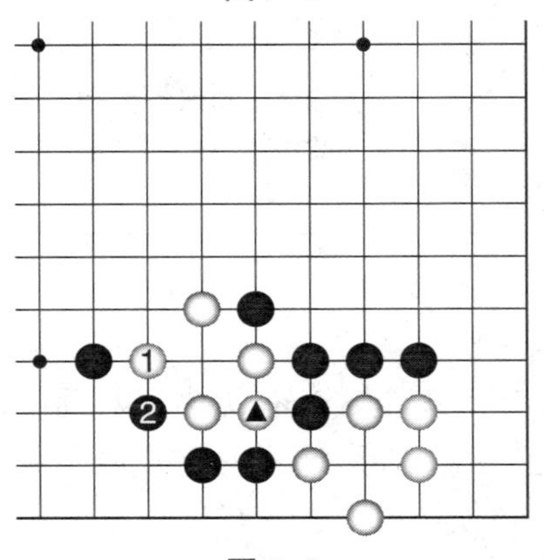

图7–6

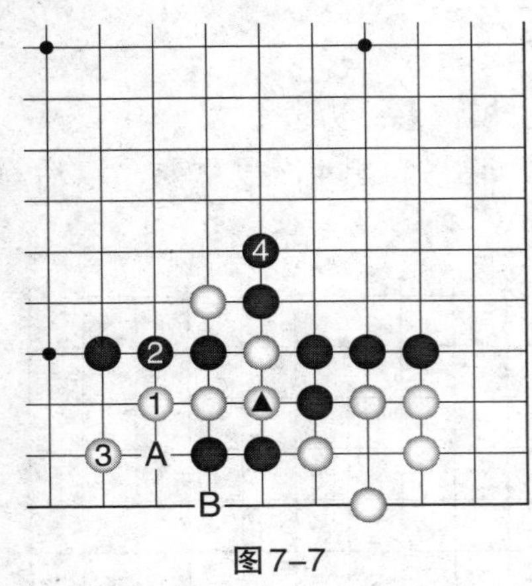

图7–7

如图7-7，接图7-6，白1长，黑2接，白3尖，好棋！黑4长，完成定式。白棋得实地，黑棋得外势。如白3在A位拐吃，黑棋可在3位夹，白棋只能在B位打吃，黑棋先手封住白棋，白棋不满意。

三、战斗定式

【例4】如图7-8，白1挂角，黑2夹攻，白3跳出，选择战斗，黑4单关，必然。白5反夹，黑6跳，出头，白7跳，黑8跳，一边围空，一边出头。白9镇，黑10曲镇，白11拆一，窥视着A位的刺，黑12跳，向中央出头，对中央的白棋施压，同时弥补A位的弱点。至此双方形成战斗，这也是双方可以接受的。其中，白11是场合下法，右下角被白棋占领时才能拆一，保持对黑棋的攻击，否则应在B位拆二，建立根据地。

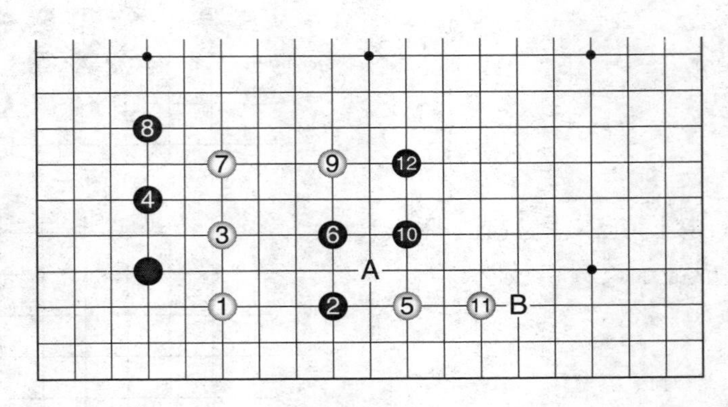

图7–8

三类定式各有优劣，对局中，大家要有一个想法，你要的是什么？实空还是外势？你所选择的定式属于哪一类？定式的下法很多，变化也很复杂，但大家必须知道：①这样的结果是不是双方可以接受的；②了解定式中每步棋的作用。这对提高棋艺水平有很大的作用。

第二节　星定式

就挂星位而言，以小飞挂最为严厉，甚至可以认为是仅此而已，其他的挂法都是根据当时局势而产生的一种配合。

【例5】如图7-9，白1即是小飞挂。

图7-9

1. 单关应

如图7-10，黑1就是单关应，以下至黑5是上一节讲过的定式。

如图7-11，如图7-10中黑5如脱先，黑棋将受到白棋的攻击。白1进攻，黑2挡几乎是绝对之着，否则，再被白棋于2位冲，黑棋全体成为被攻击的目标。

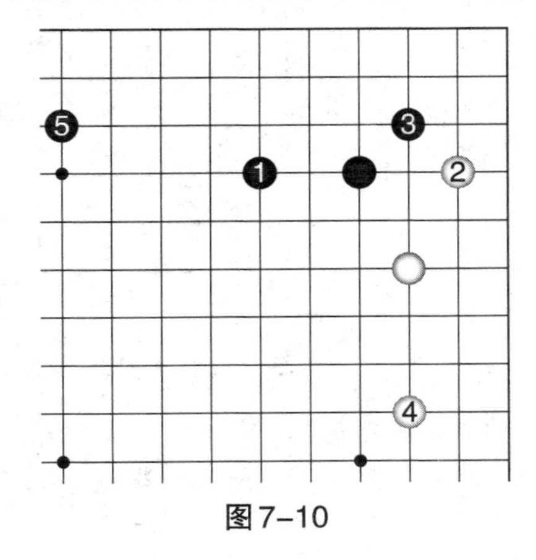

图7-10

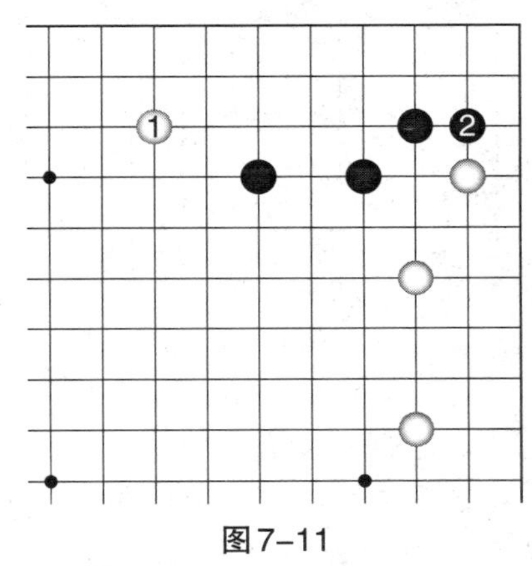

图7-11

如图7-12，白3脱先，黑4夹攻，严厉，白5只得关起，黑6关起加强自己，逼白7逃出，黑8顺势收取实地，是理想的攻击方法。故白3不能脱先它投。

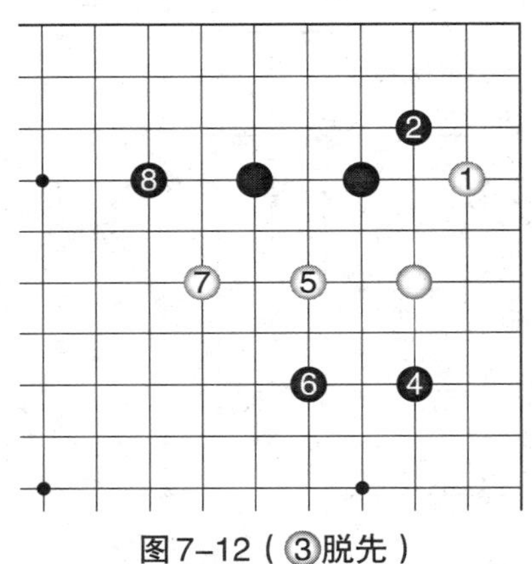

图7-12（③脱先）

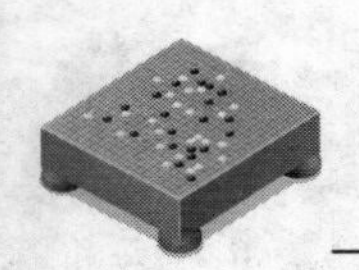

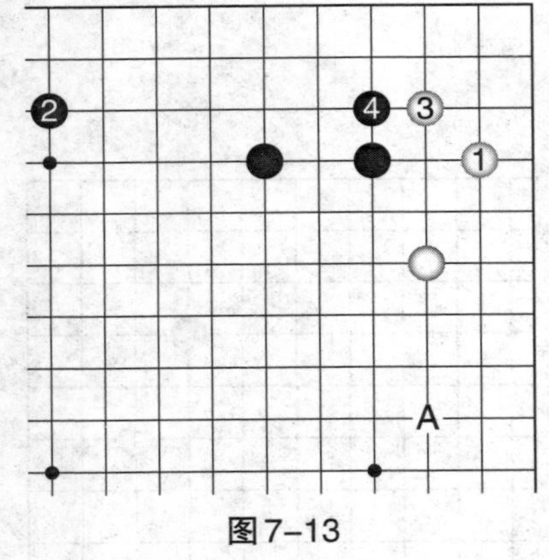

图7-13

如图7-13，白1飞时，一般情况下黑2不能急于去占大场，被白3先手尖到三・三不仅实地很大，还关系到双方的根据地，黑4应后，白棋已没有必要一定在A位拆二，可以转而它投了。

如图7-14，白1高拆是近代棋的下法，保留变化，黑2拆，等机会守角，白棋则伺机点三・三进角。

如图7-15，白1攻，在下让子棋时是很常见的。由于有A位和B位的两飞，黑棋很容易产生恐惧心理。

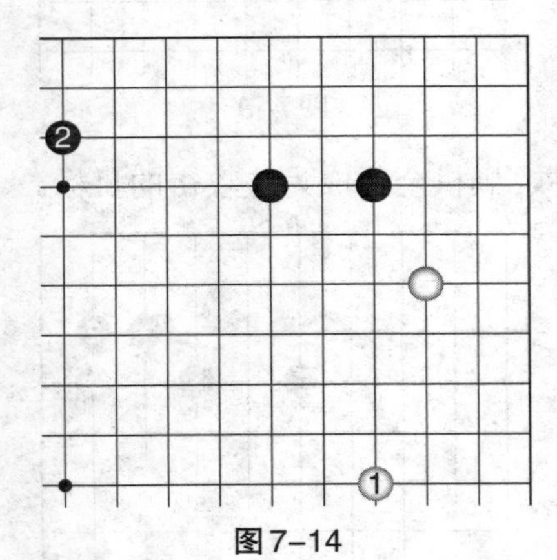

图7-14

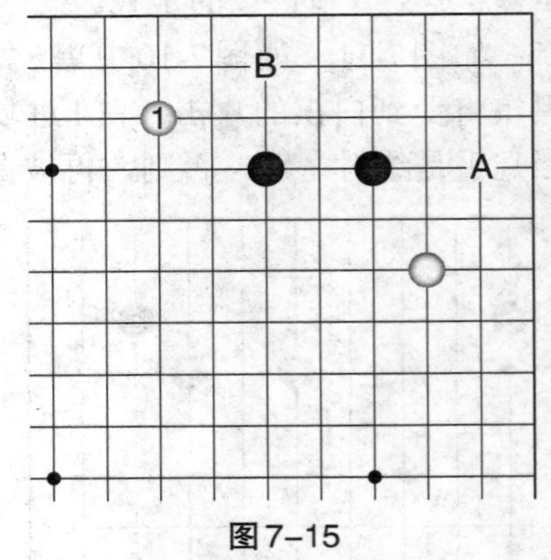

图7-15

如图7-16，黑1、3、5的下法是想守住角地，白2、4顺势长出是黑棋大损之处，还有A位点的侵分，这是黑棋最差的下法。

如图7-17，黑1尖出是沉着的好手，以下A位飞封又是好点，若白2拆，黑3、5转向攻击另一侧，是掌握主动权的下法。

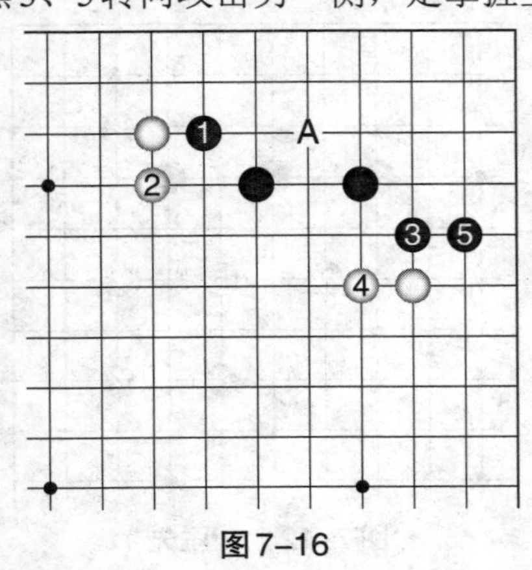

图7-16

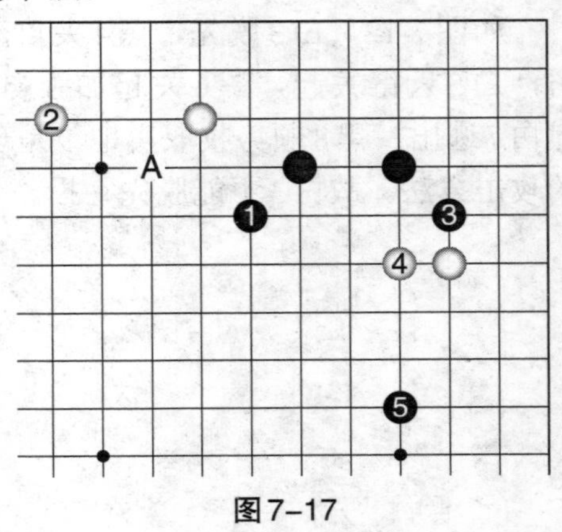

图7-17

如图7-18，白2靠、4长，也是一种处理方法，目的是想让黑棋在A位补断，白C位飞安定自己。黑棋不予理睬，而黑5、7攻击白棋，白棋若在A位断，黑棋在B位打吃，可大吃白棋二子。

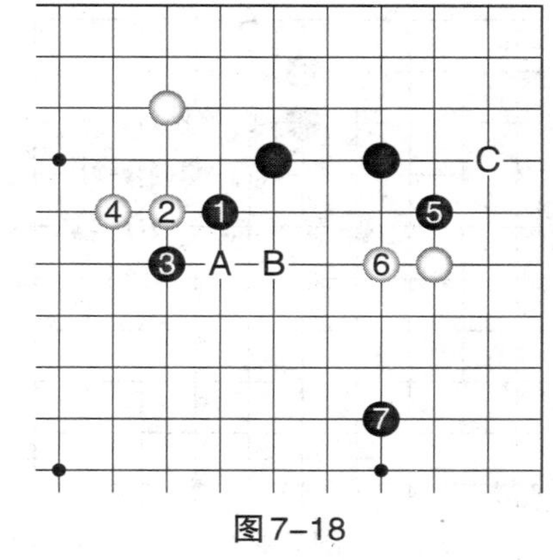

图7-18

2. 小飞应

【例6】如图7-19，黑1是小飞应。以星位的应法来说，小飞是最坚实的下法，是最彻底的守势，其变化也最少。接下来，白A、黑B、白C，这是基本定式之一。

如图7-20，白1飞时，黑2也可以夹攻，白3尖，以下黑4尖顶至黑8退的变化为基本定式之一。

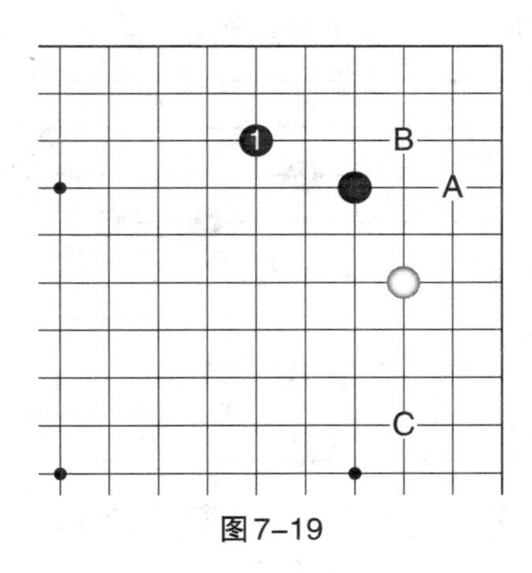

图7-19

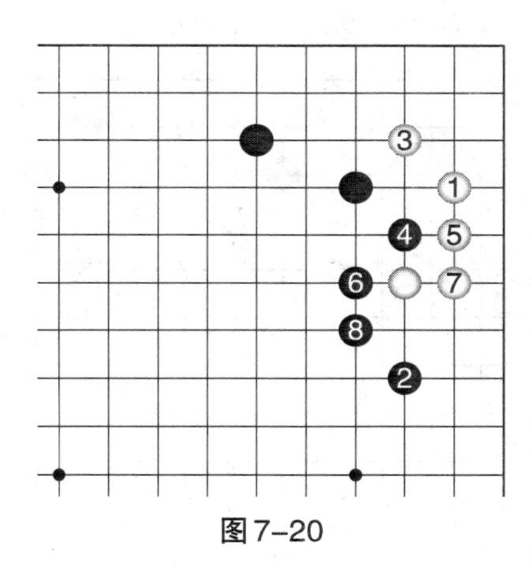
图7-20

如图7-21，黑1扳时，白2也扳，黑3打吃，黑5再打吃，这也是基本定式之一。因与征子有关，故黑棋选择此定式时，务必注意引征问题。

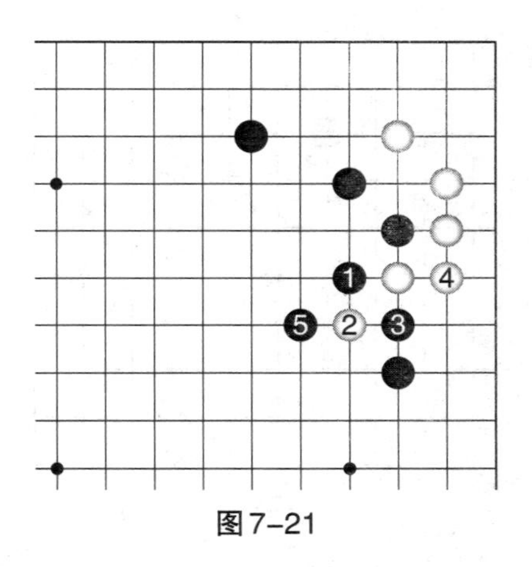
图7-21

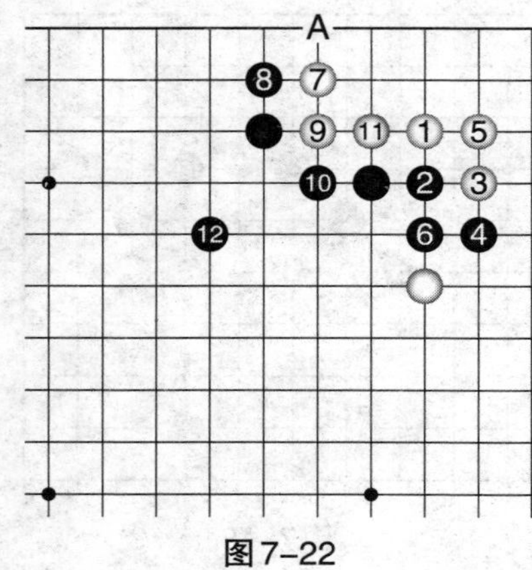

图7-22

如图7-22，白1点三·三不会有什么好结果。小飞地域狭小，活得局促，至黑12飞补的变化为基本定式之一。称其为定式，是仅就局部定形而言。黑棋形态优美，当然满意。白11不可省略，否则黑A位扳，白棋净死。

如图7-23，白1托、3扳，黑2、4连扳是坚实的手法。以下至黑8退的变化是基本定式之一。以后白棋在A位粘，黑棋在B位虎，或者白棋在C位做劫，是白棋的权利。

如图7-24，白1拦时，黑2跳守角，白3拆二的下法也是定式之一。

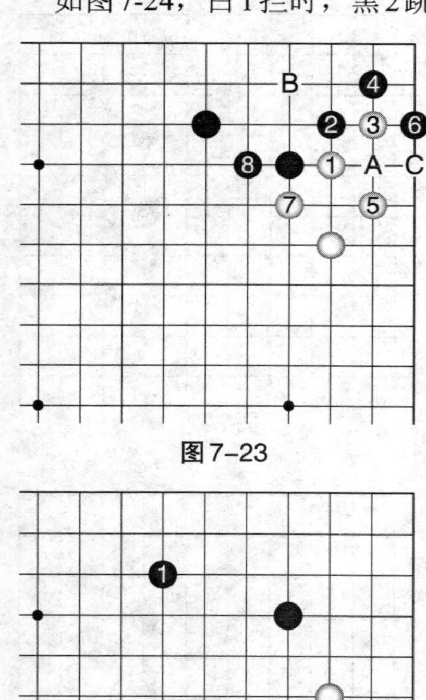

图7-23

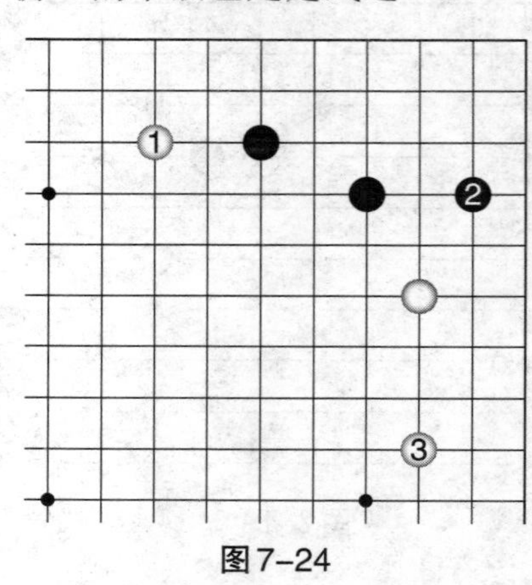

图7-24

图7-25

3. 大飞应

【例7】如图7-25，黑1是大飞应，是防守棋。

如图7-26，白1点三·三，黑2挡时，白3爬、5扳、7粘、9爬是正确的次序，以下至黑14退的变化，是基本定式之一。黑棋大飞是防守的下法，白棋点三·三是破坏对方作战意图的下法。

如图7-27，白3爬，可以说是大飞应时，点三·三后的基本下法，白5是有谋略之着，目的在于引诱黑棋在A位挡下，这手棋一般出现在让子棋中。

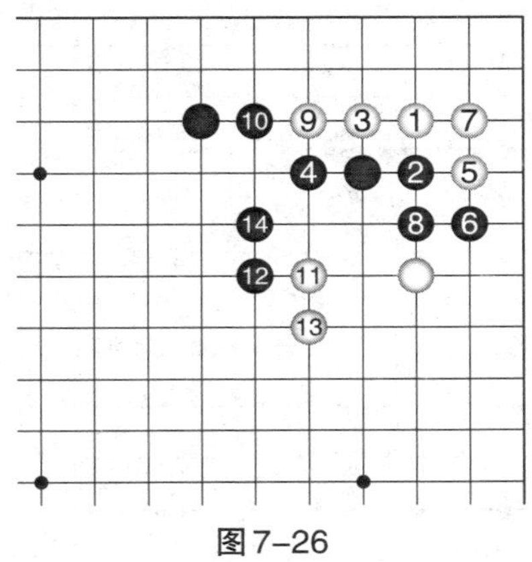

图7–26

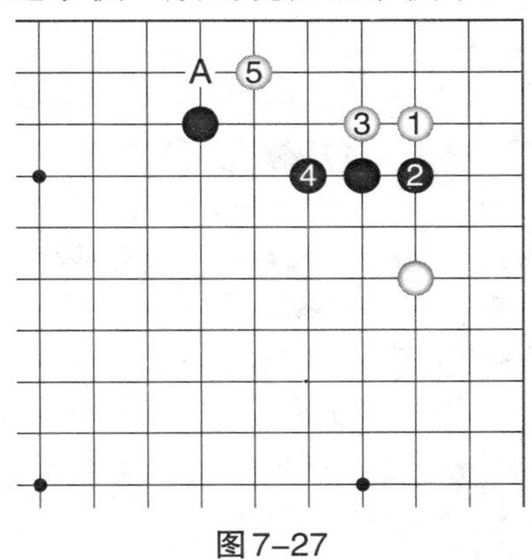

图7–27

如图7-28，黑1若挡下，白2冲与黑3挡交换一下，然后，白4、白6先手扳粘，白8就可以断了。其实，此时黑棋在A位跳应是正常应法，但在让子棋中，由于双方棋力不同，再根据周围的配置情况，很容易把局面搅乱。

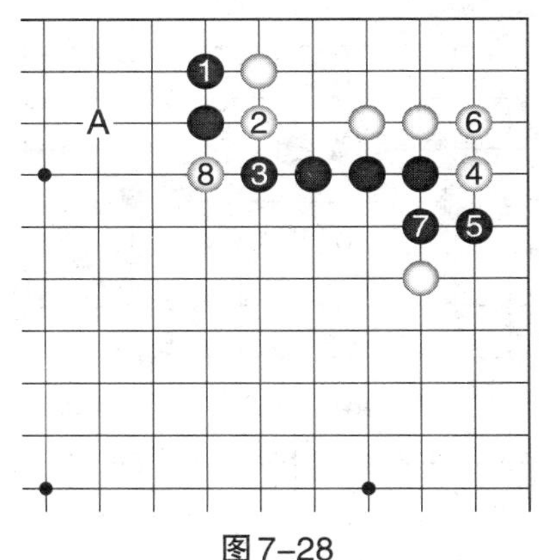

图7–28

如图7-29，黑1压就不会再被搅乱局面，以下至黑9粘，几乎为双方必然，白10跳起，黑11靠，防止白棋在A位刺。

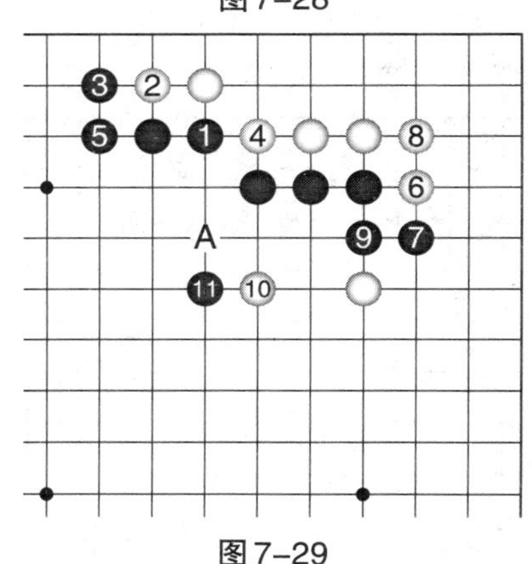

图7–29

如图7-30，结果有必要再说明一下，以后黑棋下在A、B、C、D、E、F位都是先手，如黑A扳、白G挡后，黑棋无论在B位、C位、E位补都是先手，否则角内是死棋。

如图7-31，白1扳，以下至黑6为定式下法，白7先点非正着，但是黑8粘软弱，以下至白9尖，黑棋形状不好。

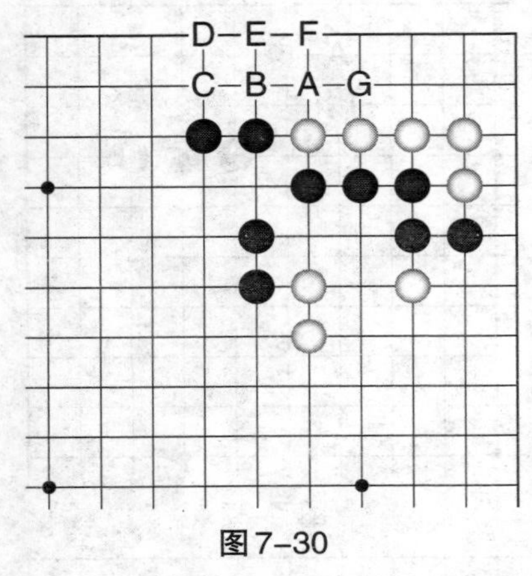

图7-30

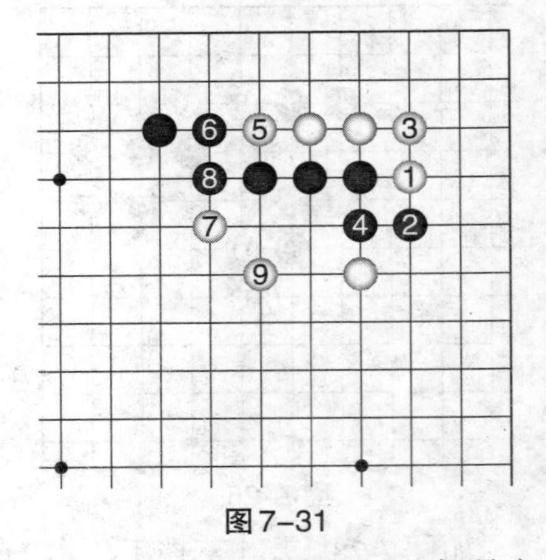

图7-31

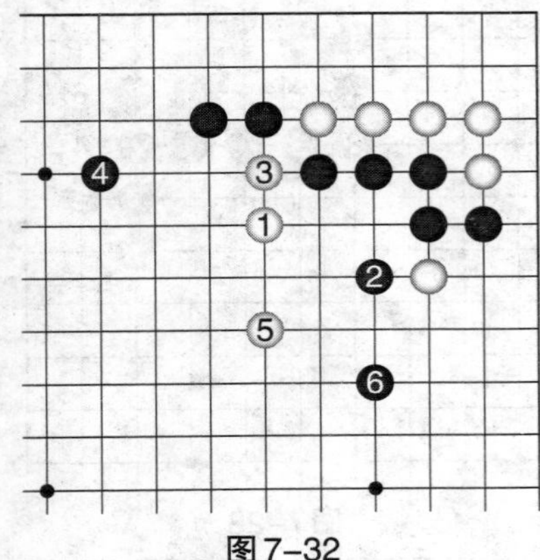

图7-32

如图7-32，白1点时，黑2虎是好手，白3断，黑4飞，白5跳出，黑6也跳，黑棋虽然被分断但都是活棋，白棋三子反成孤立无援的浮子。

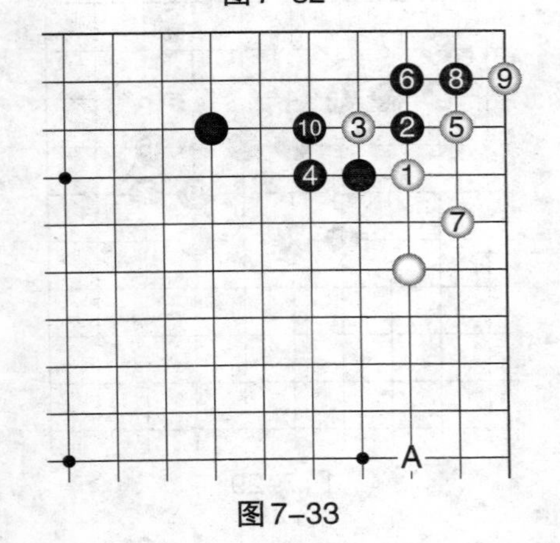

图7-33

如图7-33，白1托，是在黑A位有子时的整形手段。在黑棋是大飞的情况下，白3断是手筋。黑4“扭十字长一边”，黑8拐是要点，白9扳，黑10抱吃一子，这是基本定式之一。

4. 压长定式

【例8】如图7-34，黑1压、黑3长，此定式目的是尽快整形，防守第一，攻击第二。以下白棋的下法一般有A位长、B位尖、C位托、D位点三·三等。

如图7-35，白1长是最普通，也是最正统的下法，黑2挡，白3拆，黑4补或于A位拆边。

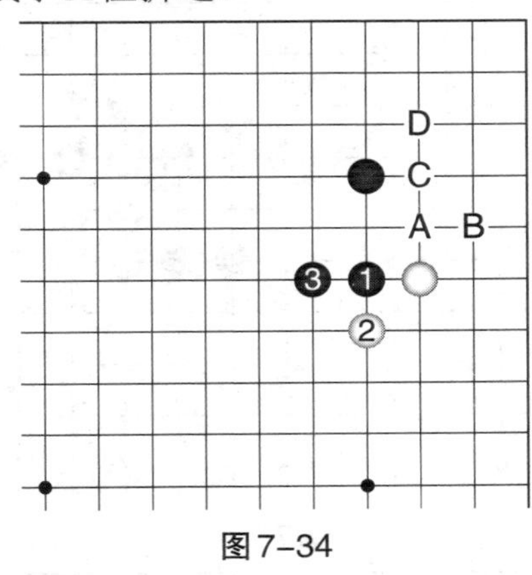

图7-34

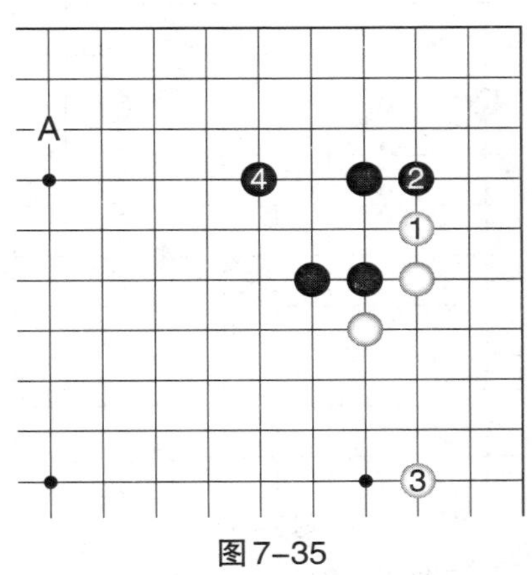

图7-35

如图7-36，白1长，黑2挡后，白3先长一手，其目的是想争先手。黑4扳，不可省略，否则白棋即可争先它投。白5飞补，黑6亦补，此为基本定式。黑4扳后，白5若不补，黑A攻击十分严厉。

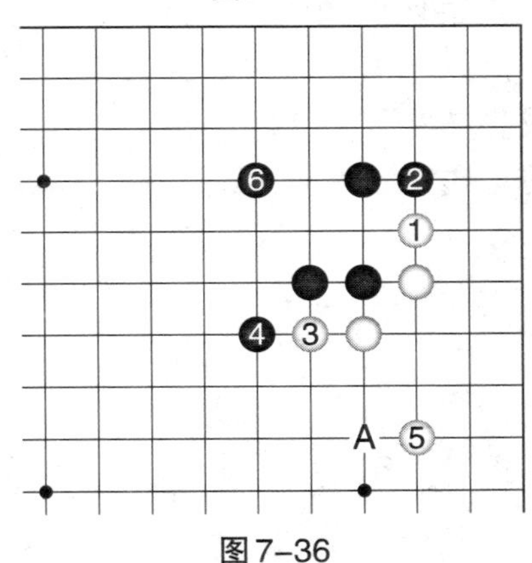

图7-36

如图7-37，白1托也是一种下法，目的是尽快整形。黑2挖时，白3打、白5虎定形，黑6打后再黑8拐是正确次序，至白9退为基本定式。黑10拆或A拆是好点，以后白B断或黑C挡都属于大官子。

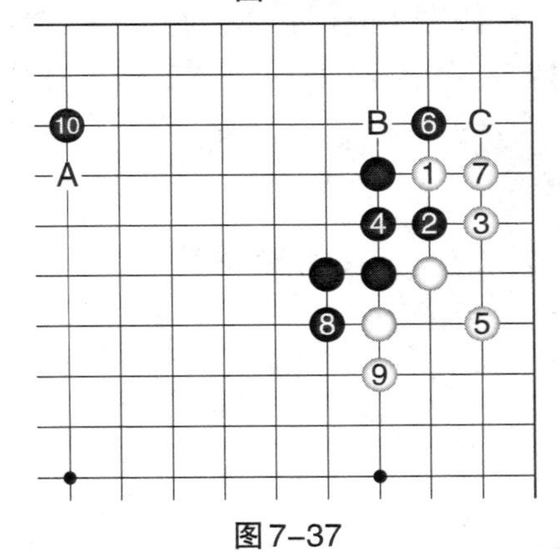

图7-37

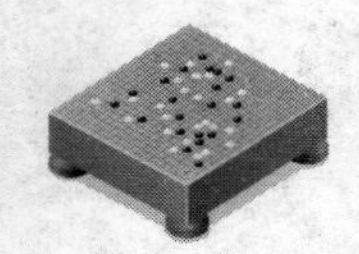

如图7-38，白1托，黑2挡是重视实地的下法，白3粘和黑4粘都是简明之策，白5拆，黑6也拆，此为基本定式。

如图7-39，白3倒虎是常见的下法，黑4打、6粘必然，以下至黑8跳补为基本定式。黑6不能在A位补断，否则白7打吃黑4一子，白棋安定，黑8补后，白棋可以脱先它投。

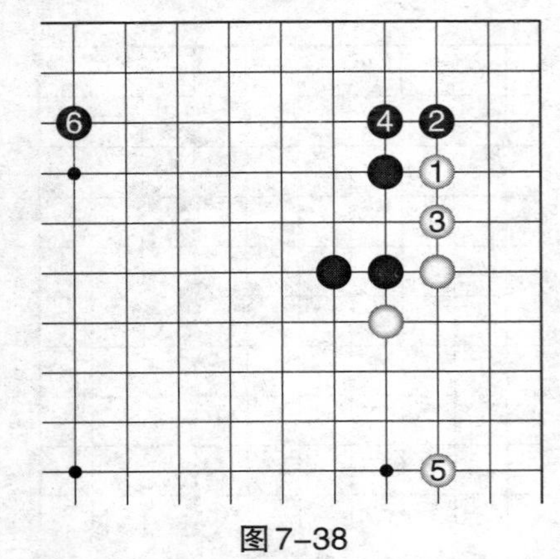

图7-38

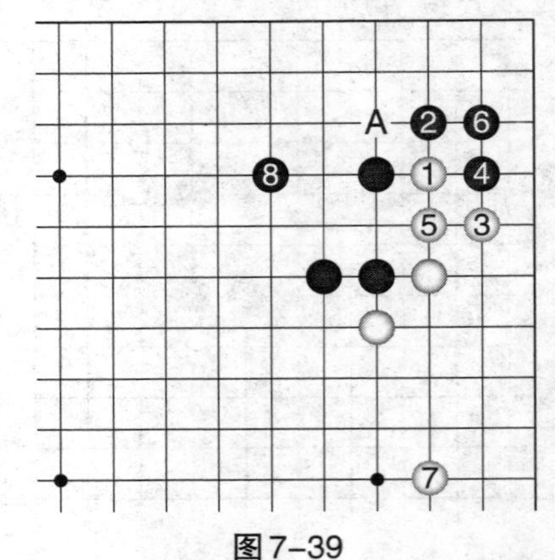

图7-39

如图7-40，白1尖时，黑2尖亦可，以下若白A尖、黑B打吃即还原成图7-39。白3拆，黑4也拆，与之前定式大同小异。

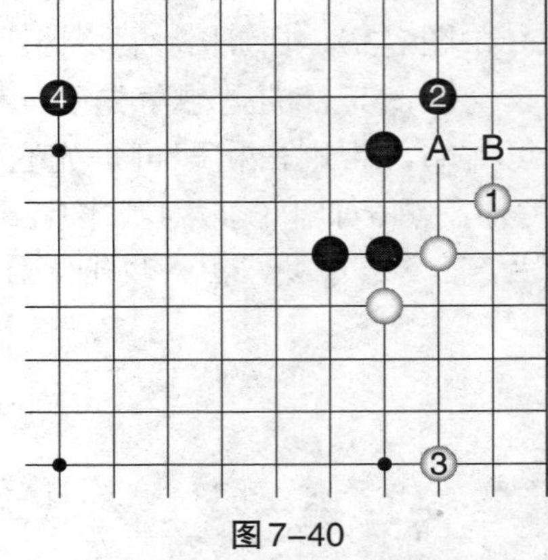

图7-40

如图7-41，白1尖时，黑2挡，白3挖，至黑8，还原成图7-39的变化。

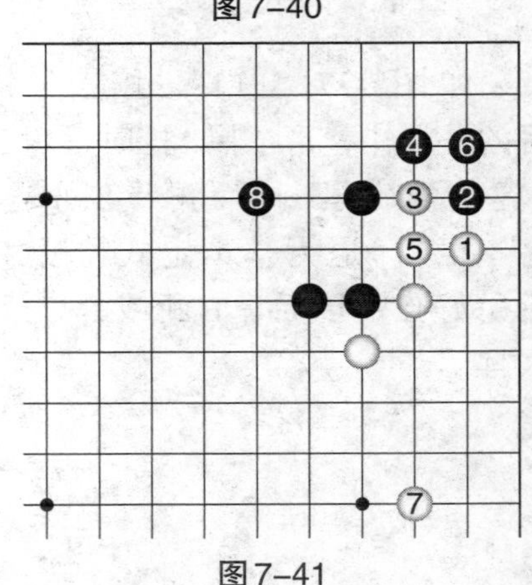

图7-41

5. 压虎

如图7-42，黑1压，白2扳时，黑3虎也是下法之一，白4打，黑5粘是必然的。黑棋被打成愚形，却防止了白棋进入三·三，同时白棋生出断点，也不能不说这是黑棋有力的实战手段。一般情况白棋有三种应法：A位粘、B位粘和C位立。

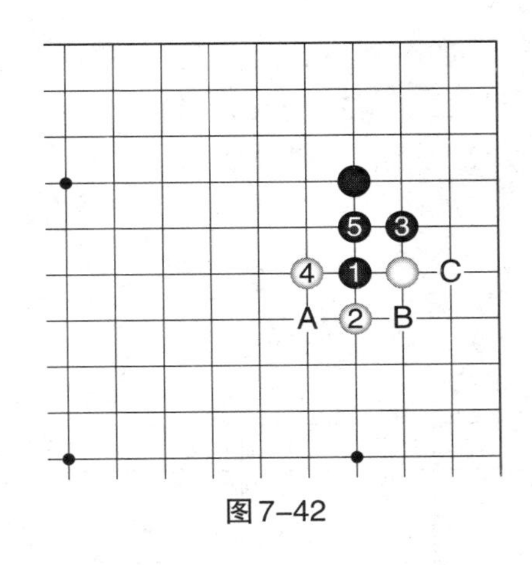

图7-42

如图7-43，白1粘，黑2、4打拔一子，此时白5打是必需的一手，黑6守角，此为基本定式。黑6单关守角，也可看情况下在A位或B位。白5若改在6位飞，黑C扳，白棋难应付。以后黑棋可在C位开劫。

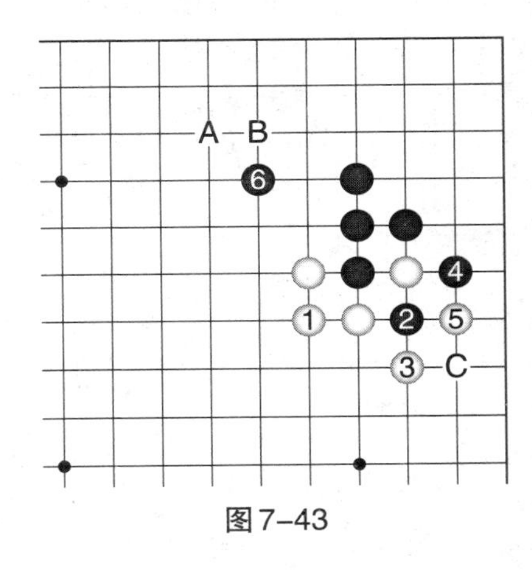

图7-43

如图7-44，白1粘，黑2也属手筋，白3飞必然，至黑4飞出，此为基本定式。这种下法能避开打劫的麻烦，而且黑棋位低，被白3占到必争好点，应该说黑棋无味。

如图7-45，白1粘，黑2跳必然，以下白3拆、黑4拆都是好形，此为基本定式。黑4拆，并非是只此一手，但是一般情况下也难找到如此之大的大场。

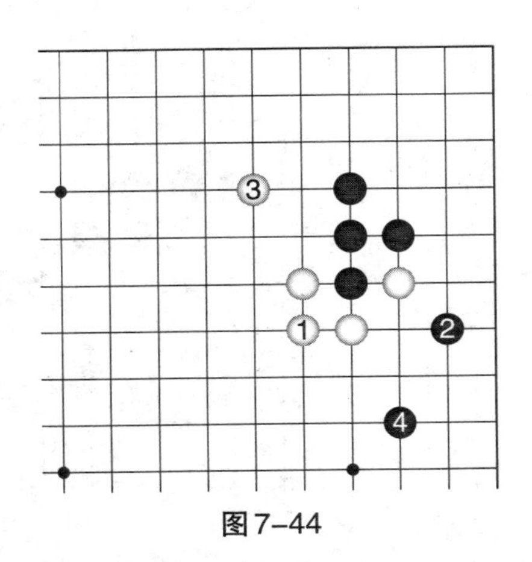

图7-44

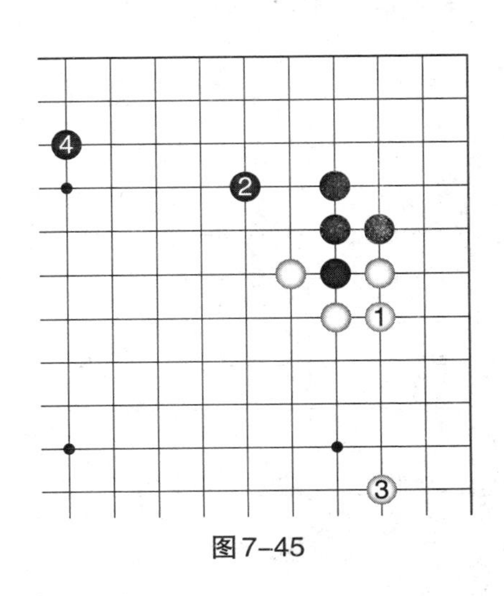

图7-45

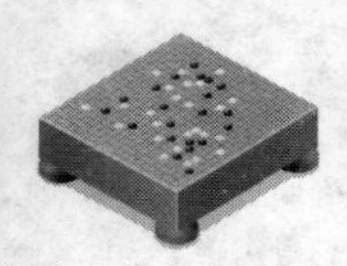

如图7-46，白1下立，是重视实地的下法，黑2断，白3退，以下至黑8尖三·三为基本定式。黑8若在A位挡，则白棋在8位点入，黑棋无法不被白棋侵分得利，可谓得不偿失。

如图7-47，白1点三·三也成立，黑2挡，让白3渡过，黑4拆，好点，此为基本定式。如黑2改在A位挡，让白B位飞，是黑棋强硬的策略，属于场合下法。

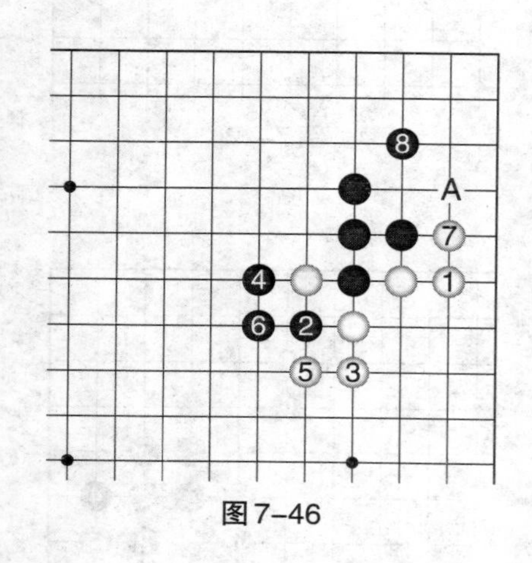

图7-46

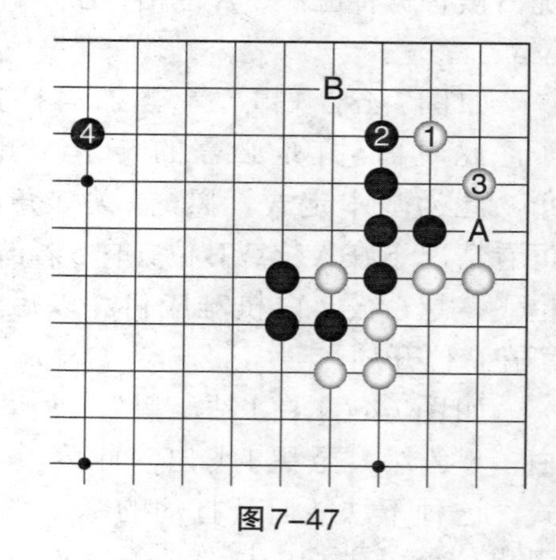

图7-47

6. 一间夹

如图7-48，黑1即为一间夹。使用一间夹时，一般在A位或B位有黑子。

如图7-49，白1点三·三，黑棋A位或B位没有子的情况下，黑2挡必然，以下至白9跳出是基本定式。

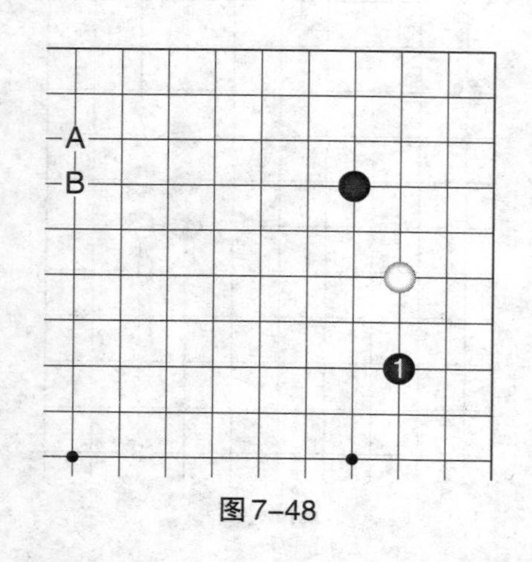

图7-48

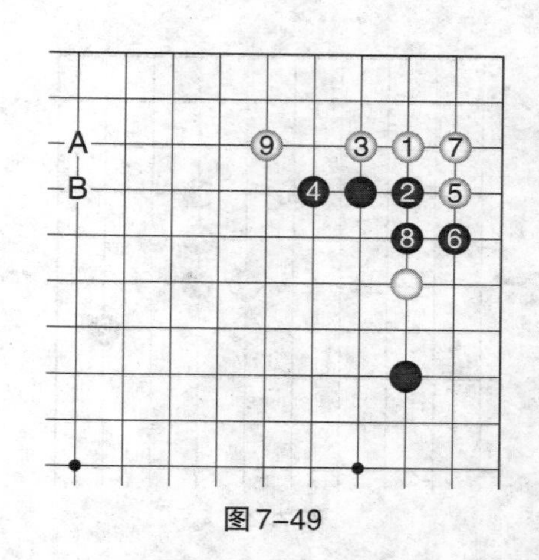

图7-49

如图7-50，白1点三·三，A位或B位有黑子，则黑2挡另一边，让白3渡过，黑4长是急所，白5立是本手，黑6飞，此为基本定式。这种下法是黑棋夹击诱使白棋点三·三，顺着步调围成模样。

如图7-51，黑4长、白5立的下法也常见，黑6压，白7立是形，至黑8跳为定式。黑8于A位挡也可。

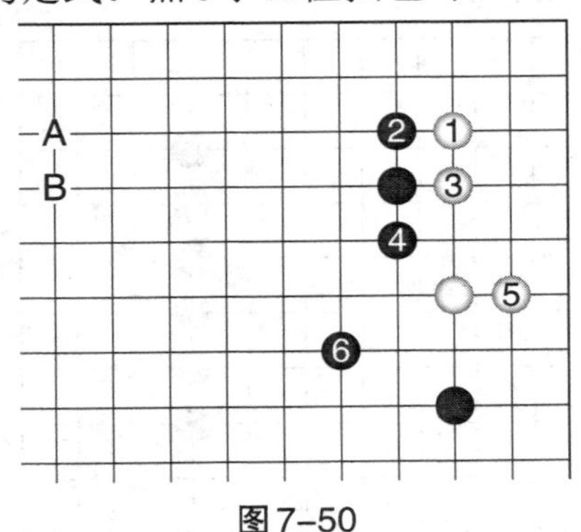

图7-50

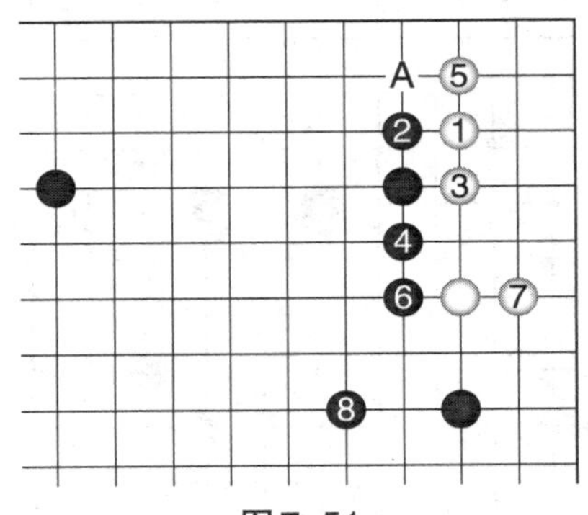

图7-51

如图7-52，白1关，黑2亦关，原则上说是白棋不好，因为黑棋的夹攻之子妨碍了白棋的拆。白3只好封锁黑夹攻之子，以下至黑12跳出为基本定式。

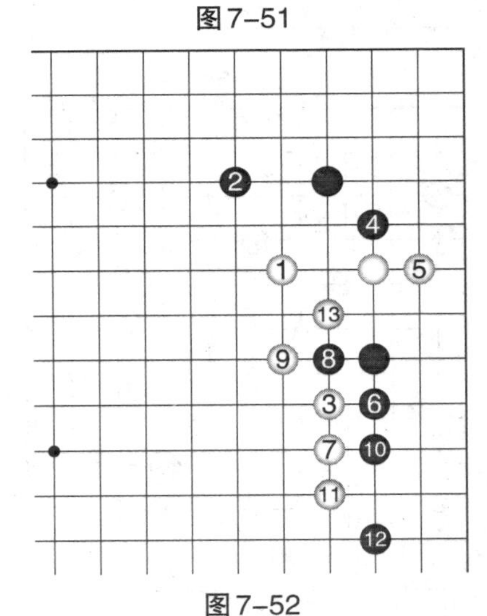

图7-52

7. 一间高夹

如图7-53，黑1一间高夹。这是现代棋的思考，在古代对局中从未见过。白2跳出为普通着法，白4、6两飞暂时忍耐，伺机而动，以下至黑7拆大场为基本定式。黑7一带若先有子，黑棋A位飞镇则成为好点。

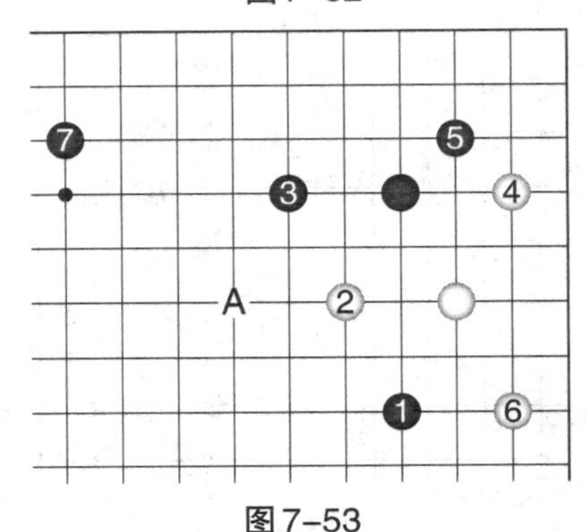

图7-53

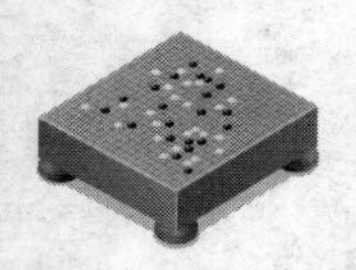

如图7-54，白1飞时，黑2可以先尖顶，白3立，黑4再尖三·三。黑2与白3的交换价值很难判断。以后白棋有A位尖、B位整形的下法。

如图7-55，白1点三·三，黑2挡，以下至黑8粘的变化为定式之一。黑8粘时，使当场的夹攻之子变成长出一头之子，形成铜墙铁壁，即使A位没有子也是可行的。以后白棋可根据局势选择A位或B位。

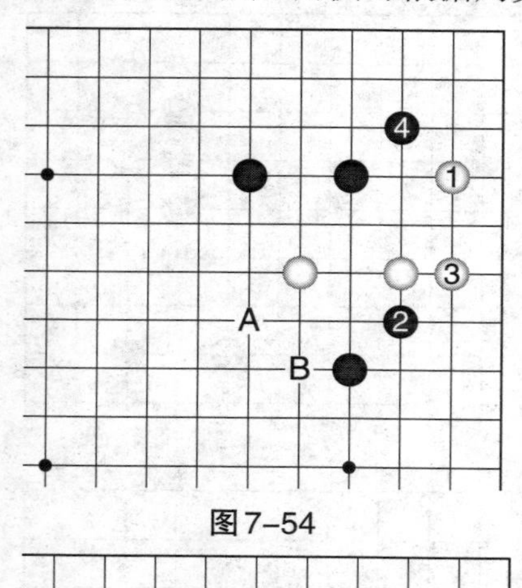

图7-54

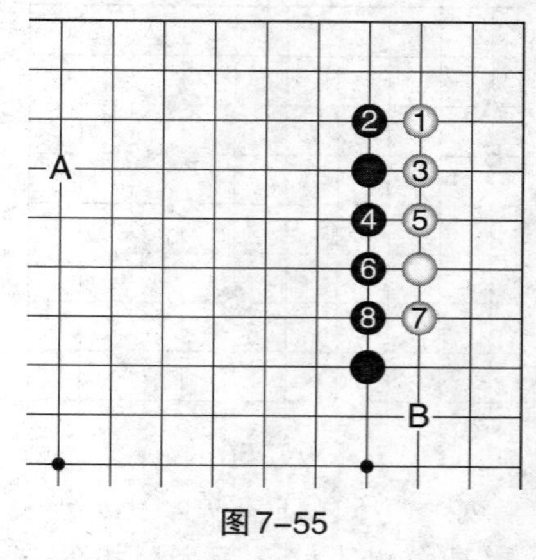

图7-55

8. 二间高夹

如图7-56，黑1即为二间高夹。白2跳出，以下至白6大飞为基本定式。黑7拆是大场，若先有子，黑A位飞镇是好点。

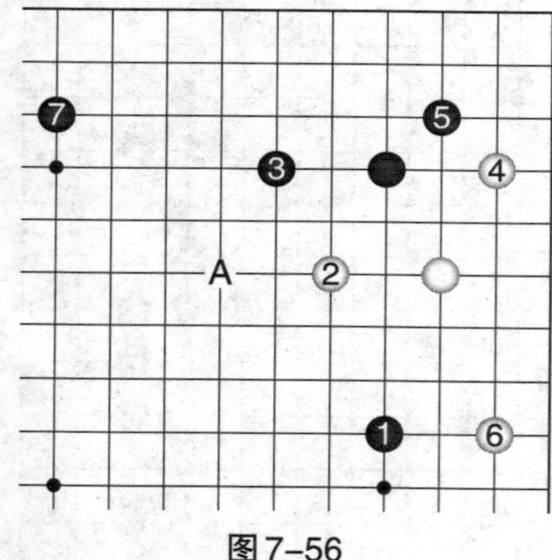

图7-56

如图7-57，白1点三·三，黑2挡，白3长，以下至白9跳出为基本定式。白棋这样的下法，一般不会产生不利。黑10虎虽是本手，但有时也可以省略。

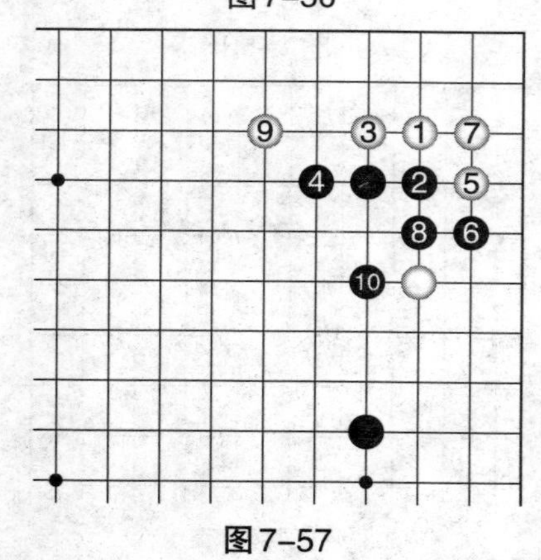

图7-57

9. 三间夹

如图7-58，黑1即为三间夹。白2点三·三，以下至黑11补为基本定式。黑11扳是本手，三间夹时要补。下得坚实后，将来才有A位跳封压迫白棋。

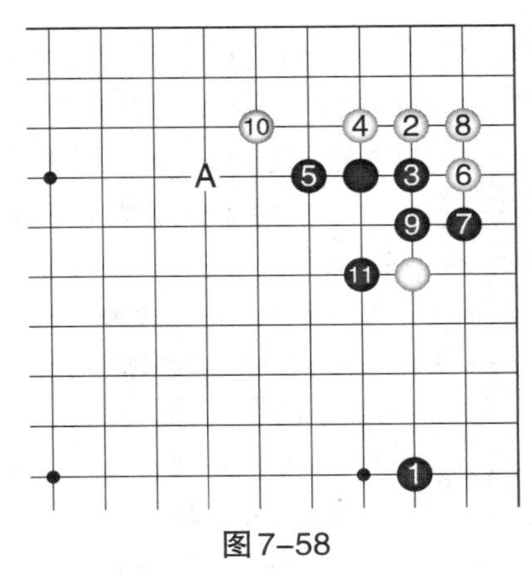

图7-58

10. 双飞燕

如图7-59，白1即为双飞燕，还可以下在2位或3位，但白1是最常见的。黑2压，方向正，“压强不压弱”是此时的原则。白5长时，黑6挡是必然之着。黑8尖顶，白9扳，黑10挤的次序值得注意，以下至黑16扳为基本定式。

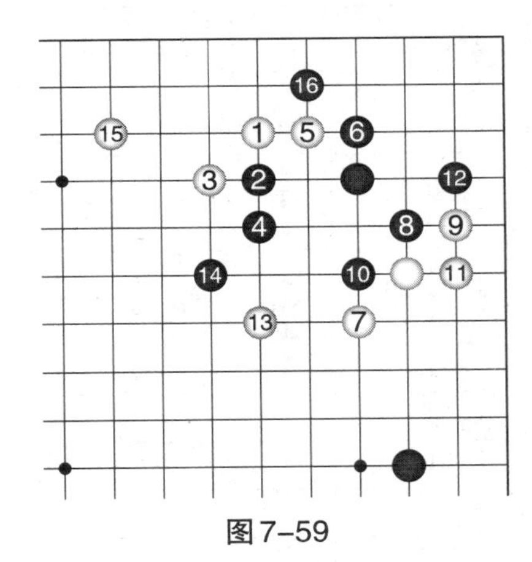

图7-59

如图7-60，黑棋没有在A位扳，黑1关虽是好点，但白2夹，白4、6渡过，角空被掏尽。即使黑棋有B位断，但经白C打吃，黑D粘，白E反打舍弃三子，黑棋也是得不偿失。

如图7-61，白1冲，黑2、4、6退，能在四线上成空，绝不吃亏。值得注意的是黑6。

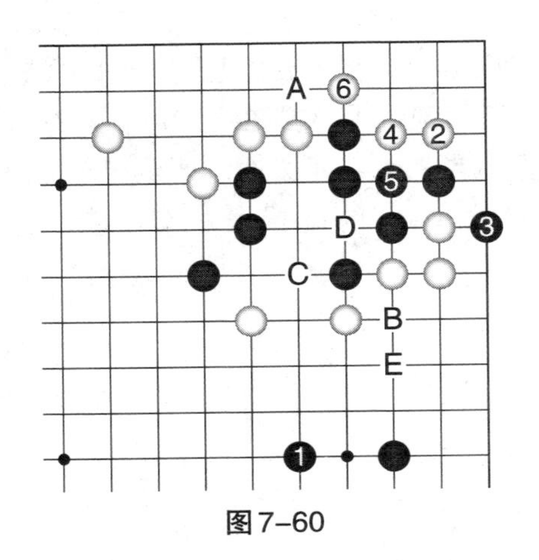

图7-60

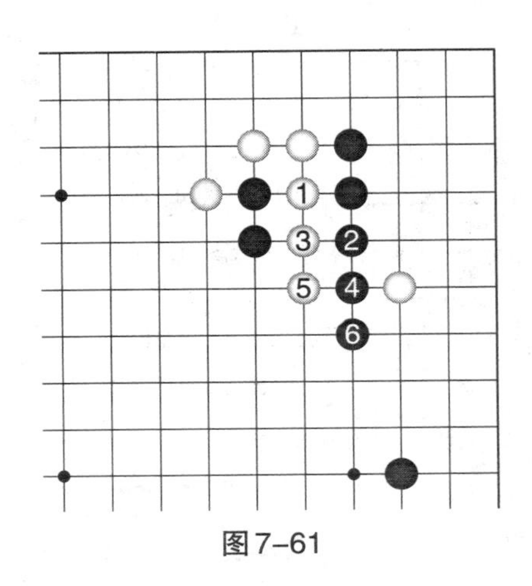

图7-61

如图7-62，黑1扳，想把棋下得坚实，被白2断反而不好，黑3打、5粘后，白6扳、8断是手筋，黑棋崩溃。

如图7-63，白1点三·三也是一种下法，在分先棋中较为多见。黑2虎挡是正着，以下至黑4打吃为基本定式。

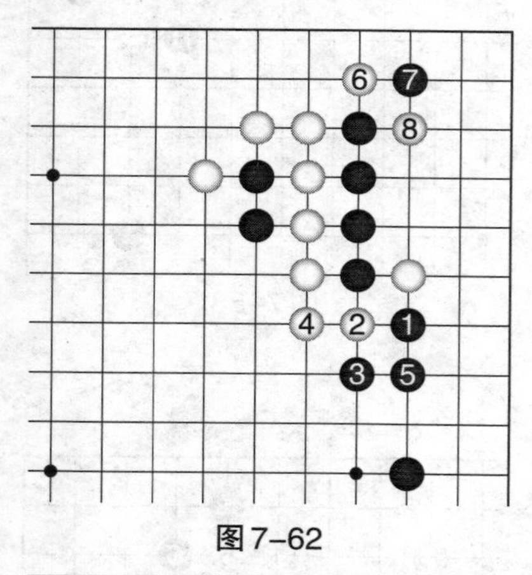

图7-62

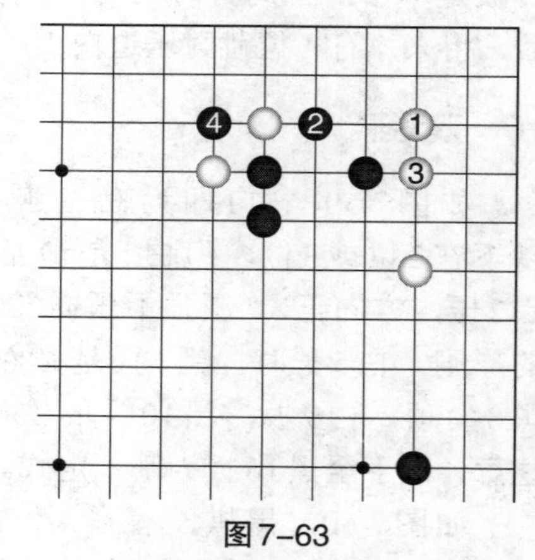

图7-63

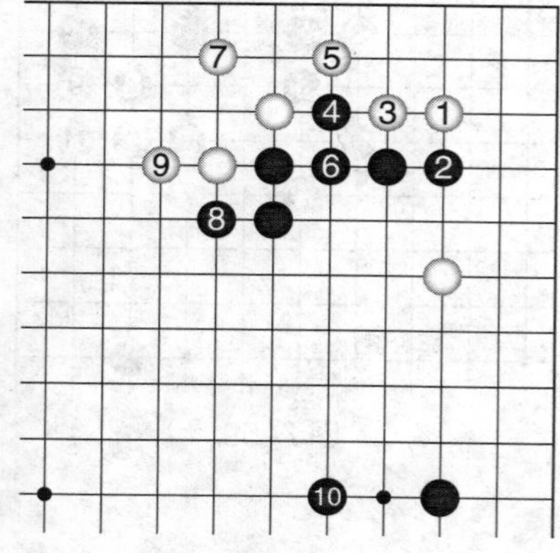

图7-64

如图7-64，黑2挡也是有的，以下至黑10跳，可谓两分，为基本定式。

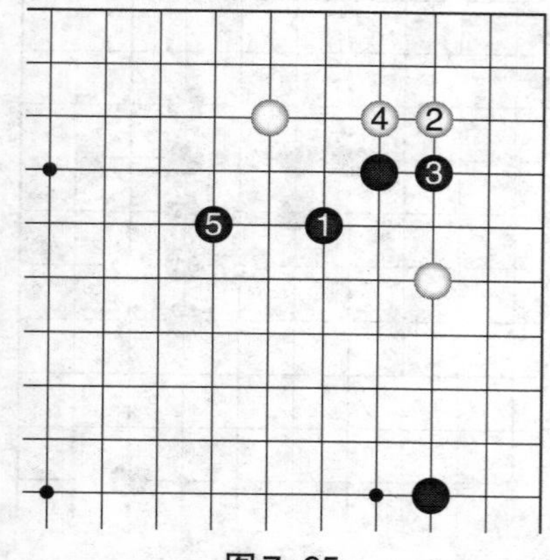

图7-65

如图7-65，黑1尖出也是一种下法，白2点三·三，黑3挡在己方有子的方向，理所当然，白4长，以下至黑5关为基本定式。黑1的位置虽略有不满，但是极其简明。

如图7-66，黑1飞封也可以，白2冲、4断作战也属必然，至黑11跳，若白棋在A位尖冲则成急战。白6若在B位打吃，则黑棋在C位反打是手筋，白棋失败。

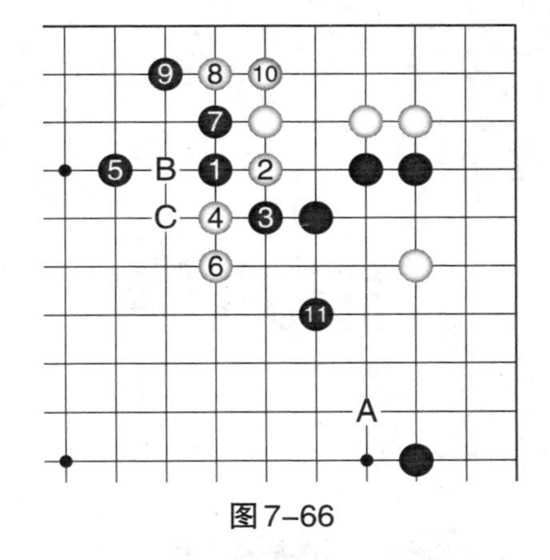

图7-66

初学围棋的人用星位占角最多，相对其他占角方法，星位占角也比较容易掌握，因此，本书只介绍了星位定式，有关小目定式、三·三定式会在后面两本书中介绍。星位的这些定式都是比较常用的，大家下棋时有意识地去使用，切忌死记硬背。

第八章　实战对局剖析

第1局

第1谱：如图8-1，黑1 ～白14

① 当黑5挂角时，白6尖顶，有加强黑棋之嫌，白6可以考虑直接在8位尖。黑9挤，帮助白棋补棋，不好！应该在A位拆边，正是立二拆三。

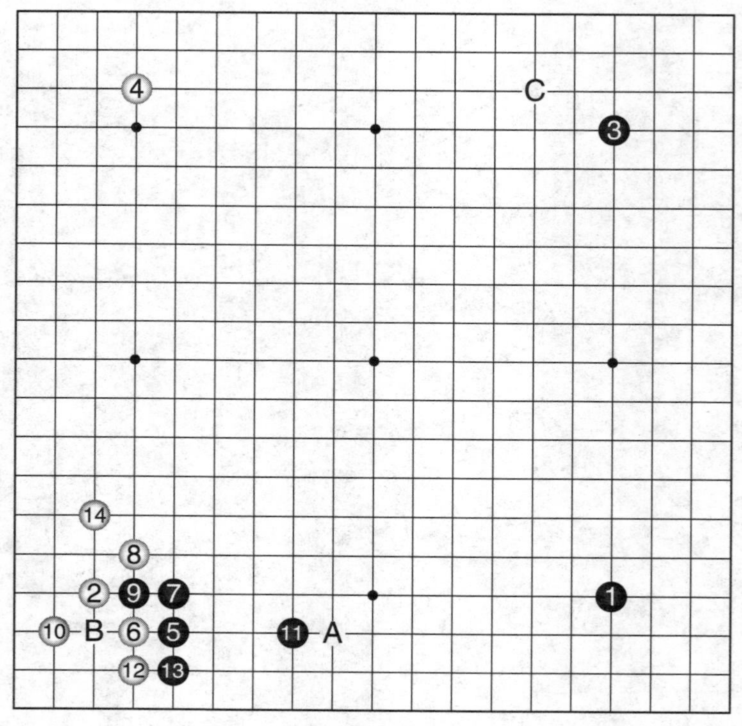

图8-1

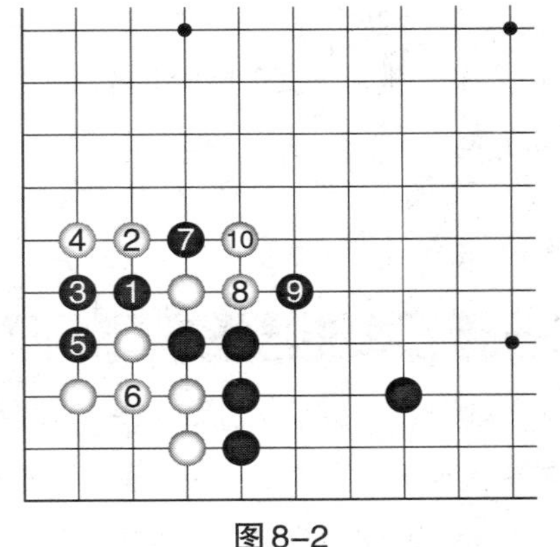
图8–2

② 白10虎，坏棋！应在B位连，黑11拆二，不好！应先在12位打吃，将白棋打成愚形后，再于A位拆三。白12立，黑13挡，不大。

③ 白14虎，补断，不好！此处没有断，变化可参考图8-2。白14可以在C位挂角，开局阶段要快速挂角、占边。

如图8-2，黑1断，白2打吃，往边上赶对方，黑3逃，白4挡，黑5打吃，白6连，黑7断打，企图征子，但白8逃，黑9打吃，白10逃，打吃黑7一子，黑棋征子失败，黑1、3、5三子被吃。

第2谱：如图8–3，黑15 ~白24

④ 黑15拆边，有点小，可以在A位占边。

⑤ 白16挂角，好棋！黑17尖顶，不好，可在B位单关守角，白18长，正确。黑19坏棋！还是应该在B位单关守角。

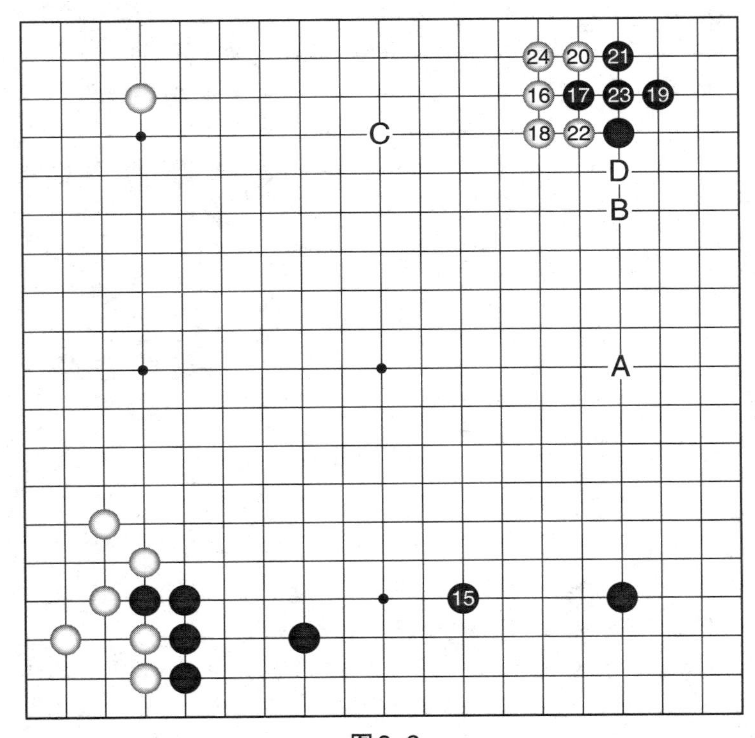

图8–3

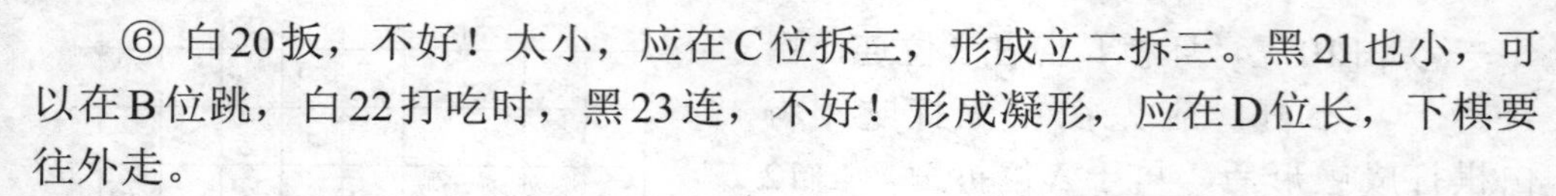

⑥ 白20扳，不好！太小，应在C位拆三，形成立二拆三。黑21也小，可以在B位跳，白22打吃时，黑23连，不好！形成凝形，应在D位长，下棋要往外走。

⑦ 白24连，不好！太小，救白20一子是收官阶段的着法，现在是开局阶段，要快速占边。

第3谱：如图8-4，黑25 ~黑43

⑧ 黑25扳，不好，贴着强子走，不如在32位四路拆。白26小尖，稍差，应在A位挡。

⑨ 黑27小尖，往外走，思路正确，可考虑在28位拆。

⑩ 白28破坏黑棋的空，不错，有想法，下在38位更好一点。黑29攻击好棋！方向正确，正所谓“从宽处攻”。

⑪ 白30有点局促，可考虑直接走32位或34位。

⑫ 黑31飞攻，有想法，不错！白32刺，帮助黑棋连，不好！可以考虑在B位飞出，黑33连，白34立，至此白棋基本上活了，白棋从30至34都在做眼，有想法，意图明确，但要注意出头，所谓“下围棋往外走”。

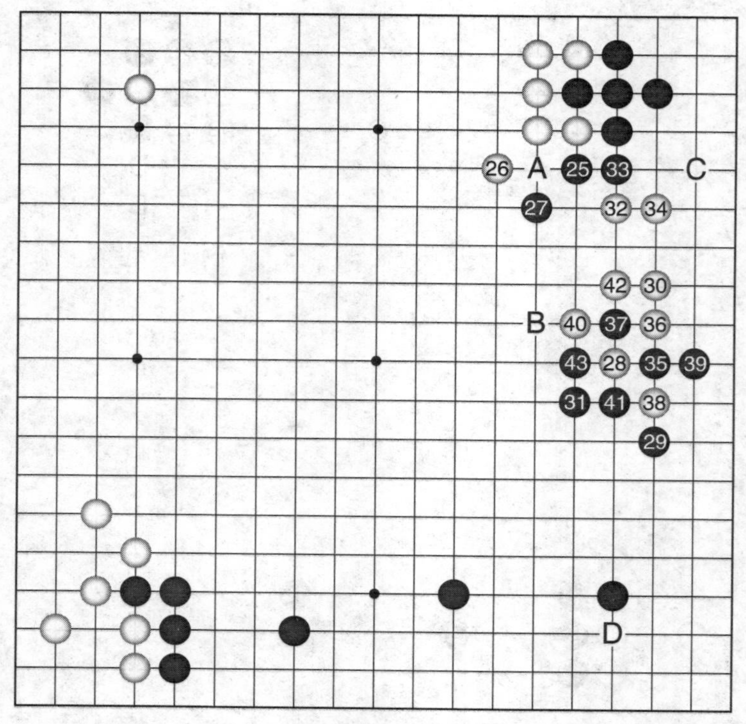

图8-4

⑬ 黑35托，有问题，可在43位长，把白棋围住。

⑭ 白36挡，黑37断，坏棋！自己送死，白38在40位直接打吃，就能吃掉黑37一子。

⑮ 白40应在41位连，黑41断吃，好棋！白42提，黑43打吃，不好！白棋基本上是活棋，可以考虑在C位跳或右下角D位玉柱守一手，一处不活，一处是大本营，这两处都很急。

第4谱：如图8-5，白44～白70

⑯ 白44连，形成凝形，不好！应在47位长，下围棋要往中间走，要出头。

⑰ 黑45拐，不好！有点小，可以考虑在52位跳，既能使角上的黑棋安全，又能威胁边上的白棋，一举两得。

⑱ 白46挡也小，可在A位跳出头，黑47扳，可以考虑在A位镇，白48扳，必然！

⑲ 黑49夹，不好！应在55位连扳，白50挤，不好！黑棋是小尖的形状，断不开，应在A位打吃，黑51连，软弱，可以在55位打吃。这样就将白棋包围了。

⑳ 白52小尖，围空做眼，不好！还是应该在55位出头，黑53小尖，阻止白棋进角，太小，应在55位打吃。

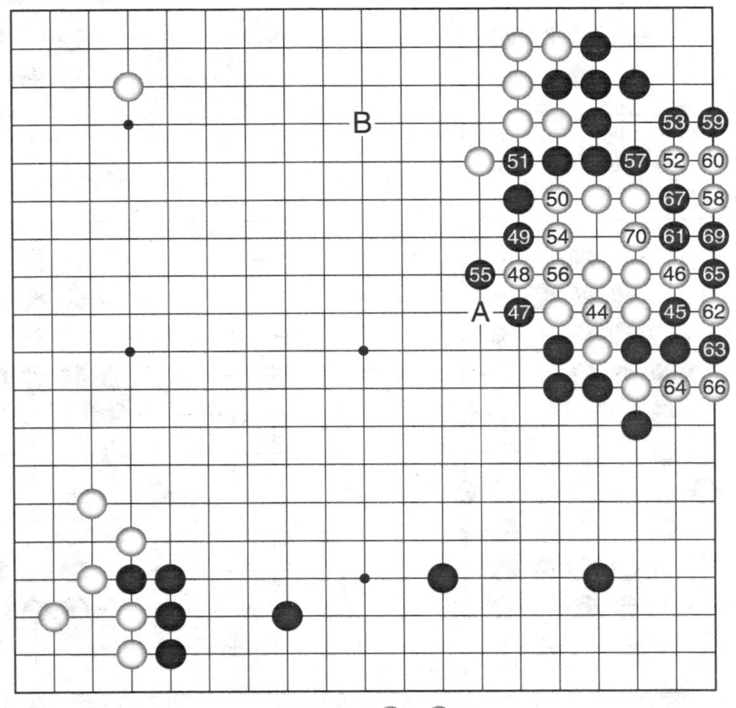

图8-5（68=62）

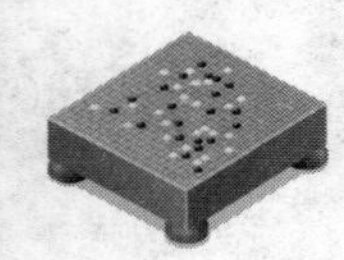

㉑ 白54挡，不好，应在55位长，黑55打吃，好棋！白56连，又成凝形，不好！可以考虑在B位拆，因为白棋已经活了，见图8-6、图8-7、图8-8、图8-9。

㉒ 由于白棋已活，黑57可以考虑在B位夹攻，白58正确。黑59立，白60坏棋！应该在65位立，黑61点眼，不好！应该在69位打吃，变化见参考图8-9。

㉓ 白62扳，黑63挡，坏棋！应该在64处提，白64打吃，正确，黑65提，没用，白66打吃，形成接不归，黑67断吃，白68提，黑69提，可以不下，白棋三子也逃不掉。白70做眼，不好，白棋已经活了，应该在B位拆边。双方在35～70的攻杀中，出现了很多错误，最终，白棋比黑棋会吃子，白棋略占上风，本局白棋中盘胜。

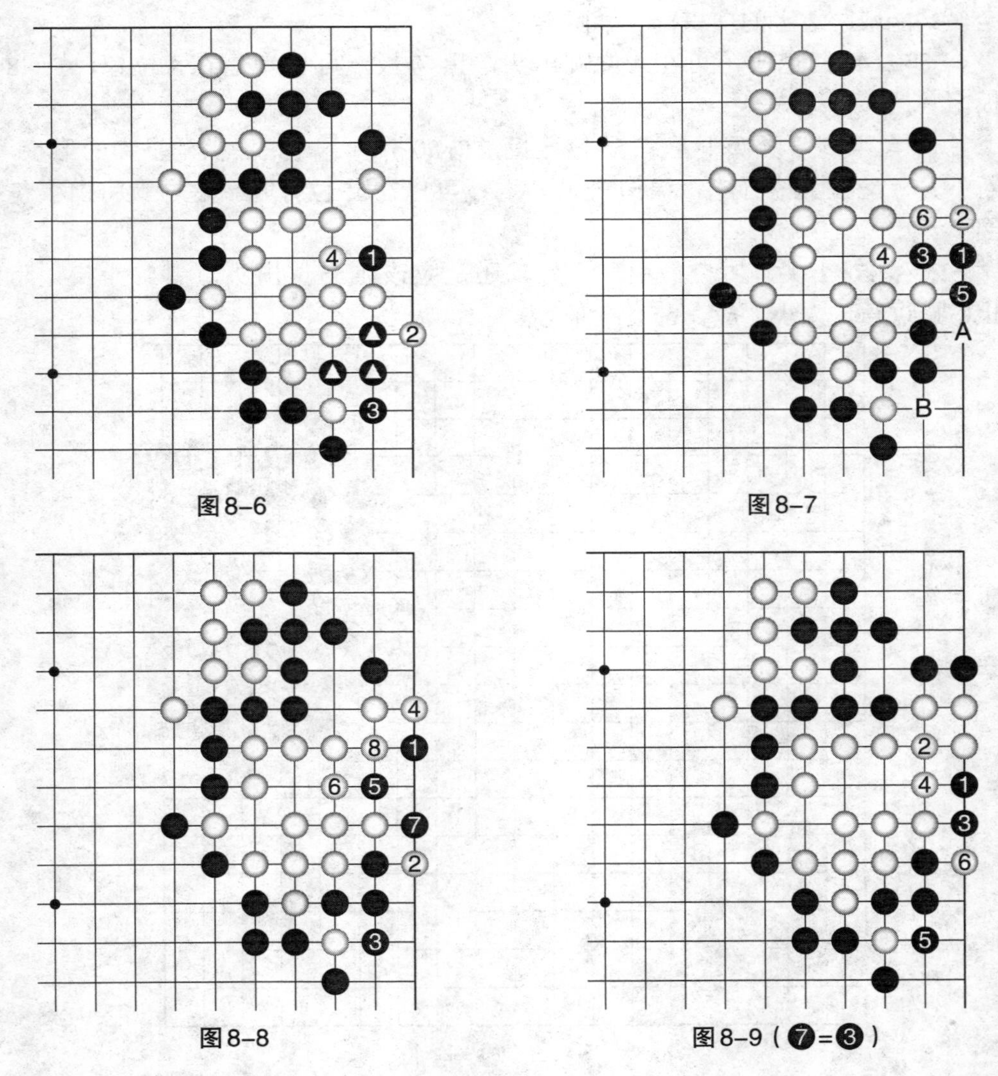

图8-6　图8-7

图8-8　图8-9（❼=❸）

如图8-6，黑1点眼，白2扳，好棋！黑3只能提，否则，白棋下在3位，黑▲三子被吃。

如图8-7黑1点，白2尖，黑3长，破眼，白4做眼，黑5渡，白6打吃，黑棋不能在A位连，否则，白棋在B位打吃，黑棋数子被吃，白棋活棋。

如图8-8，黑1点，白2先手扳，黑3提，白4挡，阻渡，黑5尖，白6做眼，黑7扑时，白8打吃，形成接不归，白棋活棋。

如图8-9，黑1打吃，白2连，黑3渡过，白4打吃，黑5提，好棋！白6提，黑7在3位扑，白棋被杀。

第2局

第1谱：如图8-10，黑1～白10

① 黑棋占两个星，白棋占两个三·三，这是外势与实地的对抗。

② 黑5小飞守角，稍有问题，星位应该快速占边，可以考虑在A、B两点

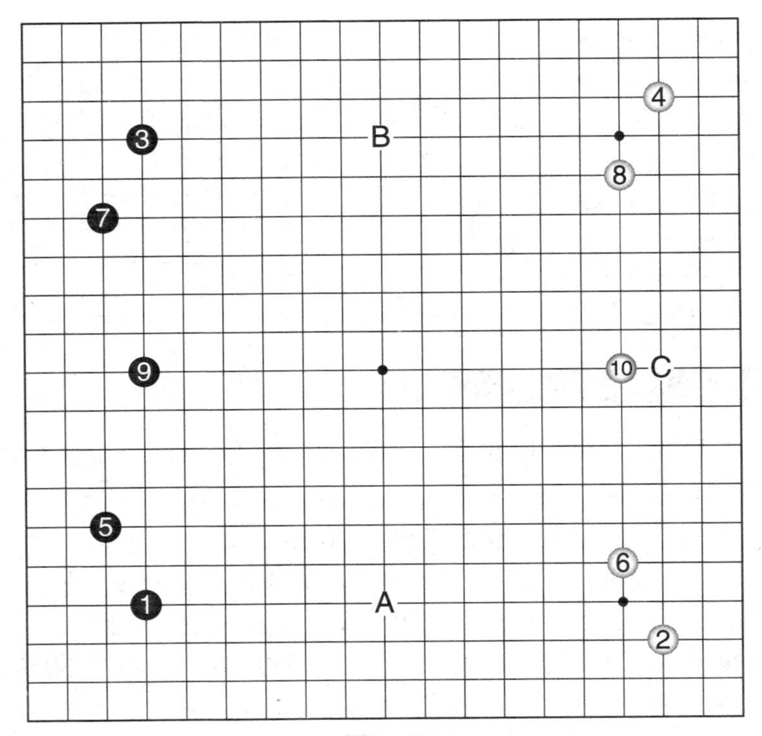

图8-10

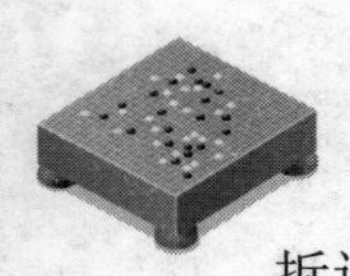

拆边或尖冲白棋三·三之子。

③ 白6守角，可以，由于有黑5的小飞守角，A位是目前最大的大场。

④ 黑7守角，不好！应尖冲白4，如图8-11。

⑤ 白8守角，可以。黑9占边，有问题，黑棋棋子都集中在左边，太密不好，因为白6、8在高位，右边C位分投最大。如图8-10，白10拆边，可以。

如图8-11，黑1尖冲，白2长，以下至黑7，白棋被黑棋压扁，将来发展受到限制。

如图8-12，黑1分投，正确，将白棋的空打散，白2攻，黑3拆二，其中，白2若从上边攻，黑棋往下边拆二，总之，不能让白棋的空连成片。

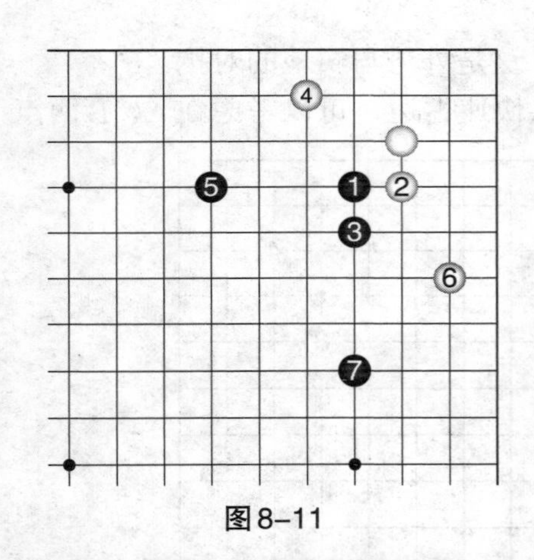

图8-11

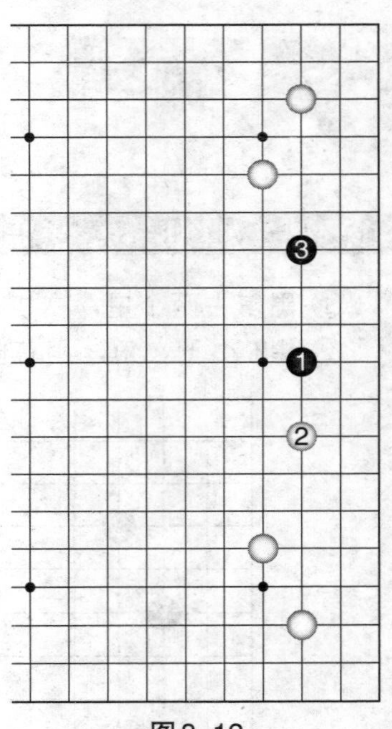

图8-12

第2谱：如图8-13，黑11～白56

⑥ 黑11拆边，好棋！白12点三·三，坏棋！黑棋已经守角了，白棋就不能点三·三了，应该在A位拆边。

⑦ 黑13挡，方向错误，应该在14位挡，因为这边弱。

⑧ 黑15扳，好棋！白16扳，黑17连，不好！应该在19位长。

⑨ 白18长，好！出头！黑19不好，愚形！应该在24位跳。

⑩ 白20扳，不好！应该在24位扳，出头！黑21应该在39位扳，白22连，可能以为黑棋下在39位了，没仔细看。

⑪ 白24断，不好！这里的黑棋比较强大，不适合与黑棋作战，应该在A

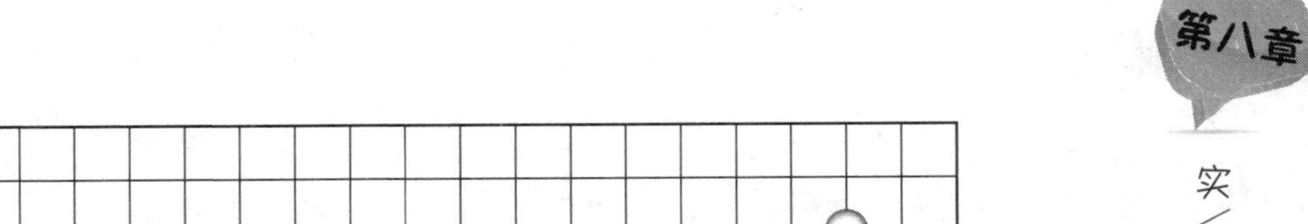

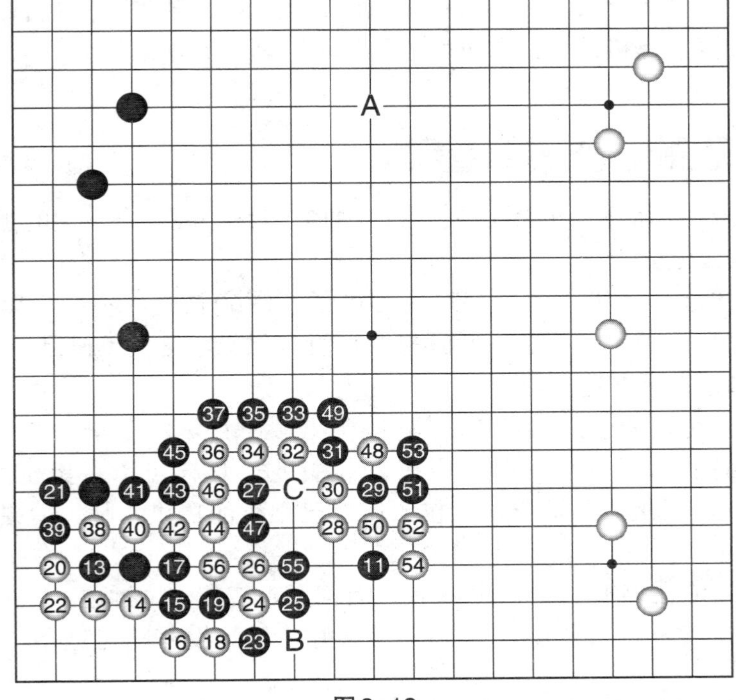

图8–13

位拆边。黑25打吃，坏棋！应该在B位长。

⑫ 黑27坏棋！应该在B位连，白28刺，不好！应该在B位打吃，这样白棋就连通了。

⑬ 黑29跳，不好！还是应该在B位连，双方谁也没发现B位的打吃。

⑭ 黑31扳，不好！断点太多，容易被吃。应该在50位连。

⑮ 黑33扳，不好！还是应该在50位连。

⑯ 白38挖，不好！脱离战场，可以在45位长。

⑰ 白42长后，黑棋数子被吃。黑41应该在42位打吃，其变化见图8-14。

⑱ 黑45挡，软弱，应在46位连。

⑲ 黑47挤，不好！没什么用，应在50位连，白48、50、52、54意图连贯，不错！

⑳ 黑55打吃，没有意义，被白56提后，黑棋边上数子被吃，白棋优势。

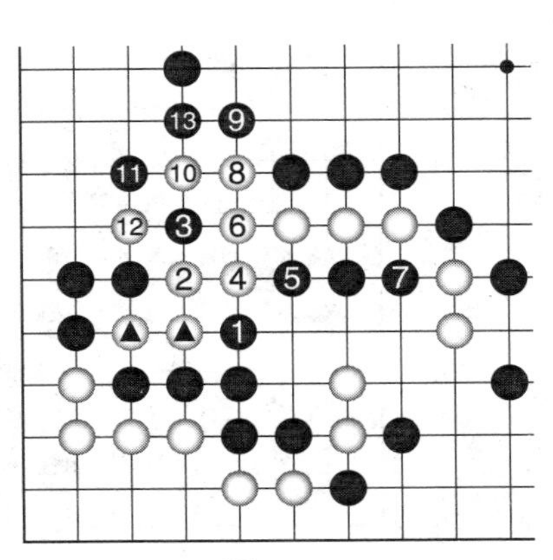
图8–14

如图8-14，黑1打吃，白2逃，黑3

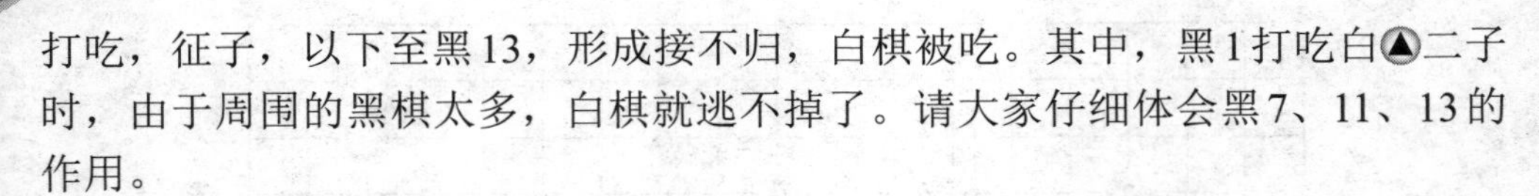

打吃，征子，以下至黑13，形成接不归，白棋被吃。其中，黑1打吃白▲二子时，由于周围的黑棋太多，白棋就逃不掉了。请大家仔细体会黑7、11、13的作用。

第3谱：如图8–15，黑57～白88

㉑ 黑57提不如在A位拆边大，白58打吃，没必要走，下边的黑棋基本上死了，应在A位拆边。

㉒ 黑59连，坏棋！已经没有路可逃了，白60打吃，不好！黑棋已经死了，请大家牢记：死棋不吃！黑61打吃，没有意义，这块黑棋已经救不活了，黑棋在这里越走死得越多。

㉓ 白62可以考虑在63位连，黑棋做不出两只眼。

㉔ 黑63断，不好！白64，应在77位打吃，这样可以将黑棋全都杀死。以下至白68，黑棋数子被吃，黑棋跟比自己强大的白棋作战，后果就是自己被杀。

㉕ 白68应在78位打吃，黑69扳，有问题，应在A位拆边。

㉖ 黑73连，白74打吃，黑75逃，不好。已经没有路可逃了，可以在80

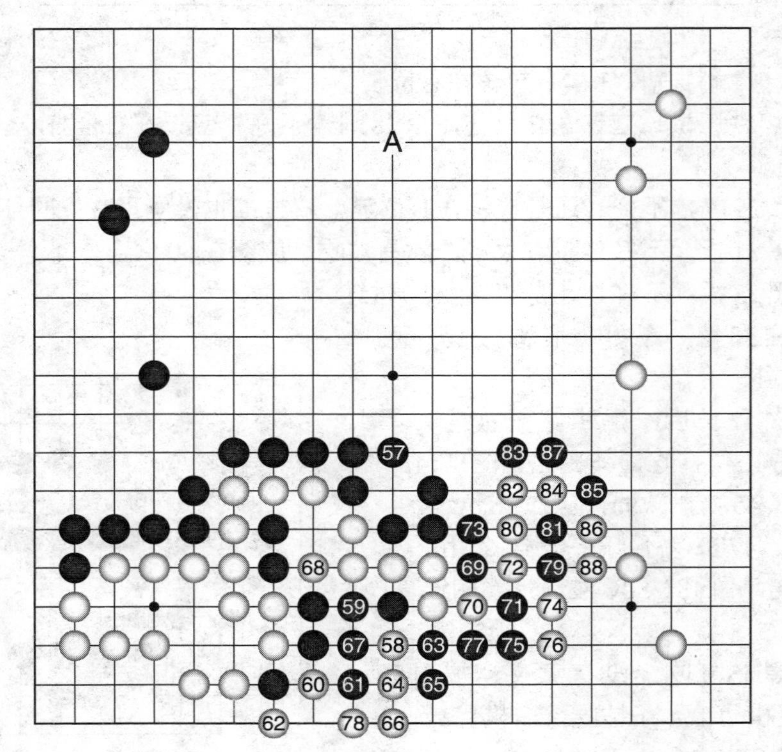

图8–15

位反打。

㉗ 白76挡可以，黑77连，打吃，白78提，正确，黑79打吃，坏棋！黑棋吃不掉白72，应在80位打吃，然后抢占A位大场，这样黑棋还有希望。

至白88提，白棋优势明显，以下略去。这盘棋暴露了黑棋基本功差、不会吃子、不会作战的缺点。希望大家学围棋从吃子入手，熟练掌握吃子技巧，这样可以大大提高战斗力，也可以增加下围棋的乐趣。

第3局

第1谱：如图8-16，黑1～黑15

① 黑1、3、5形成三连星，白6拆边，可以，若下在A位挂角则更为积极。

② 黑9挂角，好棋！白10尖顶，不好！帮助黑棋壮大右边外势，应在B位单关守角。

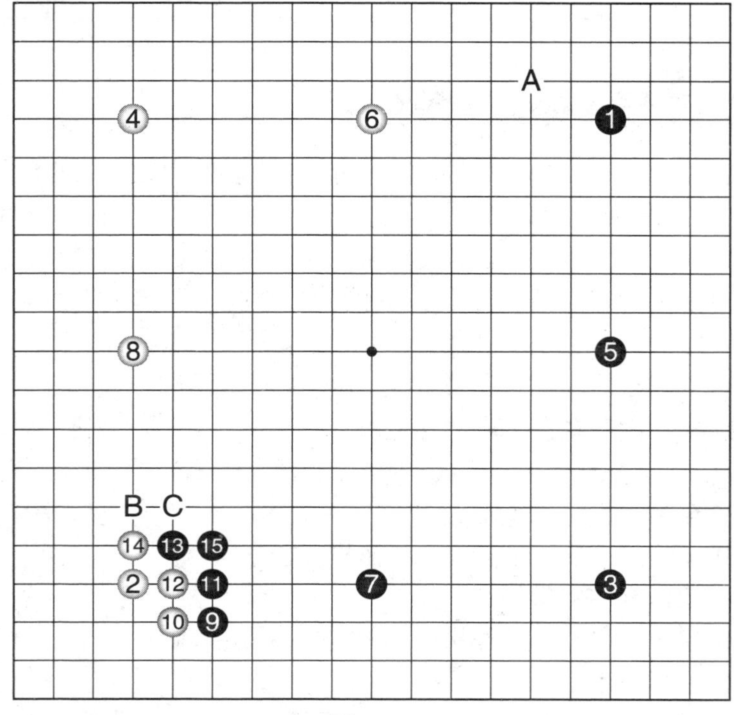

图8-16

③ 黑11长，正确，白12团，坏棋！白2、10、12组成的棋形是典型的愚形，白12应该下在B位。

④ 黑13扳，贴着强棋走，不好！应在15位长。

⑤ 白14拐，软弱，应在15断，如图8-17、图8-18，黑15接，稍差，应在C位长，黑棋外势更强大。

如图8-17，当黑▲扳时，白1断，正确。黑2长，白3长，由于黑⊖二子气紧，白棋充分可战。

如图8-18，当白1断时，黑2贴，白3扳，黑4断，好棋！以下至白17，白棋可战。

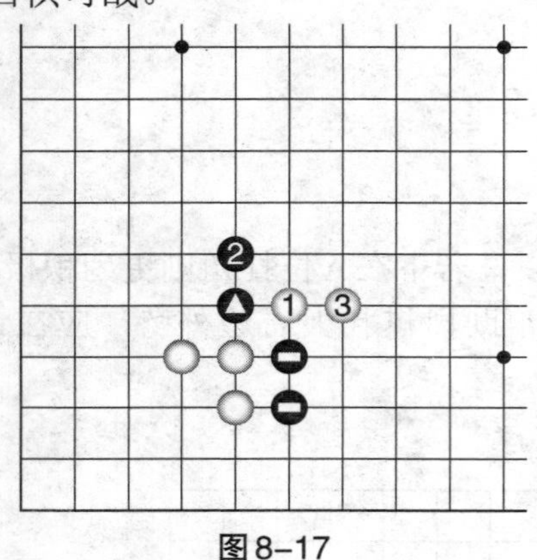

图8–17

图8–18

第2谱：如图8–19，白16～白42

⑥ 白16挂角，黑17尖顶，不好！可以考虑在A位跳。黑19是问题手，应在A位跳，白20至白26，双方正常。

⑦ 黑27跳，有问题，应在B位点角，如图8-20。

⑧ 白28小尖，有问题，可在29位挡或在38位飞，黑29挤，断不开白棋，应在B位点角。

⑨ 白30接，软弱，应该在38位挺头，中腹很重要。

⑩ 黑31挡，次序有误，应如图8-21。

⑪ 白32立，下在一线了，坏棋。应在C位跳（如图8-22）或在D位点三・三。

⑫ 黑33至37作战，不好，这里的白棋太多，不利于黑棋作战。

⑬ 白38有问题，应在E位挡，将黑棋三子吃净。

⑭ 黑39双，软弱，可如图8-23。

⑮ 白40拐，不好！贴着黑棋的强棋走，应在E位挡。

⑯ 黑41愚形，不好。

⑰ 白42长，也是愚形，速度太慢，不好，应在E位挡，即使要在中腹行

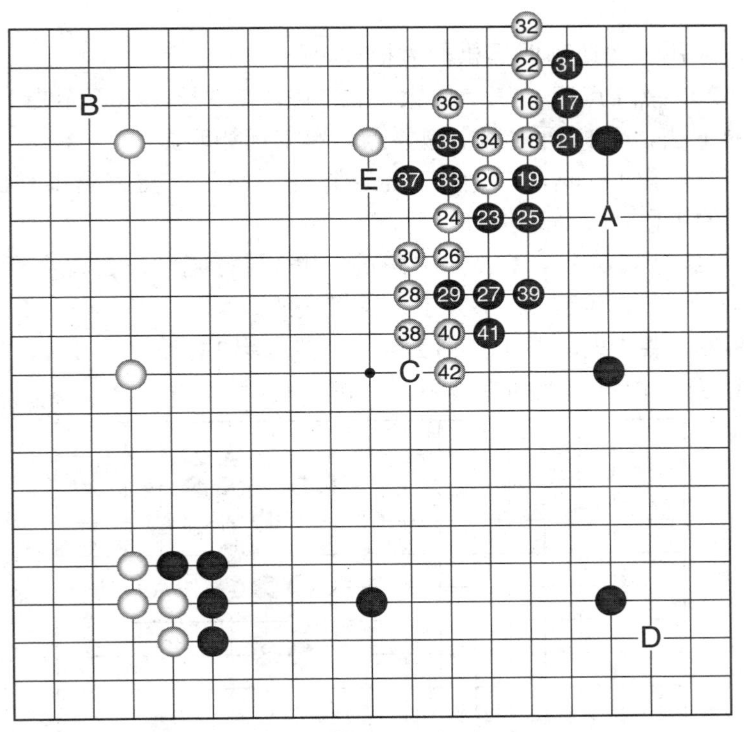

图 8-19

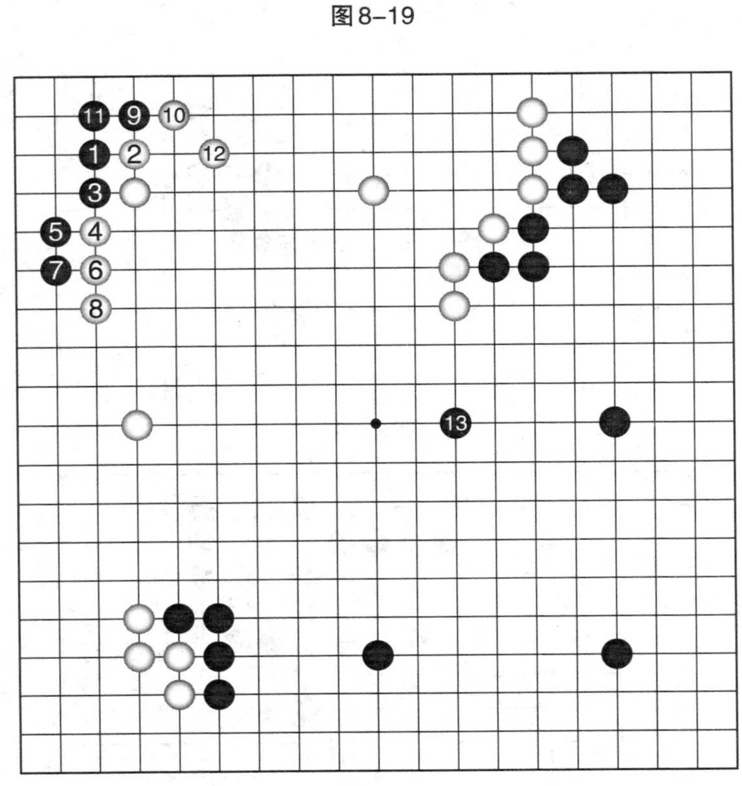

图 8-20

棋，也应在大跳，快速削弱黑棋的大模样。

如图8-20，黑1点三·三，极大，白2挡，黑3长，以下至白12，是双方比较正常的下法。黑13再占据中腹要点，黑棋优势明显。

如图8-21，黑1打吃，白2接，黑3挡，白4跳后，将来黑棋有D位尖，吃掉白▲三子的手段。

如图8-22，黑1先挡，白2向中腹跳，黑3再打吃时，白棋会弃掉白▲子，而选择在4位跳，这样黑1就不大了，黑棋失败。

如图8-23，黑1扳，要点，白2断，必然。黑3打吃，白4接，黑5长，白6拐吃，黑7跳，白棋边上的空被破，白棋失败。

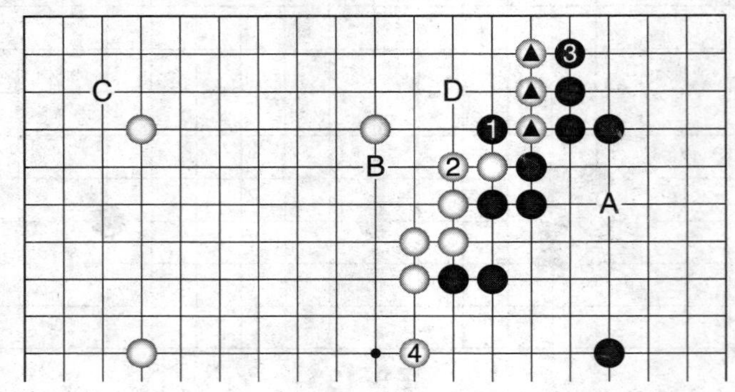

图8-21

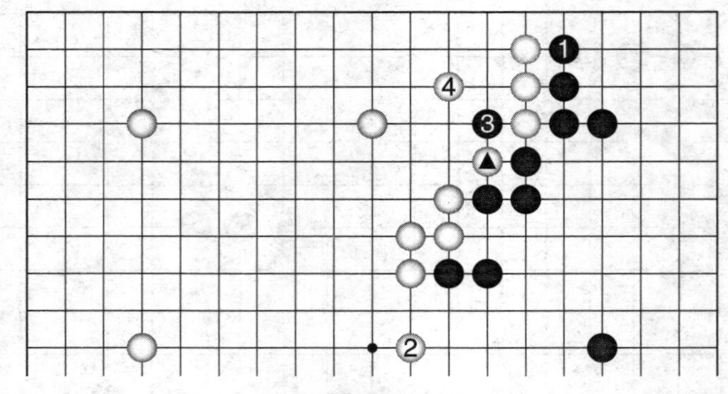

图8-22

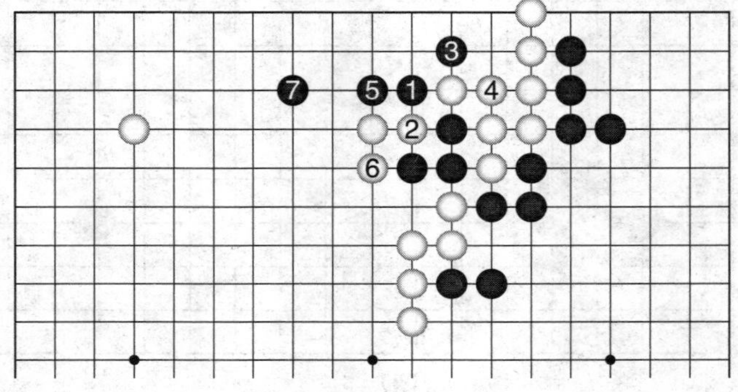

图8-23

第3谱：如图8-24，黑43～黑83

⑱ 黑43扳，不如在A位扳。

⑲ 白44扳，可以，黑45接，愚形，不好，应该在48位连扳，如图8-25。

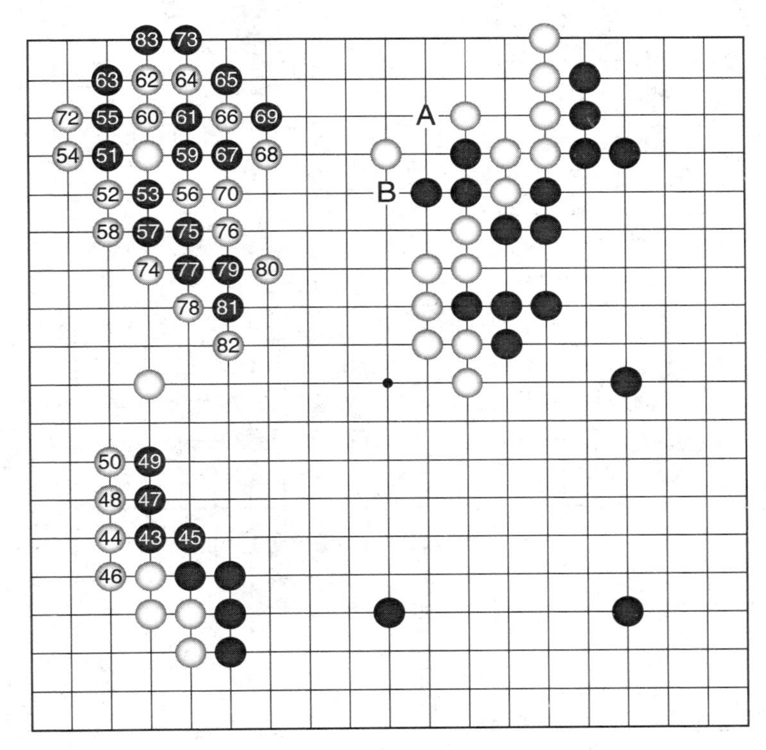

图8-24（71=66）

如图8-25：黑1连扳，白2打吃，机敏，好棋！黑3接，白4虎，好棋！补棋的要点，以下至黑7，白棋争得先手，可以在图8-24中的B位补棋。

⑳ 白46接，不必要，可以在48位长。黑47、49不是很重要，上边A位扳是要点。即使在这里行棋，黑47也应在48位扳，实战黑棋都是愚形。

㉑ 黑51托，可以，若在55位点三·三更为简明。

㉒ 黑53断，挑起战斗，不如在55位长简明。白54打吃，不好！应在60位单长，正所谓“扭断长一方”，如图8-26。

如图8-26：白1立，黑2打吃，白3长，黑4爬，白5退，黑6挡角，白7扳、9接，黑10爬，白11退，黑棋先手活角。其中，黑10爬是场合下法，为了争先手。

㉓ 黑55长，必然！白56打吃，不好！应在60位挡，如图8-27。

如图8-27：白1挡，黑2先扳，白3断，以下至白11，双方必然。其中，

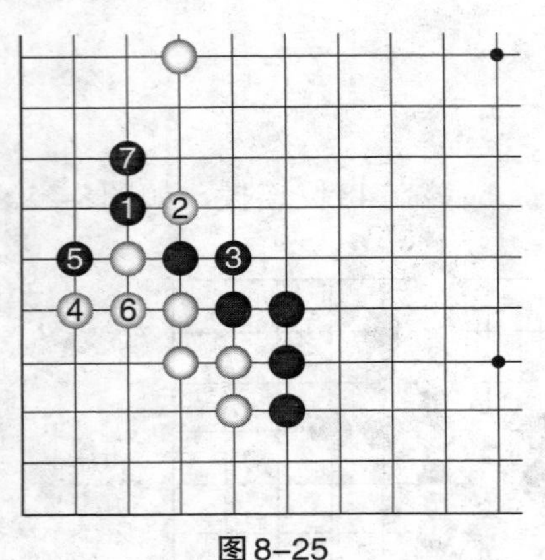

图8-25

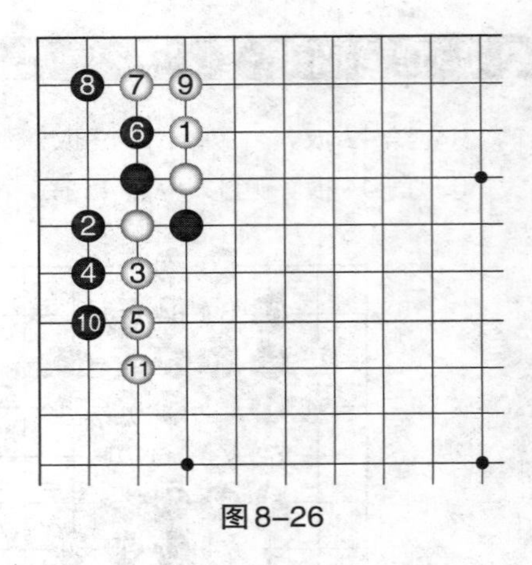

图8-26

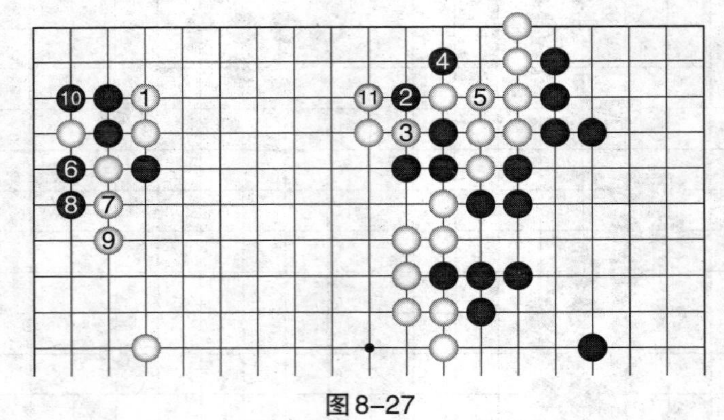

图8-27

白11吃住黑2重要，否则，黑棋下在11位，边上出棋了，白棋的空被破，白棋不行。

㉔ 黑57长，必然！白58长，有问题，应考虑在60位挡，黑59断吃，好棋！以下至67，双方必然。

㉕ 白68打吃时，黑69应在70位长，实战被白棋滚打成愚形。由于白棋74位征子不利，白棋四子被吃，黑棋大优。

㉖ 白74至白82是假征子，因为白棋四子已经被吃，黑83提有问题，应继续逃，直到逃不掉了，再提子。

建议本局双方：加强吃子练习；注意棋形，特别是愚形三角；提高跳和大跳的运用能力；加强棋理的学习，如“扭断长一方”“入腹争正面”等。